学前教育史

主　编　李　贺　杨云舒
副主编　赵　洪　康　婷　陈　铮

北京理工大学出版社
BEIJING INSTITUTE OF TECHNOLOGY PRESS

内容提要

本书分为上下两篇,上篇为中国学前教育史,下篇为外国学前教育史,注重实践与理论相结合,介绍了从古代到近现代各个时期的学前教育制度和学前教育思想的发展,涵盖了不同国家对于学前教育的实施发展以及著名学前教育家的教育思想。为了更好地方便学生掌握各个章节的主要内容,本书设置了学习目标、内容提要、关键术语、本章小结、拓展阅读以及同步测试,全书以时间为主线,要点清楚,脉络清晰,文字通俗易懂,适用于高等院校学前教育专业本、专科学生,也适用于幼教工作者的科研及进修参考。

版权专有　侵权必究

图书在版编目（CIP）数据

学前教育史／李贺，杨云舒主编． —北京：北京理工大学出版社，2019.2（2021.12重印）
ISBN 978-7-5682-6695-6

Ⅰ. ①学⋯　Ⅱ. ①李⋯ ②杨⋯　Ⅲ. ①学前教育-教育史-世界　Ⅳ. ①G619.1

中国版本图书馆 CIP 数据核字（2019）第 024862 号

出版发行／北京理工大学出版社有限责任公司
社　　址／北京市海淀区中关村南大街 5 号
邮　　编／100081
电　　话／（010）68914775（总编室）
　　　　　（010）82562903（教材售后服务热线）
　　　　　（010）68944723（其他图书服务热线）
网　　址／http://www.bitpress.com.cn
经　　销／全国各地新华书店
印　　刷／三河市天利华印刷装订有限公司
开　　本／787 毫米 × 1092 毫米　1/16
印　　张／17
字　　数／391 千字
版　　次／2019 年 2 月第 1 版　2021 年 12 月第 3 次印刷
定　　价／58.00 元

责任编辑／李慧智
文案编辑／李慧智
责任校对／周瑞红
责任印制／李　洋

图书出现印装质量问题，请拨打售后服务热线，本社负责调换

前 言

学前教育史是为学前教育专业学生开设的专业理论基础课,学生通过把握基本的中外学前教育史实,掌握国内外学前教育的历史发展过程及其规律,了解从古至今各种学前教育思想、流派及代表人物,从而提高幼教工作者的专业素养,充分认识幼儿教育在社会发展中的作用,并为当代学前教育的发展提供有益的借鉴。

学前教育史的内容包括中国学前教育史和外国学前教育史两部分,分别阐述和研究中国不同历史时期和外国不同历史时期、不同国家的学前教育的实施、幼儿教育家的教育实践、教育理论、教育思潮及中外学前教育名著。本课程要求学生通过学习达到如下目标:比较全面地了解和掌握中外学前教育制度和教育思想发展的基本内容;认识不同时期中外学前教育发展的特点;在以上基础上,学习运用唯物史观,揭示学前教育发展规律,总结与借鉴历史经验,以促进我国学前教育的改革与发展。

本书的编写原则是:(1)历史事件与人物思想相结合,在叙述学前教育历史事件发展的同时,结合各个时期学前教育代表人物的教育思想,使学生更好地掌握学前教育史的发展。(2)以史为鉴,古为今用,坚持从培养学生综合素质出发,设置了学习目标、内容提要、关键术语、本章小结、拓展阅读、同步测试等栏目,方便学生自主学习。

全书共分为上下两篇,具体编写分工为:上篇第一章至第四章中国学前教育史由李贺(鞍山师范学院)编写,第五章当代学前教育的发展由杨云舒(盘锦职业技术学院)编写;下篇第六章古代的学前教育、第七章文艺复兴时期的学前教育由康婷(鞍山师范学院)编写,第八章近现代学前教育实践由赵洪(鞍山师范学院)编写,第九章近代学前教育理论、第十章第一至第三节现代学前教育理论由陈铮(鞍山师范学院)编写,第十章第四至第五节由杨云舒(盘锦职业技术学院)编写。全书由李贺统稿。

本书的编写完成离不开全体编写人员的共同努力,编写过程中引用了大量国内外的研究成果和观点,在此一并致谢!由于编者水平和能力有限,书中难免存在疏漏与不当之处,敬请广大读者批评指正,以更好地完善此书。

目 录

上篇 中国学前教育史

第一章 古代学前教育的实践 （3）
第一节 古代的胎教 （3）
第二节 古代家庭的学前教育 （8）
第三节 古代学前教育的社会机构 （15）

第二章 古代学前教育思想 （20）
第一节 贾谊的学前教育思想 （20）
第二节 颜之推的家庭教育思想 （23）
第三节 朱熹的儿童教育思想 （26）
第四节 王守仁的儿童教育思想 （28）

第三章 近现代学前教育的实践 （34）
第一节 晚清时期的学前教育 （34）
第二节 民国时期的学前教育 （40）
第三节 共产党领导下的根据地和解放区的教育 （50）
第四节 教会在中国的学前教育活动 （60）

第四章 近现代学前教育理论 （67）
第一节 蔡元培的学前教育思想 （67）
第二节 鲁迅的学前教育思想 （70）
第三节 陶行知的学前教育思想 （73）
第四节 陈鹤琴的学前教育思想 （78）
第五节 张雪门的学前教育思想 （84）
第六节 张宗麟的学前教育思想 （90）

第五章 当代学前教育的发展 （99）
第一节 新中国成立初期的学前教育 （99）
第二节 改革开放以来的学前教育 （112）

下篇　外国学前教育史

第六章　古代的学前教育 …………………………………………………（129）
　　第一节　古代东方的学前教育 ………………………………………（129）
　　第二节　古希腊和古罗马的学前教育 ………………………………（134）
　　第三节　古希腊和古罗马的学前教育思想 …………………………（137）
　　第四节　西欧中世纪的学前教育 ……………………………………（143）

第七章　文艺复兴时期的学前教育 ……………………………………（148）
　　第一节　文艺复兴与人文主义教育 …………………………………（148）
　　第二节　夸美纽斯的学前教育思想 …………………………………（152）

第八章　近现代学前教育实践 …………………………………………（160）
　　第一节　英国的学前教育 ……………………………………………（160）
　　第二节　法国的学前教育 ……………………………………………（170）
　　第三节　德国的学前教育 ……………………………………………（175）
　　第四节　俄罗斯的学前教育 …………………………………………（180）
　　第五节　美国的学前教育 ……………………………………………（186）
　　第六节　日本的学前教育 ……………………………………………（193）

第九章　近代学前教育理论 ……………………………………………（201）
　　第一节　洛克的学前教育思想 ………………………………………（201）
　　第二节　卢梭的学前教育思想 ………………………………………（204）
　　第三节　裴斯泰洛齐的学前教育思想 ………………………………（208）
　　第四节　赫尔巴特的学前教育思想 …………………………………（212）
　　第五节　福禄贝尔的学前教育思想 …………………………………（215）

第十章　现代学前教育理论 ……………………………………………（224）
　　第一节　杜威的学前教育思想 ………………………………………（224）
　　第二节　蒙台梭利的学前教育思想 …………………………………（227）
　　第三节　皮亚杰的学前教育思想 ……………………………………（231）
　　第四节　德可乐利的学前教育思想 …………………………………（235）
　　第五节　马拉古奇的学前教育思想 …………………………………（238）

参考答案 ……………………………………………………………………（246）

参考文献 ……………………………………………………………………（259）

上　篇

中国学前教育史

第一章

古代学前教育的实践

学习目标

1. 了解我国古代胎教的理论依据。
2. 掌握古代家庭教育的基本内容、教育原则。
3. 掌握古代学前教育的社会机构。

内容提要

中国古代虽然并无专门化的社会学前教育机构,但是对学前教育却是非常重视的。古代学前教育的实践从胎教开始,普通群体幼儿德、智为主的教育主要通过较为系统、严格的家庭教育来完成,而以游戏、童谣等娱乐为主的社会教育主要完成幼儿体育和美育方面的教育。皇室家族的幼儿教育作为一种特殊群体的教育,则很早便建立起了较为规范、严格的教育制度。

关键术语

胎教　家庭教育　社会机构

第一节　古代的胎教

一、古代胎教的发生与发展

胎教,是指通过对孕妇实施外界影响,或通过孕妇自我调节达到作用于体内胎儿,使其能良好发育、生长的教育过程。我国是世界上最早提出并实施胎教的国家。据史料记载,我国实施胎教的历史,可以上溯到距今三千多年的西周时期。最早实施胎教的是西周文王的母亲太任。据《列女传》记载,太任自妊娠后,"目不视恶色,耳不听淫声,口不出敖言,能以胎教"[①]。因此,有人认为,正因为太任在怀文王时,不看丑恶的东西,不听邪恶的声音,不说傲慢不逊的话语,自觉地实施胎教,故文王天资极高,聪慧明圣,智力超群,最终成为

---

① 刘向:《列女传·周室三母》。

历史上一代贤明君主。

文王之孙成王的母亲周妃也实施过胎教，汉代学者贾谊在《新书·胎教》中说："周妃后妊成王于身，立而不跛，坐而不差，笑而不喧，独处不倨，虽怒不骂，胎教之谓也。"意思是说成王的母亲在怀孕时，不把重心偏倚一足而立，不半倚半躺而坐，不高声大笑，一人独处不呈张狂态，发怒时也不骂人。《大戴礼记·保傅》中也有类似记载。古人认为，成王正是由于与文王一样在母体内即"气禀贤妣之胎教"①，故终亦成为贤明君主。

太任与周妃被后人誉为"贤妣"，主要是因为她们为了太子的教育，能够自觉地对自己的视听言动和思想情感进行约束，而其他人一般不容易做到。因此，为了保证胎教的实施，西周社会还建立了细密的胎教制度，以从外部加强对孕妇的约束。北齐时期的学者颜之推曾说："古者，圣王有胎教之法：怀子三月，出居别宫，目不邪视，耳不妄听，音声滋味，以礼节之。"② 意思是说，古代圣王的后妃在怀孕3个月之后，就要被安排居住在专门的宫室之内，一切行为均须遵循礼的规定，受礼节制。古史《青史氏之记》中则有更详细的记载：王后怀胎7个月后就要出居分娩前的专门侧室中，由宫廷内的乐官（太师）、膳夫（太宰）、卜筮管（太卜）分别拿着奏乐用的乐管、炊事用的斗器、卜筮用的蓍草和龟甲侍奉着王后。在此后直至生产前的时期内，如果王后对声乐、饮食等方面的要求有悖礼法规定时，他们就以不会、不敢之类的托辞婉言拒绝，以保证胎教的正确实施。

西周是我国胎教理论与实践发展的初始阶段。这个时期的胎教主要实施于帝王之家、宫廷之内，当时的统治者对胎教极为重视，他们甚至把胎教之道"书之玉版（即玉简），藏之金柜，置之宗庙"③。而对于普通百姓则是秘而不宣。到了春秋战国时期，政治、经济下移，导致了学术下移、教育下移。作为西周文化教育内容之一的胎教之道开始走出宫廷，渐为民间所知，为世人所行。汉代韩婴的《韩诗外传》记载，战国时期儒学大家孟轲的母亲就在怀孟子时，"席不正不坐，割不正不食"，实施胎教。孟子出身于寒门，可见那时的胎教已为普通民众所熟知。

二、胎教的发展

秦汉之后，胎教得到了进一步发展，主要体现在中医学理论的介入，使得人们对胎教的认识与实践更加符合科学。

《黄帝内经》是我国古代最早的中医学著作，成书于秦汉时期。该书结合"气一元论"与"阴阳五行"学说，对生命的成因、疾病的起源等做了唯物主义的解释，指出人的某些疾病起因在胎儿时期，称为"胎病"，如"颠病"就是"得之在母腹中时，其母有所大惊，气上而不下，精气并居，故令子发癫疾也"④。为避免"胎病"发生，保证胎儿健康发育，有必要对孕妇的日常生活进行指导，通过母教实施胎教。这是我国最早从医学角度探讨胎教问题的论述。

隋唐以后，我国医学处于迅速发展时期，与胎教有关的儿科、妇科日渐分化出来成为独立科。大批医学家介入对胎教的研究与提倡，他们一方面继承和总结了前人实施胎教的经

---

① 《太平御览·人事》引曹丕语。
② 王利器. 颜氏家训集解 [M]. 上海：上海古籍出版社，1980：25.
③ 贾谊：《新书·胎教》。
④ 黄帝内经·素问·奇病论 [M] // 二十二子·黄帝内经：卷13，上海：上海古籍出版社，1986：927.

验,另一方面从医学角度进行阐明和论证,进一步提出养胎与胎教相结合的主张,不仅丰富了古代胎教实施的内涵,也增强了古代胎教学说的科学性。

唐代医学家孙思邈在总结前人胎教理论与自己临床经验的基础上,明确提出了古代胎教学说的基本观点——"外象内感",意思是说母亲所接触的外界物象会直接被体内胎儿感应到。他特别指出,妊娠3个月时,胎儿还未完全成形,很容易受到外界环境的影响而变化。为此,孕妇应特别注意自己的言行举止。他认为,为了生子健美,就必须常视犀象猛兽、珠玉宝物,以此接受孔武有力、容貌娇美的感应。同样,欲使子孙道德贤良、聪慧无疾,也必须多"见贤人君子、盛德大师,观礼乐、钟鼓、俎豆、军旅陈设,焚烧名香,口诵诗书、古今箴诫,居处简静"① 等。孙思邈对孕妇提出的上述要求虽然不免夹杂有臆想的成分,但从总体上说,他强调孕妇必须注意外界环境对胎儿的影响,这一基本思想是正确的。

重视孕妇精神状态的调节,一向是古代胎教的重要内容之一。在这一方面,明代医学家万全也曾从医学角度对情绪给胎儿的影响做了较为科学的解释,他说:"受胎之后,喜怒哀乐,莫敢不慎。盖过喜则伤心而气散,怒则伤肝而气上,思则伤脾而气郁,忧则伤肺而气结,恐则伤肾而气下。母气既伤,子气应之,未有不伤者也。其母伤则胎易堕,其子伤则脏气不和,病斯多矣。"② 新生儿中那些盲、聋、哑、呆、癫痫等患者均是孕妇怀孕时出现情绪过度波动,导致母体中胎儿受到伤害所致。因此,孕妇应该加强自我心理调节,注意控制情绪的波动。只有孕妇心绪和顺,胎儿才能健康成长。

唐宋以后的医学家在要求孕妇注意自我心理调节、保持心绪和顺的同时,还十分重视孕妇饮食的调摄。如宋代妇产科医师陈自明在我国较早的妇产科专著《妇人良方》中便指出,妇人受孕之后,切应忌食一些不可食之物。元代医师朱震亨在《格致余论》中也认为,由于胎儿与母同体,母亲的热、寒、病、安均会无一例外地直接传达给胎儿。故孕妇对于饮食起居必须格外慎重。此外,医师还要求孕妇饮食应该饥饱适中,因为过饥或过饱都会给母体和胎儿带来伤害。同时在生活起居的其他方面也必须注意节制。

总之,汉唐之后的许多医学家在论述胎教之道时多持"胎养与胎教相结合"的观点。明代许相卿所说的一段话大体上可以代表这种观点:"古者教导贵豫,今来教子宜自胎教始。妇妊子者,戒过饱,戒多睡,戒暴怒,戒房欲,戒跛倚,戒食辛热及野味。宜听古诗,宜闻鼓琴,宜道嘉言善行,宜阅贤孝节义图画,宜劳逸以节、动止以礼。"③ 在他们看来,只有重视饮食起居中的避忌,善于调节自己的情绪,并辅之以知识、音乐、道德的陶冶与教育,所生子女才能容貌俊美,气禀超群,道德良善。这种养教一体化的胎教观点,不仅发展了前人的胎教思想,丰富了古代胎教的内容,而且也揭示了胎教发展的方向,并与现代胎教理论颇为一致。

三、古代胎教的经验和局限

纵观古代胎教的历史,可以看出,中国胎教历史悠久,很受社会重视,有着相当程度的

---

① 孙思邈. 千金方·养胎 [G] //中国学前教育资料史编写组. 中国学前教育史资料选. 北京:人民教育出版社,1989:21.
② 万全. 妇人秘科·养胎 [G] //中国学前教育资料史编写组. 中国学前教育史资料选. 北京:人民教育出版社,1989:23.
③ 许相卿. 许云邨贻谋 [M] //中国学前教育资料史编写组. 中国学前教育史资料选. 北京:人民教育出版社,1989:23.

发展，积累了大量的经验。

（一）注重外界环境对胎儿的影响

在"外象内感"理论的指导下，古人强调要为孕妇创造一个尽可能良好的环境，避免各种不良事物对胎儿的影响。现代生理学的研究证明，胎儿确实具有初步的感觉能力，能够对外界的影响做出反应。

（二）注重母体的精神因素对胎儿的影响

这也是"外象内感"的一个重要方面，因此，古人要求孕妇一定要保持良好的、稳定的情绪，节制喜怒哀乐等情绪以及各种欲念的过度发作。这些做法也是现代胎教所提倡的。现代生理学的研究证明，母亲的情绪波动会影响到胎儿的发育，因此，孕妇保持良好的情绪对胎儿身心发展大有好处。

（三）注重孕妇良好生活习惯的培养

古代胎教强调孕妇的饮食起居等日常生活习惯要有一定规矩，并且罗列了孕妇的种种禁忌，许多内容在今天看来近乎荒唐，如"割不正不食，席不正不坐"等，但这反映了古人深知母亲的饮食起居、一举一动对胎儿的影响之大。因科学认识水平所限，故只好多立禁忌，以求平安保险。强调饮食清淡、饥饱适中、举措有常，这对胎儿是有益的。

（四）注重胎教和母教的结合

古代胎教实际上也是母教。胎教的内容要求，对胎儿是隐性的、间接的，对母亲影响则是显性的、直接的。母亲在怀孕期间处于良好环境的影响下，进行生活常规的训练、情绪和性格上的陶冶以及知识的学习和道德的培养，这些措施必然能促进母亲在身体、品德、智能方面有较大的发展从而为子女出生后的教育打下良好的基础。由此可见，胎教又是培养家庭教育的重要组成部分——母育的重要手段。它的作用除当时影响到胎儿的身心发育之外，还延伸到此后的婴幼儿教育以至整个的家庭教育之中，具有长远的效应。重视胎教等于在教育方面创造了一个良好的开端，也将促进对此后各个年龄阶段儿童的教育。

当然，古代限于科学认识水平的低下，特别是对胎儿生理心理发育缺乏系统的科学研究，因此，胎教的理论和措施中也有不少非科学的东西。"外象内感"这一理论，强调客观环境对胎儿的决定性影响，应该说具有唯物主义观点，但过于绝对化，忽视了胎儿的遗传因素和自身的固有发展规律，无限夸大了"外象"的作用，以至认为胎儿"见物而化"，"因感而变"，不仅品德、才能可因胎教而定型，甚至相貌、性别也可由胎教来决定，这显然是错误的。至于一些稀奇古怪的禁忌，如食兔肉则子缺唇，食鳖肉则子短颈，食骡肉则难产，看神怪戏及猴戏则子貌酷肖之，等等，将所接触事物的某些特征与胎儿、孕妇的某些疾患牵强附会在一起，都是违背现代科学的认识。

四、古代胎教的基本主张和原则

（一）胎教的基本主张

（1）择偶的主张。随着独尊儒术的强化，伦理精神已开始渗透于社会生活之中，并影响到人们的择偶观。如《大戴礼记·本命》中论及"五不娶"原则，除有家族病史的女子不娶属生理因素外，其他四项均属于伦理范畴，包括"悖逆之家的女子""淫乱之家的女子""获罪之家的女子"及"丧母之家的女子"。所娶者，"必择孝悌、世世有行义者"

（《白虎通义·嫁娶》）。同时，也将"重人伦，防淫佚"作为基本原则。这种择偶观所据的"道德遗传说"在现代是找不到理论依据的，但应看到其"慎始"而须"正本"的思路。

（2）有关适时受孕的主张。适时受孕的要求之一是，确定生育最佳年龄。针对当时普遍早婚的陋习，《白虎通义·嫁娶》主张："男三十筋骨坚强，任为人父；女二十肌肤充盈，任为人母。"适时受孕的要求之二是，在大病之后、过劳之时、醉酒之中，不宜行房事以留后患。陶渊明晚年发现子女鲁钝，悟得"盖缘于杯中物贻害"即是一例。适时受孕不仅要求男女身体健康，而且要求双方的精神愉悦。这无疑符合现代优生原理。适时受孕的要求之三是，对于年份、季节、气候的选择。这里面可能包含着某些科学因素，但也明显存在着非科学的主张，如"天象凶险"之年不宜受孕生育说等。

（3）有关少生的主张。中国古代"多子多福"的观念，造成多生的社会现实。王充依据"禀气说"指出："人禀气而生，含气而长。"他认为，禀气的多少，由父母所决定；多生则禀气薄，少生则禀气厚。他以自问自答的形式主张少生，指出："妇人疏字者子活，数乳者子死，何则？疏而气渥，子坚强；数而气薄，子软弱。"（《论衡·气寿》）少生是优生的前提之一。

（二）胎教的基本原则

南北朝名医徐之才提出："妊娠一月始胚，二月始膏，三月始胞。"（徐之才《逐月养胎法》）古人施行胎教，大致始于受孕"五月"之后。其施行胎教的原则，大体可归纳为以下四项：

（1）食物要求——"不食邪味"。在先秦，"割不正不食"已成为孕妇"禁口"的准则。此后，孕妇禁食之物不断增多并更为具体。如牛心、狗肉、兔肉、鲜鱼、螃蟹、虾蟆、生姜、辣椒等。其中有些属经验之谈，而有些则纯属无稽之谈。总体说来，忌食辛辣生猛，主张饮食清淡，无疑有一定道理，但有些牵强附会之说，缺乏科学依据。

（2）环境要求——"居处简静"。施行胎教，必须注意选择适当环境。贾谊记有："王后有身七月而就蒌室。"戴德《大戴礼记》有："王后腹之七月而就宴室。"颜之推说："古者圣王有胎教之法；怀子三月，出居别宫。"蒌室、宴室、别宫均为宫廷中专门施行胎教的场所。它远离喧嚣，僻静安谧，使孕妇"耳不听恶声"；它陈设简朴，力戒奢华，使孕妇"目不视恶色"。这种对环境的选择，为孕妇"必慎所感"所要求，故有其道理。当然，其中亦有诸多唯心的看法，如孕妇居处附近不得"有所兴修"。其原因在于，用泥刀则胎儿"形必伤"，和泥浆则胎儿"窍必塞"，敲砖块则胎儿"色青黯"，此显属谬论。当然，若从噪声、空气污染方面立论，则又有科学的一面。

（3）行为要求——"行坐端严"。贾谊在记述宫廷胎教时，五项内容中有三项属行为举止的要求（立而不跛，坐而不差，独处不倨），由此可见此项原则的重要。这类要求是否具有科学依据值得进一步探求。但是，勿登高、勿涉险、勿独处暗室、勿骑马奔驰等，属于生理学和心理学常识。

（4）情绪要求——"情性和悦"。贾谊所记述的宫廷胎教的另外两项要求为："笑而不喧"，"虽怒不詈"，这属心理因素无疑。王充认为："母不谨慎，心妄虑邪，则子长大狂悖不善。"（《论衡·命义》）这也是强调精神因素的重要性。对于孕妇，控制情绪、陶冶性情很重要，胎儿将因此受益。

第二节　古代家庭的学前教育

家庭是社会的基本细胞，家庭也是幼儿接受教育的最早场所。家庭教育直接影响着幼儿未来的发展。

一、学前家庭教育的目的

家族本位是中国古代社会的重要特点。家庭不仅是人们居住、生活的地方，还为个体提供了保护。从一定意义上讲，在古代中国社会中，个人一旦离开了家庭便无法生存。由此，个体的一切都是家族（庭）的，家庭教育的终极目的，是使家庭成员现在能够和睦相处，将来能够光宗耀祖。

二、学前家庭教育的内容

纵观中国两千多年封建社会时期的学前家庭教育，其教育内容主要包括生活常规教育、初步的道德教育、早期的知识教育、身体保健等方面。

（一）儿童生活常规的教育与培养

封建礼教是封建时代人们思想行为的规范体系。孔子说："非礼勿视，非礼勿听，非礼勿言，非礼勿动。"即要求人们一言一行、一举一动都必须符合"礼"的要求。"礼"的核心在于辨名分、定尊卑，使君臣、夫妇、长幼、上下各有等级差别，从而确定各类人际关系的准则及相应的行为规范，使每个人都能在自己所处的社会位置上安守本分、循规蹈矩，从而稳定整个社会秩序。"礼"的精神和规范很大程度上要靠教育来贯彻推行，它的要求对象涉及社会上所有的人，贯穿于每个人的一生，存在于生活的各个场合，儿童自然也不例外。儿童年龄越小，尊长敬长的要求越突出，所以，古代十分重视儿童自幼的生活常规训练。

古代关于儿童生活常规的要求极多，被概括为"幼仪"或"童子礼"，基本上都是为封建礼教服务的。这些生活常规总的原则是谦卑、恭谨、稳重。

在儿童自身的举止行为方面，古代对儿童的坐、立、行、跪、拜、起居、饮食等方面都有严格的规定。例如，坐应齐脚、敛手、定身端坐，不得靠椅背、伸腿、跷腿、支颐（手托腮）、欠身及广占坐席。站立应拱手正身、双足相并，不得欠脚、歪斜、踏物、靠墙。饮食的约束就更多了，如吃饭时不得说话、发声嚼啜，等等。总的目的是使儿童自幼动静有度、举止儒雅。

在儿童与家中长辈的关系方面，古代更是制定了详尽的行为准则，称为"应对、进退之节"。在婴儿手足能自主活动时，就要教他作揖拱手。每日清晨和黄昏向父母请安，逢年过节及长辈寿诞的叩头行礼也是幼儿能走动时就开始训练。在与长辈日常接触的各种场合和各个环节都有具体要求和规定。例如：

长辈召见之礼。朱熹在《童蒙须知》中说："若父母长上有所唤召，却当疾走而前不可舒缓。"长辈召唤时，既不可慢走以有失恭敬，也不可快跑以有失稳重，正确的做法是立即快步前往。到了长辈面前，要"立必正方，不倾听"，即面向长辈站好，不能侧着身、歪着头听长辈讲话。长辈有所教训时，必须低头听受，不可妄发议论。回答长辈的问话时，如已就座要站起来，语言要详缓，不可中途打断长辈问话，不可声音过大或态度不严肃，更不可顶嘴抗辩。如果长辈与自己挨得很近的话，说话时还必须用手掩口，既示尊重，也有不使口中气味触及长辈之意。

求见长辈之礼。《礼记·曲礼》中要求儿童"将上堂，声必扬；将入户，视必下"。即事先发出声音以使长辈有所准备，不可突然推门而入；进屋时应放低视线，不可四处张望。此外，与长辈在任何地方不期而遇，均应垂手侍立，长辈有话则应，无话则退；陪同长辈应酬时，不得妄自开口，随意与他人搭话；等等。总之，要表现出对长辈的谦恭、体贴的态度，而不可恣意而行。

养成卫生的习惯也是古代培养儿童家庭生活常规的重要内容。朱熹在《童蒙须知》中说："大抵为人，先要身体端整，自冠巾、衣服、鞋袜，皆须收拾爱护，常令洁净整齐。"平时应十分注意衣着整洁，"饮食照管，勿令污坏；行路看顾，勿令泥渍"。除了注重个人卫生之外，还要求保持环境卫生。朱熹说："凡为人子弟，当洒扫居处之地，拂拭几案，常令洁净。"

以上这些生活常规适用于所有晚辈子弟，而它的训练则是自幼开始的，其中充斥着封建礼教的内容，烦琐而形式化的色彩较浓，而且许多要求是不适合儿童年龄特点的，是对儿童天性发展的遏止。但古代制定的儿童生活常规也并非一无是处，它所体现的是一种认真、严格的教育精神，有些是对儿童行为举止的必要约束。要求儿童尊敬长辈、体贴他人，不至于一切以自我为中心，恣情任性等，有不可否定的积极意义。

(二) 初步的道德教育

重视道德教育在中国具有悠久的传统。孔子说："行有余力，则以学文。"行指品行、德行，意思是说在品行、德行修养有余力时才可以学习文化知识。以品德为先不仅是数千年封建社会学校教育、社会教育的主旨，而且也成为学前家庭教育的"纲领"。朱熹也说："自小便教之以德，教之以尚德不尚力之事。"在家庭中对幼儿进行思想品德教育，主要是使儿童形成初步的道德观念，养成良好的行为习惯。这种德教内容主要包括以下几个方面：

1. 孝悌

《吕氏春秋·孝行》中说："夫孝，三皇五帝之本务。"可见，注重孝道在我国有着悠久的历史。西周以后，孝悌之道更是成为古代道德的根本。因此，在封建社会中培养幼儿的孝悌观念，也就成为学前家庭教育的首要任务。

对幼儿进行"孝"的教育，主要是要求幼儿从小养成不违父母意志，服从父母绝对权威的习惯。如清代学者李毓秀在其所著《弟子规》中曾说："父母呼，应勿缓；父母命，行勿懒；父母教，需敬听；父母责，须顺承。"北宋史学家司马光在《居家杂仪》中也指出："凡诸卑幼，事无大小，无得专行，必咨禀于家长。"这些要求均是为了突出父母的绝对权威。

对幼儿进行"孝"的教育，还要求幼儿自小养成敬奉双亲的习惯。《孝经·纪孝行》中说："孝子之事亲也，居则致其敬，养则致其乐。"意思是说，孝子的事亲之道，主要是平时对父母态度应恭敬，不得懈怠，尽己之能侍奉父母并使其得到快乐。《三字经》记载："香九龄，能温席。"东汉黄香9岁时，对父亲非常孝顺，寒冬时能用自己的体温为父亲暖被窝。因此被列为古代二十四孝之一，成为封建社会儿童学习的榜样。

注意从小培养儿童孝顺双亲的品德，是我国古代尊老孝亲传统道德意识的体现，同时，以此作为儿童道德意识形成的起点，亦符合儿童道德形成的规律。当然，封建社会的"孝"

从本质上说是"借正父子之伦,以严君臣之分"。突出父权的"孝",旨在强化对皇权的"忠",而且这种"忠""孝"是不问是非的"愚忠""愚孝",它完全扼杀了儿童的个性与自由,成为制造奴性和奴才的渊薮,这是我们应当批判的。

如果说孝是用以维系纵向的家庭关系,占主导地位,那么悌则是用以强化横向的家庭关系,居辅助地位。对幼儿进行悌的教育,主要是要求孩童自幼兄弟友爱,为兄者爱护弟弟,为弟者敬爱兄长。据说东汉时大文学家孔融4岁时,就能把大的梨子让给兄长吃,而自取小的。这则"孔融让梨"的故事在封建社会曾广为流传,并在学前家庭教育中作为进行悌德教育的典型事例而屡被引用。

家庭教育中强调悌德的培养,目的是为了使兄弟和睦,家族兴旺,个人日后能在社会上立身。三国时向朗曾告诫其子说:"贫非人患,惟和为贵。"《魏书·吐谷浑列传》中还记载了一则故事:吐谷浑国的国王阿豺有20个儿子,他在病危时便把儿子们叫到面前,说道:"你们各人拿我一支箭,在地上折断。"他的儿子们都把箭折断了。随后他又对其同母弟弟说:"你取19支箭来,合在一起把它折断。"他的同母弟弟怎么也折不断。阿豺便说:"你们明白吗?单独一支箭容易折断,把多支箭并在一起就很难折断了。只有你们同心协力,然后国家才能够巩固。"这则故事正是寓意着兄弟团结才有力量的道理。

2. 崇俭

我国古代是个农业国家,农村的稳定决定着朝廷的安危。农业生产艰辛,丰收得之不易,一如唐诗中所说:"谁知盘中餐,粒粒皆辛苦。"故珍惜粮食,崇尚俭朴就成为中华民族的传统美德和家庭教育的重要内容。

在封建社会中,父辈创下的家业,小辈坐享其成,难知其中的艰辛。如果不使自己的子弟养成俭朴的生活习惯,他们就有可能成为败家之子,这也是许多家庭重视对儿童进行崇俭教育的一个重要原因。

为使幼儿树立崇俭的观念,封建社会中的一些有识之士在家庭中经常教导儿童俭朴是一种美德,奢侈则是最大的罪恶。宋代文学家陆游在《放翁家训》中曾告诫后辈:"天下之事,常成于困约,而败于奢靡。"认为生活的清贫、俭朴,常促人奋进、成才,而专尚奢侈则会使人堕入深渊。明末清初的朱柏庐在其家教名篇《朱子家训》中也曾要求子女:"一粥一饭,当思来之不易;半丝半缕,恒念物力维艰。"

为了培养儿童的俭朴生活习惯,对于幼儿的饮食与衣着,古人主张不能过于讲究,如《礼记·曲礼》中曾规定:"童子不衣裘裳。"这不仅是因其过暖不利于儿童发育,更主要的是因其华贵不利于儿童养成崇俭的习性。

3. 诚信

诚信就是诚实无欺。明人李贽说:"夫童心者,真心也。"幼儿的天性纯洁美好,"绝假纯真",然而由于不正确的影响或幼儿自身因自夸或惧过之故,有时也会说谎,这是日后欺诈之心生长的萌芽,长此以往,其"童心"将逐渐失却,"若失却童心,便失却真心;失却真心,便失却真人;人而非真,全不复有初矣"。要卫护此诚实无欺的"童心",使之不失,长辈首先应该从正面进行教育。而由于幼儿年幼无知,难辨是非,长辈又应以自身诚实的行为来引导幼儿。《韩诗外传》中记载了一则孟母教子无欺的故事:孟子幼小的时候,有一次看见邻居家在杀猪,便问母亲:"他们为什么杀猪?"孟母随口答道:"给你吃。"继而又很后悔,她想:自己这是在用假话去欺骗孩子,也是在教小孩不诚实。于是便去买了邻居家的猪肉给孟子吃，以避免对孩子产生不良的影响。

一旦小孩由于某种原因说了谎，父母则应该及时训诫，予以纠正，以杜绝此类事的再度出现。宋代邵博在《闻见后录》中曾记载史学家司马光儿时的一则往事：在司马光只有五六岁时，一次剥核桃吃，不会去皮，其姐要帮助他，他执意不肯。后来一婢女帮他用热水把核桃烫一下后，很容易剥去了皮。等姐姐再来时，见他已将核桃皮剥去，便问他是谁帮他剥的，司马光回答是自己所为。恰好父亲在旁边目睹了此事的经过，听到司马光的回答便厉声训斥："你怎么敢胡说？"司马光从此再也不敢说谎了。

4. 为善

善，在封建社会主要是指合乎道义、合乎礼仪的事。古代学前家庭教育中非常注意使幼儿养成行善去恶的观念，经常教育幼儿除在家孝顺父母、敬爱兄长外，在外凡是合乎道义的利人之事都应为之。由于孩童年幼，不可能做出惊天动地的大善事，故许多家长都非常重视教育幼儿行小善戒小恶，积小善以成大德。如三国时的刘备曾遗诏教育后主说："勿以恶小而为之，勿以善小而不为。"清人张履祥在《训子语》中亦说："善不积，不足以成名；恶不积，不足以灭身。"西汉的贾谊在《新书》中还曾记载了这样一则古人教子为善的故事：春秋时期的孙叔敖，幼时在外玩耍，见到一条两头蛇，回家后向母亲哭诉："我听说看见两头蛇的人必死，今我见到一条两头蛇，恐怕我活不了多久了。"母亲问他蛇在哪儿，他说："我怕别人又看见它，已将它打死埋掉了。"母亲说："你不必担忧，凡积善行善的人，老天爷会予以保护的。"古人重视教育幼儿为善积德，积小德成大德，这无疑是很可取的。

(三) 文化知识教育

由于中国封建社会的文官选拔是与文化考试紧密相连的，它促使人们异常重视文化知识（主要是儒家经典）的学习。于是在"万般皆下品，唯有读书高"的思想支配下，文化知识教育便成为众多家庭幼儿教育的主要内容。

封建社会家庭对幼儿实施的文化知识教育，主要是教他们识字、学书、听解《四书》，以及学习一些名诗、名赋、格言等。

识字教育是文化知识教育的重点与起步，在有条件的家庭中，幼儿的识字教育一般在三至四岁时便已开始，并且有的家庭还很注意研究识字教学的方法，如清代学者蒋士铨四岁时，其母"镂竹枝为丝断之，撇、捺、点、横等笔画形式合而成字，抱铨坐膝上教之。既识，即拆去。每日识十字，次日令持竹丝合所识字。"这种教学方法，不但能引起儿童兴趣，而且对于儿童清楚字的笔画结构亦有益处。

封建社会对于用作幼儿识字启蒙教育的字书教材的编写颇为重视，秦时李斯著有《仓颉篇》、赵高作《爰历篇》，汉时司马相如撰《凡将篇》、史游作《急就篇》，南朝周兴嗣的《千字文》与宋代王应麟的《三字经》，以及无名氏的《百家姓》，简称"三、百、千"，这些都是古代蒙学字书编写的代表作，它们流传极广，甚至为朝鲜、日本所学习。这些字书虽不是专为家庭幼儿教育而编，但实际上许多家庭已将它们作为家教识字课本，原因在于这些教材编得生动活泼，而且均采用韵语，或三言句，或四言句，句短合辙，读来朗朗上口，便于幼儿记诵。此外，它们虽都按集中识字编排，但并非字的机械组合，而是把它们巧妙地组成富于思想意义的句子，由此介绍日常生活常规、自然科学知识和进行思想教育等。可见，从严格意义上讲，它们是分散与集中识字相结合的教材，这种编写方法很值得我们借鉴。

古代家庭教育中，由于人们普遍认为幼儿因手骨没有发育完全，执笔有一定困难，故识字教学与习字教学常常是分开进行的。一般的家庭在幼儿 6~7 岁时才开始教他用毛笔在纸上练习写字。教幼儿习字的程序大致是先教幼儿把笔,"盖蒙童无知,与讲笔法,懵然未解。口教不如手教,轻重转折,粗粗具体,方脱手自书。"其次是教幼儿描红,再次则是教幼儿临摹名家碑帖,最后才是脱离碑帖习字。不过,古时也有出于种种原因,在幼儿 4~5 岁时即以芦荻或木棒代笔在地上教其学书的。如南朝的道教思想家、医学家陶弘景,"幼有异操,年四五岁,恒以荻为笔,画灰中学书"。又如北宋文学家欧阳修四岁时丧父,母亲郑氏督教很严,因家贫买不起纸笔。即以荻画地教子习字,后世因而以"画荻"为称颂母教的典故。

及早教幼儿识字、习字是为了使幼儿能及早阅读儒家典籍。在某些家庭中,或出于父母"望子成龙"心切,或由于幼儿特别聪慧,当幼儿 4~5 岁已能识得一些字后,便开始教授《四书》《孝经》等。北齐的颜之推在《颜氏家训·勉学》中曾说:"士大夫子弟,数岁已上,莫不被教,多者或至《礼》《传》,少者不失《诗》《论》。"可见当时的士大夫家庭对幼儿进行儒家经典的教学已很普遍。

由于诗赋是科举考试中的一项重要内容,故古人在家庭中亦极为重视对幼儿进行诗赋知识的启蒙,主要是选择汉赋中的某些名篇、唐宋诗中的某些名家作品让幼儿背诵。最为常用的教材有《唐诗三百首》《千家诗》和北宋汪洙的《神童诗》等。

在学前家庭教育中,古人除重视对幼儿进行文化知识的传授外,还着意于使幼儿养成乐学、勤学的学风。为此,他们常常鼓励幼儿要从小立下大志,以此作为勤学苦读的目标和动力。如三国时的诸葛亮在《诫子书》中曾说:"非学无以广才,非志无以成学。"视志向为成才的前提与保障。颜之推也在《颜氏家训·勉学》中阐述:"有志尚者,遂能磨砺,以就素业;无履立者,自兹堕慢,便为凡人。"同时,他们还经常用许多古今学者珍惜光阴、勤勉学习的范例激励幼儿勤学、苦学,如颜之推在家训中就曾引古时苏秦刺股苦读、孙康映雪读书、车胤囊萤照书等事迹教育子孙后代勤奋学习,从小养成踏实勤奋的求学作风。

(四)幼儿身体保健教育

古代学前儿童的教育内容是以思想教育与文化知识教育为主,但同时在许多家庭中也注意到教养结合的问题,强调注重对婴幼儿的身体保健工作。明代医师万全在《育婴家秘·鞠养以慎其疾》中认为:"(小儿)能坐、能行,则扶持之,勿使倾跌也。"为了提高婴幼儿抗御疾病的能力,许多中医学者反对婴幼儿过饱过暖。明时许相卿说:"婴孩怀抱,毋太饱暖,宁稍饥寒,则肋骨坚凝,气岸精爽。"民间也有"若要小儿安,常带三分饥与寒"的谚语。

游戏是学前儿童喜爱的活动,也是古代家庭中加强幼儿身体锻炼的一种重要方法。早在战国时期,《韩非子·外储说左上》中就有小孩玩"过家家"游戏的记载:"夫婴儿相与戏也,以尘(土)为饭,以涂(泥)为羹,以木为胾(肉块)。"古时能起到锻炼身体作用的幼儿游戏主要有拔河、跳百索(跳绳)、放风筝、踢毽子、踢球(琢石为球,以足蹴之,前后交击为胜)等,许多游戏至今仍为幼儿们所喜爱。

纵观封建社会学前家庭教育的内容是非常丰富的,它涵盖了德、智、体等诸方面,与学校教育和社会教育的内容在本质上是一致的,体现了教育的连贯性。但古代学前家庭教育的内容又是有偏颇的,它过于突出德育与智育,而且许多繁杂的教育内容过于成人化与教条化,使幼儿难以承受,在很大程度上扼杀了儿童的天性。

三、学前家庭教育的原则

1. 及早施教

及早施教不仅是中国传统的幼教理念,也是中国家庭教育的实际。《大戴礼记·保傅》中便提出对初生婴孩当施以教育的观点。北齐颜之推在《颜氏家训》中更提倡有条件的家庭对下一代的训导应从胎儿开始,普通人家即使没有条件实行胎教,也应在婴孩能辨识人的脸色和情绪变化时,便可加以教诲。而宋代司马光在《居家杂仪》中也提出:"子能食,饲之,教以右手。子能言,教之自名和唱诺、万福、安置。稍有知,则教之数与方名。"①

古代家庭注重早期教育,一是源于幼儿具有记忆力强、易于塑造特点的认识。如颜之推便认为幼年思想单纯,精神专一,学习效果好。他曾以自己幼年与老年不同阶段的学习体会得出结论:幼年读书如日出之光,晚年读书则如秉烛夜行,其光亮程度不可与日光同日而语。但他同时又认为,年幼者精神未定,易受外界影响,因而早期行为习惯的养成就十分必要。北宋中期的程颐主张"以豫为先"的原则,认为教育应以"豫"为主,因为人在幼年,智愚未定,每日以格言至论教育之,久而久之,习成自然,基本定型,日后便不会受外界谗言谣惑的影响。二是基于以往的教育经验,体会到从小养成良好的习惯,较其养成恶习长大再行纠正容易得多。北宋史学家司马光有一个形象的比喻:在一棵"恶树"萌芽时不铲除它,而待其长成合抱之木再去砍伐,所费的力气肯定要大得多。犹如开笼放鸟再去捕获它、解缰放马再去追逐它,何若不打开笼子、不解开缰绳更容易抓住它们呢?

注重早期教育固然有着积极的意义,但需要指出的是,我国自唐代科举盛行之后,家庭中重视早教通常等同于书本知识教育的启蒙,而由此也导致呈现出强烈的"神童"崇拜情结,竞相让三四岁的孩童背诵其完全不能理解的《论语》《孟子》甚至《春秋》等经书的家庭教育情形极为常见。

2. 慈严结合

出于阴阳互补观和对儿童天性的认识,中国古代家庭教育中普遍提倡严慈结合,"严父慈母"是中国古代对家庭中两位主要教育者角色的一般定位,也反映了中国古代在家庭教育中崇尚严慈结合、恩威并举的特征。

《三字经》说:"养不教,父之过。"父亲被公认为是正常家庭中儿女教育的主要承担者。由于儿女(尤其是儿子)必须掌握的知识技能、道德规范等并非儿童天性中所具有,需要儿童付出艰苦的努力才能获得、形成。为此,强调只有通过严格的教育方能有效。颜之推认为家庭教育应当从严入手,严与慈相结合,不能因为儿童幼小而一味溺爱和放任,父母在子女面前要严肃庄重,有一定威信。他认为"父母威严而有慈,则子女畏惧而生孝矣"。韩非子的"慈母多败子"更是成为后世家庭教育子女时的格言警句。当然,父母如果只知有教而无慈爱之心,也容易伤害骨肉之间的亲爱之情,这显然不是教育者所愿看见的。《韩诗外传》中便提出:为人父者,必怀慈仁之爱心,以养育其子弟;关心其饮食以使其身体发展得到保障。不过值得一提的是,中国传统的家庭教育中,虽然主张对儿女要有慈爱之心,但同时又提出这种慈爱之心不要过于外显,而是要包裹一层严肃的外表。孔子的弟子曾参说,"君子之于子也,爱而勿面也"②。意思是说,父母对于子女的慈爱,不能显露出来,

---

① 费成康. 中国的家法族规 [M]. 上海: 上海社会科学院出版社, 1998: 241.
② 《大戴礼记》.

以免宠坏了孩子。

简而言之,"只慈不教"和"只教不慈"两种倾向均违背了家庭教育的应有之义,慈训结合、爱教并重才是家庭教育的应有之理。司马光对此曾总结道:"慈而不训,失尊之义;训而不慈,害亲之理;慈训曲全,尊亲斯备。"①

当然,现实的教育是复杂的。由于父母对子女的严格教育难免会伤及感情,慈严的尺度并不好把握,由此古代家庭教育中,待孩子稍微长大后,较为盛行的是采取"易子而教"的方式,即父亲多半不亲自教育自己的孩子。究其原因,孟子曾解释道:作为教育者的父亲以正道教育孩子,如果孩子不肯听从,做父亲的必然发怒生气,伤害儿子的感情;儿子感情受到伤害,又会反过来责怪父亲自己做得也不好,如此便伤害了父亲的感情,最终造成父子相伤,感情恶化。

3. 一视同仁

所谓一视同仁,是指对子女应"均爱勿偏"。

由于古代家庭中普遍存在着"多子多福""重男轻女"的观念,导致家长们一方面希望人丁兴旺,但另一方面又缺乏正确的教育观念,在对待子女态度上存在着极大差异,如生男孩便欢天喜地,给他们更多的发展机会,而女孩则被视为"赔钱货",有些地方甚至存在溺杀女婴的现象。即使都是男孩,父母长辈多喜爱聪明伶俐者,不喜欢愚笨木讷者。此外,家长对待儿女的厚薄不均,容易激起兄弟姊妹之间的不满。恰是针对上述现象,一些有见识的教育家特别强调家庭教育中的一视同仁原则。

北朝时期的颜之推在《颜氏家训》中、南宋时期的袁采在《袁氏世范》中,均认为兄弟不和的重要原因之一是由于父母对待子女的憎爱有所偏颇。如袁采便说,一些家庭中的父母在衣服饮食、言语动静等方面,常常习惯于厚其所爱而薄其所恨。其结果是被宠爱者日益骄横,而被讨厌者则心生不平之意,久而久之,兄弟之间便结成仇恨,正所谓爱之实所以害之也。如果父母能均其所爱,兄弟自相和睦,可以两全。

4. 正面教育

家庭教育中的正面教育原则,主要是指教育中一方面应以正面的训导为主,另一方面还应重视良好家庭环境的熏陶作用。

就正面训导而言,南宋理学家朱熹在《小学》中曾说"多说那恭敬处,少说那防禁处","恭敬处"即所谓"应该……"之类正面教育的意思。《小学》虽非专为家庭教育所作,但这个原则同样适用于家庭教育中。在流传下来有关家庭教育的史料中,正面教育的例子比比皆是,如"父兄不可常依,乡国不可常保,一旦流离,无人庇荫,当自求诸身耳"②。这是颜之推以自己的经验教训正面劝勉子弟读书。"古人学问无遗力,少壮工夫老始成。纸上得来终觉浅,绝知此事要躬行。"③ 这是南宋诗人陆游以自己的经验要求儿子学习不能满足于字面上的知识,还应在实践中加深理解,做到学以致用。"幼儿曹,听教诲;勤读书,要孝悌;学谦恭,循礼义;节饮食,戒游戏;毋说谎,毋贪利;毋任情,毋斗气;毋责人,但自治。"④ 这是明代教育家王守仁耳提面命式地给年幼的儿子传授浅近的做人道理。

---

① 司马光:《潜虚》。
② 王利器. 颜氏家训集解[M]. 上海:上海古籍出版社,1980:153.
③ 陆游. 陆游集[M]. 北京:中华书局,1976:1065.
④ 王守仁. 王阳明全集:卷20[M]. 上海:上海古籍出版社,1992:753.

重视营造良好的家庭教育环境和树立良好的家风，是中国古代家庭教育的传统。据《大戴礼记》记载，周武王登基后，对家庭教育非常重视，为营造一种家庭教育的氛围，他命人在床边、镜子、脸盆、房梁、腰带、窗户等各种家庭器物上铭刻教育格言，用以自警和劝诫子孙，如镜子上的铭文是："见尔前，虑尔后。"意思是说话做事应前后关照，考虑周密。家风是指一个家庭在其发展过程中逐步形成的较为稳定的生活作风、传统习惯和道德风尚。良好的家风一旦形成，就能使子弟们受到耳濡目染、潜移默化的影响。司马光在《训俭示康》中就告诫儿子吸取宰相寇准崇尚奢靡豪华的不良家风而导致破败的教训，要求儿子继承祖辈以节俭为荣、以奢侈为耻的清白家风。

家庭教育中强调正面教育为主的原则，一个重要原因是认为幼儿的模仿能力强，先入为主对于儿童的成长是极为有益的。唐代孔颖达在解释《礼记·曲礼》中"幼子常视毋诳"一语时说：小儿一直是在学习、效仿长者的言行，长者要经常示以诚信，而不能示以欺骗，否则会被幼者效仿。

第三节　古代学前教育的社会机构

家庭教育是中国古代学前教育的基本形式。但在中国古代历史长河中，也曾出现过专门接纳幼儿的社会机构，特别是汉代以来，当时所谓蒙学机构实为兼容学龄和学前儿童的教育机构。

一、宫廷学前儿童教育机构

（一）孺子室

西周统治者不仅重视孕妇胎教，而且也十分注重宫廷婴幼儿教育。为了把太子和世子教育培养成为合格的皇室继承人，西周统治者于公元前11世纪，在王宫内和各诸侯国的宫廷内，创设了"孺子室"，即为太子和世子设立的早期教养机构。许慎《说文解字》云："孺，乳子也，一曰输也，输尚小也。"《礼记·内则》云："异为孺子室于宫中，择于诸母与可者……皆居子室。他人无事不往。"

从上述记载中，可以看出当时的"孺子室"专收太子、世子，其出生三日后送入此室，相当于宫廷内的育婴院。对教养员、保育员的要求清楚，职责分明，当时教养、保育人员分为四种，即子师、慈母、保母和乳母，被称为"孺子室"的"四贤"，其职责在上文已提及。由此，有学者认为西周王宫及其各诸侯国宫廷中所设"孺子室"为"学前教育机构的雏形"。即"孺子室"是实施保教工作的专门场所，而"三母"或"四贤"是分工明细的保教人员，从《礼记·内则》"子能食食，教以右手"一段文字中可以看出其相应的保教内容，以及循序渐进的教养工作状态。

（二）宫邸（邸第）学

邓太后，名邓绥（81—121年），为汉和帝皇后。邓太后自幼随兄破蒙于家塾，"六岁能史书"。15岁受选入宫，被立为贵人，师事班昭，深研经史，兼通天文历算。22岁被立为皇后。25岁和帝病逝后，临朝摄政，倡扬儒学，发展教育，尤重宫廷贵胄教育。

为了更好地教育皇室子弟，她于安帝元初六年（公元119年），创办了宫廷学前教育机构——"邸第"。"六年，太后诏征和帝弟济北、河间王子男女年五岁以上四十余人，又邓氏近亲子孙三十余人，并为开邸第，教学经书，躬亲监试。尚幼者，使置师保，朝夕入宫，抚循诏导，恩爱甚渥。"（《后汉书》卷十上，中华书局1973年8月版）

邓太后为什么要创办"邸第"这个宫廷幼稚教育机构呢？据《后汉书》记载，主要原因有两个：一是为了矫正时弊，褒扬圣道，使皇室子弟掌握安邦治民之术；二是针对当时皇室子弟饱食终日，无所用心，不学无术，"不识臧否"，易招"祸败"的通病，组织皇室子弟"习研术学"，学习真实本领，防止"人亡国倾"。可谓用心良苦，很有远见。

邓太后创办的邸第，具有以下特点：一是有明确的办学目的，有很强的针对性，上述原因就体现了这一点；二是设置"师保"，挑选优秀的教师担任教学工作，规定了具体的教学内容，采用儒家经书作为基本教材；三是严格管理，热情关怀，邓太后"躬亲监试"，"恩爱甚渥"，既严格管理，又把严管与"恩爱"结合起来。

以上可见，一方面，孺子室与宫邸学具有明显的特权性，只有王公贵族子女才能享受。一般贵族子弟和平民子女被拒之门外，这远不具备近代教育机构的"公共性"。另一方面，它们区别于家庭教育，具有教育机构的一般特点。

二、社会慈幼机构

（一）宋代的慈幼局、举子仓与广惠仓

北宋的"重文"国策，促进了文化教育的繁荣，但军事实力大大削弱，屡屡遭到外族的入侵。在金兵的进逼下，南宋朝廷且败且退，由此产生了一波接一波的难民潮。南宋朝廷偏安江南一隅后，政治日益腐败，民不聊生。因此，弃婴之风日盛。鉴于此，专设慈幼机构收容孤儿难童，便成为政府安抚民心的手段之一。

宋代慈幼机构有慈幼局、举子仓、广惠仓数种。按其性质分，慈幼局属严格意义的慈幼机构，举子仓大体属于慈幼措施，广惠仓则介于前二者之间。

据《宋史》载，宋高宗绍兴三年（1138年）五月，宋朝廷首设慈幼局于临安（杭州），专门收容"贫民生子不能育者"。该机构由中央政府拨款，为官方的赈恤措施之一。其后，京畿各郡亦仿此例专设慈幼局。个别地方亦有设慈幼局的记载。由于国库拨款无常，加之贪官污吏的中饱私囊，致使慈幼局"久而名存实亡"。宋理宗淳祐九年（1249年），诏令临安府复设慈幼局，并仿"学田制"成例，专拨官田500亩以保证办理的日常经费。

举子仓的创设与朱熹有关。朱熹时任福建泉州同安县主簿，力图有所作为。史载："初，闽人生子多不举。高宗绍兴中，朱子请立举子仓。"（《续文献通考·赈恤》）一般认为，举子仓的设置，实为"孝宗乾道五年三月"，即1169年4月。大体说来，举子仓设于路或府州，它仅是一种专门的赈济机构，向贫家产妇发放救济粮并非收养弃儿之所。

广惠仓的创设稍后于举子仓。《续文献通考·赈恤》又载："（乾道）七年，帝览饶州知府王柜《赈济条书》，言饥民岁多遗弃小儿，令付诸路收养；如钱物不足，可具奏于内藏支降。至是复有收养之诏。五月又诏诸路提举司，置广惠仓，修胎养令。"据此可知，广惠仓似有别于举子仓，它理应为"诸路收养"之所，因而可视为严格意义的慈幼机构。《续文献通考·赈恤》还载有："宋宁宗庆元元年正月，诏两浙、淮南、江东路荒歉诸州，收养遗弃小儿。"可见"诸州"亦设有类似广惠仓的机构。

举子仓系赈济贫困多子家庭，即仍由父母亲属抚育婴幼；而广惠仓则专为恤孤而设，或专立机构，或召人收养，仍以家庭为实施教养的单位。因而，真正具有公共教养性质的机构

为慈幼局。

(二) 清代的育婴堂与育婴社

慈幼机构的创设始于南宋，元、明两代衰落不振。清代立国后，为笼络汉族民心，同时随着"康乾盛世"的国力增强，慈幼机构的办理振兴一时。

顺治帝曾严令禁溺女婴，这使设置慈幼机构成为必要。育婴堂复设于康熙元年（1662年）。《清朝通典·赈恤》记载："建育婴堂于京师广渠门内，定育婴事宜。凡收育弃孩，其有姓名、年月日时可稽查者，注于册，雇乳妇乳之。有愿收为子孙者，听之。本家有访求认领者，讯与原注册符，令其归宗。"

育婴堂的复设，实由康熙帝的祖母孝庄太皇太后发起捐输而成。《清朝续文献通考·赈恤》记载："孝庄皇后首颁禄米。满汉诸臣以次捐输，不数年，由京师达郡县，育婴堂乃遍天下。"

雍正八年（1730年），明令由地方政府按期支拨育婴堂办理经费。其后，又有从盐款项下动支的成例。至清末，各省城均有育婴堂之设。各州亦办有县育婴堂。由于育婴堂兼有婴幼儿养、教功能，成为清末的公共学前教育机构"蒙养院"的首设场所。

清代的育婴社是借鉴宋代的广惠仓制而创立的民间慈幼机构。该社由蔡裎于乾隆年间创立于虔州。《学治一得编》记载其筹组方式为："其法以四人共养一婴，每人月出银一钱五分，遇路遗子女，收至社。所招贫妇领乳，月给工食银六钱。逢月望验儿给银，考其肥瘠，以定赏罚。三年为满，待人领养。"

育婴社本着"有钱出钱，有力出力"的原则，没有专门的设施，而采取付费"召人代养"的形式随机办理，简便灵活。

本章小结

教育作为一种社会现象，随着人类社会的产生而产生，发展而发展。学前教育也是如此，它与人类社会一样古老。中国古代家庭十分重视学前教育，积累了丰富的历史遗产。如对胎教的重视，对于家庭教育的重视，虽然不同阶层的家庭教育内容、方法不尽相同，但大致而言，以待人接物为核心的思想教育，以识字、习字和基本经书学习为中心的知识教育，以及基本生活技能的养成，成为古代幼儿教育的主要内容。

扩展阅读

颜氏家训·教子篇

夫上智不教而成，下愚虽教无益，中庸之人，不教不知也。古者圣王，有"胎教"之法，怀子三月，出居别宫，目不邪视，耳不妄听，音声滋味，以礼节之。书之玉版，藏诸金匮。子生咳提，师保固明孝仁礼义，导习之矣。凡庶纵不能尔，当及婴稚识人颜色、知人喜怒，便加教诲，使为则为，使止则止，比及数岁，可省笞罚。父母威严而有慈，则子女畏慎而生孝矣。

吾见世间无教而有爱，每不能然，饮食运为，恣其所欲，宜诫翻奖，应呵反笑，至有识知，谓法当尔。骄慢已习，方复制之，捶挞至死而无威，忿怒日隆而增怨，逮于成长，终为败德。孔子云："少成若天性，习惯如自然。"是也。俗谚曰："教妇初来，教儿婴孩。"诚哉斯语。

凡人不能教子女者，亦非欲陷其罪恶，但重于呵怒伤其颜色，不忍楚挞惨其肌肤耳。当以疾病为谕，安得不用汤药针艾救之哉？又宜思勤督训者，可愿苛虐於骨肉乎？诚不得已也！

父子之严，不可以狎；骨肉之爱，不可以简。简则慈孝不接，狎则怠慢生焉。

人之爱子，罕亦能均，自古及今，此弊多矣。贤俊者自可赏爱，顽鲁者亦当矜怜。有偏宠者，虽欲以厚之，更所以祸之。齐朝有一士大夫，尝谓吾曰："我有一儿，年已十七，颇晓书疏，教其鲜卑语及弹琵琶，稍欲通解，以此伏事公卿，无不宠爱，亦要事也。"吾时俯而不答。异哉，此人之教子也！若由此业自致卿相，亦不愿汝曹为之。

译文

　　上智的人不用教育就能成才，下愚的人即使教育再多也不起作用，只有绝大多数普通人要教育，不教就不知。古时候的圣王，有"胎教"的做法，怀孕三个月的时候，出去住到别的房子里，眼睛不能斜视，耳朵不能乱听，听音乐、吃美味，都要按照礼仪加以节制，还得把这些写到玉版上，藏进金柜里。胎儿出生至幼儿时，担任"师"和"保"的人，就要讲解孝、仁、礼、义，来引导学习。普通老百姓家纵使不能如此，也应在婴儿识人脸色、懂得喜怒时，就加以教导训诲，叫做就得做，叫不做就得不做，等到长大几岁，就可省免鞭打惩罚。只要父母既威严又慈爱，子女自然敬畏谨慎而有孝行了。

　　我见到世上那种对孩子不讲教育而只有慈爱的，常常不以为然。要吃什么，要干什么，任意放纵孩子，不加管制，该训诫时反而夸奖，该训斥责骂时反而欢笑，到孩子懂事时，就认为这些道理本来就是这样。到骄傲怠慢已经成为习惯时，才开始去加以制止，那就纵使鞭打得再狠毒也树立不起威严，愤怒得再厉害也只会增加怨恨，直到长大成人，最终成为品德败坏的人。孔子说："从小养成的就像天性，习惯了的也就成为自然。"这是很有道理的。俗谚说："教媳妇要在初来时，教儿女要在婴孩时。"这话确实有道理。

　　普通人不能教育好子女，也并非想要使子女陷入罪恶的境地，只是不愿意使他因受责骂训斥而神色沮丧，不忍心使他因挨打而肌肤痛苦。这该用生病来做比喻，难道能不用汤药、针艾来救治就能好吗？还该想一想那些经常认真督促训诫子女的人，难道愿意对亲骨肉刻薄凌虐吗？实在是不得已啊！

　　父子之间要讲严肃，而不可以轻忽；骨肉之间要有爱，但不可以简慢。简慢了就慈孝都做不好，轻忽了怠慢就会产生。

　　人们爱孩子，很少能做到平等对待，从古到今，这种弊病一直都很多。其实聪明俊秀的固然引人喜爱，顽皮愚笨的也应该加以怜悯。那种有偏爱的家长，即使是想对孩子好，却反而会给他招祸殃。

　　北齐有个士大夫，曾对我说："我有个儿子，已有十七岁，很会写奏札，教他讲鲜卑语、弹奏琵琶，差不多都学会了，凭这些来服侍三公九卿，一定会被宠爱的，这也是紧要的事情。"我当时低头没有回答。奇怪啊，这个人用这样的方式来教育儿子！如果用这种办法当梯子，做到卿相，我也不愿让你们去干的。

（选自《颜之推·颜氏家训·第二篇》）

同步测试

一、填空题

1. 中国两千多年封建社会时期的学前家庭教育，其教育内容主要包括_____、

_____、_____、_____等方面。
2. _____是我国古代最早的中医学著作,成书于秦汉时期。
3. 古代家庭中最为常用的教材有_____、_____和北宋汪洙的_____等。
4. 《三字经》说:"养不教,_____。"
5. 西周统治者于公元前11世纪,在王宫内和各诸侯国的宫廷内,创设了"_____"。

二、名词解释

1. 胎教
2. 家庭教育
3. 四贤

三、简答题

1. 简述中国古代胎教的基本主张。
2. 简述中国古代学前家庭教育的内容。
3. 简述古代学前家庭教育的意义、目的。
4. 简述古代有哪些社会教育机构。

第二章

古代学前教育思想

学习目标

1. 了解贾谊的学前教育思想。
2. 了解颜之推的家庭教育思想。
3. 了解朱熹的学前教育思想。
4. 了解王守仁的儿童教育思想。
5. 了解古代学前教育思想的积极主张对当前学前教育的影响。

内容提要

在中国古代学前教育的发展历史中，特别是两千多年的封建社会时期，许多教育家、思想家从不同的角度论述过学前教育的目的、内容、方法等。他们关于学前教育的主张，对当时社会的学前教育的实施起着重要的指导作用。贾谊从培养统治者的角度，对胎教等思想进行宣传，使我国的胎教理论得以延续；颜之推根据耳闻目睹的现实，为了家族荣耀的延续，探讨了家庭教育中的原则和方法；朱熹基于"蒙以养正"的中国传统教育理念，将儿童教育视为人生教育的基础，并强调"学事"是该阶段的主要内容；王守仁从"心即理"的人性理论出发，强调儿童教育过程应体现一种自然教育精神。

关键术语

贾谊　颜之推　朱熹　王守仁

第一节　贾谊的学前教育思想

贾谊（公元前200—前168年，见图2-1），西汉初期著名的政论家、文学家，洛阳人。18岁时，即以能诵读诗书、善为文章称誉于郡中。20余岁，廷尉吴公以其颇通诸家之书，荐于汉文帝，召为博士，掌文献典籍。不到一年，被擢升为太中大夫。朝廷上许多法令、规章的制定，都由他主持进行。贾谊的才华和文帝对他的信任，引起了一部分朝臣的不满。他们以"洛阳之人，年少初学，专欲擅权，纷乱诸事"的流言，动摇了文帝对贾谊的信任，结果文帝让贾谊离开长安，去做长沙王的太傅。后人称贾谊为贾长沙、贾太傅。文帝七年

图 2-1 贾谊

（公元前 175 年），贾谊被召回长安，任梁怀王的太傅。后来梁怀王骑马摔死，贾谊认为自己没有尽到太傅的责任，经常悲泣自责，不久竟忧郁而终，时年 33 岁。

贾谊曾数次上书，批评时政。他认为汉兴二十余年，当改正朔，易服色，制法度，定官名，兴礼乐。针对当时外有匈奴侵掠，内有诸侯王作乱的形势，他要求统治者应有处积薪之上的危机感。他一方面力主抗击匈奴贵族的攻掠，另一方面建议用"众建诸侯而少其力"的办法，削弱诸侯王势力，巩固中央集权。

贾谊的著述，由西汉的刘向辑为《贾子新书》（后多称《新书》）10卷。他关于早期教育的论述，主要见之于《新书》的《傅职》《保傅》《劝学》《胎教》诸篇中。

一、早谕教

贾谊对于早期教育的论述，主要是从加强中央集权的政治观点出发，针对皇太子的教育而言的。

《尚书·吕刑》中曾说："一人有庆，兆民赖之。"意思是指在专制社会，天下之命悬于天子一人，最高统治者个人的善恶直接影响着天下亿万百姓的命运。

贾谊通过对殷、周国祚长久，秦朝二世而亡的史实考察，又进一步指出："天下之命，悬于太子。"因为太子的品行如何，已经预示着、决定着他日后继承皇位时的道德表现。从这个意义上讲，他认为对太子的教育实乃治乱之机要，如果太子能受到正确的教育，养成善良的品德，则"太子正而天下定矣"。

贾谊认为，对太子的教育应尽早实施，"太子之善，在于早谕教与选左右"。早期教育是教育的最佳期，当婴幼儿的赤子之心尚未受到外界熏染，先入为主，对他实施教育，就会收到最佳的效果，他说："心未滥而先谕教，则化易成也。"同时，早期教育也是整个人生教育的最重要阶段，一个人幼时接受的教育，往往决定着他日后的成长道路，稍有不慎，就会失之毫厘，差之千里。因此，他强调"君子慎始"，并指出"殷、周之君有道之长，而秦无道之暴"，就是由于前者对太子自幼便实施了良好的早期教育，而后者则不然。

贾谊认为，胎教是早期教育之始端，王室之家应当重视对太子实施胎教，在太子未出生以前要设置专门实施胎教的处所——"蒌室"，安排专人监护孕妇的饮食、视、听、言、动等，使其合乎礼的规定。孕妇自身亦须有胎教意识，与周妃怀成王时一样，"立而不跛，坐而不差，笑而不喧，独处不倨，虽怒不骂"。贾谊的胎教理论虽无甚新意，只是祖述"古制",但他却是汉代最早提倡胎教的教育家。

二、选左右

贾谊认为,慎选左右是对太子进行早期教育成功的保证。为加强皇太子的早期教育,在宫廷内应设置专门辅导、教谕太子的师、保、傅官,建立保傅教育制度,一如西周时教育成王一样。当时成王尚在襁褓中,即以召公为太保、周公为太傅、太公为太师。太师、太傅、太保合称"三公",各负其责,"保,保其身体;傅,傅之德义;师,道(导)之教训"。可见,当成王还是婴幼儿时,就已由"三公"实施德、智、体三方面的早期教育。除"三公"之外,当时还置有少保、少傅、少师,简称"三少"。"三少"是保傅官的副职,他们常与太子同居处,共出入,起着监护人的作用。

设置"三公""三少"旨在太子周围形成良善的教育环境。他们一方面以孝仁礼义之道教导太子,另一方面充当卫翼太子的屏障,使太子自幼闻正言、见正事、行正道,同时逐去邪人,不使太子耳闻目睹恶言、恶行、恶事。贾谊认为:"习与正人居之,不能无正也,犹生长于齐之不能不齐言也;习与不正人居之,不能无不正也,犹生长楚之不能不楚言也。"师、保、傅是太子最早、最重要的教育者,他们的品行直接影响着太子德性的形成,最终关系到国运能否长久。为此,贾谊要求统治者必须慎择师、保、傅官,宜以"天下之端士,孝悌博闻有术者"即德才兼备者充任"三公""三少"。贾谊指出,以前周成王时所择选的"三公"均为古代贤士,如太傅周公"笃仁而好学,多闻而道(导)顺",能"道(导)天子以道";太师太公"诚立而敢断",能够"辅善而相义";太保召公清廉而正直,敢于"匡过而谏邪"。由于他们的辅导,才使周成王在即位后能够虑无失计、举无过失,成为古代有名的圣明君主。由此贾谊得出结论:"殷、周之所长久者,其辅翼太子有此具也。"与此相反,秦二世胡亥则由于择师不当,以宦官赵高为傅,所学尽为狱讼之术,幼时接触的不是斩、劓(yì,古代割掉鼻子的酷刑)人的酷刑,就是夷人三族的严律。由于早期教育失当,致使胡亥即位之后,视杀人若刈草,毫无仁慈之心,是非不分,良莠不辨,"忠谏者谓之诽谤,深为之计者谓之妖言"。如此昏君,国破身死,二世而亡,乃势所必然。因此,贾谊告诫西汉的统治者:"前车覆而后车戒"。指出慎选太子的早期教育者,乃存亡、治乱之枢机,"夫教得而左右正,则太子正矣;太子正而天下定矣"。

三、重儒术

贾谊是西汉初期继叔孙通、陆贾之后又一位向西汉统治者提出以儒术治国的儒家学者。对于皇太子的早期教育,他当然企望以儒家思想统摄其心。为此,他向统治者进言,要求注重儒术,按儒家的理想人格来塑造太子,以儒家学说作为太子早期教育的主要内容。对太子的文化知识教育,贾谊主张应注重《春秋》《礼》《诗》《乐》等儒家经典的传授。在贾谊看来,儒家经典不仅是古代文化的记载,而且含有丰富的道德涵养价值。他说:"或称《春秋》,而为之耸善而抑恶,以革劝其心。教之《礼》,使知上下之则。或为之称《诗》,而广道显德,以驯(训)明其志。教之《乐》,以疏其秽,而填其浮气。"儒家治学要求"述而不作,信而好古",治国则提倡效法古圣先王之道。故在学习儒家经典之处,贾谊还提倡加强历史知识的学习。太子只有接受了古代典传知识的教育,才能通晓上古先王以德治国的方法,明了历代兴亡的史实,从而产生警戒、畏惧重蹈覆辙的心理。

在道德教育方面，贾谊主张应使太子自幼形成儒家倡导的忠、信、义、礼、孝、仁等道德观念，在他看来，具有此"圣人之德"的人，就是道德上的完美者，也即具备儒家理想人格者。为此，他要求对于太子不合上述道德规范的行为，教师应及时予以矫正。如当太子"将学趋让，进退即席不以礼，登降揖让无容，视瞻俯仰、周旋无节"时，太保就应当进行劝谕。

对将来君临天下的太子的教育，传授"君国畜民"之道自然是绝不可少的。为此，贾谊提出，师、保、傅官应使太子自幼通晓儒家德法并举的治国方略，懂得文武之道乃治国之本，知道对臣子应赏罚分明、公正，切忌"赐与侈于近臣，吝爱于疏远卑贱"。

此外，关于太子的早期教育，贾谊还提出了教养结合的主张，即除进行道德与知识教育外，并须由少保负责健养其身体。一方面监护太子，注意防止太子有可能伤害身体的过激行为，如暴饮暴食、狂欢无态等；另一方面照料太子的日常起居，使太子避免"饥而馁，暑而喝，寒而懦，寝而莫宥，坐而莫侍……"正是由于贾谊把保护太子的身体视作师、保、傅官的一项重要的职责及教育内容，故当梁怀王坠马而死后，他引以自责，竟郁郁寡欢，英年早逝。

贾谊作为西汉初期的政治家，他关于早期教育的论述虽然只是针对太子的特殊教育提出来的，而且其列举的实施方法也大多是综述文武三代之道，很少新意，但他毕竟是先秦以来第一位较为全面地论述早期教育问题的教育家，他的思想对封建社会早期教育理论的发展起着不可缺少的桥梁作用。

第二节　颜之推的家庭教育思想

颜之推（531—约595年），字介，原籍琅琊临沂（今山东临沂市），世居建康（今南京市），生于士族官僚家庭，世传《周官》《左氏春秋》。他早传家业，12岁时听讲老庄之学，因"虚谈非其所好，还习《礼》《传》"，生活上"好饮酒，多任纵，不修边幅"。他博览群书，为文辞情并茂，得梁湘东王赏识，19岁就被任为国左常侍。后投奔北齐，历20年，累官至黄门侍郎。公元577年，北齐为北周所灭，他被征为御史上士。公元581年，隋灭北周，他又于隋文帝开皇年间，被召为学士，不久以疾终。依他自叙，"予一生而三化，备荼苦而蓼辛"，叹息"三为亡国之人"。

传世著作有《颜氏家训》和《还冤志》等。《颜氏家训》共20篇，是颜之推为了用儒家思想教训子孙，以保持自己家庭的传统与地位，而写出的一部系统完整的家庭教育教科书。这是他一生关于士大夫立身、治家、处事、为学的经验总结，在封建家庭教育发展史上有重要的影响。后世称此书为"家教规范"。

一、固须早教

家庭教育本来就是人生最早受到的教育，而早期教育的理论又是开展家庭教育的价值基础，颜之推正是抓住了这一点，认为家庭教育要及早进行，有条件的还应在儿童未出生时就实行胎教。

他引用孔子"少成若天性，习惯如自然"的思想作为理论依据，又引俗谚"教妇初来，教子婴孩"作为例证来论证自己的观点。他主张儿童出生之后，便应以明白孝仁礼义的人

"导习之"。"当及婴稚,识人颜色,知人喜怒,便加教诲"。就是说教育当自婴儿会看大人脸色的时候开始。

颜之推认为早期教育之所以重要,至少有两条原因:其一,幼童时期学习效果较好,得益较大。他说:"人生小幼,精神专利。长成以后,思虑散逸,固须早教,勿失机也。"他根据幼童阶段与成年以后的不同心理特征,说明幼年时期受外界干扰少,精神专注,记忆力旺盛,能保持长久的记忆。而成年人思想复杂,精神不易集中,记忆力逐渐衰退。其二,人在年幼时期,心地纯净,各种思想观念和行为习惯尚未形成,可塑性很大。颜之推认为这个时期,儿童受到好的教育与环境影响,抑或坏的教育与环境影响,都会在心灵上打上很深的烙印,长大以后也难以改变。所以一定要抓住早期教育的最佳时机。

颜之推认为早期教育最重要的,就是培养儿童良好的行为习惯,能够"使为则为,使止则止"。

二、威严有慈

如何处理对子弟的慈爱与严格要求二者之间的关系,是家庭教育中极为重要的一个问题。在这个问题上,父母自然是爱护子女的,他说:"骨肉之爱,不可以简,简则慈孝不接。"但父母更要对子女担负起教育的义务,他主张父母对子女的正确态度是将慈爱和严教结合起来。

颜之推批评当时许多家庭的父母对子女"无教而有爱",一味放纵,"饮食运为,恣其所欲,宜诫反奖,应呵反笑"。别人提醒他时还不以为然。这样,孩子就会以为一切都是理所当然,等到孩子逐渐长大,不良行为也愈加明显,这时父母才觉察到,开始加以管教。然而已经难以奏效了,反而导致了女的抵触对抗,"捶挞至死而无威,忿怒日隆而增怨"。

颜之推主张父母对孩子从小就要严格要求,勤于教诲,不能溺爱和放任。父母在子女面前要庄重严肃,但不能过于严厉,要严慈有度,所谓"父母威严而有慈,则子女畏惧而生孝"。

颜之推认为肉体惩罚是家庭教育中不可缺少的有效手段。"笞怒废于家,则竖子之过立见"。在他看来,鞭挞体罚孩子,以促其反省悔过,是完全必要的,犹如以苦药治其疾病。"当以疾病为谕,安得不用汤药针艾救之哉?"

颜之推要求父母对子女威严有慈,慈严结合,不能无教而有爱,这无疑是正确的,但他对棍棒教育推崇备至,显然是不可取的。

三、均爱勿偏

颜之推认为,在家庭教育中应当切忌偏宠,不论子女聪慧与否,都应以同样的爱护与教育标准来对待。他说:"贤俊者自可赏爱,顽鲁者亦当矜怜。"然而在实际生活中,人之爱子,罕有能均者,聪慧有才的子女往往为父母所偏宠,而失于严格的教育,"一言之是,遍于行路,终年誉之;一行之非,掩藏文饰,冀其自改"。这只能导致儿童狂妄自大。

为引起后人对家庭教育中"均爱勿偏"原则的重视,颜之推还从反面列举了许多事例,以为家庭教子的龟鉴。如春秋时期郑庄公的母亲姜寡宠爱幼子共叔段,予其待遇优厚,"僭越"其等级,逐渐养成共叔段骄横霸道的习气,后因起兵谋位被诛。颜之推指出:"共叔之死,母实为之。"

又如汉高祖刘邦之子赵隐王如意,深为父母溺爱,曾欲代太子位,遭大臣反对而不得。

高祖去世后，如意为吕后鸩杀。颜之推认为："赵王之戮，父实使之。"

颜之推结合历史事例得出结论，偏宠儿童的父母，虽本意是要厚待之，然而实际上是为其招来祸害，意愿与效果相反，这是值得家庭教育者深思的。

四、应世经务

颜之推主张上自明王圣帝，下至庶人凡子，均须勤奋学习，学习的目的在于"行道以利世"，要掌握"应世经务"的真实本领。因此，除必读儒家的《五经》之外，还应"涉百家之书"，否则就会产生偏差。像"博士买驴，书券三纸，未有驴字"，这种烦琐而不得要领的学风，是颜之推竭力反对的。

他批评当时许多世族子弟不学无术，饱食终日，庸庸碌碌，知识浅薄，夸夸其谈，不务实学，脱离实际。例如，他抨击了当时教育培养出来的尽是不可理事、脱离实际的人物：一类是玄学空谈家，他们虽然能品评古今事物，但"及有试用，多无所堪。……保俸禄之资，不知耕稼之苦；肆吏民之上，不知有劳役之勤，故难以应世经务"。另一类是死守章句的腐儒，他们整天"诵短章，构小策"，却完全脱离实际，"施之世务，殆无一可""问其造屋，不必知楣横而棁竖也；……问其为田，不必知稷早而黍迟也"。这两类人才实是废才，于国家毫无用处。

颜之推主张要广泛接触社会生活，学习各种杂艺：琴、棋、书、画、数、医、射、卜等，还要熟悉农业生产知识。他特别强调要掌握一技之长，以为立身之本，所谓"积财千万，不如薄技在身"。

五、重视风化陶染

所谓风化，是指"自上而行于下者也，自先而施于后者也"。即家庭中父母或其他成年人对年幼者的示范作用。颜之推认为："人在少年，神情未定，所与款狎，熏渍陶染，言笑举动，无心于学，潜移暗化，自然似之。"家长是儿童感情上最亲近的人，也是儿童心目中的权威，他们的言行常被儿童奉为金科玉律，即所谓"同言而信，信其所亲；同命而行，行其所服"。父母对子女的影响远远超过他人，故为父母者必须加强自我道德修养，否则"父不慈则子不孝，兄不友则弟不恭"。

颜之推继承孔子、孟子等儒家学者关于"慎择友"的教育思想，十分重视让儿童置身于比较优良的社会交往环境之中。他认为家庭教育要注意选邻择友，是因为儿童的心理处于发展阶段，尚未定型，而儿童的好奇心和模仿性都很强，总在观看模仿别人的一举一动，无形之中，周围人的为人处世给儿童以"熏渍陶染""潜移暗化"。因此，邻友对于儿童的影响，有时甚至可能比父母的作用还大。这就是"必慎交游"的道理。他说："与善人居，如入芝兰之室，久而自芳也；与恶人居，如入鲍鱼之肆，久而自臭也。"

此外，颜之推认为语言的学习应该成为儿童教育的一项重要内容。在家庭教育中，让子女学习正确的语言，是做父母的重要责任。一事一物，不经查考，不敢随便称呼。学习语言应注意规范，不应强调方言，要重视通用语言。

颜之推的家庭教育思想是他整个教育思想的精华。他关于家庭教育的地位、作用、原则和方法的论述，虽是基于使后代"立身扬名""光宗耀祖"的宗旨而发出的一家之训，但由于他涉及了古今教育中普遍存在的问题，包含一定的合理因素，至今仍不失其价值。

第三节　朱熹的儿童教育思想

朱熹（1130—1200年）字元晦，一字仲晦，号晦庵，徽州婺源（今江西婺源县）人，南宋时期著名的客观唯心主义哲学家、思想家、教育家。

朱熹出身于书香门第，父朱松进士出身，曾师从北宋理学家程颐、程颢的再传弟子罗从彦。朱熹天资聪颖，自幼接受儒学教育与理学启蒙，奠定了学术和思想基础。18岁"举建州乡贡"，次年考中进士，被授泉州同安县主簿，开始其政治与教育生涯。然而仕途坎坷，50岁时才被任命为偏僻之地南康军知军，以后又曾一度做过浙东、漳州、潭州等处地方官，晚年受宰相赵汝愚推荐，为焕章阁待制兼侍讲，后遭谗言，仅四十余日即被解职，结束其政治活动。

朱熹一生热衷于教育事业，从政仅14年，而专门从事教育活动的时间达40年之久。即使在为官期间，他也重视文教、锐意办学，未曾间断教育工作，如为南康知军时，修复白鹿洞书院，并在其中讲学，制定学规，对后世影响很大；为潭州知州时，倡导州学、县学，亲自主持修复岳麓书院，处理政务之余，仍教诲诸生不倦。

朱熹曾师事二程的三传弟子李侗，他的理学思想直接继承了二程（特别是程颐）的学术思想，同时吸收了周敦颐、张载的主张，成为宋代理学思想的集大成者。朱熹的教育理论是其理学思想体系的一部分。

朱熹著作颇多，主要有《诗集传》《四书集注》《周易本义》《近思录》等，后人编有《晦庵先生朱文公文集》《朱子语类》等。他的儿童教育思想除散见于一些诗文中，还见之于他为儿童编写的教材《小学》与《童蒙须知》中。

一、重视蒙养教育

朱熹依据古代的教育经验，把整个学校教育的过程划分为小学与大学两个阶段，其中8~15岁为小学教育段，即蒙养教育段；15岁以后为大学教育段。他认为这是两个相互独立又相互联系的阶段，小学教育是大学教育的基础，大学教育则是小学教育的扩充和深化。

朱熹特别重视蒙养阶段的基础教育作用。他说，"古人之学，因以致知为先，然其始也，必养之于小学"。又说，"古人由小学而进于大学，其于洒扫、应对、进退之间，持守坚定，涵养纯熟，固已久矣。大学之序，特因小学已成之功"。由此他认为如果儿童在幼时"不习之于小学，则无以收其放心，养其德性，而为大学之基本"。同时，他从儿童的心理特点和教学的要求出发，指出只有使儿童"讲而习之于幼稚之时"，才能使其"习与智长，化与心成，而无扞格之患也"，收到理想的教学效果。

为了说明蒙养教育的重要性，他还把小学阶段的教育形象地比喻为"打坯模"阶段，他说："古者，小学已自暗养成了，到长大，已自有圣贤坯模，只就上面加光饰。"并指出倘若自幼失了小学，或坯模没打好，大了要补填就十分困难，他说："而今自小失了，要补填，实是难。"总之，在他看来，蒙养阶段的教育非常重要，必须抓紧抓好。

二、要求慎择师友

由于幼儿模仿性强，是非辨别能力弱，周围的环境对他们的影响很大，"习与正则正，习与邪则邪"。因此，朱熹也与古代许多教育家一样，强调在幼儿教育中应注意慎择师友。

朱熹认为，对于普通的士大夫家庭，慎择幼儿的教师应自慎择乳母开始。因为乳母与婴幼儿接触的时间较长，对婴幼儿的影响也较大，作为婴幼儿的最初教育者，"乳母之教，所系尤切"。如何选择乳母呢？朱熹提出的条件是：必选求宽裕慈惠、温良恭敬、慎而寡言者为子师。这是对乳母的要求，实质上亦是朱熹期望儿童所应具有的品行。

儿童稍长，除须慎择教师外，还应开始注意培养儿童辨别是非、交游益友的能力。朱熹曾在《与长子受之》这封家信中教育儿子："交游之间，尤当审择，虽是同学，亦不可无亲疏之辨。"至于如何决定交游的亲疏，他指出，"大凡敦厚忠信，能攻吾过者，益友也；其谄谀轻薄，傲慢亵狎，导人为恶者，损友也"。"益友"应近之，"损友"则应远之。

普通人家的子弟要善择师友，对太子、皇孙来说，师友的选择就更为重要。作为晚年曾做过焕章阁待制并兼皇帝的老师的朱熹，对这个问题十分重视，他说："夫太子，天下之本，其辅翼之不可不谨。"至于皇孙，由于其"德性未定""闻见未广"，则"保养之具，尤不可不严"。针对当时皇太子、皇孙师友选择不当的情形，他大胆地指出太子、皇孙左右的官僚之选，不仅罕有称其职者，而且多有"邪佞、儇薄、阘冗、庸妄之辈"厕身其间。他劝告统治者，应效仿古之圣王教世子法，选拔端方正直、道术博闻之士为太子师友，并盛赞贾谊在《保傅传》中所说的话"太子之善，在于早谕教与选左右。……夫教得而左右正，则太子正实，太子正而天下定矣"为天下的至理名言，"万世不可易之定论"。

三、强调学"眼前事"

朱熹认为："圣贤之学，虽不可以浅意量，然学之者，必自其近而易者始。"同时他还说："据某看，学问之道只在眼前日用底便是，初无深远幽妙。"因此，他规定小学的主要任务应当是"学其事"，学习眼前日用的事。他指出："小学之事，知之浅而行之小者也。"具体言之，它包括"洒扫应对进退之节""礼乐射御书数之文"和"爱亲敬长隆师亲友之道"这样一些内容。朱熹认为儿童学习这类"眼前事"不仅符合儿童认识的发展水平，而且能够为大学"学其理"打下基础，因为"理在其中"，事事物物之中都存有一个理，"学之大小，固有不同，然其为道，则一而已"。

为使儿童"眼前之事"的学习有章可循，朱熹亲自为儿童编写了《小学》与《童蒙须知》两部教材。《小学》系将古代童蒙读物加以选择、扩充，加上古今圣贤名流的嘉言善行汇集成书，全书共分内外两篇，内篇有四：《立教》《明伦》《敬身》《稽古》；外篇有二：《嘉言》《善行》。《小学》一书对后世所产生的影响极其深远，其地位相当于《四书》。《童蒙须知》则是朱熹为儿童制定的学习"眼前事"的具体标准与要求。它依童蒙习学之序，始于衣服冠履，次及言语步趋，次及洒扫涓洁，"凡盥面，必以巾帨衣服，卷束两袖，勿令有所湿。凡就劳役，必去上笼衣服，只著短便，爱护勿使损污"。又规定"凡百器用，皆当严肃整齐，顿放有常处"，等等，虽然比较琐屑，但却也有不少合理成分。

朱熹强调学习"眼前事"，注重道德行为操作的训练，要求儿童的学习由浅入深，自近及远，这不仅符合儿童认识发展与道德形成的规律，易为儿童掌握，而且也有助于自幼儿培养儿童良好的道德习惯，养成践履笃实的作风。古语说："一室不能扫，何以扫天下？"小节不拘，大德怎成？注重"眼前事"的学习，也就是要求从小事、身边事做起，至今这仍是儿童品德教育中必须遵循的原则。

四、提倡正面教育

朱熹在教育工作中一贯重视和提倡以正面教育为主,他曾说:"尝谓学校之政,不患法制之不克,而患理义之不足以悦其心。夫理义之不足以悦其心,而区区于法制之末以防之,……亦必不胜矣。"又说:"苟知其理之当然,而责其身以必然,则夫规矩禁防之具,岂待他人设之而后有持循哉?"尤其是对儿童教育他更为强调多积极诱导,少消极限制,要求"多说那恭敬处,少说那防禁处",因此在他编写的《小学》一书中,非常重视榜样的教育作用,收录了大量古今圣贤的"嘉言懿行",供儿童模仿学习,力求使儿童能从中"学到做人的样子"。同时在他编写的《童蒙须知》中,对儿童的日常生活行为的规定也主要着眼于进行正面的具体的指导,如他教育儿童"凡著衣服,必先提整衿领,结两衽、纽带,不可令有缺落""凡写文字,须高执墨锭,端正研磨,勿使墨汁污手",等等。

据正面教育为主的原则,朱熹还对教师提出指导、示范和适时启发的要求。他说:"指引者,师之功也。"又说:"师友之功,但能示之于始,而正之于终尔。"并把教师对学生的适时启发比喻为"时雨之化",认为"譬如种植之物,人力随分已加。但正当那时节,欲发生未发生之际,却欠了些子雨,忽然得这些子雨来,生意岂可御也"。

朱熹的儿童教育思想是他多年教育实践经验的总结,在某种程度上反映了他对儿童身心发展规律的直观理解,包含了不少有积极意义的内容,在古代学前教育理论发展史中占有重要的地位。

第四节 王守仁的儿童教育思想

王守仁(1472—1528年),字伯安,浙江余姚人,明代中叶著名的主观唯心主义哲学家、教育家,曾筑室越城(今绍兴)附近的阳明洞,隐居修道,自号阳明子,学者咸称阳明先生。

弘治十二年(1499年)王守仁中进士,后授刑部、兵部主事。正德元年(1506年),因得罪宦官刘瑾,谪贵州龙场驿。正德五年(1510年),任吉安府庐陵县知县,次年迁南京刑部主事,后任南京鸿胪寺卿。正德十一年(1516年),升右佥都御史,巡抚南安、赣州等地。曾参加镇压农民起义,又平定宗室贵族宁王朱宸濠之叛乱。最后官至右副都御史、南京兵部尚书。王守仁于弘治十八年(1505年)开始授徒讲学,曾讲学于兴稽山书院和龙泉寺中天阁等处,并从事著述。

王守仁为中国古代主观唯心主义之集大成者,创"心学",认为心是天地万物之主,心即理,心外无物,心外无理;又以"知行合、致良知"为标帜,世称"王学";著有《传习录》《大学问》《王文成公全书》(即《阳明全传》)等。

一、顺导性情,鼓舞兴趣

关于儿童教育,王守仁的基本思想是:教育儿童应根据儿童生理、心理特点,从积极方面入手,顺导儿童性情,促其自然发展。他说:"大抵童子之情,乐嬉游而惮拘检,如草木之始萌芽,舒畅之则条达,摧挠之则衰萎。"意思是说儿童性情好动,喜欢嬉戏玩耍,而害怕受拘束和禁锢,就像草木刚刚萌芽,顺其自然就会使它长得枝叶茂盛,摧挠它则很快会使它衰败枯萎。因此对儿童进行教育，必须注意顺导儿童性情，不宜加以束缚和限制。

王守仁认为，顺导儿童性情进行教育，最重要的就是要激发儿童学习的兴趣，兴趣在提高儿童教育质量方面起着十分重要的积极作用。他说："今教童子，必使其趋向鼓舞，中心喜悦，则其进自不能已；譬之时雨春风，沾被卉木，莫不萌动发越，自然日长月化。"意思是说儿童如果对学习兴趣盎然，则学习时必然心情愉快，能生动活泼地学习，这样进步自然不会停止。就像时雨春风滋润草木花卉，没有不生机勃发，自然而然地一天天长大的。反之，如果忽视了儿童兴趣的培养，则会压抑儿童学习的积极性，使儿童的学习很难进步，如同遭遇冰霜的花木，"生意萧索，日就枯槁"。

为此王守仁对当时流行的无视儿童兴趣，摧残儿童天性的传统教育方法进行了尖锐的批评，他指出："若近世之训蒙稚者，日惟督以句读课仿，责其检束，而不知导之以礼；求其聪明，而不知养之以善，鞭挞绳缚，若待拘囚。"其结果不仅使学生厌恶学习，憎恨教师与学校，"视学舍如囹狱""视师长如寇仇"，而且会使学生想尽办法蒙骗老师，品德日趋败坏。他认为这种教育不是教人为善，乃是驱人为恶。可见，王守仁提倡顺导儿童性情、鼓舞儿童兴趣的教育方法，是与传统教育方法根本对立的，在当时具有非常积极的意义。

二、循序渐进，量力而施

王守仁认为，对儿童进行教育必须注意"从本原上用力，渐渐盈科而进"。在他看来，任何人的认识水平都有一个由婴儿到成人的发展过程，譬如"婴儿在母腹时只是纯气，有何知识？出胎后方始能啼，既后能笑，又既而后能识认其父母兄弟，又既而能立能行，能持能负，卒乃天下之事无不可能"。教育者必须根据儿童这种"精气日足，筋力日强，聪明日开"的成长过程，循序渐进地进行教育，不可躐等。

循序渐进的原则应用到教学中，必然要求教育者在确定教育内容时，注意量力而施，符合儿童的认识发展水平。他说："童子自有童子的格物致知。"对儿童不能像对成人一样地要求，儿童良知发展到何等水平，教学就只能进行到什么水平。他以种树做比喻，说："与人论学，亦须随人分限所及。如树有这些萌芽，只把这些水去灌溉，萌芽再长，便又加水，自拱把以至合抱，灌溉之功，皆是随其分限所及。若些小萌芽，有一桶水在，尽要倾上，便浸坏他了。"为此，他要求指导儿童读书不能要求读得过多，他说："凡授书，不在徒多，但贵精熟；量其资禀，能二百字者可授以一百字，常使精神力量有余，则无厌苦之患，而有自得之美。"在他看来，如果教学内容过多，要求过量，超出学生的接受能力，不仅会加重学生的负担，而且也会影响学生对知识的理解和掌握，如同饮食过量会影响消化一样。他说："凡饮食只是要养我身，食了要消化，若徒蓄积在肚里，便成痞了，如何长得肌肤？后世学者，博学多识，留滞胸中，皆伤食之病也。"当然从另一方面说，他认为教学的难度也不应过于落后儿童的认识发展水平，犹如对能奔走千里的壮汉，不应要求他在"庭除之间学步趋"，对已能行于庭除的儿童也不应再要求他"扶墙傍壁而渐学起步移步"。

三、因材施教，各成其材

王守仁认为："人的资质不同，施教不可躐等，中人以下的人，便与他说性、说命，他也不省得也，须慢慢琢磨启发他起来。"因此，教育者对儿童施教，不仅要考虑儿童认识发展水平的共性特征，而且还要注意个体发展水平的差异，针对每个人的个性差异，因材施教，就像良医之治病，对症下药。他说："夫良医之治病，随其病之虚实、强弱、寒热、内外，而斟酌、加减、调理、补泄之，要在去病而已，初无一定之方，不问症候之如何，而必使人人服之也。"

王守仁认为，因材施教的目的在于使受教育者"各成其材"。他说："因人而施之，教也，各成其材矣，而同归于善。"他认为每个儿童都有其长处，教育者如能就其长处加以培养，就可以使他们某一方面的才能得到发展。他举例说：譬如有三人习射，"一能步箭，一能马箭，一能远箭，射得到俱谓之有力，中处，仅可谓之巧；但步不能马，马不能远，各有所长，便是才力分限有不同处"。这是就才能而言。针对儿童性格方面的不同，他也要求教师应根据儿童各自的特性，采取不同方法，分别予以适当的陶冶，各成其长。他说："圣人教人，不是个束缚他通做一般，只如狂者便从狂处成就他，狷者便从狷处成就他。人之才气，如何同得？"

王守仁的因材施教、各成其长的思想，承认了发展个性的必要性，对传统教育抹杀儿童个性的存在，以一种模式培养儿童的教育方法可以说是一个有力的批判，同时也体现了他思想的进步。

四、全面诱导，不执一偏

王守仁认为，对儿童进行教育的内容和途径应当是多方面的。他说："教人为学，不可执一偏。"为此他对教育者提出了通过习礼、歌诗和读书对儿童进行全面诱导的要求，并对习礼、歌诗和读书的教育意义和作用分别做了说明。他说："故凡诱之歌诗者，非但发起志意而已，亦所以泄其跳号呼啸于咏歌，宣其幽抑结滞于音节也；导之习礼者，非但肃其威仪而已，亦所以周旋揖让而动荡其血脉，拜起屈伸而固束其筋骸也；讽之读书者，非但开其知觉而已，亦所以沉潜反复而存其心，抑扬讽诵以宣其志也。"意思是说诱之歌诗，不但可以抒发其志向意愿，还可以用歌咏和音节宣泄其跳跃呼啸和忧郁积滞的情怀。导之习礼，不但可以养成其庄重的仪容举止，还可以通过周旋揖让，拜起屈伸的活动震荡其血脉，坚强其筋骨。讽之读书不但可以开启其智慧，还可以通过反复体会和抑扬讽读存其心志。在他看来，如果能通过上述这几方面的内容和途径对儿童进行教育，就可以收到"顺导其志意，调理其性情，潜消其鄙吝，默化其粗顽，日使之渐于礼义而不苦其难，入于中和而不知其故"的良好效果。

为了能够有条理、有步骤地进行多方面的教育，他还在《社学教条》中拟定了一个比较详细的日课表，规定"每日工夫，先考德，次背书诵诗，次习礼，或作课仿，次复诵书讲书，次歌诗"。这样的课程安排，除了读书、习礼、歌诗之外还增加了考德和课仿，内容相当全面，同时在顺序上注意到动静交错，张弛结合，也有一定的科学性。此外，王守仁在教学方法方面也有一些创造，如歌诗，他规定"每学量童生多寡，分为四班，每日轮一班歌诗，其余皆就席，敛容肃听；每五日则总四班递歌于本学。每朔望，集各学会歌于书院"。习礼也规定了类似的程序。这种多少带有比赛性质的教学方法，对于培养学生的学习兴趣，无疑具有积极意义。

王守仁关于儿童教育的论述，是其整个教育思想的精华，它不仅当时在反对传统教育方面具有明显的积极意义，而且在很大程度上符合儿童教育的规律，与近代进步的教育学说多有一致的地方。尤其是他的"自然教育论"的提出，比西方最早表达自然教育思想的名著法国卢梭的《爱弥儿》的出版时间（1762年）早了200多年，实属难能可贵。

本章小结

南北朝时期的颜之推、南宋的朱熹以及明朝的王守仁是中国古代学前教育思想的代表人物。颜之推十分重视家庭早期教育，其所著的《颜氏家训》在古代家庭教育发展史上有重要的影响，被后人誉为家教典范。朱熹是南宋最负盛名的大教育家，他所编著的《小学》和《童蒙须知》向我们展示了其儿童教育思想，对后世有深远的影响。王守仁是明中叶著名的教育家，他在《训蒙大意示教读刘伯颂等》一文中强烈批判了传统儿童教育忽视儿童身心特点的做法，提出儿童教育需要顺应儿童的性情，根据儿童的接受能力施教，反映了其儿童教育思想的自然主义倾向。

扩展阅读

朱子童蒙须知（节选）

夫童蒙之学，始于衣服冠履。次及言语步趋，次及洒扫涓洁，次及读书写文字，及有杂细事宜。皆所当知。今逐目条列，名曰童蒙须知。若其修身、治心、事亲、接物与夫穷理尽性之要，自有圣贤典训，昭然可考，当次第晓达，兹不复详著云。

衣服冠履第一

大抵为人，先要身体端整。自冠巾、衣服、鞋袜，皆须收拾爱护，常令洁净整齐。我先人常训子弟云：男子有三紧，谓头紧、腰紧、脚紧。头，谓头巾。未冠者，总髻。腰，谓以条或带束腰。脚，谓鞋袜。此三者皆要紧束，不可宽慢。宽慢，则身体放肆，不端严，为人所轻贱矣。

语言步趋第二

凡为人子弟，须是常低声下气，语言详缓，不可高言喧闹，浮言戏笑。父兄长上有所教督，但当低首以受，不可妄大议论。长上检责，或有过误，不可便自分解，姑且隐默，久，却徐徐细意条陈，云：此事恐是如此，向者恐是偶尔遗忘。或曰，当是偶尔思省未至。若尔，则无伤忤，事理自明。至于朋友分上，亦当如此。

凡闻人所为不善，下至婢仆违过，宜且包藏，不应便尔声言。当相告语，使其知改。凡行步趋跄，须是端正，不可疾走跳踯。若父母长上有所唤召，却当疾走而前，不可舒缓。

洒扫涓洁第三

凡为人子弟，当洒扫居处之地，拂拭几案，当令洁净。文字笔砚，凡百器用，皆当严肃整齐，顿放有常处，取用既毕，复置原所。父兄长上坐起处，文字纸札之属，或有散乱，当加意整齐，不可辄自取用。凡借人文字，皆置簿钞录主名，及时取还。窗壁、几案、文字间，不可书字。前辈云："坏笔污墨，瘝子弟职。"书几书砚，自黩其面，此为最不雅洁，切宜深戒。

读书写文字第四

凡读书，须整顿几案，令洁净端正。将书册整齐顿放，正身体，对书册，详缓看字，仔细分明读之。须要读得字字响亮，不可误一字，不可少一字，不可多一字，不可倒一字，不可牵强暗记。只是要多诵遍数，自然上口，久远不忘。古人云：读书千遍，其义自见。谓熟读，则不待解说，自晓其义也。余尝谓读书有三到：谓心到、眼到、口到。心不在此，则眼不看仔细。心眼既不专一，却只漫浪诵读，决不能记。记，亦不能久也。三到之法，心到最急。心既到矣，眼口岂不到乎？

凡书册，须要爱护，不可损污皱折。济阳江禄，书读未完，虽有急速，必待掩束整齐，然后起。此最为可法。

凡写字，未问写得工拙如何，且要一笔一画，严正分明，不可潦草。

杂细事宜第五

凡子弟，须要早起晏眠。

凡喧哄争斗之处，不可近。无益之事，不可为。谓如赌博、笼养、打球、踢球、放风禽等事。

凡饮食，有则食之，无则不可思索。但粥饭充饥，不可阙。

凡向火，勿迫近火旁。不惟举止不佳，且防焚爇衣服。

凡相揖，必折腰。

凡对父母长上朋友，必称名。

凡称呼长上，不可以字，必云某丈。如弟行者，则云某姓某丈。（按释名，弟训第，谓相次第也。某丈者，如云张丈李丈。某姓某丈者，如云张三丈李四丈。旧注云。）

凡出外，及归，必于长上前作揖。虽暂出，亦然。

凡饮食于长上之前，必轻嚼缓咽，不可闻饮食之声。

凡饮食之物，勿争较多少美恶。

凡侍长者之侧，必正立拱手。有所问，则必诚实对，言不可妄。

凡开门揭帘，须徐徐轻手，不可令震惊声响。

凡众坐，必敛身，勿广占坐席。

凡侍长上出行，必居路之右。住，必居左。

凡饮酒，不可令至醉。

凡如厕，必去外衣，下必盥手。

凡夜行，必以灯烛，无烛则止。

凡待婢仆，必端严，勿得与之嬉笑。执器皿，必端严，惟恐有失。

凡危险，不可近。

凡道路遇长者，必正立拱手，疾趋而揖。

凡夜卧，必用枕，勿以寝衣覆首。

凡饮食举匙必置箸，举箸必置匙。食已，则置匙箸于案。

杂细事宜，品目甚多。姑举其略。然大概具矣。凡此五篇，若能遵守不违，自不失为谨愿之士，必又能读圣贤之书，恢大此心，进德修业，入于大贤君子之域，无不可者。汝曹宜勉之！

（选自朱熹．朱子全书：第13册［M］．上海：上海古籍出版社，2002：367-377）

同步测试

一、填空题

1. 贾谊的著述，西汉刘向辑为《新书》10卷。他关于早期教育的论述，主要见之于其中的_____、_____、_____、_____诸篇中。

2. 我国封建社会第一部系统完整的家庭教科书是_____，被认为是家训的鼻祖，家教的典范，是我国保存最早、影响最大的一部家庭教育著作。
3. 朱熹的儿童教育思想，集中反映在_____和_____中。
4. 为儿童制定学习"眼前事"的具体标准和要求的著作是_____。

二、名词解释

1. 小学
2. 眼前事

三、简答题

1. 简述贾谊早谕教的主张。
2. 简述颜之推关于学前家庭教育的原则和方法。
3. 简述王守仁的"自然教育论"。

第三章

近现代学前教育的实践

学习目标

1. 把握近代中国学前教育转型的背景，了解蒙养院制度实施的情况。
2. 了解中华民国时期知名学前教育机构与幼稚师范机构及其特色。
3. 了解中华民国时期知名学前教育社团及其历史贡献。
4. 了解苏区和边区的学前教育，把握其历史经验。
5. 了解教会学前教育开办情况，客观评价其历史影响。
6. 把握中国近现代学前教育制度的发展演变情况。

内容提要

清末至中华民国是中国学前教育转型与发展时期。鸦片战争使中国社会一步步陷入半殖民地半封建的深渊。一方面，西方的文化教育开始向中国渗透；另一方面，为救亡图存，中国迈开了向西方学习的步伐。清末随着近代教育制度的诞生，学前教育开始成为教育系统的一部分，其完全由家庭承担的历史结束。民国时期学前教育的地位进一步提升，学前教育课程建设和教师的专业化发展进一步受到重视。其中，中国共产党领导的苏区和边区学前教育事业形成了自己的特色，积累了学前教育为工农大众服务的宝贵经验。教会学前教育存在于晚清至中华民国这一特殊历史时期，且对中国近现代学前教育的发展产生了一定程度的影响。

关键术语

蒙养院制度　南京鼓楼幼稚园　南京燕子矶幼稚园　托儿所与保育院制度　保教结合

第一节　晚清时期的学前教育

晚清时期一般是指始于1840年第一次鸦片战争，迄于1912年清宣统皇帝的退位这一段时间。这一时期，中国的政治、经济及文化教育均发生了深刻变化，学前教育随之也由传统向近代转型，公共学前教育社会机构出现。

一、学前教育转型的背景

(一)近代大工业生产的出现

中国出现近代大工业生产是从19世纪中叶开始的。当时,西方列强为了在华倾销廉价商品、掠夺各种资源,在中国的沿海地区开办了轮船修理厂和原料加工厂。而后,清政府的一批洋务派在"自强""求富"的口号下,于19世纪60年代开始创办军工厂,开办民用企业,著名的有江南制造局、天津军械所、福州船政局等,于是,中国近代大工业生产得到了一定的发展。接着,中国的民族资本家开始创办一批工厂,近代大工业生产进一步发展,中国的产业工人队伍也随之壮大。据统计,1912年,中国约有120万产业工人。而在这些工人中,除了大量的男性工人外,还有着相当数量的妇女。这些妇女为生活所迫,走进了工厂,却把她们的幼小孩子留在家中,无人照看,这就为公共学前教育机构的产生提出了要求。

(二)国人向西方学习的兴起

随着中国在西方列强入侵中的败北,一批先进的中国人开始理性地审视自身和西方世界。他们在19世纪40年代开始就呼吁"师夷长技以制夷",通过探究西事、翻译西书、购置洋人报刊来了解西方世界。之后,洋务派提议学习"西语""西艺""西政"。紧接着,资产阶级维新派和立宪派呼吁仿照西方君主立宪制国家的模式,进一步改革中国的政治、经济和文化。其中,一些人还提议像西方一样发展学前教育。如1902年,梁启超在《教育政策私议》中倡议中国向日本学习,设立两年制的幼稚园。1903年至1904年,由罗振玉主编的《教育世界》刊载了《幼稚园恩物图说》《幼稚园保育法》等一批介绍日本学前教育状况的文章。此外,一些知识分子还赴国外学习学前教育理论和实践经验。

(三)清末新政改革的启动

1901年,清政府宣布实施新政,进行全方位改革。在教育方面,1905年8月,清政府下诏"立停科举以广学校",历时1300余年的科举制度宣告废止。1902年,清政府公布了由管学大臣张百熙编订的中国第一个近代学制《钦定学堂章程》(又称"壬寅学制"),但未正式实施。1904年,清政府向全国颁行由张百熙、张之洞、荣庆拟定的《奏定学堂章程》。《奏定学堂章程》由一系列子章程构成,其中包括了中国近代学前教育的第一部法规——《奏定蒙养院章程及家庭教育法章程》,中国学前教育的转型遂在制度层给予了保障。

二、蒙养院制度的确立

(一)《奏定学堂章程》的颁行

1904年1月,清政府颁布《奏定学堂章程》,又称"癸卯学制"。这个学制是模仿日本的三段学制系统而成,包括《初等小学堂章程》《高等小学堂章程》《中学堂章程》《高等学堂章程》《大学堂课程》《奏定蒙养院章程及家庭教育法章程》等一系列法规。学制的第一阶段为初等教育,包括蒙养院、初等小学堂、高等小学堂三级;第二阶段为中等教育,包括中学堂、中等实业学堂、师范学堂等;第三阶段为高等教育,包括高等学堂及大学预科、高等实业学堂、师范馆、大学堂和大学院等。蒙养院作为学前教育机构已列入学制之中。癸卯学制系统如图 3-1 所示。

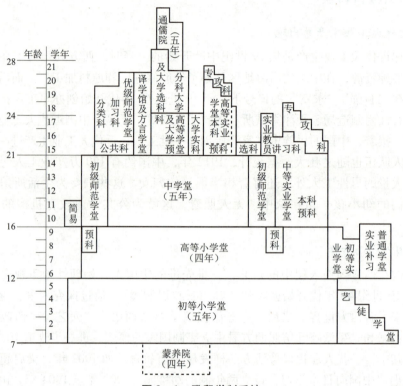

图 3-1 癸卯学制系统

（二）蒙养院制度的确定

《奏定蒙养院章程及家庭教育法章程》（以下简称《蒙养院章程》）是中国近代第一个学前教育法规，它的颁布和实施标志着蒙养院制度的确定。《蒙养院章程》主要包括四个方面内容：

1. 办学宗旨

《蒙养院章程》开篇明确提出了蒙养院的办学宗旨为："蒙养家教合一之宗旨，在于以蒙养院辅助家庭教育。"即社会性的蒙养院与家庭教育相互辅助。其原因是："保姆学堂既不能骤设，蒙养院所教无多，则蒙养所急者仍赖家庭教育。"也就是说当时蒙养院初办，师资严重缺乏，而儿童又众多。因此，只有把家庭打造成重要的学前教育场所。于是，《蒙养院章程》对开展家庭教育做了具体的规定，要求各省官府和学堂将《孝经》《四书》《列女传》《女诫》及《教女遗规》等传统儒家经典著作，以及外国家庭教育著作、初小识字课本、小学头两年级的教科书分发给各个家庭的妇女，让她们阅读后教育自己的子女，以使"家家皆自有一蒙养院矣"①。

2. 招生对象、收托时间和院址设置

《蒙养院章程》规定："保育教导三岁以上至七岁之儿童，每日不得过四点钟"，招收"本地附近幼儿，其父母愿送入其中受院内之教育者"。但不包括女孩，要求"以家庭教育

---

① 中国学前教育史编写组. 中国学前教育史资料选 [M]. 北京：人民教育出版社, 1989: 95.

包括女学","女子只可于家庭教之"。院址设在各省府厅县以及大市镇的育婴堂和敬节堂内,"于育婴、敬节二堂内附设蒙养院"。

3. 师资来源

《蒙养院章程》指出:国外幼稚园多"以女师范生为保姆以教之",但中国"若设女学,其间流弊甚多,断不相宜",故蒙养院的教师以育婴堂和敬节堂内的乳媪和节妇以及贫困人家的妇女担任。为了提升这些妇女的文化水平,《蒙养院章程》还规定各府县应编写女教科书,刊印家庭教育书刊,令这些妇女"自相传习";同时,"识字之乳媪"应教授蒙养院内其他不识字的保姆识字。

4. 保育教导目的及科目

《蒙养院章程》提出保育教导四项要旨,涉及体育、智育、德育和美育等方面,其内容如下①:

(1) 保育教导儿童,专在发育其身体,渐启其心智,使之远于浅薄之恶风、习于善良之规范。

(2) 保育教导儿童,当体察幼儿身体气力之所能为,心力知觉之所能及,断不可强授以难记难解之事,或使为疲乏过度之业。

(3) 保育教导儿童,多留意儿童之性情及行止仪容,使趋端正。

(4) 儿童性情极好模仿,务专意示以善良之事物,使则效之,孟母三迁即此意也。

《蒙养院章程》还提出了蒙养院与初等小学迥然不同的教导科目,主要有四个方面:

游戏:分为随意游戏及同人游戏两种,以使幼儿心情愉快活泼,养成儿童爱众乐群之气习。

歌谣:如古人短歌谣及古人五言绝句,使幼儿之耳目喉舌运用舒畅,且使其心情和悦、涵养德性。

谈话:选择常见的"天然物"与"人工物"等与幼儿谈话,培养其观察力和思考力。要求幼儿声音洪亮,语言流畅连贯。

手技:让幼儿用手技将木片、竹签、纸、黏土等做出各种形状,或者栽种草木花卉,以训练幼儿手眼协调动作,开发其心智和操作能力。

除以上内容外,《蒙养院章程》还对蒙养院的设施、管理组织做出详细的规定。如要求"蒙养院房舍,以平地建造为宜","蒙养院当备保育室、游戏室及其他必需之诸室","庭园面积之大,至小者当合幼儿一人占地六平方尺",蒙养院须设院董一人以"管理院中一切事务"等。

三、蒙养院制度的实施

(一) 蒙养院的兴办

1. 湖北幼稚园的创办

1903 年 9 月,中国第一所学前教育机构——湖北幼稚园,在武昌创办。湖北幼稚园创办之时,《奏定学堂章程》还没有颁布。创办者为湖广总督张之洞及湖北省抚巡端方。1904 年《奏定学堂章程》颁布后,湖北幼稚园更名为武昌蒙养院,接着又改名为武昌模范初等

---

① 中国学前教育史编写组. 中国学前教育史资料选 [M]. 北京:人民教育出版社,1989:96-97.

小学蒙养院。

由于当时园内缺乏学前教育师资，湖北幼稚园在兴办之初聘请了户野美知惠等三名日本保姆（教师）负责办理。户野美知惠毕业于东京女子高等师范学校，是日本来华最早的幼儿工作者，任湖北幼稚园园长。1904年，户野美知惠拟定了《湖北幼稚园开办章程》（以下简称《开办章程》），对该园的办园宗旨、对象、课程以及设备等做出了明确的规定。

根据《开办章程》的规定：湖北幼稚园因家庭教育不完善而设，以"专辅小儿自然智能、开导事理、涵养德性，以备小学堂之基础"为宗旨，招收"儿童未及学龄之年"即三至六岁的学前儿童。办园的任务有三："一、保全身体之健旺，体育发达基此。二、培养天赋之美材，智育发达基此。三、习惯善良之言行，德育发达基此"，也就是培养幼儿在德、智、体三方面均衡发展，为入小学打下良好的基础。幼稚园开设"行仪、训话、幼稚园语、日语、手技、唱歌、游嬉"等保育课程，每日保育时间为三小时，一周以18小时为准。幼稚园内有开诱室、训话室、游戏室、图书玩具室、游嬉场、保姆助教、休息室、看管小儿仆妇室、游戏厅、会计办公室、宾客室等设施。《开办章程》还规定：园内的一切服装、图书、保育物品，皆为官备，但不备餐饭。湖北籍幼儿入学可以免收学费，外省的幼儿每月收学费大洋四元[①]。

湖北幼稚园的上述规定，以及聘请受过高等专科训练的日本女子担任教师的做法，清楚地表明该园采用了日本幼稚园的模式。湖北幼稚园的办学宗旨和课程设置注意到儿童各方面协调发展，考虑到学前教育阶段与初等教育阶段的衔接，这符合了幼儿身心发展的客观需求，是比较合理和进步的。因而，湖北幼稚园是清末一所办学规范、质量较高的学前教育机构。

2. 《奏定学堂章程》颁布后学前教育的发展

《奏定学堂章程》颁布后，中国学前教育逐步发展起来。据统计，1907年，全国各类蒙养院428所，在院幼儿4 893人；1908年，蒙养院114所，在院幼儿2 610人；1909年，蒙养院92所，在院幼儿2 664人[②]。

在这些蒙养院中，既有公立者，也有私立者。较为著名的公立蒙养院有1903年创办的京师第一蒙养院、1905年创办的湖南蒙养院、1907年创办的福建公立幼稚园和上海公立幼稚舍、1911年湖南省女子师范学堂附设的蒙养院。较为著名的私立蒙养院有1905年成立的天津严氏蒙养院、1907年成立的上海私立爱国女学社附设蒙养院、1908年由江苏金山县（今为上海市金山区）节妇朱氏捐献田产创办的怀人幼稚舍以及北京曹氏（曹广权）家庭幼稚园、1909年山西育婴堂附设的幼稚园。

成立于1905年的湖南蒙养院是在巡抚端方倡议下开办的。与主办武昌蒙养院一样，端方也聘请了日本女子春山雪子、佐藤操子担任保姆，并制定了《湖南蒙养院教课说略》，对教育宗旨、课程设置、招生对象等方面做出了具体的规定。教育宗旨为：养成"德育之始基""智育之始基""化育之宗""体育之始基"，使儿童的德、智、美、体各育协同发展，成"异日受教之根据"。招生对象为："满三岁以上未届学龄之儿女（即四岁至六七岁时）皆应入园同学……"课程设置有七项，分别为谈话、行仪、读方、数方、手技、乐歌、游戏科目。在这些科目中，谈话、行仪为"德育之始基"，读方、数方、手技为"智育之始

[①] 中国学前教育史编写组. 中国学前教育史资料选 [M]. 北京：人民教育出版社，1989：103-105.
[②] 张泸. 张宗麟幼儿教育论集 [M]. 长沙：湖南教育出版社，1985：390.

基",乐歌为"化育之宗",游戏为"体育之始基",并强调各科要有机结合,相互渗透①。这些规定表明:湖南蒙养院的保教内容比较完备。

严氏蒙养院的创办人为清末翰林院编修、学部侍郎严修(1860—1929年)。19世纪末20世纪初,严修曾在天津积极办学,创办了南开学校和严氏女塾等。之后,在赴日本考察学务中,他认识到发展学前教育的重要性,即于1905年创办了严氏蒙养院,聘请了日本人大野玲子为教师,并从日本采购了钢琴、风琴、儿童桌椅和教具等。这所蒙养院招收四至六岁儿童,招收30名左右,生源来自附近邻居及亲友的子女。开设的科目有手工、游戏、故事、唱歌等,活动时间为上午9时—11时。这些规定反映出严氏蒙养院在保教方面与清末学堂的规定精神相一致。

(二) 蒙养院师资的培训

1. 保姆的培训

《蒙养院章程》规定蒙养院的保姆由乳媪、节妇担任。于是,训练乳媪、节妇成了晚清政府最初培养学前教育师资的重要途径。训练的方式为:在育婴堂或敬节堂中选择出识字的妇女当教员;如堂内无识字的,则请识字老妇人入堂任教。教材用"官编女教科书"。这些教科书除从外国家庭教育著作和初等小学识字教科书中选取内容外,还从《孝经》《四书》《列女传》《女诫》《女训》及《教书遗规》中选材。按照这些规定,蒙养院保姆的文化水平无疑很低,最多不过小学三年级的文化;他们还成了"三从四德"的模范和宣传者,这使得蒙养院的教育比较保守、落后。

为了提高师资水平,国内一些著名的公私立学前教育机构还派员去国外学习或请外国教师来当地培训学前教育师资。1904年,上海务本女塾附设幼稚舍时,创办人吴怀疚派吴朱女士到日本保姆养成所学习,后者于1907年学成归国后即在上海公立幼稚舍内创办保姆传习所,聘请了陆瑞清、龚杰、陆费逵等兼任教师,开设了保育法、儿童心理学、教育学、修身学、谈话、乐歌、图画、手工、文法、习字法、理化、博物等科目。1905年,严修在天津创办蒙养院时,办起保姆传习所,聘请日本人大野铃子讲授保育法、音乐、弹琴、体操、游戏、手工等。三年间,传习所培养了20多名毕业生。

2. 学前教育师资专业化的开启

清末学前教育师资专业化始于1904年②。这一年,武昌蒙养院附设了女子学堂,招收15至35岁的女子专门学习幼儿师范课程。这是中国人自办的最早的学前教育师资培训学校。这所学堂的开办曾轰动一时,引起路人的争相观看。可惜,在"癸卯学制"颁布后,张之洞认为"园内附设女学堂,聚集青年妇女至六七十人之多,与奏定章程尤为不合……(且)必致中国礼法概行沦弃,流弊滋多"。迫于形势,1904年秋,遂裁撤了这所学堂③。

1907年,清政府出于形势所迫,从制度层面上推动了学前教育师资的专业化。其重要标志是颁布了《女子师范学堂章程》《女子小学堂章程》,传统中学校教育女禁终于破除。《女子师范学堂章程》规定女子师范学堂旨在培养女师范生符合"小学堂教科、蒙养院保育科旨趣,使适合将来充当教习、保姆之用",女子师范教育学科教课程度应"先教以教育原

---

① 中国学前教育史编写组. 中国学前教育史资料选[M]. 北京:人民教育出版社,1989:106-109.
② 喻本伐. 中国幼儿教育史[M]. 郑州:大象出版社,2000:189.
③ 中国学前教育史编写组. 中国学前教育史资料选[M]. 北京:人民教育出版社,1989:92.

理……次教以家庭教育之法，次教以蒙养院保育之法"，女子师范须附设女子小学堂及蒙养院以供实地练习。这样，培养学前教育师资成了女子师范学堂的办学目标，各地纷纷办起了幼师培训机构。1911年，湖南开办全省女子师范，广东、北京等地也陆续设立了保姆传习所。到辛亥革命前，"全国女学生的数目已经有二三十万人，学幼稚教育的人数也大增了"[①]。

随着学前教育师资培训的开展，西方学前教育的理论与专业知识被引入中国。1907年，顾倬编辑了《幼儿保育法》一书，该书参考了日本、德国等地的学前教育书籍，选择了保育上较重要的内容，全书包括总论、养护身体、授予知识、陶冶性情、保育事项、结论六章。1909年，上海公立幼稚舍附属保姆传习所吸收日本的学前教育办学经验，编辑成《保姆传习所讲义初集——保育法、儿童心理学》，交由中国图书出版公司发行。其中"保育法"共16章，分别为：绪论、幼稚园之主旨、幼稚园之必要、幼稚园之教育、幼稚园与家庭之联络、保姆之资格、保育事项、论游戏、论唱歌、谈话、手技、恩物之种类、恩物之理、保育时间、入园年龄与分组法、看护术。"儿童心理学"共六章，分别为：引言、原气质之分类、快活儿之特色、刚愎儿之特色、忧郁儿之特色、沉钝儿之特色。

（三）蒙养院制度的历史地位

蒙养院制度是中国第一个公共学前教育制度。它的产生标志着中国学前教育完全由家庭负担的历史终结，朝着学前教育社会化的道路上迈出了第一步。

由于清末中国的经济、政治和文化还存在着相当程度的封建性，特别是深受"中学为体、西学为用"思想的影响，蒙养院制度仍具有一定的保守性。这表现为：蒙养院的运转是以辅助家庭教育为宗旨的，蒙养院的地位和作用大打折扣；蒙养院利用育婴堂和敬节堂内的妇女充当教师，教育质量较为低下；特别是蒙养院还极为重视封建伦理道德的灌输。另外，蒙养院在办学中还严重抄袭日本，如许多蒙养院的教员由日本人担任，课程、玩具、教法也多参照日本，甚至课程中还开设了日语，显示出鲜明的半殖民地教育的特点。

第二节　民国时期的学前教育

一、学前教育制度的演进

（一）蒙养园制度

1. 壬子癸丑学制

1912年1月，南京临时政府成立，著名的民主教育家蔡元培任教育总长。1912年7月，教育部召开临时教育会议讨论教育政策和改革措施等重要问题，9月，教育部公布《学校系统令》，称壬子学制。实施一年多之后，至1913年8月，又陆续颁布了各种学校令，对壬子学制有所补充和修改，于是综合形成了一个更加完整的学制系统，即《壬子癸丑学制》。见图3-2。

[①] 张泸. 张宗麟幼儿教育论集 [M]. 长沙：湖南教育出版社，1985：101.

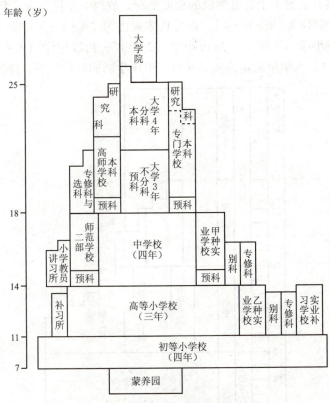

图 3-2　壬子癸丑学制系统

2. 蒙养园制度的确立

按壬子癸丑学制的规定，学前教育机构的名称为蒙养园。这个学制将学堂改名为学校，蒙养院改为蒙养园。有关蒙养园的规定如下："在下面有蒙养园，在上面有大学院，不计年限。""女子师范学院于附属小学校外应设蒙养园，女子高等师范学校于附属小学校外应设附属女子中学校，并设蒙养园。"[①]

从这些规定看，虽然作为"下面"的蒙养园被规定为学制体系中的教育机构，但是与所谓"上面"大学院（即现在的研究生院）一样，不占学制年限，并未单独成为学制系统中的一级，而属其他教育机构的附属部分。此时期的蒙养园主要附属在小学和女子师范学校内。这样看来，蒙养园虽然没有摆脱附属的地位，但已不再附设于育婴院和敬节堂内，而是纳入了真正的教育机构系列。总体上，学前教育地位已经显著提高。

（二）幼稚园制度

1. 壬戌学制

1919 年的五四运动将中国革命推向新民主主义阶段。在"五四"新文化运动的推动和美国教育的影响下，中国出现了一次民主教育改革的浪潮。其中学制改革是这一系列教育改革的主要标志。1922 年 9 月，教育部召开学制会议，通过《学校系统草案》，11 月 1 日，该制以"大总统令"的形式颁行，名为《学校系统改革令》。因 1922 年为农历壬戌年，故称

---

① 舒新城. 中国近代教育史资料（上册）[M]. 北京：人民教育出版社，1961：230，710.

《壬戌学制》；又因其是对壬子癸丑学制的全面更新，故当时亦称其为"新学制"。

该学制的主干学程为"6·6·4"，亦可具体表述为"4·2·3·3·4"。其升学序列和学习年限为：初级小学（4年）—高级小学（2年）—初级中学（3年）—高级中学（3年）—大学（4年）。入学年龄定为实足6岁。壬戌学制的结构体系，详见图3-3。

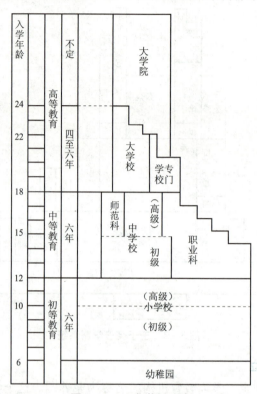

图3-3 壬戌学制系统

2. 幼稚园制度确立

关于学前教育，壬戌学制规定：将蒙养园改称为幼稚园，既可单设，亦可附设；办理宗旨，依照"儿童本位"思想，侧重于"谋个性之发展"；教育对象，确定为三至六岁的男女儿童。初对保教内容无明确规定，1929年后，确定为《幼稚园课程标准》中规定的音乐、故事和儿歌、游戏、社会和自然、工作、静息、餐点七项。这就改变了以前学前教育机构在学制中一度没有明确规定的状况，确立了它在学制系统中作为国民教育第一阶段的地位。

新学制的颁布推动了中国学前教育进一步向前发展。如1922年12月在新学制颁布后不久，江西省立第一女子师范学校及第一师范学校分别开设幼稚园。1923年5月，浙江省教育厅也要求各县自本年度起至少筹设一所幼稚园。1923年5月，陈鹤琴在南京创设了中国第一所实验幼稚园。此后，全国各省市的幼稚园都不断有所发展，并且向农村延伸。1927年，在陶行知的领导下，还先后在南京郊区燕子矶、晓庄、和平门、迈皋桥等地创办了中国第一批乡村学前教育机构。

二、学前教育的实施

（一）学前教育机构的发展

民国前期，可以信赖的学前教育统计资料极少，因而很难得到全国比较准确的学前教育机构的数据。但有几点可以明确：一是教会学前教育机构占据很重要的地位，国人自办的很少。1924年，南京第一女子师范进行不完全的全国调查，发现国人自办的学前教育机构仅34所。二是主要集中在城市，直到1927年，才出现第一所由陶行知创办的农村幼稚园。三是国人自办的学前教育机构据张克勤于20世纪30年代初对上海、南京等七市幼稚园概况之调查，当时私立幼稚园明显多于公立幼稚园。四是出现了不少由知名人士创办的有较大影响的幼稚园。

总体上讲，由于中华民国时期战乱不断，学前教育事业发展极为缓慢。学前教育机构的最多年份1946—1947年也仅为1 301所，对于5亿多人口的中国来说，其幼儿入园率之低可想而知。另外，这一时期的学前教育事业还有以下特点：①在抗日战争爆发前，幼稚园的发展，大体呈稳步攀升态势；②抗日战争时期的幼稚园虽急剧减少，但此期所办理的保育院却收容了大量难童，并兼负起相应的学前教育职责；③抗日战争结束后，幼稚园恢复和发展速度相对较快。

（二）知名学前教育机构

1. 南京高等师范附设幼稚园

该幼稚园实为南京高等师范附属小学下设的幼稚园。南京高等师范于1917年增设附属小学。1919年陈鹤琴、廖世承留美归国后，南京高师便在学校附小增设幼稚园。园舍位于附小中的"杜威院"。办园指导思想是当时方兴未艾的杜威的实用主义教育理论。因此，该园重视幼儿的自发活动，尊重幼儿的兴趣，注重生活经验和直接知识的获取，尤其注意个性的培养和人格的养成。该园共有教职员工4人，招收幼儿为3～6岁，多半系教员子女。游戏运动器具和恩物等设备齐全。在教学中以生活为中心，无显分科目，以谈话、游戏、手工、音乐为主要活动。

2. 浙江大学教育学系培育院

浙江大学，前身是1897年创建的求是书院，是中国人自己最早创办的现代高等学府之一。1928年更名为国立浙江大学，并增设教育学系，1935年秋，时任教育学系主任郑晓沧，主持创设了培育院，但实际由儿童心理学博士黄翼主持。教保人员由浙江大学教育学系毕业生和在校学生担任。该院招收3岁（第二学期改为2.5岁）至4.5岁的幼儿入院，满5岁即出院。每半岁为一级段，每一级段学生仅4人。开院之初，为4个级段；第二学期，改为5个级段。学生总数为20人。1937年七七事变后，浙江大学内迁，培育院被迫停办。

浙江大学培育院是一所兼具实习性与实验性的学前教育机构，教保人员由浙江大学教育学系毕业生和在校学生担任。作为实习性的学前教育设施，供《儿童心理学》《儿童训导与心理卫生》《儿童心理专题研究》等课程观察、研究、实习用。培育院强调幼儿生活自由、愉快、家庭化、游戏化，尽量给儿童以自由活动的机会，寓指导于不觉之中。培育院初为半日制，后过渡为全日制。其"组织活动"的类型有：①团体活动与个人活动；②领导活动与自由活动；③设计活动与随机活动；④文字教育与具体教育；在设计作业中，经常开展的组织活动还有节会、旅行、放风筝、养蚕、种豆、烹饪请客、做豆浆、写信等。

3. 厦门集美幼稚园

厦门集美幼稚园为爱国华侨陈嘉庚创办的集美学校的一部分，成立于1919年2月。陈嘉庚（1874—1961年）是福建同安人，早年去新加坡习商，后来成为精明强干的实业家和具有远见卓识的教育事业家。厦门集美幼稚园建有西班牙风格的葆真楼、养正楼、煦春楼、群乐室等专用屋宇，设备齐全；辟有体操场、游戏场、花圃、假山、水榭、小桥等活动场所，既美观又实用。1927年，集美幼稚师范创设后，改名为集美幼师附设幼稚园，以作为幼稚师范生的实习基地。

该园有明确的办园指导思想，即把幼稚教育当成立国之根本的基础，认为有了健康的儿童才能有健全的国民；教师为儿童的伴侣，幼稚教育是爱的教育；教育应以儿童为中心，建立在儿童需要与生活的经验上；幼稚园应成为"儿童的乐园"，幼稚教育是求孩子的解放与幸福；幼稚园教育有改造家庭教育的责任。这一办园思想充分体现了"五四"时期新教育的要求，既有历史的进步意义，又具当代的现实意义。

4. 北京香山慈幼院

北京香山慈幼院于1919年10月正式成立，收受因水灾而遭难的孤儿、弃婴和附近的贫儿。主办者为熊希龄（1870—1937年），该院初属慈善性质。开办一年后，感到贫苦儿童中不乏天资聪颖者，于是决定开展教育工作。全院共分五个部分，其中第一校是婴儿教保院（出生至四岁）和幼稚园（五六岁），第三校是幼稚师范（即北平幼稚师范学校）。

北京香山慈幼院试验推行学校、家庭、社会"三合一"的教育体制，把学生分编为蒙养级、半工半读级、普通级、高材级和特殊级（为问题儿童而设）。至1924年上半年，全院学生骤增至1 500余人，分设有蒙养园、小学、男子初中、女子师范、职教班和艺徒班等教育设施。在1923年和1929年，分别设立了香山慈幼院的蒙养园（后依制定名为"幼稚园"）和婴儿园。蒙养园收容4~6岁幼儿，3年毕业，学额为50名，实行寄宿制。师资均聘幼稚师范科或幼师生担任，引用欧美最新式保教方法，注重营养配方，强化律动体操，采用设计教学法，试验学生自治制。在训育方面，力求使儿童达到独立、互助、勤劳、俭朴的标准。婴儿园原则上收容1~3岁的婴儿，后拓展年龄为0~4岁，学额定为50人。入园后，分幼婴、中婴、大婴三类，分别制定营养配方和保教方案。

5. 南京鼓楼幼稚园

南京鼓楼幼稚园于1923年春由东南大学教授陈鹤琴在自家客厅创办。同年秋，得东南大学教育科之辅助，聘请东南大学幼稚教育讲师卢爱林女士为指导员、甘梦丹女士为教师，该园便成为东南大学教育科的实验园地，中国第一个学前教育实验中心。该园的办理宗旨为："不受旧式幼稚教育之束缚，立意创造中国化的新幼稚园。"1925年，东南大学教育科派毕业生张宗麟来园为专事研究员，协助陈鹤琴进行实验研究。该园最为显著的特征是实验性。1925年至1928年，进行了几项实验研究：读法研究、设备研究、故事研究、课程研究以及幼稚生的行为习惯、幼稚生的技能练习、幼稚生生活经历等多方面的实验研究。课程研究共经历了散漫期（1925年秋冬）、论理组织期（1926年春夏）和中心制期（1926年秋冬），实验研究的成果，反映在陈鹤琴于1927年年初发表的《我们的主张》中。鼓楼幼稚园的课程分列了音乐、游戏、工作、常识、故事、读法、数法、餐点、静息九项。课程实验的成果，成为1929年教育部所颁行《幼稚园课程暂行标准》的基础。

6. 南京燕子矶幼稚园

1927年11月，在陶行知领导下，由张宗麟协助筹措在南京郊区创办南京燕子矶幼稚园。该园是中国第一所乡村幼稚园，又是陶行知的生活教育理论试用于幼稚教育领域的试验田。办园宗旨在于研究和试验如何办好农村幼稚园的具体办法，以便在全国农村普及。开办之初，借用的是燕子矶小学房舍，招收附近农民子女30名，实行免费入学。1928年春，新校舍落成，辟有活动室、导师研究室、图书室、清洁室等设施，幼儿增加至40名。同年秋，该园由王荆璞女士主持，并开始进行若干学前教育实验。如编制"幼稚生生活历"的实验，又如"试用生活法"的实验等。1930年，晓庄学校被封后，该园停办。

7. 上海大同幼稚院

1930年3月，由中国共产党地下组织领导的中国互济会（原名中国济难会）创办上海大同幼稚院，专门收容与抚育革命同志的子女，负责人为董健吾。为了便于掩护，托人请国民党元老于右任写了"大同幼稚院"横幅，照着漆成横匾，挂在门口。1931年冬，外界开始有人注意大同幼稚院。互济会负责人深恐发生意外，影响革命后代，遂当机立断，于1932年1月解散该院，并将孩子们安全转移。

大同幼稚院从筹办到解散，虽只有两年，却收容并抚育了毛泽东、彭湃、恽代英、李立三等革命前辈的子女，因而也被誉为革命后代的"红色摇篮"。

8. 上海劳工幼儿团

1934年，在陶行知领导下，上海劳工幼儿团由其学生孙铭勋、戴自俺创办于沪西女工区。幼儿团招收自断奶到8岁的婴幼儿，将托、幼、小三者连成一气，因而不宜采用幼稚园名称。该团选址于沪西劳勃生路（现胶州路）工厂区，其宗旨是为女工服务，向劳工的儿童实施教育。经费来源主要靠陶行知募集和青年会的资助。入团儿童，免收学费。师资及保育人员的不足，仰赖上海女青年会派出志愿人员协助。设备因陋就简，桌凳、滑梯、跷板、木马、积木等，大多请木工自制。教育的重点是卫生健康教育，并经常带孩子到附近公园散步、观察，以增长知识、开阔视野。1935年，因经费等问题而被迫停办。劳工幼儿团为中国第一所专为工人子女开设的学前教育机构。

三、幼稚园师资培养

（一）相关政策及规定

根据壬子癸丑学制的规定，幼儿教师的培训，被正式引入师范学校的培养目标。在1912年9月公布，1916年1月修正的《师范教育令》中规定："专教女子之师范学校称女子师范学校，以造就小学校教员及蒙养园保姆为目的"；女子师范"得附设保姆讲习科"。1916年，教育部公布《国民学校令施行细则》，首次对蒙养园保姆的资格做出了规定，学前教育师资由中等幼儿师范教育机构来培养的理念再次得到强化。1928年，第一次全国教育会议上，通过了《注重幼稚教育案》，要求各地应择适宜之地设幼稚师范学校或在师范学校内开设幼稚师范科。国民政府在1932年颁布的《师范教育法》及1933年教育部颁布的《师范学校规程》中均有"师范学校得附设特别师范科及幼稚师范科"的规定。

（二）幼稚园师资培养机构

在各项相关政策和法规的驱动下，中华民国时期的师范教育较清末有了较大发展。随着学前教育师资培养能力的增强和学前教育机构的发展，民国时期的学前教育师资队伍也在缓慢发展。

整个民国时期，幼儿教师的数量发展缓慢，始终没有很大的突破。幼儿教师的数量最多的年份是1936年和1946年，分别是2 607人和2 805人，抗战爆发，幼稚教师数量急剧滑落。抗日战争结束前后，幼稚师资数量得以恢复和发展。

民国时期办理幼师培训机构较有成效者（包括公私立幼稚师范学校），如厦门集美幼稚师范学校（1927）、南京晓庄师范幼稚师范院（1929）、北平幼稚师范学校（1930）、江西省立实验幼稚师范学校（1940）等，在办学方面各有特色，在中国学前教育发展史上占有重要的地位。

1. 江西省立实验幼稚师范学校

1940年10月，江西省立实验幼稚师范学校在江西泰和县文江村的一座松林密布的荒山上落成。这是中国第一所公立单设的幼稚师范学校，陈鹤琴任校长，该校在创设之初就附设了小学和幼稚园。1943年2月，该校由省立改为国立，同时增设了婴儿园和幼稚师范专修科。加上之前的幼师部、附属小学和幼稚园，构成了一个体系完整的教育实验基地，为当时全国10所国立师范之一。该校的宗旨有三：一是培养幼稚园教师与幼稚教育的人才；二是在幼稚教育理论和教材方面的实验研究；三是活教育的实验。该校的课程分精神训练、基本训练和专业训练三项，特别注意和婴儿园、幼稚园及小学的实际相结合。教学方法强调以做为中心，采取分组讨论共同研究的方式并采用集体教学的方法。教学步骤分为观察实验、参考阅读、发表创造、批评改进四个阶段。成绩考查曾创用过"荣誉考试制"，使学生不为分数而读书。

2. 北平幼稚师范学校

1931年7月，北平幼稚师范学校由熊希龄、张雪门正式创设于北平西四牌楼关帝庙。其前身为香山慈幼院幼稚师范科。其办学方针是为适合本国国情及生活的需要，造就忠实地为平民服务的师资。招生的对象以慈幼院女生直升者为主，也招一些校外的初中毕业生。该校学制灵活，学生每年所学课程及实际经验，均作为一个阶段的结束，如学完一年级课程即等于幼师速成科的标准，基本上可任幼稚园助理教师；学完两年，为幼师全科的标准，可任幼稚园正式教师或主任；学完三年毕业后，可兼任小学低年级或婴儿园教师和主任。此外，该校在教育见习、实习方面积累了较丰富的经验，采取一年级看、二年级做、三年级管的办法，每学期或每学年均有实习安排，实习次数多、时间长；实习单位以幼稚园为主并向两端延伸（婴儿园和小学）；实习内容以教务为主，扩展到家事、校务。幼师毕业生一出校门就能开办幼稚园，当称职的教师或主任，深受用人单位的欢迎。抗日战争爆发后，北平幼稚师范学校南迁。

四、学前教育社团

（一）中华儿童教育社

中华儿童教育社的前身名为"幼稚教育研究会"，由陈鹤琴1926年筹创于南京，1927年正式设立该会。在业务上开展了"艺友制"实验，并出版发行了《幼稚教育》。1928年，《幼稚教育》更名为《儿童教育》。1929年，幼稚教育研究会更名为"中华儿童教育社"。

1929年7月，中华儿童教育社在杭州成立，陈鹤琴被公推为大会主席。有个人社员47人，团体社员22个。会议通过了《儿童教育社简章》，确定中华儿童教育社宗旨为："本社为纯粹学术研究机构，以研究小学教育、幼稚教育、家庭教育，注重实际问题，供给具体教材为宗旨。"[①]《儿童教育》为该社社刊。教育社设常务、编辑、事务三种理事，并有总社理事会、分社理事会。为进行各项业务，设总务部、研究部、编译部、推广部、介绍部、福

[①] 中华儿童教育社. 儿童教育社简章 [J]. 儿童教育，1929，1 (9-10): 4.

利部。

中华儿童教育社的业务目标有三个方面：①研究儿童教育；②推进儿童福利；③提倡教师专业精神。其工作内容和方式包括：①研究问题；②实验方案；③提倡风气；④建议政府；⑤编译图书；⑥流通书报；⑦协助社友；⑧辅助导师；⑨采访资料；⑩联络研究。该社除继续编辑出版《儿童教育》月刊外，还委托郑晓沧编辑《儿童教育丛书》，又委托丁柱中、陈鹤琴主编《儿童科学丛书》，另有《儿童生活》《儿童教育新刊》等多种读物面世。

中华儿童教育社在1930年至1947年间共召开了12届年会，年会议题围绕小学教育和幼儿教育提出。中华儿童教育社还邀请当时一些国际教育界著名专家学者来华讲学，为中国儿童教育研究提供前沿的学术成果。如1931年秋天，美国哥伦比亚大学师范学院教授罗格（Rogge）及夫人来到上海讲学。陈鹤琴就请罗格夫妇分别向中华儿童教育社在沪社员和工部局所属中小学教职员做了题为"新教育的精神"的演讲，陈鹤琴即席翻译。文纳特卡制倡导人华虚朋博士（Carleton Wolsey Washburne，1889—1968年）也曾受中华儿童教育社之邀，讲演《关于儿童中心教育运动》，教育社为此出版文纳特卡制专号。

中华儿童教育社不但是国内研究儿童教育的中心，而且参加国际新教育联盟（new education fellow ship）及世界教育专业组织（world organization of the teaching profession）的工作。《儿童教育》也成为沟通中外、调和新旧教育的媒介，是关心世界文化和国际学术思想的一种必备书报。

（二）中国战时儿童保育会

七七事变后，中国军民奋起抵抗，抗日战争全面爆发。在战争中，产生了大量孤苦无靠的难童。为解决难童的收容、教养问题，中国战时儿童保育会和保育院应运而生。1938年3月，国共两党及社会各界知名人士，在武汉发起成立中国战时儿童保育会（全称为"中国妇女慰劳自卫抗日将士总会战时儿童保育会"），推选宋美龄为理事长、李德全为副理事长、邓颖超等为常务理事，另聘蒋介石、毛泽东、蔡元培、陈嘉庚、茅盾、斯诺为名誉理事。

此后，全国各省市（包括陕甘宁边区）、香港和南洋群岛成立分会20余个。在各战区设立了儿童保育院53所，包括延安设立的陕甘宁边区第一、第二保育院，总共收容难童3万余名，其中包括大量的学前儿童。

战时儿童保育会的设会宗旨是："抢救民族后代，培育无家可归的难童健康成长为抗日建国力量。"保育院的办理经费，主要由保育会向社会各界募集；另一部分，则由中华民国赈济委员会拨付。保育院除雇请专人对难童进行养护外，还选聘师资开展难童教育。游戏、唱歌通常被作为开展爱国主义教育的基本形式，语言、识字更是作为常课，劳作教育则被视为生产自救的有效方式。难童在保育院中生活、学习一段时间之后，或被经济条件较好的家庭收养，或被选送至适宜的教育机构学习。如陶行知所创办的育才学校，早期的学生，便主要是从各地的保育院中挑选而来的。

五、学前教育法规

（一）《国民学校令施行细则》

《国民学校令施行细则》于1915年7月由民国教育部公布，后历经1916年10月和1920

年 1 月两次修订。在《国民学校令施行细则》的"蒙养园及类于国民学校之各种学校"中，对蒙养园的宗旨、保教内容和方法以及设备等做了具体规定，其主要内容如下[①]：

（1）提出蒙养园的宗旨为"以保育满三周岁至入国民学校年龄之幼儿为目的"。"保育幼儿，务令其身心健康全发达，得良善之习惯，以辅助家庭教育"。

（2）保育之项目有游戏、唱歌、谈话、手艺。

（3）保育儿童的方法为"幼儿之保育，须与其身心发达之度相副，不得授以难解事项及令操过度之业务"。"幼儿之心情容止，宜常注意使之端正，并示以善良之事例，令其则效"。

（4）关于蒙养园的师资，则提出："蒙养园保育幼儿者为保姆"，"保姆须女子，有国民学校正教员或助教员之资格，或经检定合格者充之"。"蒙养园长及保姆之俸额及其他给予诸费，县知事依照国民学校教员之规定，参酌地方情形定之"。

（5）蒙养园的设备应设"游戏园、保育室、游戏室及其他必要诸室，室以平屋为宜"。设备包括"恩物、绘画、游戏用具、乐器、黑板、桌椅、钟表、寒暑表、暖房器及其他必要器具"。

可以看出，《国民学校令施行细则》与《奏定蒙养院章程及家庭教育法章程》相比，对于师资的规定上有所进步，提高了蒙养园保姆的资格，规定了其享有国民学校教员的资格和薪俸。

（二）《幼稚园课程标准》

1928 年 5 月，南京国民政府第一次全国教育会议在南京召开。会上，在陶行知、陈鹤琴的努力下，编订幼儿园课程的工作被提上议事日程。9 月，大学院召开中小学课程委员会会议，会上确定中小学及幼稚园课程标准的科目及制定原则等问题。会后，陈鹤琴组织郑晓沧、张宗麟等人以南京鼓楼幼稚园的课程试验成果为基础，正式制定幼稚园课程暂行标准。1929 年 8 月，陈鹤琴主持制定的《幼稚园课程标准草案》经由教育部（1928 年 10 月大学院改回教育部）公布颁行，定名为《幼稚园课程暂行标准》。1932 年 10 月，教育部在对《幼稚园课程暂行标准》进行修订后，颁行了《幼稚园课程标准》。1936 年 7 月，此标准经再次修订后重新颁发全国。

《幼稚园课程标准》全文分"幼稚教育总目标""课程范围""教育方法要点"三大部分。课程范围分音乐、故事和儿歌、游戏、社会和自然、工作、静息、餐点七个科目，基本上包含了鼓楼幼稚园课程试验中的科目。

《幼稚园课程标准》规定幼稚教育总目标为：

（1）增进幼稚儿童身心的健康；

（2）为谋幼稚儿童应有的快乐和幸福；

（3）培养人生基本的优良习惯（包括身体、行为等各方面的习惯）；

（4）协助家庭教养幼稚儿童，并谋家庭教育的改进。

《幼稚园课程标准》在"课程范围"部分每个科目下面列举了该科目的目标、内容提要和最低限度的要求。如"社会和自然"一项内容如下：

[①] 中国学前教育史编写组.中国学前教育史资料选（全一册）[M].北京：人民教育出版社，1989：205 - 206.

(1) 目标

（甲）引导对于自然环境和人民活动的观察和欣赏。

（乙）增进利用自然、满足生活、组织团体等的最初步的经验。

（丙）引导对于"人和社会自然的关系"的认识。

（丁）养成爱护自然物和卫生、乐群等的好习惯。

(2) 内容提要

（甲）关于衣、食、住、行等生活需要、卫生方法，以及家庭、邻里、商铺、邮局、救火组织、公园、交通机关等社会组织的观察研究，与本地名胜古迹的游览。

（乙）日常礼仪的演习。

（丙）纪念日和节日（如元旦、国庆、总理忌诞辰、五九、五卅、儿童节以及其他令节）的研究举行。

（丁）身体各部的认识和简易卫生规律（如不吃担上的糖果，不吃杂食，食前必洗手，食后必洗脸，不随便便溺，不随便吐痰，不吃手，不用手挖耳採眼，早睡早起，爱清洁等）的实践。

（戊）健康和清洁的检查。

（己）党旗、国旗、总理遗像等的认识。

（庚）常见的鸟、兽、虫、鱼、花草、树木和日、月、雨、雪、阴、晴、风、云等自然现象的认识和研究。

（辛）月份、星期、日子和阴、晴、雨、雪等逐日天象的填记。

（壬）附近或本园内植物的观察采集并饲养或培植。

（癸）集会的演习。（以培养公正、仁爱、和平的态度精神为主）

(3) 最低限度

（甲）认识自己日常生活所用的主要衣、食、住、行各项物品。

（乙）略知家庭、邻里、商铺、工场、农田以及地方公共机关的作用。

（丙）知道四肢、五官的机能作用。

（丁）认识家禽、家畜及五种以上植物，并太阳、风、雨的作用。

（戊）认识总理遗像和党旗、国旗。

（己）对于师长、家长有相当的礼貌。

（庚）有爱好清洁的习惯。

《幼稚园课程标准》的第三部分"教育方法要点"共17条，其主要内容为：规定将各科打成一片，实行课程（作业）中心制的设计教学；幼儿园各种作业可由儿童各从所好，自由活动，但是每日必有一次团体作业，故事、游戏、音乐、社会和自然大都可由教师引导，施行团体作业；教师是儿童活动中的把舵者、儿童问题的最后裁判者，教师须细微、全面地观察儿童并做记录；必须充分利用户外的自然和社会环境，并注意设备要合乎中国的国情，合乎当地社会情形，要适应儿童需要和不违背教育的意义等。

《幼稚园课程标准》是中国学前教育专家第一次在总结国内试验成果的基础上，从国情出发制定的学前教育规程。它的颁行标志着学前教育从初期的模仿抄袭中摆脱出来，向中国化学前教育的道路上迈出了坚实的一步。

第三节　共产党领导下的根据地和解放区的教育

中国共产党领导的民主根据地的学前教育是我国现代学前教育的重要组成部分，也是新中国学前教育发展道路的主要经验来源之一。民主根据地的学前教育包括 20 世纪 30 年代前期以江西中央苏区为中心的学前教育、抗日战争时期以陕甘宁边区为核心的抗日民主根据地的学前教育以及 1946 年至 1949 年各解放区的学前教育。

一、苏区幼儿教育工作的方针政策

苏区是第二次国内革命战争时期中国共产党创立的农村根据地的简称。由于当时根据地主要模仿苏俄采取苏维埃（即代表大会）政府形式，故将根据地简称苏区。

农村根据地的创建是与农民运动紧密联系在一起的。自 1927 年秋天毛泽东率领秋收起义部队在井冈山创立第一个农村革命根据地开始，到抗日战争的爆发，中国共产党积极开展武装割据斗争，先后创建了中央苏区、湘赣苏区、湘鄂赣苏区、闽浙赣苏区、川陕苏区、陕甘宁苏区、广东革命根据地等十几块革命根据地。在这些革命根据地，共产党不仅领导着武装斗争、政治斗争，同时也关注着幼儿教育的革命工作。

1934 年 1 月，毛泽东在第二次全国工农兵苏维埃代表大会上所做的报告中，明确提出苏维埃文化教育的总方针是："在于以共产主义的精神来教育广大的劳苦民众，在于使文化教育为革命战争与阶级斗争服务，在于使教育与劳动联系起来，在于使广大中国民众都成为享受文明幸福的人。"[①] 毛泽东为苏区制定的教育总方针和总政策，是基于对整个革命斗争形势的判断而制定的，也是对苏区教育实际工作经验的概括和总结的结果。

苏区自创建之日起，其工作无疑是以武装斗争为核心的革命工作，干部教育、成人教育则成为教育工作的重心。尽管如此，无论是出于培养革命后代的需要，还是基于解放妇女、保护儿童身心健康的目的，苏区在整个教育工作中，依然将幼儿教育工作作为苏区教育的重要组成部分。1927 年 9 月，在革命根据地建立前夕，当时江西省革命委员会的行动纲领中，便为实现普及教育、提高革命文化目的，提出："建立一般未达入学年龄的机关（如儿童养育院、幼稚园等），以利增进社会教育和为解放妇女的目的。"事实上，争取妇女儿童的合法权利、设立幼教机构曾是中国共产党领导的革命运动的重要内容和目标之一。1928 年 7 月通过的党的六大关于妇女运动的决议案中，便要求在斗争中应提出女工的特殊要求，其中包括保护母性，禁止使用童工，以及组织儿童院和幼稚园的合理要求。

上述中国共产党保护妇女儿童的合法权益和为幼童设立保育机构尚属一种对敌斗争中的合理要求，当通过红色割据建立地方苏维埃政府后，便将其作为根据地建设的重要内容而计划付诸实施。1931 年 9 月，湘鄂赣革命根据地苏维埃第一次代表大会通过的关于文化问题的决议案中，明确强调"注意学龄前儿童教育"，并就幼儿教育的内容和原则做出了详细的规范："①注意看护小儿的教育；②注意小儿听觉、视觉及器官的充分发展；③3 岁以上的儿童暂时由儿童的家庭以及共产主义儿童团施行幼稚教育；④注意儿童的记忆力、模仿力和联想力等智慧的发展。"[②]

[①] 江西省教育学会. 苏区教育资料选编（1929—1934 年）[M]. 南昌：江西人民出版社，1981：46.
[②] 中国学前教育史编写组. 中国学前教育史资料选 [M]. 北京：人民教育出版社，1989：363.

简而言之，苏区幼儿教育工作的方针政策是幼儿教育为了妇女解放服务，为了革命事业的成功、为了儿童全面发展服务。

二、苏区幼儿教育制度的建立和幼教机构的设置

（一）幼教法规制度的建立

早在苏区创建时期，幼儿教育便成为教育工作的一项重要内容而受到重视。1932 年，在由湘鄂赣革命根据地苏维埃政府颁布的《学制与实施目前最低限度的普通教育》训令中，首次将接收 3～7 岁儿童的幼稚园纳入普通学制，同时要求各地根据实际情形设立保育院，以使 3 岁之前的幼儿能在有专门知识的保姆的保育下得到成长，而且也使劳动妇女得到解放。

1934 年 2 月，中央苏维埃政府以中央人民内务委员部的名义公布了《托儿所组织条例》，这是中国共产党领导的根据地制定颁布的第一个学前教育法规。

根据该组织条例的规定，组织托儿所的目的有三个：一是改善家庭的生活；二是解放劳动妇女；三是培养革命的下一代。

关于托儿所的具体设置要求，《托儿所组织条例》规定：托儿所均以大屋子或附近几个屋子为单位来组织，每个托儿所的幼儿人数以 6～20 人为限。屋子要求比较清洁、空气清新和光线充足。

各托儿所的总领导属于乡苏维埃及女工农妇代表会议。当地政府与妇女代表必须经常检查托儿所的工作，同时每月召开家长会，征求他们对托儿所工作的意见。此外，政府需要责成卫生机关经常派人检查托儿所的卫生和幼儿的身体健康状况。

托儿所设主任一人，负责管理该所内总的一切事务，包括管理全所工作的计划、幼儿日常的必需品和玩具等。同时，设看护人若干，负责管理幼儿的事情，具体包括照料幼儿的饮食、着衣、卫生等。

按照条例规定，托儿所的教师（看护）应指定那些能够脱离家庭生活的妇女专门来做，但在实际工作中，多选择那些深得群众信任，且年龄大些、身体健康的红军家属来担任。为了调动托儿所工作人员的工作积极性，条例特别规定其应"享受优待"，除了派人代耕其田地外，在群众自愿的原则下，每年应多给工作人员一些粮食。

入托对象较为宽泛，除了患有传染病的幼儿外，几乎所有 1 个月至 5 岁的婴幼儿均可进托儿所。

托儿所在办学性质上属于民办公助的日制托儿所。托儿所只在上午 8 点至下午 5 点之间接收幼儿，即幼儿在家里吃过早饭送来托儿所，回家吃晚饭，只有中饭在托儿所吃。托儿所中的用具（如桌子、玩具等）靠群众筹集设法解决，幼儿的饭食也由父母供给。在特殊情形之下，苏维埃政府可以补贴一部分。

（二）幼教机构的设置

在中央苏维埃政府颁布《托儿所组织条例》不久，地方组织积极响应，通过政治动员方式，迅速行动起来，如瑞金县（今为瑞金市）南郊乡首先通过召开党团会议和女工农妇代表会议，明确设立托儿所组织的意义，并对今后应进行的工作进行了部署和初步准备；瑞金下洲区的下洲村在条例颁布不久，最早试办了两所托儿所，两所托儿所的幼儿年龄均较小，多数是吃奶的小孩。到 1934 年 7 月，瑞金为动员更多的妇女参加生产劳动，计划设立

920个托儿所，覆盖全县各乡。兴国县利用庆祝"三八妇女节"开展妇女工作的机会，推动了幼教工作的进行，经过二十余天的动员，建立了227所托儿所。据1934年4月24日的《红色中华》报道，当时兴国、瑞金两地有托儿所249所。

这个时期创办的幼教机构，主要体现出两个特点：一是将幼教工作的开展与政治工作紧密结合起来，通过有效的政治动员，使幼教机构在短时期内得到较迅速的发展。兴国县短时期内在幼教机构的设置方面取得成绩的主要原因便是"党和妇女干部把'三八'工作抓得很紧，把'三八'运动与这几个突击工作密切地联系起来"[①]。瑞金县南郊乡同样是通过党团组织会议和女工农妇代表会议的形式开展政治动员。这一点也是中国共产党领导的苏区开展教育工作的重要的政治优势所在。二是进入托儿所的幼儿以红军家属的后代居多。如瑞金上屋子托儿所接收20个幼儿，其中14个是红军家属的孩子。下屋子托儿所接受23个幼儿，其中19个是红军家属的孩子。究其原因，是因为家中男子去当红军，地里的活主要靠妇女负担。而为了动员更多的妇女到生产战线上去，就必须解决她们的后顾之忧，尤其是家中没有壮男劳力的红军家属的后顾之忧。像兴国县是劳动妇女及红军家属较多的地方，故其托儿所也是设立较早、较多的地区。地方政府不仅调查红军家属的孩子数量，组织托儿所，而且"切实检查托儿所的工作，使它不仅是名义上建立，而且要有很好的实际工作"[②]。

三、抗日民主根据地的学前教育

1937年7月7日，日本帝国主义悍然发动"卢沟桥事变"。次日，中国共产党发表宣言，号召全面抗战。8月下旬，中共中央召开洛川会议，提出党的中心任务是"动员一切力量争取抗战的胜利"，并通过了《抗日救国十大纲领》，呼吁建立广泛的抗日民族统一战线。

根据洛川会议精神，八路军、新四军勇敢挺进敌后，放手发动独立自主的游击战争，并建立了晋察冀、晋冀鲁豫、晋绥、山东、华中、华南等敌后抗日根据地。在陕甘宁边区和各敌后根据地，党坚决贯彻了关于建立抗日民族统一战线的政策，在文教工作中，对知识分子进行团结、教育、改造，推动了根据地文教事业的发展。

（一）抗日民主根据地学前教育工作的方针政策

抗日战争爆发后，中国共产党为适应全面抗战的需要，明确提出了以"抗日救国"为目标的教育方针和政策。1938年下半年，中共中央在延安召开了扩大的六届六中全会，毛泽东在会上做了《论新阶段》的政治报告，他在报告中再次重申："实行抗战教育政策，使教育为长期战争服务。"并指出："在一切为着战争的原则下，一切文化教育事业均应是使之适合战争的需要。"为此，必须改订学制，改变课程，改革管理制度，创设各种干部学校，培养大批抗日干部。

虽然幼儿教育工作不是通过培养新战士直接为抗战服务，但它也是争取抗战胜利、建设新中国不可或缺的事业。因此，"为抗战建国服务"事实上成为各个抗日根据地发展幼儿教育事业工作的总的方针政策，也成为重视幼教工作的起点。

1938年7月4日发布的《战时儿童保育会陕甘宁边区分会成立大会宣言》中，明确阐

---

① 中国学前教育史编写组. 中国学前教育史资料选[M]. 北京：人民教育出版社，1989：368.
② 中国学前教育史编写组. 中国学前教育史资料选[M]. 北京：人民教育出版社，1989：368.

述了儿童保育工作与抗战救国的关系:"我们要建设新的中国,就得培植这新中国的嫩芽,我们为新的中国而浴血抗战,我们也得保护这新中国的嫩芽。……然后我们的战士才会安心作战,我们的工人才会安心做工,我们的农民才会安心种田,我们广大的妇女才会更多的参加抗战工作。"① 同年10月5日,延安的《新中华报》发表的《保育我们后代的战士》社论中,同样认为"要坚持长期抗战建立新中国,必须爱护、保育、救济未来新中国的主人。儿童保育工作是整个抗战建国工作的一环,是全国人民的责任"②。为此,确定学前教育的方针是"孩子第一"。

正是在将儿童保育工作与抗战救国政治紧密联系起来的工作方针的指导下,中国共产党领导的抗日根据地尤其是陕甘宁边区政府,通过制定、颁布诸多关于儿童教育的政策条例来保证总的方针政策的落实。如1941年1月以边区政府的名义发出了《关于保育儿童的决定》,对边区儿童保育工作的开展做出了具体规定;1942年2月,将边区第二届参政会关于保育儿童等问题的决定,以陕甘宁边区民政厅的名义予以公布,其中详细规定了管理保育行政组织系统的建制和儿童、保姆的待遇等,为保育工作的落实提供了保障。

(二) 抗日民主根据地学前教育工作的发展概况

由于战争的残酷,加之多数根据地处于经济和文化发展的落后地区,当时学前工作开展得非常艰难。仅有陕甘宁边区等少数根据地学前教育工作开展得较为稳定,这也成为这个时期抗日民主根据地学前教育工作发展的典型。大致而言,这个时期学前教育工作主要体现在以下几个方面:

1. **学前教育管理机构的设立**

在抗战状态下,中国共产党领导下的抗日民主根据地并没有统一的教育管理组织系统,均由各根据地自行管理,其中以陕甘宁边区组织系统较为完备。

学前教育尤其是其中的保育工作由边区民政厅负责。1941年,边区政府规定在民政厅设保育科,负责全边区有关保育各项工作。各县市政府第一科内设保育科员一人,区乡各设保育员一人。他们负责各级保育工作,如孕妇、产妇、儿童的调查、登记、统计、卫生奖励、保护等工作。1942年,为加强保育工作的管理以统筹其中的各项事务,边区政府又决定将原设于民政厅中的保育科,改设于边区卫生处中。各县市政府由第一科负责进行保育工作,指定一个科员负专责,但不另设保育科员。区政府由助理员负专责,乡则由乡长负全责。

2. **多种形式开办幼教机构**

早在抗战爆发前,根据地便有托儿所等机构的设立,但大发展则是在全面抗战之后。

抗日民主根据地开办的幼教机构,本着因地制宜、因时制宜的原则,开办类型与形式多样化。如根据幼儿在园(所)时间分,有寄宿制和日间制;从管理形式上划分,有集中制和分散制;从管理主体角度看,有边区政府开办管理的、战时儿童保育分会领导的、各机关部门开办的以及民众自己办理的若干类型。

从根据地幼教机构设立的情形看,由边区政府创办管理的幼教机构主要有兰家坪托儿所、洛杉矶托儿所、杨家湾托儿所等9所,由战时儿童保育分会领导的则有延安保育院。这

---

① 中国学前教育史编写组. 中国学前教育史资料选 [M]. 北京: 人民教育出版社, 1989: 387-388.
② 中国学前教育史编写组. 中国学前教育史资料选 [M]. 北京: 人民教育出版社, 1989: 378.

类幼稚园、托儿所的经费主要由边区政府负担,部分得到了战时儿童保育总会、中国福利基金会的资助。这些幼教机构条件相对较好,设备较完善,管理制度也较正规。由于这些幼稚园、托儿所主要招收的是前方将士子女、烈士遗孤、难童、后方机关干部的孩子等,故他们在管理类型上多为寄宿制机构。

在陕甘宁边区设立的幼儿教育机构中,数量最多的是由一些行政机关、工厂、学校、部队自己设立管理的幼教机构,如当时中央党校、中央组织部、十八集团军留守部队、鲁迅艺术学院、延安女子大学、边区银行、边区印刷厂等均办有托幼机构。这类幼教机构均为日间性质,主要接收本单位员工的子女,由本单位秘书处负责领导管理。大致而言,这类托幼机构规模较小,设备较简陋。值得注意的是,由各单位机关设立的托儿所又分为正规和变工两种。

在抗战初期,各机关单位设立的托幼机构虽然简陋,但设有专门的保教人员。根据1938年5月制定颁布的《陕甘宁边区机关托儿所章程》规定,该类型托儿所的设立旨在解决边区各机关学校中工作或学习的女干部的后顾之忧,接收母亲为边区一级各机关学校脱离生产工作或学习者6个月至3岁的孩子。经费一方面来源于各机关工作人员向外募集、孩子父母的自由缴纳,另一方面由政府提供所内工作人员的一般生活费用。遇有经费不足时,由各机关设法补助。此外,所内的正副所长、医生、保姆、管理人员等均由政府任命或分派。托儿所每月须向民政厅报告一次,同时民政厅可随时派员检查工作。

随着形势的发展,后来的机关不可能为本单位员工办起正规化的托幼机关,由此便办起了变工托儿所。所谓变工托儿所,即没有专职的保育人员,而是由孩子的母亲轮流照顾。如边区银行托儿所便是按日轮流抽调4位母亲当日暂停工作,白天出来负责孩子的伙食、睡眠、游戏教育等,晚上仍由各位母亲将孩子领回。所内经费除由边区政府按规定发放一定数量的孩子食物外,不足部分则由该行按月补助。其他机关托儿所也大致相同。

此外,当时一些如延安完小等小学也附设有幼稚班。这类幼稚班的性质属于小学预备班,教室设备、教学方法甚至与小学并无二致,识字是其主要的教学任务。不过延安完小附设的幼稚班在幼教专家张宗麟的帮助下,曾摸索出适合幼儿学习的"单元教学法",在幼稚班的识字教学中曾取得好成绩。

3. 推动民众学前教育的发展

陕甘宁边区原是一个缺医少药、文化教育以及卫生状况极为落后的地区,人民群众缺乏科学养育婴儿的知识,婴幼儿的死亡率极高。当时曾有一个调查,在延安市北郊乡儿童的死亡率为出生总数的60%以上,其中多数是因为患脐风和肠胃疾病而夭折。为此,推广科学保育知识,推动社会学前教育发展也成为这个时期根据地学前教育工作的重要组成部分。1943年4月4日,柳湜曾发表文章,提出:"我们不仅要继续改进公办的保育事业,我们还要推广民间的保育事业,我们不仅要保育、教养目前的边区儿童,我们还要设法减少边区婴儿的死亡率。"[①]

在具体措施方面,一是为地方培训合格的保育人员。1940年年底做出的《陕甘宁边区政府关于保育儿童的决定》,规定由边区民政厅卫生处协同保育科负责牵头组织各县保育人员短期训练班,使每个乡均有一位受过训练的专职保育员。经过几期培训,一批妇婴卫生和

---

① 中国学前教育史编写组. 中国学前教育史资料选[M]. 北京:人民教育出版社,1989:373.

保育工作的干部走上工作岗位，有力地推动了农村妇婴卫生工作的开展。二是大力开展科学保育的宣传工作。当时由战时儿童保育会陕甘宁分会宣传科组织宣传团，通过家访或通过妇女团体、儿童团等组织，开展儿童卫生教育、抗战保育意义等宣传。三是通过建立实验区以实际例子教育群众。当时边区政府曾选择延安市南区为保育工作实验区，下拨实验费用，通过向民众广泛宣传如何注意儿童健康、如何保育儿童，以及科学接生、产前产后应注意的事项等科学知识，促进了乡村民众保育工作的开展，收到了良好的效果。

4. 重视保育人员专业素养和待遇的提高

保育人员的专业素养高低决定着根据地学前教育工作的成效高低，但在当时特殊的形势下，幼儿教育机构普遍缺乏接受过专业训练的保育人员。为了提高保育人员的素养，陕甘宁边区等根据地主要采取了集中培训、在岗业务学习等方式。如陕甘宁边区战时儿童保育分会曾举办保姆训练班，招收那些能够吃苦耐劳、受过一定的师范教育、具有护理常识的女同志，进行幼儿教育方面的特殊训练，毕业后分配至保育院等幼教机构工作。1941年8月，陕甘宁边区民政厅曾主办过为期一年的保育训练班，学习课程有医药卫生、接生、保育知识、文化、政治等，学习形式有上课、参观、实习、见习、集体讨论、小组研讨、个人钻研等。

由于条件的限制，抗日民主根据地不可能通过组织大规模的脱产培训来提高幼教人员的专业素质，因而在岗培训、边干边学便成为这个时期培养幼教工作者的重要途径和方法。

保育人员职业素养的提高，主要包括政治思想、业务水平、文化知识三个方面：

受传统思想观念的影响，当时有许多从事保育工作的同志，看不起幼教工作，认为这是个伺候人的"老妈子"工作，由此对幼儿态度不好，对工作情绪消极。为此，各级领导注意从政治的高度提高其对幼教工作意义的认识，方法主要是通过个别谈话、集体上政治课等，帮助保育人员提高认识，将幼教工作看作是一种革命工作，而不是雇佣工作、慈善工作。

在业务水平提高方面，除有时聘请专家来讲授科学的保育知识外，更多的是通过集体研讨、互相交流以及自己对工作中的经验教训的总结来提高。

为提高保育人员的工作积极性，这个时期还非常重视从物质和政治两方面提高其待遇。就物质待遇而言，根据工作年限的长短，发给保育人员数额不等的津贴，轮流值班者有夜餐费等补贴，此外与其他工作人员一样发放工作服；就政治待遇而言，保育人员与其他机关公务人员地位平等，在历年评选模范工作中，延安第一保育院等幼教机构也产生了劳动英雄和模范工作者，有的模范还参加了陕甘宁全边区的劳模大会，受到表彰。

5. 坚持"保育为主，教育为辅"的教养原则

1938年10月5日，延安的《新中华报》发表了《保育我们后代的战士》的社论，在论述了学前教育工作的重要性的同时，还特别提出："儿童保育工作，除保养之外，必须给儿童（当然是指幼稚生）以抗战的教育与训练，灌输以民族意识，以造就未来一代的民族解放战士。"[①]

学前教育工作坚持"保育为主，教育为辅"的原则，一是基于当时根据地卫生与文化教育落后、儿童死亡率较高的现状；另一点与学前儿童处于发育时期，"一生的健康或疾病

---

① 中国学前教育史编写组．中国学前教育史资料选［M］．北京：人民教育出版社，1989：378．

基本上决定于这一时期"[1] 的认识有着密切的关系。

根据地在幼儿保养方面的举措，主要有以下三个方面：一是重视幼儿卫生健康。在幼教机构的选址上，强调通风、光线充足和空气新鲜；在内部管理方面，重视清洁卫生和防止疾病发生，如在物质条件极度困难的情况下，要求奶瓶做到每人一个，不要混乱，以免传染；此外，幼教机构常常与边区卫生处、边区医院联系，对幼儿开展经常性的体格检查。二是在营养待遇方面，贯彻"孩子第一"的精神。当时陕甘宁边区幼教机构中幼儿的伙食优于其他一切部门，如"保育院的儿童生活比政府干部的水平都要高，他们每天都有肉吃，鸡汤喝，吃到白面"[2]，同时在饮食方面还注意科学搭配。为提高幼儿的营养，边区政府在极其困难的情况下，依然规定为婴幼儿每月发放保育费、伙食费等。三是采用科学的保育法，在科学养育知识、医药卫生常识等的指导下开展保育工作，减少疾病与死亡率，提高幼儿的健康水平。

抗日民主根据地的学前工作不是一种慈善行为，而是一种教育事业。从教育内容看，这个时期在幼儿教育工作中，首先重视通过集体生活培养幼儿的集体主义观点，从小养成他们具有"有事大家做，有饭大家吃"的习惯，以及团结互助、进步竞赛的作风。其次重视养成劳动的习惯和热爱人民的观点。如延安第一保育院常带领幼儿去田间参观农民耕种庄稼，去工厂作坊参观磨面、织布生产过程，进而教育他们爱护衣服、用具等。此外，还组织幼儿参加一些力所能及的劳动如拾麦穗、挖苦菜等，培养幼儿热爱劳动的品质。由于这个时期的幼教工作与培养革命后代紧密联系在一起，因此，在教育内容方面还很重视阶级观点的教育。此外，卫生习惯、礼貌习惯、文化知识也是教育的重要内容之一。

（三）延安第一保育院的保育实践

延安第一保育院系由原来陕甘宁边区政府为抗日军属开办的托儿所发展而来。1938年7月4日，战时儿童保育会陕甘宁边区分会在延安成立，并决定在原托儿所基础上扩建为保育院。同年10月2日，延安第一保育院在延安正式建立。地址最初设于延安南门外柳林子，后经过多次迁移。

延安第一保育院属战时儿童保育会陕甘宁边区分会领导，经费主要来自战时儿童保育总会的拨付，同时陕甘宁边区政府也予以补助；此外，保育院全体工作人员都参加大生产运动，如纺线、织毛衣、农业种植等也为保育院提供了部分资助。

保育院分设幼稚和小学两部，其中幼稚部又分为幼稚班、婴孩班和乳儿班三个班。幼稚班接收4~6岁的幼儿，婴孩班接收3~4岁的幼儿，乳儿班接收1~3岁的婴幼儿。据1944年7月公布的一份数据，幼稚班有学生109人，婴孩班96人，乳儿班33人。幼儿来自四面八方，有的是失去父母无所依归的男童或烈士遗孤，有的是前方浴血抗战将士的子女，此外，还有边区政府机关工作人员的子女。由于幼儿较多，为了便于管理，同时也是为了使幼儿得到更周密的照料，在幼稚班、婴孩班等班下又分为若干班，班有班长，班之下再分为若干组。

"'孩子第一'是陕甘宁边区延安第一保育院一切工作的总方针，全院各部门员工，都是在这一方针下努力的。"[3] 正是本着"一切为了孩子"的思想，延安第一保育院的保育工

---

[1] 中国学前教育史编写组. 中国学前教育史资料选 [M]. 北京：人民教育出版社, 1989：372.
[2] 中国学前教育史编写组. 中国学前教育史资料选 [M]. 北京：人民教育出版社, 1989.373.
[3] 隋灵璧. 陕甘宁边区第一保育院介绍 [N]. 新华日报, 1946-03-01 (4).

作取得了相当大的成绩，积累了丰富的经验。

在幼儿饮食方面，保育院不仅保证幼儿吃得丰足，而且还要吃得营养。保育院及其他托幼机构中的幼儿，其营养标准在当时是最高的。保育院中的幼儿，每个月的伙食标准是鸡1只，肉4斤（大秤），油1.5斤，鸡蛋30个，菜30斤。此外，还有水果如梨子、苹果、桃子、枣、西瓜等。每日的伙食都按科学、营养的食谱精心安排。对于那些有病或营养不良的幼儿，除食物特别配置外，还提供在当时极为稀缺的鱼肝油、维他命C、铁剂等。

在幼儿的穿着方面，力求做到保暖、清洁。保育院在保育总会和边区政府的资助下，院内保育生每年都能穿上新的棉衣、棉鞋、棉帽，使他们在极度严寒的时候也很少有生冻疮的。为了保证新的衣服、鞋帽更加保暖、合体，衣服、鞋帽大部分由保育院工作人员自己缝制。此外，被褥的缝、洗也是保育院全体员工的分内职责。

在疾病的预防和治疗方面，坚持"预防第一"。所有新入院的幼儿均需要经过严格的体检，患有传染病者不可接收。当院外有传染病流行时，尽量减少幼儿与外部的接触。定期为幼儿体检，尽可能减少疾病。

在幼儿教育方面，1943年提出幼稚教育的目标是"增进孩子的身心健康和快乐，培养其优良的习惯和行动，使成为抗战建国中优良的小国民"[①]。在具体教育工作中，坚持关爱幼儿的感情教育和与实际生活相联系的生活教育两原则。就感情教育而言，是指提倡保育院中所有的工作人员都怀着慈母般的胸怀接近孩子，关心他们的生活和健康，使他们感受到保育院大家庭的温暖。所谓生活教育的原则，是指从儿童生活体验中受到启示和教育，教师对幼儿的指导"不只局限于教室内，绝大部分时间是深入儿童生活的各个方面"[②]，如利用幼儿生病时机进行卫生习惯的教育等。

幼儿的课程当时开设有常识、唱游、讲故事、儿歌、工作、看画报、玩玩具、数数、识字等。教材多是保育院教师根据儿童日常生活所接触到的问题，经过集体讨论后编写而成，内容涉及自然、社会常识等。教学主要采取"单元教学法"，比如，以"模范儿童"作为单元时，便通过讲模范儿童的故事，看模范儿童的画报，唱"我是个好孩子"的歌，并进行选举模范儿童和奖励模范儿童的活动开展教学[③]。一般两星期更换一个单元。教学方法的运用方面，强调直观教学、比较教学和兴趣教学，如为了使幼儿理解教学内容，注重让幼儿通过对实际事物的接触、观察获得明确观念；教学内容、过程的安排应尽量故事化、游戏化和歌曲化，以符合幼儿的学习心理，引起幼儿学习的兴趣。

在幼儿德育方面，保育院的教育充分体现出"民主"特征。首先，德育内容体现民主性，不仅有良好行为习惯如守纪律、有礼貌等的培养，集体观念、劳动观念的养成，爱国主义、阶级观点的教育；而且民主自治意识和自主能力的培养训练，也是当时保育院的德育内容，甚至成为保育院进行幼儿训育的重要原则，这也是民主根据地幼儿教育的重要特点之一。而这里的民主自治意识不仅包括幼儿养成自己管理自己的生活能力，如学习自己洗脸刷牙，自己穿脱衣服、鞋袜，自己整理床铺，更重要的是注意使儿童体验维持民主政治生活，"他们有自己民主选举出来的小组长、小班长，上课时，班长维持秩序，调解纠纷，在宿舍

---

① 中国学前教育史编写组编. 中国学前教育史资料选 [M]. 北京：人民教育出版社，1989：403.
② 鲍侃. 第一保育院的幼稚教育 [N] 解放日报，1946-04-04（4）.
③ 鲍侃. 第一保育院的幼稚教育 [N] 解放日报，1946-04-04（4）.

里小组长维持秩序，教师只是从旁加以诱发"①。这方面的教育，恰是当时中国绝大多数幼儿教育机构中所缺乏的。其次，在德育方法方面也凸显民主色彩。在对幼儿进行思想道德教育时，绝对禁止打骂幼儿、损伤幼儿自尊、约束幼儿个性解放的行为出现。坚持正面教育为主的原则，要求院内所有教师、保姆都应以诚恳、耐心的态度去引导幼儿向善，提倡通过说理教育、榜样示范、生活指导、团队竞赛等教育方法开展德育工作，尽量避免"直训"的方法。

此外，延安第一保育院在教育管理的实践中还探索出"保教合一"的制度，即保育员和教员对幼儿的生活和教育有明确分工，但又密切配合、共同负责。后来在此基础上，又进一步发展为"保、教、卫三位一体"的制度，要求保育员、教师、医生各有专责，但同时三者密切配合。

四、老解放区的学前教育

1945年下半年，抗日战争胜利之后，全国曾短暂出现和平建国的局面，为适应新形势需要，中国共产党领导下的解放区一度酝酿学校教育正规化制度建设问题，而大力发展各解放区的学前教育事业，促进社会各项建设事业发展，也曾成为抗战胜利初期学前教育工作的方针政策。1946年下半年，全面内战爆发，各解放区相继遭到国民党政府军队的进攻。根据新形势的变化，教育发展的方针政策势必需要做出调整，陕甘宁边区政府颁布了《战时教育方案》，号召"各级学校及一切社教组织，亦应立即行动起来，发挥教育上的有生力量，直接或间接地为自卫战争服务"②。

学前教育发展的政策也转到为自卫战争的胜利服务的轨道上来。进入1948年下半年之后，战局发生了根本性变化，东北和华北大部分地区和许多大中型城市获得解放，全国解放的态势已经呈现，顺应新的形势变化，建立正规化的教育制度被重新提出，学前教育工作的正规化逐渐受到重视。

（一）老解放区学前教育发展概况

早在抗日战争即将结束时的1945年年初，陕甘宁边区曾提出发展边区保育工作的基本方针是大力发展公育制度和将保育工作推进到民间，这其实也成为抗日战争胜利之初发展学前教育工作的政策，尽管后来由于内战的爆发，一度中断了原有的发展规划，但注重学前教育的发展依然是整个解放战争时期老解放区的教育政策。

自1945年抗日战争胜利初期至1949年10月中华人民共和国成立，全国各解放区学前教育机构的数量得到迅猛发展，这也是这个时期学前教育发展的特点之一。如在抗战胜利前夕，陕甘宁边区成立了延安第二保育院；1945年10月，民办公助性质的党校三部托儿所在延安建立，接收了120名1岁以上的幼儿。1946年年初，边区政府主席林伯渠在延安各界妇女纪念"三八妇女节"大会上发表讲话，号召大力开办保育院、幼稚园、托儿所，并要求提高幼教工作者的政治、经济待遇。除了陕甘宁边区之外，其他解放区也非常关注幼教发展，如仅在1946年上半年，太行解放区在长治设立了太行托儿所，在邯郸设立了边区托儿所；山东省妇联拟筹设儿童保育会，以促进全省保育事业发展；华中解放区在苏皖成立儿童

---

① 鲍侃．第一保育院的幼稚教育［N］．解放日报，1946-04-04（4）．
② 陈元晖．老解放区教育简史［M］．北京：教育科学出版社，1981．127-128．

福利会；山东解放区通过的《山东省群众教育工作纲要》则明确提出要"试办幼儿教育，创造经验，在城市试办幼稚园、保育院"。1946年内战爆发后，各解放区的幼教事业发展受到极大影响，如1946年11月国民党20万军队包围了陕甘宁边区，在延安的第一保育院、第二保育院、洛杉矶托儿所等被迫撤离延安而迁往他处。不过，当人民解放军进入反攻阶段后，各解放区的学前教育事业也随着形势的变化进入大发展时期，正规化的幼稚教育机构日渐增多，如晋察鲁豫边区政府在1948年颁发了《婴儿保育、产妇保健暂行办法》；冀鲁豫保育院在山东菏泽成立；内蒙古机关妇女成立了托儿所；而随着东北全境的解放，更是参照延安经验办起了诸多保育院、幼儿园，如东北人民政府保育院、吉林省保育院、大连育才幼儿园、哈尔滨第一保育院等。简言之，老解放区幼教事业的发展与革命形势的发展紧密相关。因为当革命处于高潮时期，各解放区建设需要大批的干部（包括妇女干部），为了使他们能够无牵挂地、放心地奔赴前线，同时也是为了体现党和政府对革命后代的爱护，大力发展幼教事业势在必行，这也是抗日民主根据地积累的"一切为了革命战争，一切为了革命后代"理念的继承。

老解放区学前教育工作继承了陕甘宁边区等抗日民主根据地发展学前教育的经验，根据革命形势发展的需要，重视开办寄宿制、供给制的托幼机构，接收那些参加各解放区建设的老干部的子女，如东北解放区设立的东北人民政府保育院、大连育才幼儿园等诸多保育院、幼儿园便是借鉴延安等老解放区经验而设立的寄宿制、供给制托幼机构，幼儿的衣、食、住、行全部由政府供给，家长只是在星期日来看望孩子。同时，将幼教机构的开办作为解放妇女的一项重要举措。由于受财政经费等条件的限制，不可能开办更多的托幼机构，为此各解放区重视发动妇女，开办各种类型的托幼机构，如党校三部托儿所便是妇女在机关领导的支持下于1945年10月自发地组织开办的。此外，以"一切为了孩子，一切为了战争，一切为了革命"为开展幼教工作的指导。在极度困难的条件下，保证幼儿的身体健康，是整个保教事业第一位的工作。同时，这个时期的教育非常重视对幼儿进行阶级观点和革命意识的教育。如在延安第一保育院，教师与幼儿之间常有这种对话："你爸爸干什么去了？""在前方打胡宗南。""胡宗南、蒋介石怎么不好？""害我们不能过好日子，杀害老百姓。"①

(二) 延安第二保育院的建立与发展

1944年秋天，延安各机关学校有大批干部将奔赴前线，投入对日大反攻，夺取抗日战争的最后胜利。为了解决这部分出征干部的幼小子女和从敌后辗转送来的烈士的幼小遗孤的抚育问题，中央决定再筹建一所保育院，并委托康克清负责指导筹建工作。由于形势发展的需要，尽管筹建尚未完全就绪，仍不得不于1945年6月1日正式开始接收幼儿入院。地址选在延安城北枣园川南面小砭沟里的半山腰上。第一批接收1~6岁的幼儿60名，其后人数增至136名。

第二保育院的创办经费由晋绥、晋察冀、晋冀鲁豫、华中、山东等解放区捐助，周恩来从大后方活动经费中也捐助了一部分，经常性开支则由陕甘宁边区财政厅供给。行政由军委总政治部组织部领导，负责人员调配；业务由解放区儿童保育会委托康克清领导；孩子由中

---

① 中国学前教育史编写组编. 中国学前教育史资料选 [M]. 北京：人民教育出版社，1989：373.

共中央组织部行政处批准、介绍入院。①

1947年3月,延安被胡宗南部队占领,保育院被迫转移,经过三个半月、800公里的长途跋涉,所有孩子和工作人员都安全到达太行解放区。一年之后又经过了三次转移。1948年9月,华北人民政府成立,改属华北人民政府教育部领导,更名为华北实验保育院。1949年中华人民共和国成立后,改属中央人民政府教育部领导。

注重政治工作和保育人员职业素养的提高是第二保育院发展的重要经验。保育院成立之初几乎所有的保育人员都是从冀中解放区动员来的十几岁至二十几岁的女青年。她们不但未接受过任何专业训练,而且文化水平极低,大多数是文盲。此外,这些女青年虽有参加革命工作的热情,但对于从事幼教工作却有着较大的抵触情绪。为此,第二保育院充分发挥思想政治工作优势,一方面关心保育人员的物质生活和文化生活,干部和工作人员同吃同住,处处打成一片;另一方面通过个别谈心、开展"大工作、大学习、大生活"运动的方式,帮助保育人员安心工作。

为了提高保育人员的职业素养,第二保育院采取了以下措施:一是加强文化学习,并将其作为提高业务水平的抓手。当时要求全院人员均需参加文化课学习,教材是保育院自编的,内容都是与当时的政治形势和业务工作紧密相关的,此外,还有包括加、减、乘、除法的算术课本。二是通过邀请院外专家方式进行专业培训,如请卫生科医生讲授儿童保健常识和对各种疾病的预防与治疗;请保教科干部定期讲业务课,每一课都要讲授两次,以保证每一位保育员都能参加学习。课后还以班为单位进行复习讨论。

由于战争的原因,保育员业务水平的提高,主要不可能依靠专家培训方式,更多的是全院上下边干边学,在保育实践中总结经验教训,并化作今后教育工作的原则、方法,这也成为老解放区学前教育工作的重要经验之一。比如,第二保育院的领导和保育员们便是在"打退麻疹的侵袭""消灭齿龈炎"和"防止脑膜炎的蔓延"的工作实践基础上,建立起严格的工作责任制、卫生消毒制、防治传染病的隔离制度;也是通过实践的摸索,总结出幼儿一天生活26个环节的保教工作内容,如第六环节是"饭前值班保育员给孩子们扫去身上尘土,然后依次用壶盛温水冲洗小手,洗后扣起手来"②。

这种从实践中总结出来的较为科学、具体、有效的保教工作的操作程序,能较为迅速地提高那些从未受过系统的专业训练且文化程度较低的保育人员的业务能力,推进幼教工作。此外,保育人员还从保育工作正反两方面经验、教训中提出了保教工作的三个原则或三个观点:第一是"革命的观点",即保育工作必须符合"革命"的政治原则,反对非革命性的保育内容和方法,如禁止说看不起劳动群众的话语等;第二是"健康的观点",即将保育孩子的身体健康作为保育院首要的任务;第三是"爱孩子的观点",即认识到热爱孩子是做好保育工作的前提,强调用"无产阶级的阶级感情来爱孩子",而不是溺爱和偏爱。

第四节 教会在中国的学前教育活动

教会学前教育是指从鸦片战争开始到中华人民共和国收回教育权这段时间,西方教会团体在中国实施的学前社会教育。包括幼稚园的办理、幼稚教师的培养、对学前教育思想的

---

① 北京市六一幼儿院院史编写小组.战火中的延安第二保育院(内部资料),第3页。
② 北京市六一幼儿院院史编写小组.战火中的延安第二保育院(内部资料),第28页。

传播。

一、教会学前教育在中国的历史演进

(一) 19世纪中后期缓慢起步

1842年《南京条约》签订后,外国传教士开始在中国领土上开设孤儿院和慈幼院。19世纪40年代,教会就在湖南衡阳开办了一所慈幼院①。此后,此类的机构慢慢增多,如1855年,法国主教耶稣会派巴黎耶稣会南格禄、艾方济等在上海创办圣母院,并在1867年下设一个育婴堂。1881年,美国圣公会在上海创办的圣玛利亚女校设有主日学校班,该校在1885年附设了育婴堂。据林乐知统计,到1903年,耶稣各会在华所设之育婴堂共有9所,共有男孩5人,女孩293人,共298人②。这些慈幼机构所收容的大部分是弃婴,而且女孩占绝大多数,这些孩子通常得不到良好的照顾,年龄稍大的则有很多繁重的劳动,死亡率极高,这也造成了各地教案的不断发生。严格来说,孤儿院和慈幼院一类机构并不属于学前教育机构,但是这些机构也会对这些儿童进行一些教育。可以说,教会后期的学前教育机构正是在这些慈幼机构的基础上发展起来的。

一般认为,教会从19世纪80年代开始在中国沿海地区,如福州、宁波、上海等地创办学前教育机构,这些学前教育机构称为小孩察物学堂。小孩察物学堂模仿西方的幼稚园制度,由一些牧师夫人和女传教士负责,她们最开始是为牧师子女服务,然后是中国教徒子女,最后是中国一般百姓子女。根据美国传教士林乐知在1905年出版的《全地五大洲女塾通考》中记载:"耶稣教各会在华所立学校小孩察物学堂(幼稚园)6所,学生数194人,其中女生97人。"③

总的来说,这一时期教会学前教育正处于创办初期,发展比较缓慢。慈善机构比教会学前教育机构多。根据林乐知分别关于育婴堂和小孩察物学堂的统计,育婴堂的数量及所招收孩子的数量都远远超过了小孩察物学堂。教会学前教育师资培训机构刚刚出现,多为附属性质,而且数量不多,主要集中在沿海地区。

(二) 20世纪初较快发展

进入20世纪,中国政局动荡。中华民国成立后较长的时间里,政府无暇顾及幼稚教育,教会学前教育在这一时期获得了快速发展。据1921—1922年中华基督教教育调查团的报告,基督教教会学校在五四运动前夕共有7 382所,其中幼稚园139所,学生4 324人④。

这一时期教会办理的学前教育机构不仅有附属的,还有一些单设的,数量也有所增加。比较知名的幼稚园如1906年美国监理会帅洁贞在浙江吴兴北城所设的湖郡女塾幼稚园。1912年,怀德幼稚师范学校创设后附设了幼稚园。1915年,美国美以美会、布道会在福州女中创办幼稚园。随后,杭州弘道女学和苏州景海女学的幼稚师范科创设了附属幼稚园。

(三) 立案注册后逐渐衰落

1925年5月30日,震惊中外的五卅运动在上海爆发,并很快席卷全国。在五卅运动

---

① 何晓夏,史静寰. 教会学校与中国教育近代化 [M]. 广州:广东教育出版社,1996:84.
② 何晓夏,史静寰. 教会学校与中国教育近代化 [M]. 广州:广东教育出版社,1996:86.
③ 李楚才. 帝国主义侵华教育史资料——教会教育 [M]. 北京:教育科学出版社,1987:13.
④ 李楚才. 帝国主义侵华教育史资料——教会教育 [M]. 北京:教育科学出版社,1987:15.

中，很多教会学校学生纷纷罢课、退学，从而将收回教育权运动推向潮头。对于此，1925年11月16日，北京政府教育部颁发了《外人捐资设立学校请求认可办法》，成为教会学前教育发展里程中由盛而衰的一个转折点。《外人捐资设立学校请求认可办法》规定外国人在华办理的各级各类学校，均须向中国教育行政部门立案注册，学校名称须冠以"私立"字样，在董事会中，中国籍的人士必须过半，校长原则上应由中国人担任，学校课程必须依照部颁标准，不得将宗教科目列入必修课。

《外人捐资设立学校请求认可办法》颁布后，教会学前教育机构陆续改为私立性质，名义上成为中国学前教育的一部分。此后，教会幼稚园所受的限制日益增多，其数量上在中国的垄断地位开始动摇。到1941年太平洋战争爆发后，日军采取强硬措施没收、停办了英、美在华办理的教育机构，教会学前教育遭到了重创，之后一直没有很大的起色。1949年中华人民共和国成立，取消了西方列强在华的一切特权。1950年12月29日，政府政务院发布了《关于处理美国津贴的文化教育救济机关及宗教团体的方针的决定》和《接收外国津贴及外资经营之文化教育机关及宗教团体登记条例》，彻底收回了教育的主权，教会学前教育机构也随之终结。

二、教会学前教育师资的培养

（一）教会学前教育师资培养机构的创办

1844年，美国女子教育协进会会员、传教士爱尔德赛在宁波创办女塾。这是近代外国人在华设立的最早的教会女学，也是中国最初出现的女子学堂。以后各国在中国办的女学逐渐增多。这些女学很多都兼负培养幼稚园保教人员的任务。1892年，美国监理会公会女传教士海淑德，在上海办了幼稚园师资培训班，每周六下午上课，收学生20名。1898年，美国卫理公会传教士金振声女士在苏州城内慕家花园创设英华女塾。在创办初期，举办学前教育师资培训班，后增设幼稚师范科。

中国新学制出台后，英、美教会鉴于当时在中国培养师资的重要性，已在各地开设师范学校，如福建厦门的怀德、福州的协和、湖南的福湘、北京的燕京、杭州的弘道、苏州的景海，这些师范学校也有附设幼稚师范科的，如苏州景海女学幼稚师范科（1916）、厦门怀德幼稚师范学校（1901年为幼稚师范班，1912年正式取校名为怀德幼稚师范学校）、浙江杭州私立弘道女学幼师科（1916）、北京协和女书院幼稚师范科（1905）、北京燕京大学幼稚师范专修科。1913年基督教会全国大会议案提出，教会要设立幼稚园，同时也要设立培养幼稚人才的学校，还要收教外学生，以供官立幼稚园用。

（二）教会学前教育师资的培养

教会所办幼稚师范学校有较为完备的教学设备，在师资培养过程中除了开展专业教学外，还重视宗教教育与英文教学。如苏州景海女学幼稚师范科课程可分为三类：第一类是适应外国在华办教育的需要，如英文占的学分最多，一年级各科总学分为54分，英语占20分。二年级全年各科总学分为53分，英语占10分。三年级各科总学分为59分，英语占10分。三年共学25门课，166学分，外语就占40学分，几乎占去了总课时的1/4。属于这类的还有社会问题、宗教学、圣道教法。这些课程，直接为资本主义国家传播基督精神、培养顺民服务。第二类是文化课，如国文、体育、生理及卫生、生物学、音乐等。第三类是专业课,如心理学、学校管理法、实习、幼稚教法、启智用具教法等①。教会办的这种幼稚师范,一般规模比较小,毕业生人数不多。如杭州弘道女学幼稚师范科历届毕业生人数,少的年份(如1918、1920)只有1名,多的年份(1931、1933、1935)也不过10名。从1917年至1942年,共有19届毕业生,总计不过108人。

(三)教会学前教育师资培养的影响

民国初期,政府无暇发展学前教育事业,更不重视幼稚师资的培养,政府办的幼稚师范学校很少。于是,教会幼稚师范的影响便日益增强。他们也不断地适应中国的特点,如幼稚师范被迫减少宗教色彩,招收教外学生,学生毕业也可以在政府办的或私人办的幼稚园任教等。加之五四运动以后,中国在教育上开始倾向美国,西方教会办的幼稚师范教育规模越来越大,造成此时期中国幼稚教育严重的"洋化"倾向。一些幼稚园以西化为荣,一切教材、教法,莫不搬用西方。这种状况在当时引起了很多教育界人士的不满。如学者张宗麟曾向社会明确呼吁"停办各教会设立的幼稚师范",建立中国自己的幼稚师范教育体系。

三、教会学前教育对中国学前教育近代化的影响

(一)教会学前教育对中国学前教育近代化的推动

首先,引入了崭新的学前教育观念。近代中国领土上出现的第一批真正意义的公共学前教育机构,是由西方传教士仿照西方学前教育制度在中国创设的。传教士在创办学前社会教育机构过程中,把西方的学前教育观念如裴斯泰洛齐、卢梭、福禄贝尔、蒙台梭利等人崭新的儿童观、科学教育观介绍到中国,有力地冲击了中国传统教育观念。

其次,催生了中国公共学前教育机构。虽然,19世纪末外国教会在华开办的教会学前教育机构(如小孩察物学堂)并不能作为中国公共学前教育机构的肇端,但客观上冲击了中国的传统家庭教育,催生了中国公共学前教育机构。由于教会学校宣扬每个人都有上帝赋予的受教育的权利,打破了士大夫阶层对教育的垄断,教会学前教育扩大了中国平民儿童受教育的机会。为了应对教会学前教育的文化渗透,中国政府不得不在一定程度上办理相应的教育机构。因而,教会学前教育客观上推动了中国学前公共教育的发展。

最后,教会学前教育机构较早就移植了欧美学前教育的课程和教法,并通过教会幼稚园和教会幼稚师范的毕业生对中国学前教育产生影响,从而对中国学前教育机构的课程和教法提供了借鉴。

(二)教会学前教育对中国学前教育发展的负面影响

世俗性、民主性、科学性、大众化和本土化等这些特征,是学前教育近代化的基本内涵。而教会学前教育中的一些基本方面与学前教育近代化背道而驰。一是教会学前教育浓厚的宗教性以及因此带来的保守性会对学前教育发展中的科学性和开放性产生负面影响。二是教会学前教育从培养目标、课程设置、教学方法到各种设备等几乎没有任何改变,全部直接来源于外国,这无疑远离了中国的国情,造成中国学前教育外国化的倾向。三是教会学前教育机构在后期招收对象发生了改变,由主要招收贫民阶层的子女转向富有阶层的子女,由免费改为高额收费。如当时苏州景海幼师附属的幼稚园一学期的学费为一石四斗大米,另加点

---

① 张沪:《张宗麟幼儿教育论集》,第756页,长沙,湖南教育出版社,1985年。

心费四斗大米①。这一现象又影响了中国自办的学前教育机构,这些教育机构纷纷抬高自己的入学门槛,这显然不利于中国学前教育的大众化。可以说,中国20世纪初期学前教育的"外国病""花钱病"和"富贵病"在一定程度上根源于教会学前教育。进入20世纪20年代后,面对中国学前教育的进一步发展及其提出的新要求,教会学前教育也在很大程度上制约了中国学前教育发展的脚步。

本章小结

清末至中华民国是中国学前教育转型与发展时期。鸦片战争使中国社会一步步陷入半殖民地半封建的深渊。一方面,西方的文化教育开始向中国渗透;另一方面,为救亡图存,中国迈开了向西方学习的步伐。清末随着近代教育制度的诞生,学前教育开始成为教育系统的一部分,其完全由家庭承担的历史结束。民国时期的学前教育的地位进一步提升,学前教育课程建设和教师的专业化发展进一步受到重视。其中,中国共产党领导的苏区和边区学前教育事业形成了自己的特色,积累了学前教育为工农大众服务的宝贵经验。教会学前教育存在于晚清至中华民国这一特殊历史时期,且对中国近现代学前教育的发展产生了一定程度的影响。

扩展阅读

陕甘宁边区幼儿身心研究简介
寇崇玲

陕甘宁边区保育院,为了贯彻"好好的保育儿童"(1938年毛泽东为陕甘宁边区第一保育院题词)和"保证儿童身心平均发育"(1940年教育部长徐特立为陕甘宁边区第一保育院题词)的全面发展的幼儿教育方针,经过一番探讨摸索,运用了以下几种方法研究儿童的身心:

1. 个性记录:将儿童有关个性方面的问题、发展经过及处理情况予以记录,定期总结。
2. 观察法:观察儿童生活,深入了解和发现儿童的爱好、兴趣、倾向等,然后研究之。
3. 谈话法:以爱的情感和孩子谈话,从而发掘孩子蕴藏于内心的天真。
4. 交流法:定期召开由保教人员参加的儿童心理研究会,交流研究心得。
5. 个案研究:对"天才儿童"(即智力发展较好的儿童)和"低能儿童"(智力发展较差的儿童)进行研究。采用的方法是:对能力较强的儿童,就因势利导地发挥其特长;在课内外向他们提出较高的要求,提供补充材料,提出难度较大的问题,防止骄傲。对能力较差儿童的要求就适当低一些,"稍有一点长处,应该予以鼓励",使其敢作敢为;保教人员对他们应格外热爱,多接近,使其"温暖和愉快",培养自尊心;引导"模范儿童"跟其"多谈话、多玩耍",帮助其逐步克服孤僻现象等。
6. 智力测验:

(1)默认测验:看10件物品后,令儿童回想出来;给儿童讲一个故事后,从内容中提出10个问题,让儿童回答,以此测验儿童的记忆力。

(2)识别测验:拿几种不同大小、颜色的几何形体及其他物品,让儿童辨别,以此测验

---

① 陆真. 江苏省十年来的幼儿教育 [J] 江苏教育,1959 (19): 20-21.

儿童的辨别能力。

(3) 发表测验：让儿童挑选歌曲、舞蹈、故事，然后让他们逐个表演，考察其表情是否自然，动作舞姿是否活泼，发音是否清晰。

(4) 动作测验：通过让儿童穿衣、系鞋带、爬山、接物赛跑等，测验其动作是否敏捷、迅速。

测验每半年举行一次。根据测验结果，保教人员可以更好地进行保教工作，促进儿童身心发展。同时，把测验结果报告家长（保育院留有存底），让家长了解自己孩子的情况，配合保教人员教育儿童。

这里向大家介绍1948年下学期期末的一次测验的内容：

1. 常识方面的测验题有10个：①保育院是谁领导的？②保育院的阿姨、叔叔每天做什么事？③前方打胜仗没有？咱们收回了什么地方？④蒋介石、胡宗南为什么是老百姓的敌人？⑤苍蝇会传染什么病？⑥把棉花做成一件衣服要经过什么劳动？容易不？⑦猫走路为什么没声音？猫能干什么？⑧蚕吃什么？吐出来的是什么？能做什么？⑨我们写字用什么？笔有几种？⑩肥皂用什么做成？有什么用处？

2. "一般智力"测验的内容有：识数力（认识10以内数字和单位加法即按群计数）；画画能力（是否爱好、画的情况）；手工能力（折纸、缝布条等情况）；讲话发表能力；背诵儿歌能力；唱歌、表演能力（会演唱多少歌舞、会指挥唱歌情况）；识字写字能力（会认、写的字的数目）。

3. "心理测验"有10个题目：①你最喜欢的人是谁？②你最爱的玩具是什么？③你最高兴上哪一门课？④你最爱做什么游戏？⑤你最喜爱什么颜色？⑥你怕什么？⑦谁是你最好的朋友？⑧你长大喜欢干什么事？⑨你见到毛主席时说什么话？⑩你逮住蒋介石怎样处罚他？

4. "生活技能"方面：能否有条不紊地处理生活上的一般事情，如吃饭、穿衣等方面的自我服务能力。（此项由保教人员通过观察填写）

5. "个性习惯培养"方面：包括个性、爱好、感情、行为、习惯等。（此项亦由保教人员通过观察填写）

由于历史条件不同，以上这些内容、做法不尽完全适用于今天，但是当年边区幼儿教育中重视实验研究，积极探索其内容、方法，积极与家长配合，将幼儿身心全面发展建立在科学基础上，"一切为了孩子"的精神及其中某些经验，对我们今天仍有一定的现实意义和有益的启示。

(选自《幼儿教育》1988年01期，第6页)

同步测试

一、填空题

1. 1904年1月，清政府颁布《奏定学堂章程》，又称_____。

2. 我国1922年制定的_____学制确立了学前教育机构在学制系统中作为国民教育第一阶段的地位。

3. 关于学前教育，《壬戌学制》规定：将蒙养园改称为_____，既可单设，亦可附设。

4. 1923 年 5 月，_____在南京创设了中国第一所实验幼稚园。

5. 1927 年，在_____的领导下，还先后在南京郊区燕子矶、晓庄、和平门、迈皋桥等地创办了中国第一批乡村学前教育机构。

6. 教会从 19 世纪 80 年代开始在中国沿海地区，如福州、宁波、上海等地创办学前教育机构，这些学前教育机构称为_____。

二、名词解释

1. 南京燕子矶幼稚园
2. 中国战时儿童保育会

三、简答题

1. 简述苏区幼儿教育的内容。
2. 简述教会对中国近代化学前教育的影响。

第四章

近现代学前教育理论

> **学习目标**

1. 了解蔡元培的儿童公育主张和学前美育思想。
2. 了解鲁迅的儿童本位思想及其影响。
3. 把握陶行知的生活教育理论。
4. 了解陶行知关于学前教育的服务方向观点,把握陶行知解放儿童的理论及"艺友制"理论。
5. 了解张雪门学前教育分类,把握其行为课程理论及师范教育理论。
6. 了解陈鹤琴的活教育理论,了解陈鹤琴幼儿发展特点的论述,把握陈鹤琴课程理论。
7. 了解张宗麟对幼稚教育地位与作用的认识,了解其幼稚师范教育的观点。

> **内容提要**

　　本章介绍了近代学前教育学家蔡元培、鲁迅和陶行知的学前教育思想和理论。蔡元培提出了"尚自然""展个性"的儿童教育原则;鲁迅强烈地批判了宗法制度下的传统儿童教育,呼唤"以儿童为本位";针对传统"书本中心"的"死教育",陶行知和陈鹤琴分别提出"生活教育"和"活教育"理论。在改造旧中国半殖民地半封建的教育和建设民族的学前教育的过程中,在20世纪初的美国现代教育家杜威的实用主义教育思想的影响下,我国逐渐形成了现代学前教育思潮,产生了一批学前教育专家。其中张雪门、陈鹤琴和张宗麟的学前教育思想更是在中国现代学前教育实践的基础上发展和完善的。

> **关键术语**

　　蔡元培　鲁迅　陶行知　张雪门　陈鹤琴

第一节　蔡元培的学前教育思想

　　蔡元培(1868—1940年,见图4-1),字鹤卿,号孑民,浙江绍兴人。他6岁破蒙,17岁中秀才,23岁中举,24岁中进士,"少年通经"声闻中外,随后授职翰林院编修。1894年甲午战争的失败,对他冲击很大,遂愤而研习西学,赞同变法。1912年以前,蔡元培发起成立中国教育学会和光复会,参加了同盟会,成为资产阶级民主革命派的骨干。其间还主持过绍兴中西学堂、上海爱国女学,并于1907年远赴德国莱比锡大学深造,直至1911年武昌起义爆发才回国。

图4-1 蔡元培

1912年中华民国成立后,蔡元培致力于发展资产阶级民主教育事业和学术研究。1912年1月至7月,他出任南京临时政府教育总长,主持民国初期的教育革新工作。1917年至1923年担任北京大学校长,实行"思想自由、兼容并包"的办学方针,对学校进行全面改革,使得北京大学成为新文化运动的中心。1927年至1928年,蔡元培担任中央研究院院长、监察院院长、司法部部长等职务,同时还担任大学院(教育部)院长,主持了教育行政学术化改革事务。1928年以后,他专任中央研究院院长,直到1940年在香港病逝。

蔡元培撰写了大量教育论著。他的学前教育主张主要体现在《对于教育方针之意见》《新教育与旧教育之歧点》《贫儿院与贫儿教育的关系》《美育的实施方法》和《美育》等篇章之中。

一、"五育"并举的教育方针

蔡元培在教育史上最著名的是其"五育"并举的教育观,这是对清末"忠君、尊孔、尚公、尚武、尚实"封建教育观的革新。五育是指军国民教育、实利主义教育、公民道德教育、世界观教育和美感教育。

从这一理论基础出发,完全人格教育可以分为五项,属于现象世界的有军国民教育、实利主义教育和公民道德教育。军国民教育,其社会意义是"强兵",从个人发展的角度说就是体育,它是养成完全人格的基础;实利主义教育,从个人发展的角度说就是智育,其社会意义是"富国",可以发展经济,提高社会生产力水平;公民道德教育对个人而言,它是构成人的道德认知、道德情感、道德意志和道德行为的关键,它是完全人格的根本,也是造就民族素质的关键。

世界观教育,是培养人超乎现世观念的最高层次的教育,也是知、情、意、德、智、体诸者的统一体。由于实体世界"无以名之",所以世界观教育也不是通过一般说教可以完成的,只能是一种超越型的精神境界的修养,对这种说不出具体方法和内容的教育,最好的途径是通过美育来实施。所以五育中可以具体实施的只有德、智、体、美四育。美育,即"应用美学之理论于教育,以陶养感情为目的者也"。美育是引导人由现象世界通向实体世界的桥梁。

蔡元培提出"五育"并举的思想,强调了德、智、体、美全面和谐的发展,摒弃了清末"忠君""尊孔"的教育宗旨内容,提倡了自由、平等、博爱的理念,顺应了中国发展资本主义社会的要求。因此,1912年9月,中华民国政府在这一思想的基础上,正式公布了"注重道德教育,以实利主义教育、军国民教育辅之,更以美感教育完成其道德"的教育方针。"五育"并举的思想对近代中国学前教育的发展方向具有指导意义。

二、"尚自然""展个性"的儿童教育原则

1918年,蔡元培在《新教育与旧教育之歧点》的演说词中提出了"尚自然""展个性"的儿童教育原则。他说,过去封建旧教育"以养成科名仕宦之材为目的",片面地要求教师和学生围绕科举考试开展相关活动。比如,为了掌握诗歌的创作技巧,学生必须先学习《千字文》《龙文鞭影》和《幼学须知》等书;为了熟记四书五经,学生可以不了解自然现象和社会状况;为了使学生科考成功,教师可以不管学生的禀性,而采取单一的教学方法,即能者奖之,不能者罚之。他认为,封建旧教育的这些做法压抑了儿童的禀性,摧残了儿童的身心健康,令人不寒而栗。他主张新教育应反其道而行之,新教育应"在深知儿童身心发达之程序,而择种种适当之方法以助之。如农学家之于植物焉,干则灌溉之,弱则支持之,畏寒则置之温室,需食则资以肥料,好光则覆以有色之玻璃;其间种类之别,多寡之量,皆几经实验之结果,而后选定之;且随时试验,随时改良,决不敢挟成见以从事焉"。简言之,面向儿童的新教育应"与其守成法,毋宁'尚自然',与其求划一,毋宁'展个性'"。

为了贯彻"尚自然""展个性"的教育原则,蔡元培还提醒教育界人士不要死守教科书,强迫学生仅学习书本知识。针对这一不良的做法,教育界人士应当采取三种解决办法:"第一,须设实验教育之研究所。第二,教员须有充分之知识,足以应儿童之请益与模范而不匮。第三,则供应教育品者,亦当有种种参考之图画与仪器,以供教员之取资。"

蔡元培的"尚自然""展个性"的儿童教育原则,是针对封建传统教育严重忽视儿童心理的做法而提出的。这些原则为中国教育事业的科学化奠定了思想基础,成为批判封建儿童教育观的思想武器。

三、平民教育与儿童公育的思想

蔡元培是我国最早倡导现代平民教育的代表。其所称的平民教育,即是现代所说的公民教育。

儿童教育是平民教育的重要部分。蔡元培认为:社会要设立专门的机构由专业人士对儿童实施教育,比如,设立胎教院、育婴院、幼稚园等。1919年,蔡元培在"贫儿院与贫儿教育的关系"演说中,针对封建家庭教育的弊端,提出了学前儿童公育的理想。他认为:"教育是专门的事业,不是人人能担任的。"他主张:不论哪个人家,要是妇女有了孕,便进胎教院。生了子女,便迁到乳儿院。一年以后,小儿断乳,就送到蒙养院受教育,不用其母亲照管。同时,他还提出这些学前教育机构都要由专门的卫生家管理,其设备如饮食、器具、花园、运动场、装饰的雕刻与图画、陈列的书报,也都要有益于孕妇或乳儿的母亲的身体与精神。但是,他也清楚地看到当时还没有这种组织。依据这一事实,他便想先从贫儿院下手,认为要是贫儿院试办这种事情很有成效,那就可以推广到不贫的儿童了。可见,蔡元

培是试图通过贫儿院的试验和推广，逐步以学前公共教育代替家庭教育，最终实现他的学前儿童公育的理想，这在当时无疑是办不到的。

四、学前教育美育

1922年6月，蔡元培在"美育实施的办法"演讲中讨论了学前教育美育的问题。他说，面向学前儿童开展美育，应以胎教作为起点，从公立的胎教院、育婴院和幼稚园等方面着手。具体做法如下：

1）公立胎教院中实施胎儿美育

应使孕妇生活在平和活泼的气氛中，进而对胎儿产生美育效果。公立胎教院"要设于风景佳胜的地方，不为都市中混浊的空气、纷扰的习惯所沾染"，"建筑的形式要匀称，要玲珑……四面都是庭院，有广场，可以散步，可以做轻便的运动，可以赏月观星"，"室内糊壁的纸、铺地的毡，都要选恬静的颜色、疏秀的花纹"，等等。

2）公立育婴院中实施婴儿美育

婴儿出世后，迁入育婴院中，而育婴院也应陈设优美。其建筑"与胎教院大略相同，或可联合在一处，其中陈列的雕刻、图画，可多选裸体的康健儿童，备种种动静的姿势；隔几日，可更换一套。音乐选简单静细的。院内成人的言语与动作，都要有适当的音调态度，可以做儿童的模范"。

3）幼稚园中实施幼儿美育

儿童满3岁后，进入幼稚园须接受美育熏陶。此时的幼儿会主动表达美感，因此，应该设置舞蹈、唱歌、手工等专门课程。另外，"教他计算、说话，也要从排列上、音调上迎合他们的美感，不可用枯燥的算法与语法"。

蔡元培的教育思想和实践充满了爱国主义的激情与民主、科学的思想，尤其是他所提倡的教育观、儿童观、儿童公育思想及对儿童美育的实施意见，对近代学前教育理论的发展产生了深远的影响，在反对帝国主义文化教育侵略、反对封建专制主义教育，寻求中国化的学前教育的斗争中起了重大的作用。

他的思想在当时的社会历史条件下是超前的，当然也不免带有某些空想的色彩。但是，随着时代、历史向前推移，他的教育思想的价值和魅力却更加凸显出来。今天，当我们以新的教育方针和学前教育的目标体系再次审视他的教育思想时，仍然能够获得很多启示。他的教育思想贯穿着对民主、科学、自由、个性的追求，充满了爱国主义激情。其教育实践中表现出不屈从压力、锐意改革、坚守信念的品质。如果说他在民国初年改革封建教育、建立资产阶级民主教育制度反映的是当时时代对教育的要求，20世纪20年代提倡教育独立是在教育面临深重危机下的一次无奈抗争，那么他对北京大学的改革，不但包容博大、规模恢宏、影响深远，而且尤为凸显了他作为杰出教育改革家的远大理想和个性品质，塑造了他在一代学人心目中的精神表率和大学灵魂形象，至今光芒不减。

第二节 鲁迅的学前教育思想

鲁迅（1881—1936年，见图4-2），浙江绍兴人，著名的文学家、思想家、革命家和教育家。鲁迅年幼时家境较好，13岁时，家境开始败落。为了避难，鲁迅到乡下的祖母家度过了很长一段时间。家庭的变故使得鲁迅从少年时就体验了人生的不易,特别是下层人民生活的艰难。

图 4-2　鲁迅

1898 年,鲁迅进入南京水师学堂学习,后来进入南京路矿学堂,在这里学习了数学、物理、化学等自然学科。同时,鲁迅接触了赫胥黎的《天演论》,这使他认识到一个民族要想生存和发展,就要有自强、自立的精神。1902 年,鲁迅赴日本学习医学。后来他发现,医学救不了国人,于是弃医从文,认为"医治国民的精神比医治国民的身体更加重要,从而从事思想启蒙运动",想以此唤醒国人,改变国人的精神。从日本回国后,鲁迅从事教育工作,曾在教育部和十多所大中专学校供职,有着近二十年的工作经历。1936 年 10 月,鲁迅因肺结核病逝于上海。

鲁迅一生不仅把教育工作当作自己的职业,更把它当作实现自己理想和抱负的途径。他对儿童教育有着独到的见解,其教育思想隐含在他所著的杂文、书信中,如《我们现在怎样做父亲》《上海的儿童》《我们怎样教育儿童的?》《看图识字》《从孩子的照相说起》《河南卢氏曹先生教泽碑文》等。在《狂人日记》中,鲁迅强烈批判了封建礼教"吃人"的本质,在《从百草园到三味书屋》及《故乡》中,指出儿童应该有他们的游戏和自由生活。

一、鲁迅对儿童教育的认识

鲁迅极重视儿童教育,他认为:个人童年的情况,往往关系到其将来,而儿童的将来和国家的命运、民族的前途是相结合的。因此,鲁迅认为,儿童教育的问题,于民族前途的关系是极大的。所以,无论是学校、社会和家庭都肩负有重要的责任。

鲁迅关于儿童素质的看法,与他对人性的看法密切相关。刚开始他是从生物进化论的观点去理解的,批判了当时流行的人性不变论和才能天赋论等唯心主义先验论。其理论在"五四"前后,对于反对封建主义约束儿童的奴性教育和帝国主义培养"适应环境的机器"的教育是有进步意义的,是符合"五四"提倡的科学和民主精神的。后来,鲁迅逐渐接受了马列主义,他就由进化论者变为阶级论者,用阶级的观点去观察人性了。鲁迅明确指出了两点:第一,人性是随着社会的发展而发展的;第二,在阶级社会人具有阶级性,但并非只带有阶级性,还有社会性、人类性。

人性既然是发展的,就没有天生的"愚"和天生的"智"。其实即使天才,在生下来的时候的第一声啼哭也和正常的儿童一样,决不会就是一首好诗。儿童的成长决不能依仗天才,而必须给予合理的教育。鲁迅在《我们现在怎样做父亲》一文中说:要用我的爱，自己牺牲于后起新人，只有以这样的精神来教育儿童，才能使新的一代"将来成为完全的人"。

关于如何培养儿童，鲁迅的观点如下：首先，应该使儿童有健康的身体；其次，要有生动活泼的精神；再次，要有顽强和敢作敢为的品格。

二、鲁迅对传统儿童观的批判

在封建时代，受传统的传宗接代思想和小农社会经济形式的影响，中国家庭追求多子多福、人丁兴旺，忽略了对儿童的教育，鲁迅对此进行了批判。他指出，"中国的孩子，只要生，不管他好不好，只要多，不管他才不才"，中国"所多的是孩子之父"而不是"'人'之父"。他还指出，封建宗法制度和家长制观念又使得家庭中十分注重父母的权威和地位，儿童只是父母的附庸品，儿童不能有自己的思想，要绝对地服从父母。为此，在《狂人日记》《我们现在怎样做父亲》等作品中，发出"救救孩子"的呼声，呼吁把孩子从封建礼教的桎梏中解救出来。他从生物进化论的观点出发，认为生命是要发展、要进化的，父母要认识到孩子与成人是不一样的，孩子有自己的世界，是一个独立的人，不要把孩子当作"成人的预备"或"缩小的成人"。

鲁迅认为，儿童童年时期的成长与教育关系到国家和民族的命运和前途，家庭、学校和社会肩负着教育儿童的重要使命，但在封建专制下，教育只是封建专制统治者培养忠臣顺民的手段，是一种愚民的教育。他以蚂蚁为例对传统教育的这种教育目的进行批判，"蚂蚁中有一种武士蚁……是专在攻击别种蚂蚁，掠取幼虫，使成奴隶，给它服役的。但奇怪的是它决不掠取成虫，因为已经难施教化。它所掠取的一定只限于幼虫和蛹，使在盗窟里长大，毫不记得先前，永远是愚忠的奴隶，不但服役，每当武士蚁出去劫掠的时候，它还跟在一起，帮着搬运那些被侵略的同族的幼虫和蛹去了"。鲁迅指出这样的封建专制教育违背了生物进化论的思想，完全不顾儿童的身心成长，培养出来的儿童性格懦弱、胆小、萎靡不振，遇到事情退缩不前，完全没有儿童应有的那种健康、活泼和顽强的个性。儿童这种性格是历史的原因造成的，是"历朝压制"的结果。

三、鲁迅对传统儿童教育方法的批判

鲁迅认为：中国传统的教育儿童方法，一般的趋势有两种：一是"禁"，即一味禁止；二是"任"，即任其跋扈。

"一味禁止"，指对于孩子们的思想、言论、行动，甚至于表情都加以严格的限制。"终日给以冷遇或呵斥，甚而至于打扑，仿佛一个奴才、一个傀儡，然而父母却美其名曰'听话'，自以为是教育的成功，待到放他外面来，则如暂出樊笼的小禽，他决不会飞鸣，也不会跳跃。"把孩子整治得呆若木鸡，全无生气。这样的教育方法，还经常会引起儿童另一种病症，如养成孩子不讲真话的坏习气。鲁迅主张放弃这种惩治的办法，鼓励他们直言不讳，襟怀坦白。他说："假使有一个孩子，自以为事事不如人，鞠躬倒退，或者满脸笑容，实际上却总是阴谋暗箭，我实在宁可听到当面骂我什么东西爽快。"鲁迅针对这种家庭教育的情况，总是诚恳地告诫成年人，要正确对待孩子，不要只许自己"常常随便大说大笑，而单是禁止孩子"。鲁迅要求家长和师长都不要随便打骂儿童，儿童有时也会有错处的，要好好对他说，实行说服教育，正确地疏通诱导。鲁迅认为，"一味禁止"的"驯良"法，只会使孩子"钝滞"，只会是为统治者培养奴才，而绝不会是"闯将"和"战士"。

除了"禁"的方法外，另一种教育儿童的方法就是"放任"不管，"任其跋扈"，在家中是暴君、是小霸王，但到外面，"便是失网的蜘蛛一般，立刻毫无能力"。这是做父母的对待孩子不负责任，实际上是"纵恶"的教育法。这样培养出来的孩子，一定是"顽劣"的儿童，是一种"过度恶作剧的顽童"。他将来绝不会是旧社会的反抗者、新社会的建设者，很可能充当反动统治者的保镖、打手和欺压良民的小恶霸。

四、鲁迅的"完全解放孩子"的教育思想

鲁迅根据儿童教育的特点，提出了他的"完全解放孩子"的教育思想。鲁迅认为，要做到尽力教育、完全解放孩子，必须做到：第一，要正确理解儿童。儿童有自己的内心世界，不要以成人的思想加于他们，否则便会影响儿童身心的正常发展。因此，鲁迅先生告诫父亲、教师说："倘不先行理解，一味蛮做，便大碍于孩子的发达。可见理解孩子，是教育儿童的前提。"第二，要正确指导儿童。无论是父母或者是教师，都要明确教育孩子的重要意义，然后，循循善诱，用健康的思想教育儿童。鲁迅认为：教育儿童，首先要养成儿童有清洁高尚的品德，合于新潮流的精神，当然也要掌握切实的知识和养成劳作的健康身体。第三，便是解放孩子，不把孩子看成"父母福气的材料"，而应该尽教育的义务，教给他们自立的能力，成为一个独立的人，不是任何人的附属品。但是，在旧社会要做到"解放孩子"是十分不容易的。只有解放了的社会，才可能有完全解放了的孩子，使其成为健康成长的"新后代"。

鲁迅一生中是十分重视儿童教育问题的，他不但号召人们注意现实的儿童教育的研究和改革，也鼓励人们对儿童教育做历史的研究以吸取教育儿童的经验和教训。他说："倘有人作一部历史，将中国历来教育儿童的方法，用书作一个明确的记录，给人明白我们的古人以至我们，是怎样的被熏陶下来的，则其功德，当不在禹下。"鲁迅的儿童教育思想对于个人和社会都有着十分重要的意义，对于个人而言，在儿童的成长阶段也将起着改造性格的作用。

第三节 陶行知的学前教育思想

陶行知（1891—1946年，见图4-3），安徽歙县人，原名文濬。因欣赏王阳明"知行合一"学说改名为"知行"，后认为"行是知之始，知是行之成"，遂改名为"行知"。陶行知秉持"捧着一颗心来，不带半根草去"的精神，先后参与发动了平民教育运动、乡村教育运动、普及教育运动、战时教育运动及民主教育运动，极大地推动了民国时期教育实践的进步，并创造性地构建了"生活教育理论"体系，被公认为"人民教育家"。

陶行知6岁就读私塾，15岁就读歙县崇一学堂，23岁毕业于金陵大学，同年赴美国伊利诺伊大学攻读市政学，并于次年获政治学硕士学位。1915年，入哥伦比亚大学教育学院，师从杜威、孟禄、克伯屈等美国教育家。1917年秋回国，先后任南京高等师范学校及国立东南大学教授、教务主任等职。1922年任中华教育改进社主任干事，1923年发起"平民教育"运动，关注面向农村和工厂办教育。1926年倡导开展乡村教育运动。1927年3月在南京北郊晓庄创办乡村幼儿师范学校——晓庄师范学校，后又以此为基点，先后创办了小学师

图 4-3　陶行知

范院、幼稚师范院、中心小学、中心幼稚园等诸多乡村教育机构,开始了较全面的乡村教育试验。在此期间,他提出了"生活即教育""社会即学校""教学做合一"的主张,初步形成了他的"生活教育"的理论体系。1930 年晓庄学校被查封,他被迫逃亡日本。

1931 年他回国后,开始从事科学普及教育,开展"科学下嫁"运动。1932 年,他在上海创办山海工学团,力图将工厂、学校、社会打成一片,达到普及教育的目的。他创立了"小先生制",推动针对劳苦大众的普及教育,在国内外产生了积极影响。1936 年 1 月,他发起组织国难教育社,推行国难教育。抗战全面爆发后,他积极呼吁战时教育,编辑出版《战时教育》杂志,为了收容战争中的难童,1939 年 7 月,他在重庆创办了育才学校,取得了令人瞩目的成绩。抗战结束后,他积极投身于民主教育运动,为和平民主奔走呼号,主编《民主教育》月刊,创办社会大学。1946 年 7 月 25 日,因长期劳累过度在上海逝世,享年55 岁。

一、陶行知的幼稚教育的思想

1. 学前教育为个人终身发展奠定重要基础

陶行知在《创造乡村幼稚园宣言书》中指出:"学前教育实为人生之基础,不可不趁早给它建立得稳。"在《论幼稚园应有之改革和进行方法》中指出:"凡人生所需之重要习惯、倾向、态度多半可以在六岁以前培养成功。"由此可见,陶行知认为学前教育对个体终身发展具有非常重要的意义,可为个体一生的发展打下基础。如果学前教育得到充分重视,个体接受了科学的、充分的学前教育,对其一生的发展将起到事半功倍的作用。

2. 积极普及幼稚教育

陶行知十分重视幼稚教育,认为幼稚教育是人生的基础教育:"人格教育,端赖六岁以前的培养。凡人生之态度,习惯,倾向,皆可在幼稚时代立一适当基础。"所以,他主张普及平民教育不仅要普及小学教育,也要普及幼稚教育;不仅是地主、贵族的子女上幼稚园,广大的劳苦大众的子女也要上幼稚园。

1926 年,陶行知提出让幼稚教育下乡的口号。在当时,实现幼稚园下乡是很难的事,因为当时国内的幼稚园有几种弊病:"第一是效仿外国,不合国情;第二是灌输宗教,制造成见;第三是费钱太多,非有钱的地方不能办;第四学费太重,非富贵子弟不能进。"陶行知对旧中国学前教育进行了无情揭露和猛烈抨击,并提出了一整套为劳苦大众子女服务的学前教育理论。他倡导建设中国的、省钱的、平民的幼稚园,并论述了工厂和农村是幼稚园之新大陆等。

1926年10月29日,陶行知在《新教育评论》上发表《创办乡村幼稚园宣言书》,在批评当时幼稚园弊端的同时,提出了建立一个中国的、省钱的、平民的幼稚园的具体设想。此后,他就着手创办符合中国国情的、省钱的、平民精神的试验乡村幼稚园,供人参观、学习、推广。他选择燕子矶作为建立第一个乡村幼稚园的乡村,定名为"燕子矶乡村幼稚园"。开办该园的所有费用全部是由陶行知筹集的。继燕子矶幼稚园之后,陶行知又带领晓庄师范的学生,创办了晓庄幼稚园、和平门幼稚园、迈皋桥幼稚园、新安幼稚园等乡村幼稚园,主张对工农子女实行"来者不拒,不来者送上门去"的政策。此外,他还积极开展托儿所运动,为大众服务,解决他们的后顾之忧。

二、陶行知的生活教育思想

1. 生活教育的目标

陶行知在长期教育实践中得出这样的结论:"我们实际的生活,就是我们的全部课程;我们的课程,就是我们的实际生活。"什么是生活教育?陶先生对它的定义是:"生活教育是给生活以教育,用生活来教育,为生活向前向上的需要而教育。"从生活与教育的关系上说,是生活决定教育。从效力上说,教育要通过生活才能发出力量而成为真正的教育。陶行知在《晓庄三岁敬告同志书》中谈道:"生活教育的目标,分析开来,在乡村小学里,应当包含五种:一、康健的体魄;二、农人的身手;三、科学的大脑;四、艺术的兴趣;五、改造社会的精神。"可见,他提出儿童的生活教育内容包括五个方面:康健的生活即是康健的教育;劳动的生活即是劳动的教育;科学的生活即是科学的教育;艺术的生活即是艺术的教育;改造社会的生活即是改造社会的教育。

2. 生活教育的内容

如何实现生活教育的目标呢?陶行知认为:生活是一部活的教科书。生活中"活的人、活的问题、活的文化、活的武功、活的世界、活的宇宙、活的变化,都是活的知识之宝库,都是活的书"。陶行知创办的晓庄师范就是一所"以宇宙为教室,奉自然作宗师"的学校,"和马牛鸡犬豕做朋友,对稻粱菽麦黍稷下功夫"成了晓庄的重要课程。陶先生对此十分赞赏:"他头上顶着青天,脚上踏着大地,东南西北是他的围墙,大千世界是他的课堂,万物变化是他的教科书,太阳月亮照耀他的工作,一切人,老的、壮的、少的、幼的、男的、女的都是他的先生,也都是他的学生。"这种把课程融入生活、把生活引进课程的教育理念不仅符合儿童的认知特点,还能够极大地调动儿童的主动性、积极性。

在生活教育理论指导下,他提出了"社会即学校"的思想。他极力主张把儿童从学校这个"鸟笼"中放飞到大自然中去自由翱翔,到生活的大风大浪中接受人生洗礼,学习人生之道,锤炼应付社会环境所必需之人格,学会适应天然环境和生活等必须之知识技能。所以,他特别强调给儿童参与实践的机会,并提出三条生活教育的建议:一是课程必须贴近儿童生活经验,以提高他们的学习兴趣和自主、合作、探究的能力,改变课程脱离社会生活和儿童生活经验的状况和教育中的某些假大空现象。二是必须全面关注儿童的生活,给儿童生活以教育。生活中的课堂随处可见,随时可遇,是全方位的,也是随机的,不确定的,有时往往是消极的,必须引导学生的一举一动才能下最明白的判断,把消极、落后的东西,转化为积极、前进的教育因素，达到以前进的生活提高落后的生活，以合理的生活提高不合理的生活，以有计划的生活克服无秩序的生活。三是必须大力挖掘和充分利用生活中丰富的、鲜活的课程资源，为综合实践活动课程、德育课程、科学课程等服务。他指出：我们主张"社会即学校"，是因为在"学校即社会"的主张下，学校里的东西太少，不如反过来主张"社会即学校"，教育的材料，教育的方法，教育的工具，教育的环境，都可以大大地增加。

3. 生活教育的方法

怎样进行生活教育呢？陶行知创造性地提出了"做中学，做中教"（即"教学做合一"）的方法论。"事怎样做就怎样学，怎样学就怎样教；教的法子根据学的法子，学的法子根据做的法子。""做中学，做中教"说明教与学都以"做"为中心。教育者必须了解生活，了解儿童的生活现状，了解生活的发展趋势、生活对人的要求的变化。所以，他极其重视实践，并提出"行是知之始，知是行之成"的口号，并改自己"知行"之名为"行知"。在教育方法论上，他特别重视儿童对知识的探索与实际运用能力的培养。

以"做"为中心的"教学做合一"理论，既是对生活的说明，又是教育的方法。陶行知对教育法演进过程中的"做中学，做中教"的地位是这样描述的："教育法的演进大概可以分为四个阶段：第一个阶段凭先生教授，不许学生发问。第二阶段师生共同讨论，彼此质疑问难。第三个阶段，师生共同在做上学，在做上教，在做上讨论，在做上质疑问难。第四阶段师生运用科学方法在做上追求做之所以然，并发现比现在可以做得好一些的道理。"

陶行知身体力行，亲自实践，总结了一整套有关生活教育的理论思想，极大地丰富了我国学前教育的理论，他在这方面的研究符合学前教育的一般规律，在当前仍有指导意义。学前教育阶段是非正式学校阶段，强调寓教于幼儿的生活之中，使生活无时不含教育的意义。从幼儿园一日活动来说，幼儿从来园、晨检、早操、作业、游戏、自由活动、散步、进餐、如厕、离园……每一个环节、每一项活动都是幼儿学习的过程，一日活动的内容就是幼儿学习的课程。陶行知主张的"教学做合一"的方法，也是很适合学前儿童学习的方法之一，它让儿童在活动中通过操作进行学习，教师在儿童的活动过程中进行教育、教学，能够切实有效地促进幼儿的发展。总之，生活教育的教育思想，不仅对当时学前教育的发展有着积极影响，即使在现在，也是非常值得学习和借鉴的理论。

三、陶行知的创造教育思想

陶行知十分重视创造教育，不仅撰写了《创造宣言》《创造的儿童教育》《创造的社会教育论纲》等创造教育专著，而且大多数教育论著都涉及创造教育尤其是儿童创造教育问题。可见，创造教育思想在陶行知的学前教育思想中占据重要的位置。

1. 创造教育的目的

陶行知在《创造宣言》中指出：创造教育的目标是要培养一种具有创造精神和创造能力的"真善美的活人"，"把小孩子、农人、工人都培养起来"，"使他们为自己创造，为社会创造，为国家创造，为民族创造"。由此可见，陶行知所提出的创造教育的目的不仅在于培养全面发展的身心和谐的儿童，还指向为国家和社会的进步与发展做出贡献。

2. 创造教育的"六大解放""三个需要"和"一大条件"

陶行知认为，在人类的进化历程中，儿童形成了与生俱来的创造力，但是却被中国传统的落后教育和社会制度蒙蔽了。为此，要培养儿童的创造力，必须解放儿童。陶行知提出要对儿童实施"六大解放":①解放儿童的眼睛,使学生能多观察现实社会,了解社会生活,独立发现问题。②解放儿童的头脑,使学生从迷信、盲从、成见、曲解、幻想中摆脱出来,大胆探索,独立思考。③解放儿童的双手,使学生能够亲自动手操作实践。而不像传统教育那样"非礼勿动",动手则打手心。主张成人应向爱迪生母亲学习,让孩子有充分动手的机会。④解放儿童的嘴巴。传统教育一般是不许小孩子多说话,但"发明千千万,起点是一问"。指出应鼓励孩子大胆说话,他们有了"言论的自由,特别是问的自由,才能充分发挥他的创造力"。⑤解放儿童的空间,扩大学生学习的空间,使他们能到大自然和社会上去获取更丰富的知识。⑥解放儿童的时间。坚决反对传统教育一味让学生"作业""督课""赶考"等,使他们有时间去玩、去想、去做。这样,才可能遇到生活中实际的问题和困难,才可能有所创造。

此外,实施创造教育还必须具备"三个需要"和"一大条件"。"三个需要"是指:第一,"需要充分的营养"。小孩的体力与心理只有得到适当的营养,才能发生高度的创造力。第二,"需要建立下层的良好习惯,以解放上层的性能,才能从事于高级的思虑追求"。第三,"需要因材施教"。而"一大条件",则是民主,"创造力最能发挥的条件是民主",民主是解放创造力的根本条件。

3. 创造教育要以生活教育为基础

1946年4月,陶行知在《小学教育与民主运动》一文中指出,创造教育就是要采用启发的、自动的、手脑并用的、教学做合一的方法,以取代主观主义的、填鸭式的、被动的教学方法,并且明确提到了"教学做合一"是实施创造教育的必要方法。事实上,从陶行知对实施创造教育的目的和条件的说明中,很容易发现创造教育是离不开儿童真实的社会生活的。因此,要实施创造教育,必须以实施生活教育为基础。

四、"艺友制"幼儿师范教育理论

1. "艺友制"的含义

"艺友制"是陶行知受中国传统手工业作坊"艺徒制"培养工匠的方法和启发,根据"教学做合一"的方法论提出的培养幼儿教师的具体方法之一。陶行知在《艺友制师范教育答客问》一文中对艺友制的内涵进行了说明:"艺友制是什么?艺是艺术,也可做手艺解。友就是朋友。凡用朋友之道教人学做艺术或手艺便是艺友制……凡用朋友之道教人学做教师便是艺友制师范教育。"

艺友制实际上就是学生(艺友)在幼稚园(而非师范学校)中通过学习成长为一名教师。具体说来,学生(艺友)与幼稚园有实践经验的教师(导师)交朋友,在导师的指导下,以在幼稚园的实践为基础,在实践中学习和领悟对有关教育理论的认识,掌握有关幼儿园工作的技能,形成保教和管理工作的能力。陶行知在办晓庄学校时,各中心幼稚园便采用了艺友制的方法培养了一批幼儿教师。

2. "艺友制"的实施步骤

艺友制培养幼儿教师在具体实施上大致有以下四个步骤:

第一,安排艺友实际参加幼稚生的各种活动,主要目的是使其学会如何成为一个儿童领袖。

第二,教给艺友一些具体方法,如怎样讲故事、怎样带幼儿玩耍,并学习一些基本技能,如唱歌、布置活动室等。

第三,一方面做各种基本技能训练,另一方面在幼稚园实地操作。导师指导艺友制订计划,组织艺友到其他幼稚园参观并讨论。

第四,两个艺友一组,在导师的指导下,独立承担整个幼稚园工作三个月。

以上四个步骤,一共需用一年半到两年时间,经考核合格者,发给结业证书。

艺友制师范教育最大的优点是能有效地克服理论与实践脱节的现象。同时,在缺乏大量幼儿教师而又无法在短期内通过师范院校培养的情况下,艺友制不失为一种有效的策略。此外,艺友制只需要一年半到两年时间就能培养出有质量的幼儿教师,也大大缩减了培养幼儿教师的时间成本。因而,艺友制是对中国"幼稚师范必须根本改造"而"探得的一条新途径"。

当然,艺友制师范教育有其独到的优势,但也是"不得已的师范教育方式"。从长远来看,全部依赖边做边学的方式培养出来的幼儿教师,尤其缺乏相关文化知识和系统的专业理论基础,其专业发展后劲就难以得到保证。对此,陶行知也曾明确指出,艺友制并非培养幼儿教师的唯一方法,应当与普通幼儿师范学校"相辅相成",共同培养幼儿教师。

陶行知是我国现代著名的教育家,也是最早致力于中国学前教育实验与研究的先驱。他在长期实践研究探索的基础上,不断总结经验,提出了不少既符合学前儿童学习与发展的特点,又适合中国实际情况的理论与思想。他在批判旧的幼稚教育"外国病""花钱病""富贵病"的同时,积极创办省钱的、平民的、适合国情的幼稚园,创造性地提出了"生活即教育""社会即学校""教学做合一"的生活教育理论体系,从而在中国教育史上留下了光辉的一页,对后来创建中国化的学前教育课程体系产生了深远的影响。陶行知的教育思想不仅简明深刻地揭示了中国当时社会与教育的客观规律,而且还具有较高的现代价值,特别是他对学前教育意义的深刻理解、先进的儿童观、创造教育的思想、生活教育的理念等,仍然值得我们去学习、去研究。

第四节 陈鹤琴的学前教育思想

陈鹤琴(1892—1982年,见图4-4),浙江上虞人。幼年丧父。读了几年私塾后靠亲友资助进入基督教浸礼会办的杭州蕙兰中学,1911年2月,考入上海圣约翰大学,秋季又转考入清华学堂高等科。1914年8月,陈鹤琴前往美国留学。他先在霍布金斯大学学习,1917年夏季毕业,获得文学学位。秋季,进哥伦比亚大学师范学院,专心研究教育学和心理学。同年冬,由孟禄率领去南方考察黑人教育。留学期间,不仅打下了广泛的知识基础,并学习到了启发式教育法和实验研究的方法和精神。1918年夏获教育硕士学位,随后转入心理系,师从伍特沃思教授,准备攻读博士学位,1919年夏,他接受南京高等师范学校(后改为东南大学)校长郭秉文的邀请回国任教,教授儿童心理学和教育学。

在南京高等师范学校期间,陈鹤琴任教育科儿童心理学和教育学教授兼教务主任。1923年春,陈鹤琴创办南京鼓楼幼稚园。不久又以该园作为东南大学教育科的学前教育实验园地,建立了我国第一个学前教育实验中心,开创了学前教育科学研究之先河。此后,他还发起组织幼稚教育研究会,创办我国最早的幼稚教育研究刊物《幼稚教育》《儿童教育》。1929年,中华儿童教育社在杭州成立,他被推选担任主席。

第四章 近现代学前教育理论

图4-4 陈鹤琴

1940年10月1日,江西省立实验幼稚师范学校——我国第一所公立幼稚师范学校诞生于江西省泰和县文江村。陈鹤琴出任校长,全面进行"活教育"实验,并创办《活教育》月刊,任主编。1945年9月,任上海市立幼稚师范学校校长,继续实验"活教育",建立了"活教育"的理论体系。

中华人民共和国成立后,陈鹤琴先后担任南京大学师范学院和南京师范学院院长兼学前教育系主任,1982年逝世。

一、"活教育"理论

"活教育"理论是陈鹤琴独创的儿童教育理论,"活教育"理论萌芽于20世纪20年代,1940年,陈鹤琴在江西省立实验幼稚师范学校时开始提出"活教育"思想。经过几年的教育实验,到1947年,逐步整理出"活教育"的理论体系。

陶行知对当时的教育情形做出如下描述:

教死书,死教书,教书死;

读死书,死读书,读书死。

陈鹤琴决心使这种腐败的死教育变为前进的、自动的、有生气的活教育。其表述为:

教活书,活教书,教书活;

读活书,活读书,读书活。

陈鹤琴的"活教育"理论体系主要包括三大纲领(目的论、课程论、方法论)及教学原则等。

1. "活教育"的目的论

早在1941年,陈鹤琴在新创办的江西实验幼稚师范学校实验"活教育",他扬弃了杜威"教育即生长"的无目的论倾向,同时也批判了儒家"学而优则仕"的读书做官论,进而提出了活教育的目的论。他明确指出活教育的目的是教育幼儿"做人,做中国人,做现代中国人"。成为这样的人应该具备如下条件:第一要有强健的身体。一个人身体的好坏,对于他的道德、学问、事业有很大影响。第二要有建设的能力。当时中国百废待兴,急需建设人才。第三要有创造能力。他坚信儿童本来就有强烈的创造欲,只要善于启发、诱导、教育、训练,是可以培养起创造力的。第四要有合作的态度。改变中国人在团体活动中缺乏合作的精神,必须从小训练他们能合作、能团结的态度。第五要有服务的精神。抗战胜利后,随着形势的发展，他又进一步提出"做人，做中国人，做世界人"，以及"爱国家，爱人类，爱真理"的要求。这说明陈鹤琴的活教育的目的论不仅体现了他的爱国主义精神，还反映了他具有放眼世界的胸怀。

陈鹤琴关于"活教育"目的论的表述，体现了从一般到具体的三个不同层次的"做人"：

第一个层次"做人"，是指广义上的做一般人。就"人"应该具备的一般修养而言，首先他必须热爱人类，而不论其国籍、种族、阶级或宗教。其次他必须热爱真理，真理高于一切。

第二个层次"做中国人"，体现了"活教育"目的论的民族特征。做一个中国人必须热爱自己的祖国，这意味着爱祖国的历史、爱祖国的前途、爱祖国的人民。这种爱国不同于法西斯主义所标榜的爱国家，它是建立在热爱真理的基础之上的。

第三个层次"做世界人"。陈鹤琴认为，我们不仅要培养儿童做中国人，而且还要做世界人、做现代世界人。中国是世界的一部分，不可能脱离世界关系而孤立存在，而且世界永久和平的缔造需要全世界人民的共同努力。因此，一个中国人不仅要了解中国社会的发展，还要了解世界发展的潮流；不仅要为中国的民主独立而努力，还要为世界和平而奋斗。而要做一个世界人的主要条件，便是"爱国家、爱人类、爱真理"。

2. "活教育"的课程论

陈鹤琴认为，活教育的课程是"活"的，并指出"大自然、大社会，都是活教材"。针对传统教育的书本万能的旧观念所形成的课程固定、教材呆板的死教育现象，陈鹤琴认为大自然、大社会才是活的书、直接的书，应该向大自然、大社会学习。

陈鹤琴认为，传统学前教育是书本主义的教育，是有违幼儿心理特征的，有损其身体健康的。他主张，必须使教育者和被教育者都认识到，书本知识是间接的，大自然、大社会才是活的书、直接的书。因此，活教育主张应抛弃"书本万能"的传统观念，让幼儿直接向自然、社会这种生动具体的"知识宝库"学习。

"活教育"的课程有如下特点：①以大自然、大社会做主要的教材，以课本做参考资料，这是直接的活知识，是直接的经验；②各科混合或互相关联；③不受时间的限制，没有分节的时间表，时间倒为功课所支配；④内容丰富；⑤生气勃勃；⑥儿童自己做的；⑦整个的，有目标的；⑧有意义的；⑨儿童了解的。"活教育"课程编制有两个原则：一是根据颁布的课程标准；二是根据当地实际环境的情形。

3. "活教育"的方法论

杜威以"从做中学"为实用主义教学法，陶行知主张"教学做合一"，陈鹤琴汲取了他们对"做"高度重视的思想，把它发展为"做中教，做中学，做中求进步"。这是"活教育"教学方法的一个基本原则，也是"活教育"的教学论的命题。

"做"是"活教育"的出发点。陈鹤琴认为，教师教幼儿学习大自然中的实际事物，不能单单靠书本，而需要教师与幼儿共同去做，必要时给予幼儿指导。

4. "活教育"的教学原则

"活教育"的教学原则是：凡是儿童自己能够做的，就应当让他自己做；凡是儿童自己能够想的，应当让他自己想；你要儿童怎样做，就应当教儿童怎样学；鼓励儿童去发现他自己的世界。只有在与实际事物的接触中去做、去教、去获得直接经验，才能求得师生共同的进步。不难发现，"做中教，做中学，做中求进步"的命题，不仅仅是关于知识获得的途径和方法问题，更重要的是突出强调了学生在教学过程中的主体地位，这与"活教育"以儿童为中心，以培养儿童的发展为目的的特点是一致的。

根据以"做"为中心的"活教育"的教学论，对幼儿的教学多安排在户外进行，采用启发式、诱导式教学方式，引导幼儿自动探讨。陈鹤琴将整个教学过程分为四个步骤：实验与观察、阅读和参考、发表与创作、批评与研讨。

"活教育"的理论，是以中国社会为其发展的基础，是针对中国社会的实情，适合大众需要而发展起来的，因而它是本土化的产物。它是陈鹤琴那一代中国知识分子在广泛吸取西方现代教育理念的基础上，结合中国教育实际，为中国化现代教育理论体系的建构所进行的积极探索。当然，就体系的严密性而言，也存在某些不足，诸如如何正确处理直接经验与书本知识学习的关系，"活教育"的适用对象及其范围等均有可商榷之处，但所包含的现代性、先进性则与世界现代教育思想发展的潮流是一致的。

二、学前儿童的心理特点

陈鹤琴从1920年冬开始，以其长子陈一鸣为对象，从出生时起，就儿童的动作、能力、情绪、言语、游戏、学习、美感等方面的发展，逐日对其身心发展变化和各种刺激反应进行周密的观察和实验，写下详细的文字记录和摄影记录，写成《儿童心理之研究》一书。他在书中阐述了儿童心理发展的一般规律与年龄特征，揭示了儿童形成心理特征和道德品质、掌握知识与技能，以及发展智力和体力的心理过程。正是由于他对儿童身心发展进行了缜密的研究，为我国儿童教育的科学化提供了坚实的基础。

陈鹤琴通过揭示儿童的心理特点来提出教育教学原则。他认为儿童不是"小人"，"儿童的心理与成人的心理不同，儿童时期不仅作为成人之预备，亦具有他本身的价值，我们应当尊敬儿童的人格，爱护他的烂漫天真"。他认为儿童具有以下几个主要特点，如能根据儿童的心理施行教育，必有良好的效果：

1. 好动

陈鹤琴认为儿童是生来好动的，他喜欢"听这样，看那样；推这样，攫那样；忽而玩这样，忽而弄那样；忽而立，忽而坐；忽而跳，忽而跑；忽而哭，忽而笑，没有一刻的工夫能像成人坐而默思的"。陈鹤琴经过研究，指出"儿童还没有养成自制力，他的行动完全为冲动与感觉所支配"，所以儿童是好动的。

2. 好模仿

陈鹤琴指出："这个模仿心，青年老年亦有的，不过儿童格外充分一些。儿童学习言语、风俗、技能等，大大依赖这个模仿心。"为此，他对模仿动作的分类与发展进行了研究。他观察到自己的孩子在第112天时发生笑声的模仿，以后出现模仿唱歌及模仿各种动作（摇手、敲桌、刷牙、舌声、读书、洗衣、扫地、浇水、贩卖）等。

3. 易受暗示

陈鹤琴认为儿童是易受暗示的，应利用这一特点对儿童进行教育。一是要利用暗示来养成良好的举动、习惯等，如成人的以身作则、讲故事及提出暗示性的问题等。二是要注意戏剧的暗示给儿童的影响，如戏剧中各种欺诈、抢掠的事情，对儿童会起恶劣的暗示作用，必须禁止。对于暗示的方法，陈鹤琴指出可用语言、文字、图画及动作四种方法进行暗示，尤以动作暗示影响最大。

4. 好奇

陈鹤琴指出:"儿童凡对于一切新的东西就生出好奇心。一好奇,就要与新的东西相接近。一接近,那就晓得这个东西的性质了。假使儿童与新的境地相接触愈多,他的知识愈广。"这种好奇心在教育上极有价值,他认为"好奇心是儿童学问之门径",是父母和教师"施教的钥匙"。

陈鹤琴指出好问、好奇对儿童来说是启迪知识的关键。正是通过提出问题、正确地解答问题,儿童才能获得新知识。成人对儿童的问题不应置之不答或假作聪明、牵强附会,而搅乱了儿童的思想。

5. 好游戏

陈鹤琴指出:"儿童好游戏乃是天然的。近世教育利用这种活泼的本能,以发展儿童之个性与造就社会之良好分子。"并进一步指出:"小孩子生来好动的,以游戏为生命的。要知多运动,多强健;多游戏,多快乐;多经验,多学识,多思想。"他对游戏做了深刻的研究,形成了他自己的游戏理论。

6. 喜欢成功

陈鹤琴说:"小孩子固然喜欢动作,但更是喜欢动作有成就的。"指出了儿童追求成功的心理。"因为事情成功,一方面固然自己很有趣的,但是还有一方面可以得到父母或教师的赞许。"他肯定这种心理是很好的,成人应当利用这种心理去鼓励儿童做各种事情。

7. 喜欢合群

陈鹤琴认为:"凡人都喜欢群居的,幼小婴儿,离群独居,就要哭喊,两岁时就要与同伴游玩,到了五六岁,这个乐群心更加强了。"他以自己的观察揭示了儿童乐群心的发展,指出幼儿喜欢与同伴一起活动,一起游戏。

8. 喜欢野外生活

陈鹤琴认为小孩子都喜欢野外生活,"终日在家里就不十分高兴"。他指出,小孩到门外去就欢喜,不能到外边去看看玩玩是许多小孩子哭闹的一大原因。因此,他主张让"他们在旷野里跑来跑去,看见野花就采采,看见池塘就抛石子入水以取乐。这种郊游对于小孩的身体、知识、行为都有很好影响的"。他还告诫做父母或做教师的,要充分认识小孩子大都喜欢野外生活,做父母的不要总怕身体疲劳、弄脏衣服或感冒风寒等不让孩子到外面去;做教师的则不要怕麻烦而使儿童失去与自然界相接触的良好机会。

三、学前儿童的发展阶段与教育

为了研究人生的整个过程和进行教育,需把人生过程分成几个阶段来考察。陈鹤琴根据自己多年的观察和实验的研究成果,主张把学前儿童时期分成四个阶段,即新生婴儿期(新生)、乳儿时期(新生后到1岁左右)、步儿时期(1岁左右到3岁半左右)、幼儿时期(3岁半左右到6岁左右)。

陈鹤琴按照儿童发展的有序性,揭示了每一阶段的发展特点,并确定了与各发展阶段相适应的教育重点。陈鹤琴一贯重视对儿童生理和心理发展特点的研究,要求把教育建立在科学的基础上。

1. 发展特点

(1) 思想的活动方面。陈鹤琴指出儿童的思想与成人不同:数量不如成人多,准确性比成人差，内容限于游戏方面，但儿童的思想是逐渐发展起来的。

（2）社会性的发展。陈鹤琴认为，所谓儿童的社会性不仅是指儿童与儿童或儿童与成人的个别关系，而且在于社会的组织性活动的建立。儿童社会性的发展，也有其进程。

（3）情绪的转变。陈鹤琴指出："在儿童的初期，他们情绪的表现，大都是由自身生理上的要求所激起的。"但是，到了幼儿时期，随着儿童身心的发展，生活范围的扩大，儿童与环境之间的关系也表现得空前的繁复。这时，儿童情绪的激起，由于社会环境的刺激而与日俱增。

2. 教育重点

陈鹤琴认为："无论在生理方面或心理方面，幼儿期的教育都是非常重要的。儿童对社会适应得是否健全，儿童生理方面或心理发展的程度，是否表现着常态的前进，儿童对于卫生习惯有否养成，以及儿童身体是否得到健美的发展，幼儿期的教育都该负担相当的责任。"根据幼儿思想的活动、社会性的发展及情绪的转变，实施教育时尤其应注意以下几点：

（1）以积极代替消极。可用暗示、启发和鼓励积极发展儿童的才能和兴趣，切勿消极地批评和抑制他们。

（2）不姑息，不严厉。既反对过分溺爱子女而姑息迁就，也反对处处用成人的意志要求儿童，用成人的道德规范儿童。

（3）让儿童使用自己的手脑。主张让儿童自己去做，让儿童自己去想。

（4）让儿童自己有活动的园地。主张儿童要有适当的游戏场所和适当的伙伴。

（5）发展儿童的好问心。应当重视启发儿童，利用儿童的发问而进行教育工作。

（6）父母和教师要以身作则。父母和教师是否以身作则，对于儿童优良习惯的养成关系是很大的。所以，他们的行为举止必须谨慎。

四、幼稚园的课程理论

1. "整个教学法"与"五指活动"课程

陈鹤琴的幼稚园课程思想主要集中在南京鼓楼幼稚园的课程实验中所提倡的"整个教学法"和进行"活教育"实验时所总结的"五指活动"课程。

1925—1928年，陈鹤琴在南京鼓楼幼稚园开展以课程实验为主导的全面学前教育实验。实验最后总结出"单元教学法"，即"整个教学法"。其核心精神，便是改变分科教学形式，以自然和社会为中心，以幼儿日常生活所见、所闻、所感、所经历的事物或事件为主题，以幼儿活动为线索，综合进行课程组织。陈鹤琴认为，儿童的生活本来是连成一体的。过去按学科形式来设置课程，"是不合教学原理的，是四分五裂的，是违反儿童的生活的，是违反儿童的心理的"。他认为整个教学法就是把儿童所应该学的东西，整个地、有系统地去教儿童学。这种教学法，是把各科功课打成一片；所学的功课是无规定时间学的；所用的教材是以故事或社会或自然为中心的，或是出发点的。但是，所用的故事或关于社会、自然的材料，总以儿童的生活、儿童的心理为依据。

"活教育"实验的课程论，旨在打破传统的分科教学模式，采用综合编制或单元编制或活动中心编制，来组织教学内容。为此，陈鹤琴提出了"五指活动"作为课程组织的依据。

（1）儿童健康活动。通过身体活动、个人健康、公共卫生、安全教育等，发展儿童心理与保障生理的健康，培养健全的身心。

（2）儿童社会活动。通过公民、历史、地理、时事等活动，使儿童明了个人与社会的关系，要求儿童有兴趣、有能力参加社会服务活动，以此激发合作精神和爱国心。

（3）儿童科学活动。通过生物、数学、物理及生产劳动，增加儿童的科学知识，激发科学兴趣，培养创造能力。

（4）为儿童艺术活动。包括音乐、美术、工艺、戏剧等，目的在于陶冶儿童的情感，启迪审美感，发展艺术欣赏力和创造力。

（5）为儿童文学活动。包括寓言、诗歌、谜语、演讲、辩论等，目的是培养儿童对文学的欣赏能力，尤其是对于中国文学的认同与应用。

2. 课程组织

陈鹤琴反对传统教学的绝对计划性，而生活化的教学方式又会因为教师准备不够，很难促进幼儿的发展，达不到预期的教育目标，因此，他主张教学一定要有计划。教师上课之前应该有所准备。

陈鹤琴主张教学在计划性下面要有一定的弹性和灵活性。"弹性化"是针对课程适应不同儿童发展需要而提出的。"灵活化"则是从社会角度出发，是指课程应该满足社会需要。社会的需要不仅有地域差异，也有时期上的不同。因而，我们应该允许各地在遵守国家统一的课程标准下根据实际情况灵活组织适合地方需要的课程。

3. 课程组织方法

关于幼稚园课程的组织，陈鹤琴认为"要有目标，又要合于生活"。具体做法就是：确定和计划学期的总体规划目标；制定每星期的预定课程表，拟定一星期要教导的中心。这个预定课程表是灵活的，教师可以根据幼儿或者社会上临时发生的事情，随时改变课程内容，也可以把新内容作为预定课程的补充部分收纳进来。

陈鹤琴对幼稚园的教育和玩具、教材和设备等都进行过实验研究，建树颇多。20世纪70年代末，陈鹤琴建议：对幼儿园的教育应进行系统、深入的科学实验与研究，要办好示范性幼儿园。他认为，应根据幼儿的特点多给儿童感性的知识，创造各种环境和条件，多让儿童接触大自然和社会生活，多观察、多活动，扩大他们的眼界，增进幼儿的科学常识，发展他们的智力。他还认为，应一分为二地总结"五四"以来及中华人民共和国成立以来这方面我国自己的经验，继续前进。外国有许多经验，也有许多好的经验，但不能不加分析地照抄照搬，要结合中国实际情况，以实践来检验哪些是成功的、切实可行的，哪些是不可取的。此外，他还提出了必须重视和解决幼教玩具、教具的教学实验和制造，认为这是一个极为迫切的重大问题。

第五节 张雪门的学前教育思想

张雪门（1891—1973年，见图4-5），浙江鄞县（宁波市鄞州区）人，中国著名的学前教育家。在20世纪三四十年代，他与著名的学前教育家陈鹤琴有"南陈北张"之称。

张雪门年幼时就读私塾，后毕业于浙江省立第四中学，1912年就任鄞县私立星荫小学校长。1918年，张雪门在宁波创办第一所由中国人办的幼稚园——星荫幼稚园。1920年，与人合办两年制的幼稚师范。同年，他应邀到北平任孔德学校小学部主任，并考察平津幼稚教育。1924年，他前往北平大学教育系学习，其间，他得到了系主任高仁山的指导，对福禄贝尔、蒙台梭利等国外学前教育家的思想进行研究，先后编译了《福禄贝尔母亲游戏辑要》和《蒙台梭利及其教育》。1926年，他还发表了其课程研究成果《幼儿园第一季度课程》。1928年秋，张雪门被北平孔德学校聘为幼稚师范科主任，主持培养幼儿师资工作。1930年秋，他应北平香山慈幼院院长熊希龄之聘任北平幼稚师范学校校长。此后，张雪门开始了幼稚园行为课程的研究。抗战爆发后，张雪门将北平幼师迁往广西桂林。1944年，幼师迁至重庆。1946年，他应邀赴台湾创办儿童保育院。因工作繁重，患上了严重的眼疾，于1952年离开了育幼院。1973年，张雪门因脑病复发逝世，享年83岁。

图4-5 张雪门

一、论幼稚教育的目的

20世纪30年代，在对当时学前教育进行广泛调查的基础上，根据教育目标的不同，张雪门将中国当时的幼稚教育分为四类：

1. 以培植士大夫为目标的幼稚教育

张雪门认为清末仿效日本创办的蒙养院就属于这一类。为了造就士大夫，这类蒙养院以"陈腐的学问，忠孝的道德，严格的管理，再加上劳心而不劳力的培养"对幼儿进行教育。在1933年发表的《我国三十年来幼稚教育的回顾》一文中，张雪门对这类日式蒙养院做了这样的描述："他们将谈话、排板、唱歌、识字、积木等科目，一个时间一个时间规定在功课表上，不会混乱而且也不许混乱的，教师高高地坐在上面，蒙养生很端正地坐在下面。教师教一样，学生学一样，全部活动不脱教师的示范，儿童不能自己别出心裁，也不许其别出心裁。至于各种工具和材料，如果教师不给儿童自然不能自由取用，且放置的地方很高，儿童虽欲取而不得……在这种教育底下……儿童是被动的，双方都充满了压迫的苦闷。所学的全是零零碎碎的知识技能，都是浮面的、虚伪的，日子稍久就立刻忘怀了。"他指出了以培养士大夫为教育目的的蒙养院在管理、课程和教学上存在诸多弊端。

2. 以培养宗教信徒为目的的幼稚教育

张雪门认为外国教会在中国所办幼稚园属于此类。教会幼稚园主要以培养宗教信徒为目的。他对教会幼稚园教育进行了深刻的批判。他指出教会幼稚园虽然有"美丽的教室，小巧的设备"，可儿童"所受的材料都是从西洋直接翻译过来的，是已经经过了多少教育者的匠心精选……教法，也是向西洋局部的模拟。这种教育多半操于一知半解西洋传教士的太太们，并利用国内教会出身年轻的女子"。张雪门认为这类幼稚园教育都是以宗教为本位，以培养宗教信徒和帝国主义温顺的奴仆为目的,它们的保姆只是为教会尽职,她们关心的是宗教而不是孩子,她们根本不顾儿童的天性,只是把儿童当作宗教信徒来培养。对此,张雪门许多著作中都抨击了这种奴化教育,并尖锐地指出教会幼稚园作为帝国主义文化侵略的工具,它所起的作用"消极的是在减弱中国民族的反抗,积极的是在制造各国的洋奴"。

3. 以发展儿童个性为目标的幼稚教育

张雪门认为,当时中国受意大利蒙台梭利和美国杜威教育思想影响的幼稚园就是以发展儿童个性为目标的。他指出:"我们幼稚教育的目的,应完全以儿童为本位,成就儿童在该时期内身心的发展,并培养其获得经验的根本习惯,以适应环境。"他认为这类幼稚园是通过教具对儿童进行生活、感官、知识的训练,利用生活环境中的事物作为教学的素材,按照时令、季节、儿童的动机和需要设计、编制课程,并给儿童一定的思考机会,可以促使儿童个体的发展。后来,他逐渐认识到儿童本位的思想不适合中国当时的国情和时代的需要,认为幼稚教育就应该考虑社会、国家和民族的需要,而不仅仅是注重儿童的个性本身。

4. 以改造中华民族为目标的幼稚教育

20世纪30年代,随着日本帝国主义入侵的加剧,民族危机日益加深。张雪门逐渐意识到"中国社会的贫、弱、愚、私则在于国内封建的势力未曾铲除,而国际上帝国主义的侵略日益加甚",要改变这种状况,应通过教育"培养国民生产的习惯与兴趣,团结的能力,客观的态度,自动的精神,并唤起民族的意识及反帝国主义的情绪"。教育是改造国家的关键,教育可以唤起国民的民族意识,激发国民的反帝国主义情绪,因此,要加强对幼稚阶段儿童的教育。因为儿童是民族未来的栋梁,凡现时代中华民族应负的使命,儿童虽小,也绝不另外。他还提出了改造民族幼稚教育的四项具体目标:铲除民族的劣根性;唤起民族的自信心;养成劳动与客观的习惯态度;锻炼民族为争中华之自由平等而向帝国主义做奋斗之决心与实力。在此基础上,张雪门主张幼稚教育必须根据三条原则:一是中国的传统文化;二是国家民族的需要;三是儿童的心理发展。这样才能培养儿童的伦理观念、民主生活和科学头脑。他认为,要创造中国自己的幼稚教育,就应适应国家和民族的需要,随着时代的前进而改变幼稚教育的目标、课程内容和组织方法。

二、论幼稚园课程

张雪门在幼稚教育实践的过程中,一直注重幼稚园课程的研究,相继出版了《增订幼稚园行为课程》《中国幼稚园课程研究》等课程论著。

1. 对幼稚园课程的论述

关于课程的含义,张雪门指出:"课程是经验,是人类的经验。用最经济的手段,按有组织的调制,用各种的方法,以引起孩子的反应和活动。"他认为,这种经验是个体与环境相接触而产生的直接经验,也可以说是人生的基本经验。它不是零散无序、不讲效益、不计价值的自然经验,而是有目的、有计划、有组织地通过活动让儿童获得的有益的经验,这种经验"对于人生(个人和社会)有绝大的帮助,有特殊的价值;所以人类要想满足自己的需求,充实自己的生活,便不得不想学得这些经验……再传给后人","有了这一步经验,才能产生记忆、想象和思想种种的心理作用"。他对课程本质提出自己的看法,认为个体与环境接触产生了"技能、知识、兴趣、道德、体力、风俗、礼节"等经验,这些经验都包含在课程里。他进一步扩大了课程的范围,指出课程"就是适合儿童生长的有价值的材料"。这些材料包括儿童在各种活动中产生的直接经验,而不仅仅是"知识的载体"和前人的经验。

2. 论幼稚园行为课程

20世纪30年代初,张雪门就开始对幼稚园行为课程进行研究,行为课程是张雪门学前教育思想的重要内容。

1) 行为课程的含义

关于行为课程的含义,张雪门在1966年出版的《增订幼稚园行为课程》中提出:"生活就是教育,五六岁的孩子们在幼稚园生活的实践,就是行为课程。"他认为,行为课程应该包含生活和实际行为两大要素。首先,这种课程"完全根据于生活,它从生活而来,从生活而开展,也从生活而结束,不像一般的完全限于教材的活动"。他认为,先有了生活,才有材料的需要,行为课程应以儿童在幼稚园的生活为中心,融合在儿童的生活之中使教育生活化。其次,行为课程要在生活中注意实际行为,并把生活和行动看作是相互联系的整体。凡扫地、抹桌、熬糖、爆米花,以及养鸡、养蚕、种玉蜀黍等,能够让幼儿实际行动的,都应该让他们实际去行动。至于游戏、故事、唱歌等教材,虽然也可以给予幼儿模仿和表演的机会,然而并不能代表人类实际的行为。因此,教师要在教育过程中注重儿童的实际行为,为儿童的生活创造条件,扩充儿童的生活经验。使儿童获得实际生活的能力。因为,儿童"从行动中所得的知识,才是真实的知识;从行动中所发生的困难,才是真实的问题;从行动中所获得的胜利,才是真实的制驭环境的能力"。

2) 行为课程的目的

张雪门认为,幼稚教育"应完全以儿童为本位,成就儿童在该时期内心身的发展,并培养其获得经验的根本习惯,以适应环境"。提出了"幼稚园课程的目的在于联络孩子们的旧观念,以引起其新观念,更谋其旧经验的打破,新经验的建设"。他认为,课程要注意社会生活的意义,但课程不可凭着成人主观的意见,因为儿童的需要和经验与成人的需要和经验不一样,"儿童所反应的是他自己环境里的社会,但绝不是成人的社会"。因此,他主张,幼稚园行为课程的目标就是要满足幼儿心身发展的需要,养成儿童的经验与习惯,培养儿童生活的能力与意识,以促进幼儿身心全面发展。

1931年之后,面对国家民族危亡的社会现实,张雪门又提出,课程目标不仅要促进儿童身心发展,还要兼顾社会的需要。1933年,张雪门将幼稚教育定为改造民族的幼稚教育,并拟定了4项课程目标,把儿童个体发展与社会需要结合起来,将儿童发展置身于具体的社会环境之中。

3) 幼稚园行为课程的内容

张雪门认为,幼稚园的课程是促进儿童健康活泼发展而设计和准备的一系列活动。他把行为课程的内容表述为"教材"。他把"教材"解释为:"教材不论是现成的,不论是创造的,其唯一的目的,实为充实儿童的生活,绝非灌注他们的熟料。因教材的目的在充实儿童的生活,所以对儿童是活动而非知识。虽然活动里面未始不含有知识,但绝不是特殊地抽出来的死知识,且教材在儿童生活上的功能,是一种开始,而不是结果"。可见,他认为,与传统的教材概念不同,儿童在幼稚园生活的经验都是教材。而且,教材的范围很大,并"不限于一首歌,一件手工",包括"儿童从家到校,从校到家,在家庭、道路、幼稚园所受到的刺激,能够引起儿童生活的要求,扩充儿童生活的经验,潜移儿童生活的意识"的方方面面。他认为，这种经验来源于儿童自身的个体发展、儿童与自然环境和社会环境相接触。根据这一认识，张雪门把课程的内容分为儿童自发的诸般活动、儿童的自然环境及儿童的社会环境。

4）幼稚园行为课程的组织

张雪门认为，幼稚园课程的组织有以下特点与要求：①整体性，由于幼稚生对自然和人事没有分明的界限，他看宇宙间的一切都是整个的，因此，幼稚园的课程要注重整体性。②个体性，幼稚生时期满足个体的需要大于社会的需要，在编制课程时要注意儿童的需要和能力。③直接性，幼稚园的课程须根据儿童自己的直接经验，虽然这种经验不如传授的经验经济和整齐，但对于儿童而言意义更大。

20世纪70年代，张雪门又提出了幼稚园课程组织的一些标准："课程须和儿童的生活联络，是有目的、有计划的活动。事前应有准备，应估量环境，应有相当的组织，且须有远大的目标。各种动作和材料，全须合于儿童的经验、能力和兴趣。动作中须使儿童有自由发展创作的机会。各种知识、技能、兴趣、习惯等全由儿童直接的经验中获得。"他还在实践中带领学生一起编写拟订了全年的课程表——各月活动估量表，将幼稚园的活动分为儿童类、社会环境类与自然环境类。

5）幼稚园行为课程的实施

张雪门指出，行为课程不仅要有计划，还要有实施，要注重行动。他认为"事怎样做必怎样学，怎样学必怎样教，做学教打成一片，才能完成行为课程"。为了保证行为课程的实施效果，张雪门引进了美国的设计教学法，对其进行改进，并引用设计教学法来拟订行为课程计划，采用了单元教学。他还认为，行为课程在实施中要注意选择和整理行为课程的教材、劳动与劳心相结合、在儿童生活中取材的课程须有远大客观的目标三项原则。为了让幼儿在幼稚园生活中获得有用的知识和经验，在行为课程实施的过程中，教师须做好行为课程实施中的各个阶段，具体有以下几点：

第一，实施前的准备。主要包括"知识上的准备""技术方面的准备""作业程序分析的准备""工具和材料的准备""集中心力的准备"。前四项是课程实施所必需的，是属于"知"的部分，最后一项更为重要，是属于"情"的部分。他认为教师只有专心准备，幼儿行为才能得到良好的展开。

第二，实施中的指导。在课程准备好之后，在实施中成人要摒弃主观意识，给予儿童计划、知识、技术、兴趣、习惯和态度上的指导，注意他们遇到的困难和所犯的错误，并帮助他们。

第三，实施后的进展。在课程实施后仍然有后续的工作，具体分为："对幼童的行为有所检讨"，行动结束后，教师要指导儿童检讨成功失败的原因，并给予适当的评价；"对幼童行为应有继续的注意"，教育要细心观察。注意儿童行为的继续性，自然地引导其进入下一个活动；"对幼童行为应有记录"，教师要对幼儿每天中的重要行为进行记录，作为参考；"对幼童行为经验应有估计"，在每一个单元活动结束后，张雪门要求教师对幼儿的经验进行估计，对照和分析幼儿的实际行为和预定目标，确保课程实施的有效性。

三、论幼稚师范教育

张雪门十分重视幼稚园师资的培训和幼稚师范教育，在办幼稚园的同时，他采用多种形式培训幼儿教师，对幼稚师范教育总结了不少有价值的经验。

1. 幼稚师范教育的重要性

张雪门认为，中国的学前教育要发展，幼稚园质量要提高，根本在于培养好的幼稚师资，幼稚师范教育影响着幼稚教育，如果摒弃了师范教育而研究幼稚教育，无异于"清溪流者不清水源，整枝叶者不整树木，绝不是彻底的办法"。在任北平幼稚师范学校校长时，他提出了要培养具有改造民族素质的新一代国民而献身的学前教育师资。他非常重视幼稚师范生的实践，主张理论和实际结合起来，并对幼稚师范生的实习做了系统的论述。

2. 论幼稚师范的实习

1）实习的场所

张雪门认为，幼稚师范生应该在实际活动中学办幼稚园，在教学中突出实习的环节。为此，在办孔德幼师时，他制定了"半日授课，半日实习"的实习制度。在办北平幼师时，他又把实习的场所扩大到乡村，为农民服务。他认为，幼稚师范生应该在中心幼稚园、平民幼稚园、婴儿教保园、小学4种单位实习。这4种实习单位对幼稚师范生的培养有着不同的作用：中心幼稚园是在幼稚师范中设立的，幼稚师范生可以在此获得教育幼儿的实际经验；平民幼稚园是幼稚师范生实践的重要场所，通过在实习中担任园长、教师等工作，可以使其获得独立从事幼稚园各种工作的能力；幼稚师范生通过在婴儿教保园的实习可以获得婴幼儿的身心特点及婴儿保教的知识；在小学的实习，可以帮助幼稚师范生了解幼儿在入小学前如何在知识、行为等方面做好各种准备。

2）实习的时间

张雪门认为，幼师生在三年中，第一学年每周实习为9学时，分3次进行。首先，参观本校中心园的园址、园舍、设备、教具、教学设计等，了解教师的态度、技能兴趣、习惯、仪表及教师对幼儿发生问题的处理等，使幼师生对幼稚园有一个基本观念。然后参观各类幼稚园，开阔幼师生的眼界，并扩充其知识，研究适合中国国情的幼稚教育。最后是参与实习，每周有三个上午到中心园实习教育教学活动，以形成幼师生的基本观念和教学能力。第二学年的实习时间由学生自己支配。第三学年的第一学期，一半时间在婴儿园实习，另一半时间到小学实习，使幼师生确立为城市平民及乡村农民的幼稚教育献身的志向，忠诚于贫苦劳动人民的教育事业。

3）实习的实施

关于实习的实施，张雪门认为可分为四个阶段：①参观，通过参观，让幼稚师范生了解幼稚园的设备、教学活动过程及整个设计工作等知识，具体时间应安排在第一学期。②见习，安排在第二学年，让学生参与整个设计活动。这一时期的指导教师应以幼稚园教师及担任实习的导师为适宜；见习的地点，也以自己的中心幼稚园或附属幼稚园为宜。③试教，安排在第二学年，让学生实际担任"幼稚园中的招生、编级、选材、组织课程指导活动、编制预算决算，以及一切教学上、教师业务上、幼稚园行政上的处理"等各项工作。④辅导，时间也是一个学年。通过这一阶段的工作，展开儿童福利工作，培养地方师资，以求达到幼稚教育的合理和普及。

3. 实习理论的特点

张雪门幼稚师范教育理论非常重视实习环节，是其"行为课程"思想在师范教育中的体现。从他提出的实习的场所、时间及实习的实施等可以看出，其幼稚师范学校实习的主张有着与传统师范学校不同的特点：一是在空间上，它把幼稚师范生的实习场所从幼稚园扩大到婴儿园和小学，从校内扩大到校外，从城市扩大到农村；二是在时间上，它从只是集中在三年中的最后一个学期，增加到三年（六个学期）中均有实习；三是在内容上，它把实习幼稚教育扩展到婴儿保育、小学教育，把幼稚师范生的实习从只实习教育和教学扩展到家政实习、自然实习和儿童文学实习、手工实习及游戏实习等内容，他主张让学生学会敲煤生火、洒扫缝纫、烹饪、种菜等。

张雪门先生致力于幼稚教育前后达60年，为我国幼教事业的发展奉献了毕生的精力。他鞠躬尽瘁，严谨治学，在幼稚教育目的、课程和师资培养方面的研究和实践卓有成效。

他的幼儿教育思想和实践曾对我国，尤其是我国北方和台湾地区产生过很大的影响，他对幼稚教育的目的、课程和师资培养等方面的论述，有不少地方仍值得我们研究和借鉴。同时，他一生不为名利，热爱幼教事业，热爱儿童，为幼教事业鞠躬尽瘁的献身精神和他注重实践，几十年如一日始终在幼稚园、幼稚师范最基层的岗位上辛勤工作，孜孜不倦地进行学习和研究的严谨、求实的治学态度和工作作风，也都是很值得我们学习的。

第六节 张宗麟的学前教育思想

张宗麟（1899—1976年，见图4-6），浙江绍兴人。1921年秋，考入南京高等师范教育科，师从陶行知、陈鹤琴等著名教育家。1925年毕业后，协助陈鹤琴创办南京鼓楼幼稚园，成为中国第一个男性幼儿教师。1927年，协助陶行知培养乡村教师，先后兼任晓庄第二院（幼稚师范）指导员、晓庄教导主任。1931年，他到福建集美幼稚师范任教员，次年兼任集美乡村师范校长。后历任桂林师专教师、重庆教育学院教务长、湖北教育学院教育系主任等职。1937年，张宗麟以国难教育社代表的身份参加宋庆龄等人发起的营救"七君子"活动，为国难教育社主编抗战课本。

图4-6 张宗麟

1942年，张宗麟前往新四军淮南根据地，任江淮大学秘书长。1943年8月，他来到延安。在边区，张宗麟曾任延安大学教育系副主任、北方大学文教学院院长、华北大学教研室主任。北京解放后，张宗麟任北京军管会教育接管部副部长，后任高等教育委员会秘书长。中华人民共和国成立后，历任教育部高等教育司副司长、高等教育部计划财务司副司长、司长等职。1976年在上海逝世。张宗麟有关学前教育的主要著作已收入《张宗麟幼儿教育论集》。

一、幼稚教育的地位和作用

关于幼稚教育的地位和作用,张宗麟在《幼稚教育概论》中指出:"各种儿童教育之发达,以幼稚教育为最迟,各种教育之收效,以幼稚教育为最难;髫龄稚子,能力薄弱,充其量而为之,不足当成人之一眛;于是社会上对于各种教育之轻视,亦以幼稚教育为最甚。然而静心默思,幼稚教育之重要,实为惊人。"他认为,幼稚教育的重要性首先是由儿童对人生、对社会和国家的重要性决定的。幼稚儿童在人生中的重要性,表现在"在生理上,此时期儿童最易蹈危险,正如初放之芽,最易被虫蚀;在心理上则所有影响最深,几乎一生不消"。因此,如果没有对儿童进行良好的教育将影响其一生。幼稚教育对国家、社会的重要性表现在,无论是为国效劳之壮年国民或为国家败类之壮年国民,"问如此效果发源何处?莫不如童年时造成之"。他指出:"据人口调查,儿童自三岁至六岁死亡率最大……倘能有良好之保护与教育,使婴儿皆长为成人,更能各现其个性,则国家社会之进步,必速于今日。"同时,他又指出,"吾人爱国热忱,发于理智者少,而发于情感者多。然而永久的情感,非一时所能造成,必日浸月渐,然后根深蒂固,虔心不改。吾人倘以国民为必须爱国者,必须为社会服务者,则其教育当自最初级之教育开始。此教育为何?即幼稚教育也。"由此可见,不论从儿童个人发展的角度,还是从国家、社会利益的角度,他都认为幼稚教育十分重要。

其次,张宗麟认为,幼稚教育对于整个学制而言亦十分重要,幼稚教育"为学制上一切教育之起点",它不但是"小学教育之基础",亦为"中学、大学教育之基础","非独小学生,即中学生大学生许多习惯、性情,亦可在幼稚园养成之,如研究的态度,对人的品性等,皆奠基于此"。

此外,张宗麟还指出:"幼稚园与家庭之关系最为明显。为家庭托付儿童之第一个场所,最能与父母接触之第一种教育事业",许多家庭因"父母各有职业,又有其他事务,不能负子女教育之责,于是托付于幼稚园",又有许多"父母因学识关系,对于子女之教育,有时爱而不知教者甚多"亦需要幼稚园的帮助,因为幼稚园有专门的人才,可以使儿童在幼稚园接受良好的教育。幼稚园在担负教育儿童责任的同时,还可以通过发起组织母亲会等形式对家长进行教育方法的辅导。

二、幼稚教育的服务对象和发展方向

1. 幼稚教育的服务对象

张宗麟认为幼稚园为谁服务的方向性问题至关重要。他指出,"世界上第一个幼稚园是产生在穷乡的,世界上幼稚园的发达也是在贫民窟里"。但是在社会变迁过程中,本为贫儿来的幼稚园,反被富人用了。中国的幼稚教育也一样,幼稚生也都是来源于比较富裕的家庭。他认为这极不合理,因为作为富人的太太们每天衣来伸手,饭来张口,本就有时间教自己的孩子。而穷人的母亲们,"每天不是进工厂做工,便是到田里去做活",反而她们的孩子却与幼稚园无缘。若幼稚教育一直这样发展下去,"幼稚园将变成富贵孩子的乐园……这种幼稚教育必定渐归消灭"。为此,他指出:"幼稚园若是为着整个民族的教育之一,那么非转移方向,从都会转到乡村与工厂区去不可。"对此,张宗麟还对幼稚教育的服务对象做了细致的分析,认为农家妇、工厂的女工、贫民区家庭、较好职业者等,由于忙于生计,没有时间照顾孩子,应该有人替她们照顾孩子。在这一思想的指导下,张宗麟非常拥护陶行知提出的幼稚园下乡进厂运动。1927年11月,与徐世璧、王荆璞一起协助陶行知创办乡村幼稚园。

2. 幼稚教育的发展方向

1925年10月,在对南京、苏州、杭州、宁波等地的幼稚园进行考察后,张宗麟指出中国当时的幼稚教育存在着教会垄断和社会漠视的症结,并针对这些问题提出了四个补救办法:一是"停办外人设立之幼稚师范及幼稚园",政府应该依据国家教育法令限期停办外国人设立的幼稚师范及幼稚园。二是"严定幼稚师范及幼稚园之标准",他认为在停办外国人所设幼稚师范幼稚园之后,为免除未来之弊端和创设独立国家之教育精神,要严定幼稚教育之标准。三是"筹设幼稚师范并检定幼稚教师",停办外国人所设幼稚师范后,筹设本国的幼稚师范,并使"从前受过非正式幼稚师范教育之幼稚园教师,皆须受国家检定,方许其从事职业"。四是"鼓起社会之注意",他认为这是根本方法。张宗麟认为只有通过以上这些措施,才能克服当时中国幼稚教育之顽疾,充分发挥幼稚教育培养人才的奠基作用。

在揭露中国幼稚教育存在弊端的同时,张宗麟对学前教育的本质和发展方向进行了探讨。他指出,明日的幼稚教育"是普及的","是必定为某个集团(国家或其他)或某种思想训练幼稚儿童的","是'教'与'养'并重的","是与家庭沟通的","是与小学联系的","必定训练儿童有集体工作的精神,免去个人单独行动的散漫行为","必定引用科学的养护法","必定有它的一贯主张","幼稚教师除了为着维持自己的生活外,最重要的任务还是为着实现理想"。

三、幼稚园课程思想

1. 幼稚园课程及分类

关于幼稚园课程的含义,张宗麟指出,"幼稚园课程者,由广义地说之,乃幼稚生在幼稚园一切之活动也",它包括"一切教材,科目,幼稚生之活动"。他认为幼稚课程有两种,一种是以儿童活动分类,包括五个方面:①开始的活动,即幼稚生初入园时必须养成的习惯,如放手巾、认识老师和同学等;②身体的活动,即健身之习惯与技能,如卫生习惯和走、跑、跳等;③家庭的活动,即反映家事和家庭关系的活动,如娃娃家游戏、建筑游戏等;④社会的活动,即养成公民所必需的各种纪念日活动和同伴交往等;⑤技巧的活动,即自我表达的活动,如手工、图画、整理打扫等。另一种是以学科分类,包括音乐、游戏、手工、自然等科目。但不管按照哪种分类,教师都不可拘泥于某时当教何课程,而应动静交替地安排好儿童每一日的活动。一般每日可安排一两次团体作业,除午餐、午睡外,不必有规定的时间表,但某时期如何作业,教师必须胸有成竹。

2. 社会化的幼稚园课程

在《幼稚园的社会》一书中,张宗麟提出了社会化的幼稚园课程的主张。他指出幼稚园的各种活动都应当倾向社会性的,因为教育的灵魂在于培养某种适应社会生活的人。为适应社会生活,幼稚园里不仅应该设置历史、地理、家庭、职业、卫生、风俗人情、伟人事迹、各国人物的生活等社会科目,而且幼稚园的一切活动,从广义上讲,都可以说是"社会",都应具有社会性,即便是"自然"科目也绝不是纯粹去研究自然,也必定是与人生有密切关系的自然研究。为此，幼稚园的课程应是社会化的幼稚园课程。

张宗麟指出了幼稚园社会化课程的两个根据，即儿童社会与成人社会，这二者又是极不相同的。他认为，幼稚生年龄很小，社会经验少，只能通过直接而容易做的活动来了解社会，成人应该尊重儿童，并帮助儿童组织社会。他十分赞同达恩斯提出的"孩子可以领悟任何人生的、物质的、以及社会集团的、现代状况的一切，这种种领悟的能力，只有他自己的经验所能给予"的观点。

张宗麟指出了社会化课程的内容主要包括七类活动：①生活卫生、家庭邻里、商店邮局，以及其他公共设施和名胜古迹等方面；②日常礼仪的学习和演习；③节日和纪念日活动；④身体的认识活动和基本卫生活动；⑤健康和清洁活动；⑥认识党旗、国旗和总理形象的活动；⑦各种集会和社团活动。

为了使社会化课程能够更好地促进幼儿社会性的发展，张宗麟强调在实施时要做到以下几点：

（1）注重培养儿童互助与合作的精神，这两者是有区别的，互助是无条件的，他的报酬不是当时的或不是直接的，而合作是有条件的。

（2）培养儿童对他人的爱和怜的情感。爱是有生气的，是双方的，可以使被爱者产生力量、培养力量，如师生间的爱。怜是单方面的，如富人对乞丐的施舍。从教育观点看，前者比后者积极，但二者皆不是自私自利。

（3）培养儿童具有照顾他人的思想。幼儿对别人的观念还不是很深切，在活动中往往只顾自己，因此，要注意教育幼儿在活动中顾到别人。他认为在教育过程中还应该使幼儿知道生活的来源，懂得尊重劳动者。

四、论幼稚园教师

1. 幼稚园教师的任务和要求

张宗麟认为，由于幼稚生身心发展的特殊性，幼稚园教师的任务实际上要重于小学教师，它包括：养护儿童；发展儿童身体；养成儿童相当之习惯；养成幼儿相当之知识与技能；与家庭联络并谋家庭教育改良之方；研究儿童。其中尤以养护儿童为幼稚园教师最重要的责任。

鉴于幼稚园的重要任务，张宗麟对幼稚园教师提出了以下具体的要求：

（1）幼稚园教师对社会应有的态度。幼稚园教师要意识到幼稚教师只是社会上的一份正当职业而已，幼稚园教师是为大多数儿童谋幸福的，要对所有儿童一视同仁，幼稚园教师要深入社会中去，帮助农家妇女、工厂女工、贫民区家庭，以及其他职业的需要帮助的母亲照顾孩子。

（2）幼稚园教师要有新的本领。具体包括：能说话；能演讲；会算账；会组织合作社；会书写文件书信；会看文件；会做账房；会医小病；会做日常手工；会招待；懂得当地习俗；能吃苦；会动手；能终身从事幼稚教育为社会谋福利等。

2. 培养专业幼稚园教师的必要性

随着各地幼稚园的增多，急需良好的幼稚教师。张宗麟指出当时幼稚师范培养的师范生"无论从人数、课程，或实地施教的现状而论"都不能满足幼稚园对幼稚教师的需求。而普通师范生因为所学的教育原理与技能，大半是普遍的，是注重在小学教育的，在专业要求上与学前教育有着质的区别。若移到"小学教育以前去,在原理上还有一部分可以引用,在教学的技能上很难运用"。而且"幼稚园里的游戏、音乐、手工、图画诸科固然不是小学可比,又非小学的雏形……不可直抄小学教学法"。另外,"还有家庭的联络是幼稚教师最重要的职务,恐怕也是普通师范生难得做到的……此外如养护上也比小学里更具有繁重的责任"。因此,张宗麟特别强调,需要专设幼稚师范学校去培养专门的学前教育师资队伍。他说:"幼稚生在体力智力上都和到学龄的儿童不同,所以应该有不同的教育……应该有曾经受过幼稚师范教育的人才去任教师。"

3. 幼稚园教师的培养

为了使幼稚师范能够培养出健全的幼稚园教师,张宗麟对幼稚师范的招收条件、修业年限、课程安排都提出了自己的看法。他认为,国家要对幼稚师范负完全责任,对于幼稚师范教育的入学资格,由于"幼稚教师实在要万能的,所以普通知识技能的修养,要非常充足……所以最低限度应收初中毕业生,倘若再提高,招收高中毕业生,那是更好了"。同时,他认为幼稚园教师非为女子之专业,须有男子加入。

至于幼稚师范学制,他认为应该以三年为限,在三年期间修完所有课程。同时,由于幼稚师范课程的复杂性,可以请大学教育科毕业生担任普通教育学课程,对于各种专门课程,则可以"请富有幼稚园经验的保姆担任,或者和教育上有高深学识的人士合任"。

关于幼稚师范设置的课程,张宗麟认为应包含以下几个部分:①公民训练组:含本国史、本国地理、世界史概要、社会学、最近世界概况,占15%;②普通科学组:含科学入门、应用科学、生物学、应用数学、簿记,占15%;③语文组:含国文、国语、英文(非必要),占10%;④艺术组:含国画、手工、烹饪、家事学、音乐,占15%;⑤普通教育组:含教育学、教育心理、教育史、普通教学法,占10%;⑥专门教育组:含幼稚教育概论、儿童心理、儿童保育法、幼稚园各种教学法、幼稚园各种教材讨论、幼稚园实习、幼稚教育之历史及其最新趋势、小学低年级教学法,占35%。

张宗麟还提出,要成为一名优秀的幼稚园教师,只靠在学校中几年的学习是不够的,还必须随时修养,不断进取。幼稚园教师还要加强品性上的修养,多读书读报,要与本地区幼稚教育机构联络,可利用假期集中学习,要正当处理家庭和事业的关系。

张宗麟作为陈鹤琴和陶行知的学生和助手,积极参与了两位师长学前教育方面的许多实验研究,对学前教育的基本理论进行了深入的探讨。他的实验研究成果和他的学前教育论著都曾在我国幼教界产生了广泛和积极的影响,对我国学前教育的发展做出了重要的贡献。他主张尊重儿童和解放儿童,主张从中国国情出发,吸收和借鉴国外先进的教育思想,反对理论脱离实际,主张学以致用,崇尚亲身感知,亲自实践。他在学前教育领域的献身和创业精神是值得后人继承和发扬的。

本章小结

纵观中国学前教育思想发展的历史,现代可以说是学前教育思想发展最活跃的时期。我国近现代学前教育思想是近现代学前教育在理论上的反映。它是从当时中国的社会实际情况出发,在吸收借鉴国外进步的学前教育思想和研究总结自己的实践经验基础上产生和发展起来的,具有鲜明的时代特色,其中蔡元培、鲁迅、陶行知、张雪门、陈鹤琴、张宗麟等为构建我国学前教育思想体系,做出了各自的贡献。

第四章　近现代学前教育理论

> **扩展阅读**

1. 出掌北大前的蔡元培与北大

1906年7月，蔡元培接到北京友人的来信，信中被告知清政府计划派遣部分翰林院编检出国留学，并敦劝他尽快回京登记。出国游学这一心愿在蔡元培心中深藏已久，得到此消息后他就火速返回了北京。到达北京后，蔡元培就立即向政府提出了赴德国留学的申请，但是事情的发展却没有那么顺利，蔡元培得到答复说是翰林院编检各员愿去西洋者寥寥。于是一律改派去日本。这让蔡元培有些失望，因为他一心想要去德国，也只能再等待合适的时机了。这时，蔡元培一方面应京都译学馆馆长章一山之邀，担任京师大学堂所属译学馆的国文教习，并兼授西洋史课程；另一方面他在友人的帮助下，做自费留德的努力。蔡元培在《自写年谱》中写道："本时时作游学计划，得此消息不能不心动，遂往北京。适同乡章君长译学馆，请我为教授，任乙班国文及西洋史。"蔡元培只在译学馆任教数月，却是深受学生们喜爱，当时译学馆英文系毕业的学生陈治先（名曾谷，湖北蕲水人）曾回忆道："第一学期任教的先生讲课很是死板，学生也都不喜欢。到了第二年，学校就改请蔡元培先生来教课。蔡先生来后就和以前大不同了，他讲课很是活泼生动，大家都很喜欢上他的课。"蔡元培回京本是为了出国游学，在当时不得已的情况下只得在京重新等待合适的时机，这就促使了蔡元培第一次与京师大学堂的直接接触，从此蔡元培与京师大学堂便结下了不解之缘。

（选自高平叔．蔡元培年谱长编：第一卷［M］．北京：人民教育出版社，1998：317-318）

2. 反思自己对孩子的教育

周海婴生于1929年，作为鲁迅唯一的孩子，鲁迅给予他全部的父爱。据许广平先生回忆，海婴生下来后，每个朋友来到他总抱给他们看，有时小孩子在楼上睡熟了，也会叫人抱下来的，他总会不期然地和朋友谈到海婴的一切。从鲁迅的书信集中我们也可以了解到，他在给母亲、朋友的信中总是情不自禁地谈到海婴，他对海婴的成长、教育可谓是费尽心血。但鲁迅对海婴绝不是一味地纵容溺爱，而是在发展其个性的基础上进行严格要求。在对海婴的教育中，鲁迅通过认真地思考、总结，从而更坚定了自己的儿童教育主张。同时，他也更加坚决地反对封建家庭的两种极端的教育方法："其一，是任其跋扈，一点也不管，骂人固可，打人亦无不可，在门里或门前是暴主、霸王，但到外面，便如失了网的蜘蛛一般，立刻毫无能力。其二，是终日给以冷遇或呵斥，甚而至于打扑，使他畏葸退缩，仿佛一个奴才，一个傀儡，然而父母却美其名曰听话，自以为是教育的成功，待到放他到外面来，则如暂出樊笼的小禽，他决不会飞鸣，也不会跳跃。"

（选自鲁迅．鲁迅全集：第一卷［M］，北京：人民文学出版社，2005：438-439）

3. 创造的儿童教育

创造的儿童教育，不是说教育可以创造儿童，儿童的创造力是千千万万祖先至少经过五十万年与环境适应斗争所获得而传下来之才能之精华，发挥或阻碍，加强或削弱，培养或摧残这创造力的是环境。教育是要在儿童自身的基础上，过滤并运用环境的影响，以培养加强发挥这创造力，使他长得更有力量，以贡献于民族与人类。教育不能创造什么，但它能启发解放儿童创造力以从事于创造之工作。

我们发现了儿童有创造力，认识了儿童有创造力，就须进一步把儿童的创造力解放出来。

（1）解放小孩子的头脑。儿童的创造力被固有的迷信、成见、曲解、幻想层层裹头布包缠了起来。我们要发展儿童的创造力，先要把儿童的头脑从迷信、成见、曲解、幻想中解放出来。迷信要不得，成见要不得，曲解要不得，幻想更要不得，幻想是反对现实的。这种种要不得的包头布，要把他一块一块撕下来。

（2）解放小孩子的双手。中国对于小孩子一直是不许动手，动手要打手心，往往因此摧残了儿童的创造力。中国在这方面最为落后，直到现在才开始讨论解放双手。在爱迪生时代，美国学校的先生也是非常的顽固，因为爱迪生喜欢玩化学药品，不到三个月就把他开除了！幸而他有一位贤明的母亲，了解他，把家里的地下室让给他做实验。爱迪生得到了母亲的了解，才一步步地把自己造成发明之王。那时，美国小学的先生不免也阻碍学生的创造力。我们希望保育员或先生跟爱迪生的母亲学，让小孩子有动手的机会。

（3）解放小孩子的嘴。小孩子有问题要准许他们问。从问题的解答里，可以增进他们的知识。孔子入太庙，每事问。我从前写过一首诗，是发挥这个道理：“发明千千万，起点是一问。禽兽不如人，过在不会问。智者问得巧，愚者问得笨。人力胜天工，只在每事问。”但中国一般习惯是不许多说话，小孩子得不到言论自由，特别是问的自由，不能充分发挥他的创造力。

（4）解放小孩子的空间。我们要解放小孩子的空间，让他们去接触大自然的花草、树木、青山、绿水、日月、星辰以及大社会之士、农、工、商、三教九流，自由地对宇宙发问，与万物为友，并且向中外古今三百六十行学习。创造需要广博的基础。解放了空间，才能搜集丰富的资料，扩大认识的眼界，以发挥其内在之创造力。

（5）解放儿童的时间。现在一般学校把儿童的时间排得太紧。一个茶杯要有空位方可盛水。一般学校把儿童全部时间占据，使儿童失去学习人生的机会，养成无意创造的倾向，到成人时，即有时间，也不知道怎样下手去发挥他的创造力了。创造的儿童教育，首先要为儿童争取时间之解放。

（选自陶行知. 陶行知教育论著选［M］. 北京：人民教育出版社，1991：526）

4. 陈鹤琴论"幼稚监狱"

陈鹤琴通过了解不同的幼稚园观察到，当时的幼稚园主要设游戏、歌谣、谈话和手技四个科目。普通幼稚园的功课也不外乎图书、玩沙、玩土（黏土）、折纸、团体游戏、唱歌、玩积木等几种，陈鹤琴指出："儿童天天做这几样事情，玩这几样东西，功课太简单，生活太单调了。我知道有一个幼稚园设在楼上的，儿童所有的地方不过几个房间，像这种幼稚园，我们就称它为'幼稚监狱'也不十分过分。我也知道好几个幼稚园，他们所有的儿童太多，而所有游戏室太小，幼稚园几乎变为幼稚监狱，所以儿童所有的活动当然不会丰富，生活也当然单调了。"这里可以得知，陈鹤琴发现的问题并不是基于一个或几个幼稚园的观察，而是基于对不同类型的幼稚园观察后总结得出的。教学是体现幼稚园水平的一个重要方面，因此，陈鹤琴深入幼稚园的教学活动中，深入细致地观察了解幼稚园的具体活动，如他看到幼稚园老师讲故事，不管幼儿有没有领会，不管某些幼儿注意力是不是在听故事，老师总是随性讲；又如唱歌，教师不管幼儿想不想唱，愿意不愿意唱，总要求他们一起唱；再如游戏，不管幼儿喜欢不喜欢玩，总叫他们一起玩；等等。基于这些观察，陈鹤琴指出幼稚园存在的又一严重问题，即团体动作太多、团体活动太多太滥，必然影响儿童的个性发展。因为儿童的个性不同，教育者不能强之以同，还有陈鹤琴在幼稚园看到："做教师的糊里糊涂一天一天地教去，做儿童的也懵懵懂懂地一天一天地过去。"幼稚园教师也不会去考虑和研究应该订出什么具体的标准或达到什么具体的目标。陈鹤琴指出，这样没有目标的幼儿园教学活动不会收到好的效果，对幼儿身心发展也极为不利，这里可以看出陈鹤琴的实地观察比较全面、深入和细致，并且能透过表面看本质，找出问题所在。

（选自陈鹤琴. 陈鹤琴教育文集（下卷）［M］. 北京：北京出版社，1985：111）

5. 幼教应完全以儿童为本位

张雪门一生投身幼教事业，提出"我们的幼稚教育的目的，应完全以儿童为本位"。他认为以儿童为本位的教育应着重于使儿童以最大、最多的思考机会，利用生活环境中日常所见所闻的事物为教学材料，按时令的变化，从儿童的动机和需要出发进行教育。

他批评"陈腐的学问，忠孝的道德，严格的管理，再加上劳心而不劳力的培养"的幼稚教育，认为完全以教师示范开展的活动使儿童不能自己别出心裁，不能行使自己得到最大最多的思考机会。在这样的幼稚教育中儿童是被动的、充满了压迫的苦闷，学得的知识技能也是零零碎碎的、浮面的、虚伪的，不能进入儿童的生活中，最后也就成了不断被丢弃的没有用处的东西。

张雪门说："现在社会上一般人称呼幼稚园的儿童是小人，小人的意义，就是说'具体而微'的人……这种根本错误的观念，我们应该首先打破。"而打破这种观念就要让大家意识到，儿童和成人的不同。张雪门从幼儿身体和心理两个方面举出了24种儿童和成人的不同之处。如他认为儿童的骨髓磷质、胶质多于石灰质，骨骼的比例也和成人的不同，饮食不良，或久坐、久立都容易患曲骨的病，所以，他批评将谈话、唱歌、识字等科目一个时间、一个时间地规定在功课表上。那么应该怎么办呢？只有一条路子，就是和孩子的生活发生关系，以儿童为本位进行教育。"活用的教材，固然不用说了，便是预定的，最低限度也总当以能够适应他偶然的生活为标准。"教学者能够注意到以儿童为本，生活、日常的应用、教法、教材，才是真正妥善的办法。

（选自李士彪. 思想解读：张雪门幼儿教育思想［N］. 中国教育报，2012 - 10 - 14（2））

6. 我国第一位男性幼稚园教师

我的父亲张宗麟1927年加入了中国共产党，在血腥的"四一二"大屠杀中失去党组织的关系，至20世纪40年代才重新入党。他一生忠于革命，无论是在失去党的关系的白色恐怖年代，还是到延安重新入党以后，他都是忠心耿耿，按照党在每个时期的方针策略，为国为民贡献自己的力量。父亲在南京高等师范教育系毕业时，当时一些知名教授看到他品学兼优，想让他当助手，可是父亲受陶行知、陈鹤琴教育救国主张的影响，决心投身于新兴的幼稚教育。他在南京、苏州、杭州、绍兴、宁波五个城市的16所幼稚园和两所育婴堂进行调查，研究了当时新兴的幼稚教育。调查的结果令人触目惊心：当时的幼儿教育几乎全部西化，不仅教育思想、教学方法照搬外国，连教材、玩具、唱歌和每年举行的庆典节日都是外国的。这种幼稚园实际上是在为帝国主义传教士培养徒弟，它完全脱离中国的教育实情。经过调查以后，他毅然决定到陈鹤琴创办的南京鼓楼实验幼稚园当教师，一面教学一面研究，探索适合中国国情的幼稚教育。我父亲也就成为中国教育史上第一位男性幼稚园教师。1926

年到 1928 年，署名张宗麟的《幼稚教育概论》等数十篇论文和译著出版了，震动了中国教育界。他在南京鼓楼幼稚园研究的适合中国儿童的教材和教学法，成为北伐后的国民政府于 1929 年 8 月颁布的幼稚园暂行标准的依据。

（选自张沪. 教育家张宗麟的坎坷一生［J］. 炎黄春秋，2001（6）：48－54）

同步测试

一、填空题

1. 蔡元培提出了_____、实利主义教育、公民道德教育、世界观教育和美育"五育"并举的教育方针。
2. 蔡元培的"实利主义教育"即_____。
3. 蔡元培指出，"教育者，与其守成法，毋宁尚自然；与其求划一，毋宁展_____。"
4. _____是我国近现代美育的首倡者。
5. 20 世纪三四十年代我国幼教界"南陈北张"的"北张"指的是_____。
6. 提出幼稚园行为课程的教育家是_____。
7. 张雪门的幼稚园行为课程的基本思想是"_____即教育""_____即课程"。
8. 陶行知创立的_____理论，是在批判传统教育、吸收改造杜威实用主义教育思想、探索普及大众教育的实践中产生的。
9. 陶行知生活教育的主要内容是："_____""_____""_____"。
10. 我国创造教育的首创者是_____。
11. 陈鹤琴的主要代表作有《_____》《家庭教育》等。

二、名词解释

1. 五育并举
2. 行为课程

三、简答题

1. 简述蔡元培学前儿童美育的意义。
2. 简述陶行知的"艺友制"的具体实施步骤。
3. 简述陈鹤琴的活教育目的论的几个层次。

第五章

当代学前教育的发展

学习目标

1. 了解中华人民共和国成立初期学前教育的发展状况及特点。
2. 了解改革开放以来我国学前教育的发展状况及特点。
3. 了解我国学前教育的发展方向。
4. 了解《幼儿园教育指导纲要（试行）》的颁布对我国幼儿教育改革的意义。

内容提要

1949年10月，在中国共产党的领导下，中国人民推翻了帝国主义、封建主义和官僚资本主义的统治，建立了由人民当家做主的中华人民共和国，我国的学前教育事业的性质也随之发生了根本性的变化：确立了面向工农、为社会主义革命和建设服务的方针；明确了向全体幼儿实施全面发展教育的任务；逐步建设和发展了相当数量的各种类型、不同层次、多种形式的学前教育机构；不仅培养了一支德才兼备的学前教育工作队伍，而且积累了丰富的办好社会主义学前教育事业的经验。20世纪90年代，中国的学前教育进入了稳步快速发展的阶段。幼教机构的数量迅速扩大，幼教机构不仅在城市，而且在乡村也普及开来。幼教机构的类型、课程模式等趋向于多元化，教育范围向0～3岁幼儿延伸，民办幼儿园发展迅速。2010年，《国家中长期教育改革和发展规划纲要》的颁布，为我国学前教育事业的发展开启了新的里程碑，为学前教育的发展带来了新的机遇。

关键术语

学前教育方针　学前教育发展　学前教育改革　《国家中长期教育改革和发展规划纲要》

第一节　新中国成立初期的学前教育

一、新中国成立初期学前教育改革（1949—1957年）

（一）确定学前教育的性质、任务及发展方针

1. 确定幼儿教育在基础教育中的重要地位

1949年年底，教育部召开第一次全国教育工作会议，确定了全国教育工作的总方针，

明确了改革旧教育的方针、步骤和发展新教育的方向。会议确定建设新教育要以老解放区教育经验为基础，吸收旧教育某些有用的经验，特别要借助苏联教育建设的先进经验。教育必须为国家建设服务，学校必须向工农开门。教育工作的发展方针是普及与提高的正确结合，在今后相当长的时期内以普及为主，教育着重为工农服务。对中国人办的私立学校，采取保护维持，加强领导，逐步改造的方针。

1951年10月1日，中央人民政府政务院颁布了《关于改革学制的决定》，这是新中国成立以来国家颁布的第一个学制。该学制规定了当时我国的教育体系与教育结构，并规定：实施幼儿教育的组织为幼儿园，收3~7岁的幼儿，使他们的身心在入小学前获得健全的发育。新学制的颁布，以法令的形式确立了中国人民自己的学校系统，它标志着中国劳动人民在文化教育上的新胜利，也标志着人民教育走上了有计划、有系统发展的新阶段。幼儿教育被列入学制体系之中，成为小学教育的基础。至此，自1922年壬戌学制定名的、沿用了30年的"幼稚园"，改称为"幼儿园"。

2. 明确幼儿教育的双重任务和教育方针

《中国人民政治协商会议共同纲领》规定"妇女在政治的、经济的、文化教育、社会的生活各方面，均有与男子平等的权利"，要"注意保护母亲、婴儿和儿童的健康"。中国妇女从此翻身解放做了主人，幼儿成长受到了前所未有的关注。1951年10月，《政务院关于改革学制的决定》明确规定："幼儿园应在有条件的城市中首先设立，然后逐步推广。"1952年3月18日中央人民政府颁发试行的《幼儿园暂行规程（草案）》规定："幼儿园的任务是：根据新民主主义教育方针教育幼儿，使他们的身心在入小学前获得健全的发育；同时减轻母亲负担，以便母亲有时间参加政治生活、生产劳动、文化教育活动等。"据此，新中国幼儿园承担保护和促进儿童身心健康发展和便利妇女参加社会建设的双重任务。

为了调动社会各方面力量发展幼儿教育事业，1956年2月，内务部、教育部、卫生部发出《关于托儿所、幼儿园几个问题的联合通知》，其中指出："随着国家经济建设和文化建设的日益发展，今后将有更多的妇女参加生产劳动和社会工作。为了帮助母亲们解决照顾和教育自己孩子的问题，托儿所和幼儿园必须有相应的增加……在城市中由厂矿、企业、机关、团体、群众举办。在农村提倡农业生产合作社举办（主要是季节性托儿所和幼儿园）。教育行政部门在可能条件下，应有计划地办一些幼儿园。卫生、教育部门应办好几个托儿所和幼儿园，使它们起示范作用。"

中华人民共和国成立初期，我国经济比较落后，幼儿教育事业的发展单靠国家投资是不可能的。因此确定了公办和民办并举的发展方针，依靠群众动员社会各方面的力量，采取多种形式兴办幼儿园，逐步解决广大人民群众的需要，从而有力地促进了我国幼儿教育事业的发展。

（二）学前教育的改革与实施

根据中华人民共和国成立初期确定的学前教育的性质、任务、发展方针，党和政府对学前教育有计划地进行了整顿和改造的工作，制定了一系列政策和办法。

1. 接管外国在我国设立的学前教育机构，收回教育主权

中华人民共和国成立后，本着教育独立自主的原则，收回了被帝国主义掠夺的教育主权。1950年12月和1951年1月，政务院相继颁布《关于处理接受美国津贴的文化教育救济机关及宗教团体的方针的决定》和《接受外国津贴及外资经营之文化教育救济机关及宗教

团体登记条例》。按此决定和条例，我国各地接管了美国和其他资本主义国家在我国开办的幼稚园、孤儿院、育婴堂、慈幼院等机构二百余所，把许多孩子从奴化枷锁下解放出来，收回了儿童教育、儿童福利事业的主权，全面结束了一百余年来帝国主义对中国学前教育主权的掠夺。

2. 停办私立幼儿园，向工农子女打开幼儿教育机构的大门

根据 1952 年 9 月教育部《关于接办私立中小学的指示》精神，1952—1954 年期间，教育部陆续接办了全国私立幼儿园，并改为公立。如陈鹤琴主办的南京鼓楼幼儿园、刘文兰主办的重庆景德幼儿园等。

为使劳动人民子女享有受教育的权利，中央教育部为此采取的主要措施有：①废除幼稚园的招生考试制度，经报名登记和核实情况即可，父母双方因工作家中无人照顾的幼儿得以优先录取。②日常在园时间从过去的半天予以延长，以利劳动妇女正常工作，并取消寒暑假制度。③家庭经济困难的劳动人民子女保教费可以减收或免收。④支持在工人住宅区设立幼儿园。

3. 制定颁布幼儿园规程和幼儿园教学纲要

为切实改革幼儿教育，1951 年中央教育部制定了《幼儿园暂行规程》（以下简称《暂行规程》），并于 1952 年 3 月颁布试行。这是新中国发展幼儿园教育的具体纲要。其中规定：

幼儿园的培养目标：培养幼儿基本的卫生习惯，注重其营养，锻炼其体格，保证幼儿身体的正常发育和健康；培养幼儿正确运用感官和语言的基本能力，增进其对于环境的认识，以发展幼儿的智力；培养幼儿爱国思想、国民公德和诚实、勇敢、团结、友谊、守纪律、有礼貌等优良品质和习惯；培养幼儿爱美的观念和兴趣，增进其想象力和创造力。

幼儿园的教养原则：使幼儿全面发展；使教养内容和幼儿生活实际相结合；使幼儿有独立活动完成简单任务的机会，使幼儿习惯于集体生活；使必修作业、选修作业以及户外活动配合进行；使幼儿家庭教育和幼儿园教育密切配合。

幼儿园教养活动项目：有体育、语言、认识环境、图画手工、音乐、计算等。

在学制方面规定：以收 3 足岁到满 7 岁的幼儿为标准；以全日制为原则，幼儿每日在园时间以 8 小时至 12 小时为准，根据需要可办寄宿制幼儿园和季节性幼儿园。为便利妇女工作，以不放寒暑假为原则，工作人员轮流给予休假。

为了更好地贯彻《暂行规程》，使幼儿体、智、德、美几方面都得到良好发展，建立幼儿园的保教制度，1952 年 7 月，教育部印发了《幼儿园暂行教学纲要》（以下简称《暂行纲要》）。其主要内容包括：各班幼儿的年龄特点和教育要点，体育、语言、认识环境、图画手工、音乐、计算等教学纲要。各科教学纲要均包括目标、教学大纲、教学要点和设备等四个方面。

《暂行规程》和《暂行纲要》的制定和试行，明确了幼儿园的双重任务和教养并重的方针，为全面改革旧教育、逐步建立社会主义学前教育新体系奠定了理论基础。

4. 学习苏联学前教育的理论和经验

中华人民共和国成立初期，为了加快社会主义建设的步伐，中央发出了全面向苏联学习的号召。在教育上，也积极学习苏联的经验进行教育改革。

1950 年 9 月，苏联幼儿教育专家戈琳娜被聘为中央教育部幼儿教育顾问，1954 年由马驽依连柯继任。两位幼教专家定期参与教育部对全国幼儿教育情况分析工作，赴上海、天津、南京等地对幼儿师范学校和幼儿园工作进行考察指导，并在北京师范大学开设讲座。苏

联的幼教理论和经验在我国得到系统而广泛的传播。

从 1950 年下半年开始，教育部指定北京市六一、北海和分司厅三所幼儿园（院）为学习苏联的实验基地。翌年，又增加中央军委保育院和北师大二附小幼儿园两所实验园。苏联专家每周一次轮流到这些幼儿园观摩和分析教育活动，全国各地经常派人参加。1950 年 9 月 4 日，教育部正式通知全国幼教工作者学习《苏联幼儿园教养员工作指南》和《我的儿童教育工作》等书，各地幼儿园进一步广泛深入地向苏联学习。

在教育部确定的向苏联学习的五所实验幼儿园中，六一幼儿园和中央军委保育院系创办于老解放区的幼儿教育机构。两院的幼教工作者在长期艰苦环境中为保护和教育革命后代所付出的对幼教事业的热爱和忠诚，在学习苏联过程中也得到明显体现，不但保证了向苏联学习的质量，同时也对各地幼教工作者产生了积极影响。但是，她们"一切为了革命，一切为了孩子"的精神以及所创造的保教结合的原则等宝贵经验，在当时没有受到足够的重视和传播，以至影响了对老解放区先进保教经验和资料的整理、保存和继承。这对建设我国自己的幼教理论是一大损失。

（三）学前教育管理体制的建立

1949 年 11 月，中央人民政府教育部成立，在初等教育司内设置幼儿教育处。1952 年 11 月，中央人民政府委员会第 19 次会议决定成立高等教育部，中央教育部机构相应调整，幼儿教育处调整为教育部的直属单位。幼儿教育事业在中央教育部直接领导下得到迅速发展。

1956 年内务部、教育部、卫生部下发了《关于托儿所、幼儿园几个问题的联合通知》。通知决定：各类型托儿所、幼儿园的经费、人事、房屋设备和日常行政事宜，均由主办单位（包括教育行政部门、厂矿、机关、团体、部队、学校、群众、私人等）各自负责管理；有关方针、政策、规章、制度、法令、教育计划、教育内容、教育方法、儿童保健等业务，在托儿所方面，则统一由卫生行政部门领导，幼儿园统一由教育行政部门领导。至此，我国的幼儿教育便形成了全国统一的领导管理体系。

（四）学前教育事业的蓬勃发展

1. 幼儿园的发展

1953 年 1 月，政务院文化教育委员会召开大区文教委员主任会议。提出 1953 年文教工作的方针是"整顿巩固、重点发展、提高质量、稳步前进"。

1955 年 1 月，国务院发出《关于工矿、企业自办中小学和幼儿园的规定》。规定提出：根据需要与可能的原则，独办或联办，幼儿园所需教养员由当地教育部门负责解决。

1956 年 2 月，教育部、卫生部、内务部颁发《关于托儿所、幼儿园几个问题的联合通知》，规定应该按照"全面规划，加强领导"和"又多、又快、又好、又省"的方针，"根据需要与可能的条件积极发展托儿所、幼儿园……教育行政部门在可能条件下办一些幼儿园起示范作用"。同时指出，"托儿所、幼儿园可用多种多样办法办理，但必须以整日制（即日托）为努力方向"。

中华人民共和国成立后最初几年中，由于领导重视，幼教发展方针积极稳妥，符合国情，切合实际，并与我国当时的经济发展的步调相适应，因而幼儿园以及各级各类幼教专业学校发展速度稳步上升。

从教育科学出版社出版的《中华人民共和国教育大事记 1949—1982》一书中可见：幼儿园事业不仅稳步发展，办园的形式也灵活多样，如有整日制、寄宿制、半日制、季节制等。说明在这一时期，我国幼儿教育的发展方针是符合当时我国经济发展与幼儿教育发展相适应的现实需要。

2. 幼儿师范学校的发展

良好的师资队伍是办好幼儿园、发展幼儿教育的关键。为此，中华人民共和国成立后，各级教育行政部门十分重视幼教干部与师资的培养与培训工作。

1952 年 7 月颁发的《师范学校暂行规程》规定：师范学校得附设幼儿师范科、师范速成班、短期师资训练班等。同时还规定，"为了便利学生观察实习，应设附属小学或幼儿园，或向所在地教育行政机关指定附近小学、幼儿园为实习场所"，使总则中"以理论与实际一致的方针"和"教育原则"中"应注重参观、实习，使学生在实践中提高其专业知识和技能"的精神得以落实。20 世纪 50 年代，一批独立设置的幼儿师范学校先后成立并迅速发展，为新中国的学前教育事业培养了一大批骨干教师和管理干部。

3. 高等师范院校学前教育专业

1952 年 7 月教育部颁发的《关于高等师范学校的规定》中指出：高等学校设置的教育系分设学前教育组，培养中等幼儿师范学校的专业课教师，根据教育部关于高等学校院系调整的精神，将分散在一些高校的有关专业适当合并，调整为学前教育专业或幼儿教育系，以便集中力量，切实形成幼儿师范学校师资培养基地。此后，南京师范学院教育系、北京师范大学教育系、西南师范学院教育系、西北师范学院教育系、东北师范大学教育系五所院校的学前教育专业承担了为全国培养幼儿师范学校专业课教师和幼教干部的重任。

由于政府对幼儿园师资的培养重视并制定了切合实际需要的多种政策，使正规幼儿师范学校与各种培训相结合的手段产生了良好的社会效益，造就了一批中级和高级的幼儿教育的生力军，提高了原有幼教干部和教师的专业水平，为我国幼儿教育的起步与发展起到了奠基的作用。

二、学前教育盲目发展与调整巩固（1958—1965 年）

1958—1965 年间，我国的学前教育事业经历了一个曲折的发展过程，出现了盲目发展、教育质量大幅度下降的情况，也阻碍了学前教育理论研究的顺利发展。

（一）学前教育的盲目发展阶段

1. 关于学前教育方针的讨论

1957 年，毛泽东在《关于正确处理人民内部矛盾的问题》的报告中明确提出了社会主义教育方针："应该使受教育者在德育、智育、体育几方面都得到发展，成为有社会主义觉悟的有文化的劳动者。"1958 年 9 月，中共中央在《关于教育工作的指示》中明确地、系统地提出党和国家的教育工作方针，即"党的教育工作方针是教育要为无产阶级的政治服务，教育要与生产劳动相结合；为了实现这个方针，教育工作必须由党来领导"。

这两条方针，前者指出了培养目标，后者确定了教育工作的方向。学前教育也必须贯彻党和国家的教育方针。在培养目标上，曾有人提出幼儿园把体育放在首位，是"没有以德育挂帅"的资产阶级教育方针；在工作方向上，普遍加强了为生产服务的措施和对幼儿的劳动教育。总之，在贯彻教育方针的过程中，既有积极的方面，如想方设法为家长服务；也存在消极的一面，如思想品德教育的成人化，脱离了幼儿的年龄特点等。

2. 幼儿园的迅猛发展

1958 年 5 月，中国共产党第八届全国代表大会第二次会议通过了"鼓足干劲、力争上游、多快好省地建设社会主义"的总路线，继而又发动了"大跃进"运动和农村人民公社化运动，使得高标准、瞎指挥、浮夸风和"共产风"为主要标志的"左"倾错误泛滥。

幼儿教育在"大跃进"中，出现了盲目发展的现象。短时间内，各地幼儿园，特别是农村幼儿园急剧增加，有些地方还将小园合并成几百人的大园。于是在有的城市街道和乡村中，托儿所、幼儿园不顾条件，一哄而起，有的地方提出了"三天托儿化""一夜托儿化""实行寄宿制，消灭三大差别"等口号。由于没有足够的物质和资金支持，又脱离了群众的需要，这一大批新发展的幼儿园设施普遍简陋，缺少经费来源，教师水平低下。

1958年全国幼儿园的数量比1957年增加了1.4倍，1959年虽然下降23.4%，但1960年比1959年增加7%，还高过了1958年。这样的发展速度大大超越了我国当时农村经济发展水平，违背了幼教事业发展的客观规律。

3. 师资培训发展迅速

自1955年，教育部决定幼儿园师资由地方教育行政部门设立的幼儿师范学校负责培养，在全国范围内增设了中级和初级幼儿师范学校，增加了幼儿园教师的培养基地，在"大跃进"时期幼儿师范学校呈畸形快速发展。在"大跃进"年代的1960年，幼儿师范学校数比1957年增长了3.5倍，达89所；在校生69 278人，增长了3.5倍多。

4. 学前教育学术进展受阻

1958年出现的"左倾"错误不仅促使了学前教育事业规模和速度的盲目大发展，也导致了矛头指向各学科教学以及在知识分子中开展批判资产阶级的运动。

1958年8月，教育部主办的《学前教育》杂志和《教师报》《人民教育》同时停刊。北京师范大学教育系学前专业的学生还发起了对《幼儿园教育工作指南》（以下简称《指南（初稿）》）批判，给《指南（初稿）》定为"资产阶级方向""一面彻头彻尾，彻里彻外的大白旗""篡改党的教育方针""否定党的领导""反动的儿童中心主义""资产阶级情调与资产阶级生活方式""丑化劳动人民"等莫须有的罪名。《指南（初稿）》是教育部组织编写，经过征询意见，即将作为我国幼儿园教育工作的指导书印发全国使用。此时，突然地遭到否定性的批判，导致了幼儿教育的理论与实践的极度混乱，是非、正误混淆。此后，在理论教学及幼儿园教育中大量出现了口号化、成人化、形式化的错误，幼儿教育几乎失去了它自身的特点，教育质量显著下降。

在批判中还错误地牵连、伤害了一些教师，影响了学术研究与学术争鸣。南京师范学院院长陈鹤琴教授被强加上"文化买办""冒牌学者"等污蔑之词，他的儿童教育思想被全盘否定和批判。南京师范学院附属小学的优秀教师斯霞所倡导的"母爱教育"也遭到批判，认为"母爱""童心"就是抹杀教育的阶级性，不要无产阶级方向，不要阶级教育。这对幼儿教育界一向强调的教师对幼儿要有"爱心"也起到了干扰作用。

1961—1962年，虽然对《指南（初稿）》重新做了评价，认为应该重新认识根据儿童年龄特点进行教育的必要性，但批判时所出现的大量口号化、形式化、成人化的错误，对幼儿教育学术研究的影响则是长远的。

（二）学前教育的调整巩固阶段

为促进经济形势的根本好转，中央一方面对"左倾"错误思想和行为进行适当的纠正，另一方面提出了"调整、巩固、充实、提高"的方针。在此方针指引下，学前教育机构根据经济、师资等实际条件采取了保留、撤销、充实等手段，朝着巩固和提高的目标逐步恢复正常发展。

1. 幼儿园的调整与发展

教育部提出：幼儿园的发展，宁可慢些、少些，但要好些。在城市中的幼儿园以提高质量为主，条件不成熟的民办园要调整、收缩。经过切实的调整工作，到1961年幼儿园数比1960年下降92.3%，1965年的幼儿园数和入园幼儿人数，比1962年分别增加了9%和18%，略高于1957年的数字。调整后，幼儿园重新开始了逐年稳步地回升发展。

2. 师范学校的调整与发展

1961年10月25日—11月2日，教育部召开全国师范教育工作会议。1962年1月《教育部党组关于全国师范教育会议的报告》明确指出要重视幼儿园师资培养，"三年制的幼儿师范，主要是培养大中城市重点幼儿园的教养员，目前不能多办"，"应该多办初级幼儿师范，招收相当于高小毕业程度的青年，培养成为城镇和农村幼儿园内教养员，学习时间的长短，可以因地制宜"。经过调整和整顿，1963—1965年期间，中级幼儿师范学校稳定在19所，每年在校生5 000人左右。从此，培养幼儿园教师由初级幼儿师范转为以中级幼儿师范为主（1958年初级幼师生占在校生总数62.2%，1959年下降为占45%，1962年下降至只占3%），幼儿园教师的水平逐步得到提高。

（三）调整巩固阶段存在的问题

自1961开始的调整工作，纠正了幼儿教育中一些"左"的错误，但同时也出现了一些新问题。例如，主管全国幼儿园工作的领导机构——中央教育部幼儿教育处被撤销，仅保留一名原幼教处干部在普通教育司综合处处理有关日常事务。此后在相当长的一段时间内，教育部基本上没有对幼儿教育工作下发文件指示，幼儿教育的发展与提高受到相当程度的影响。再如，我国当时仅有的五所师范院校中的学前教育专业于1962年相继停止招生，处于下马之势，致使高层次幼教专门人才培养中断，对幼教理论的提高与发展都是十分不利的。

三、学前教育遭受全面破坏（1966—1976年）

"文化大革命"自1966年5月开始，至1976年10月结束，在这十年中，整个国家经历了艰辛的探索，国民经济发展受到了严重影响，全国人民都受到了巨大的灾难和创伤。幼儿教育被视为修正主义路线的典型，受到空前的摧残，给我国学前教育的发展造成严重损失。

（一）教育方针被严重歪曲

这十年之中，中华人民共和国17年的教育，被彻底否定与批判，学前教育和视为推行修正主义路线的典型，全面发展的学前教育方针被严重地歪曲，四育的任务和内容遭到全面地横加批判。

首先歪曲体育，把原先科学、合理的幼儿生活和管理制度全部加以抛弃，幼儿园各种体育设施和措施也都当作资产阶级生活方式予以批判，幼儿园营养计算、体格检查不做了，幼儿的体育活动和基本动作训练也被"集体放羊"而取代，幼儿的生活卫生习惯培养也被取消了，甚至饭后使用餐巾擦嘴、用水漱口这样一些对幼儿讲卫生、保健康十分必要的措施，通通作为资产阶级生活方式加以取消。

在智育方面，把传授知识、发展智力都作为"智育第一"加以批判。《人民日报》等报刊对《园丁之歌》进行"围剿"，儿歌、故事、童话等文艺作品均被视为封建主义、资本主义、修正主义的糟粕。幼儿园不引导幼儿认识周围环境与生活，更不能开展启发幼儿的智力活动。例如，幼儿园中不进行自然常识教育，不玩智力游戏，批判直观教具为脱离实际，不予使用。由于否定智育，造成幼儿精神生活贫乏，智力发展受到阻碍。

在德育方面，以空头政治代替德育的全部内容，以极"左"的政治口号代替日常行为规范。例如，幼儿园增设了"政治课"，让幼儿大量地死记硬背他们无法理解的语录、诗词，让幼儿和成人一样参加所谓"革命大批判""批林批孔""评法批儒"，对幼儿讲路线等。幼儿鹦鹉学舌般地转述，常常由于不理解而笑话百出，更无法将这些德育内容付诸行动。对那些能指导幼儿行为的德育内容，如文明礼貌、互助友爱、五爱教育等均被排斥于德育内容之外，根本不对幼儿进行良好行为品德的培养和性格的塑造。

在美育方面，把美育视为资产阶级教育的内容，将追求美视为资产阶级思想的表现。幼儿教育中凡涉及美的教育统统被禁止，如不讲环境布置，不讲仪表装束，音乐、美术、文学的活动只能作为政治教育的工具被使用，而不能发挥其美育的功能，不去引导幼儿欣赏、领会各种艺术品，极大地阻碍了幼儿美丑的辨别力、美的感受力和美的创造力的发展。

将教师热爱儿童视为资产阶级人性论，一批以热爱孩子为天职的教师横遭批判，由此带来的是阉割了教师与儿童的情感联系，造成一代儿童情感冷漠的社会后果。

(二) 管理体制遭到彻底破坏

广大幼教工作者在工作中长期积累形成的幼教管理制度，被视为"管、卡、压"的手段进行批判；幼儿园中人员的合理岗位分工被扣上"资产阶级法权"的帽子而取消，园内各类工作由勤杂工、保育员、园长轮流担任；把园长作为走资本主义道路的当权派批斗，把优秀教师作为修正主义黑干将、反动学术权威进行人身攻击，政治和专业条件并不强的工作人员获取幼儿园的领导权。有的幼儿园园舍、场地被占用，人员被任意调离，幼儿园惨遭解散。幼儿园脱离了科学管理的轨道，处于混乱状态，严重危害了幼儿身心健康发展。

(三) 师资培训被全面取消

在"文化大革命"中，全国19所幼儿师范学校统统被取消，有的改为普通中学，房舍被占，图书、钢琴等教学设备被毁坏，教师被迫改行，正规的幼儿师资培养工作中断了十多年。在"文化大革命"期间，幼儿教育的师资培养几乎处于停滞和消亡的状态，直到20世纪70年代初才由部分幼儿师范学校以举办短期培训班的形式，恢复幼教师资的培养工作。高等师范学校的学前教育专业，也只有南京师范学院保留了全部人员，并于20世纪70年代初开始为工厂、农村培养幼儿师资。

(四) 幼儿教育事业缓慢回升

这十年之中，我国幼儿教育事业遭受了空前灾难。不过，值得欣慰的是有的地区在重重困难之中，仍然本着对幼教事业的忠诚，坚持着正确的办园道路。随着计划生育政策的执行，优生优育同幼儿教育事业联系了起来，促使幼儿教育事业的回升。1975年，卫生部妇幼局在江苏省如东县召开了妇幼保健、优生优育、幼儿教育座谈会。此后，江苏省乃至全国推广了如东县三项工作一齐抓的工作经验。江苏省委宣传部通知南京师范学院幼教系教师赴如东县辅导和培训幼教师资，1972年如东县幼儿入园率已达80%，成为全国农村幼儿教育发展的一面旗帜。据统计，全国幼儿园数1965年为1.92万所，在园幼儿171.3万人，到1973年分别增加到4.55万所、245万人，1976年，分别增加到44.26万所、1 395.5万人。幼儿师范学校也逐渐得到恢复或重建。

四、学前教育的拨乱反正（1976—1978年）

1976年秋，党中央粉碎了"四人帮"篡党夺权的阴谋，结束了十年混乱动荡的局面。1978年12月，党的十一届三中全会召开，国家进入了社会主义建设发展的新时期，教育工作走上了健康发展的轨道，在宋庆龄的直接关怀下，学前教育也进入振兴和发展的新阶段。

（一）政府加强对学前教育工作的领导和管理

第五届全国人民代表大会二次、四次会议所做的《政治工作报告》中指出：要十分重视发展托儿所、幼儿园；要培养大批合格的幼儿教师，使更多的学龄前儿童能够进入幼儿园，并且能够受到适应他们身心特点的教育。教育部于1983年5月下发的《关于加强和改革农村学校教育若干问题的通知》中，也明确提出"积极发展幼儿教育"的要求。1985年5月，中共中央《关于教育体制改革的决定》中提出"要努力发展幼儿教育"。1987年10月经国务院批准国家教育委员会还专门召开了全国幼儿教育工作会议。党和政府为了大力加强对学前教育的领导和管理，采取了一系列行之有效的措施。

1. 恢复与建立学前教育管理机构和体制

1978年原教育部恢复后，在普教司恢复了幼儿教育处，负责对全国城乡各类型幼儿园进行政策及业务的工作指导。省（自治区）、市、县、街道或乡镇的教育部门，陆续设立了幼儿教育的专门机构或设专职人员负责幼教工作。有的农村乡镇设幼教辅导员，一些大城市还设有幼儿教育教研室。

1987年10月，国务院办公厅转发的国家教委等部门《关于明确幼儿教育事业领导管理职责分工请示》中规定幼儿教育事业"必须在政府统一领导下"，实行"地方负责，分级管理"和"有关部门分工负责的原则"。并规定"有关幼儿教育工作中的重大政策问题，由国家教委牵头，有关部门参加，共同研究"，"属于各部门分工的工作，又需同其他部门共同研究的重要问题，由主管部门牵头，有关部门参加"，既突出了幼教事业的教育属性，又显示了计划经济体制下依靠行政加强领导，多渠道发展幼儿教育事业的特点。

目前，各级地方政府已将托幼工作纳入自身的工作，加强了领导与管理。我国的托幼工作已建立了由上至下实行统一领导，地方分级管理的领导体制，兼设托幼工作的有关业务部门，则按其分工责任，对托幼工作给予指导和支持。今天我国托幼工作能够健康发展，正是得益于这一整套较为健全的纵横管理体制所发挥的机能效益。

2. 逐步完善学前教育法规

为使我国学前教育沿着规范化、科学化的发展道路健康发展，十一届三中全会以来，党和政府及时地、有力地采取了各种措施，制定了一系列的法规。

1979年11月8日教育部颁发了《城市幼儿园工作条例（试行草案）》（以下简称《城市条例》）。《城市条例》包含总则，卫生保健和体育锻炼，游戏和作业，思想品德教育，教养员、保育员和其他工作人员，组织、编制及设备等六个部分。

1980年卫生部、教育部联合颁发了《托儿所、幼儿园卫生保健制度（试行草案）》，1985年卫生部进行了修订。该制度就托儿所、幼儿园合理的生活制度、饮食营养、体格锻炼、健康检查、卫生消毒与隔离、防病工作、安全制度、儿童健康记录及家长进行卫生保健联系等多项工作，做出了详尽、明确的规定，促使托儿所、幼儿园的卫生保健工作有章可循，确保幼儿的健康与安全。

1981年10月31日，教育部发出《关于试行幼儿园教育纲要的通知（试行草案）》，作为"各类幼儿园进行教育工作的依据"，要求各地幼儿园结合实际试行。此通知包括幼儿园年龄特点与幼儿园教育任务、幼儿园的内容与要求、教育手段及注意事项三大部分。此通知将1952年的"教学纲要"改为"教育纲要"，这一字之差更体现了幼儿园根据幼儿的年龄特点，突出其主要工作是"教育"而不仅仅是"教学"；教育内容扩展为生活卫生习惯、思想道德、基本动作发展、常识、语言、计算、美工、音乐八个方面；强调教育任务、内容、要求应通过游戏、体育活动、上课、观察、劳动、娱乐和日常生活等教育手段来完成，以防止幼儿教育小学化和成人化。此纲要使幼儿教育有章可循，起到了拨乱反正、提高教育质量的作用。

1983年9月，教育部下发《关于农村幼儿教育的几点意见》，强调农村幼儿教育的发展，有利于小学教育的普及与提高，有利于促进农业生产的发展，是广大农民群众的迫切要求。教育行政部门应主动同妇联、卫生、农业等部门配合，认真抓好这项工作。

1987年3月，劳动人事部、国家教育委员会联合颁布《全日制、寄宿制幼儿园编制标准（试行）》。规定班级的规模，小班（3～4岁）20～25人，中班（4～5岁）26～30人，大班（5～6岁）31～35人。教职工与幼儿的比例，全日制幼儿园为1：6～1：7，寄宿制幼儿园1：4～1：5。专职教师：全日制幼儿园平均每班配0.8～1人；寄宿到幼儿园一律平均每班配2～2.5人；保育员：全日制幼儿园平均每班配0.8～1人；寄宿制幼儿园平均每班配2～2.2人。还规定了炊事员、医务人员、财会人员的比例。关于示范和实验性幼儿园的编制，可参照上述标准具体掌握。

1987年9月，城乡建设环境保护部、国家教育委员会颁布《托儿所、幼儿园建筑设计规范》，规定了生活用房、服务用房、供给用房和游戏场地的面积标准与要求，以及给水与排水、采暖与通风、电气等的标准与要求。

1988年8月15日，国务院办公厅转发国家教委、国家计委等八个部门《关于加强幼儿教育工作的意见》。1989年8月20日，国务院批准了中华人民共和国成立后的第一个幼儿教育行政法规《幼儿园管理条例》（以下简称《条例》），1989年9月11日以国家教育委员会第4号令发布。《条例》对幼儿园的基本条件、行政管理、保教工作等做了规定。

1989年6月颁布《幼儿园工作规程》（以下简称《规程》）。此《规程》是幼儿园内部的工作法规，是对全国各类幼儿园的指导性文件。在《规程》中贯彻了国家对幼儿教育的基本指导思想：把儿童发展放在首位，创造和谐的环境，实行保育与教育结合的原则，对幼儿实施体、智、美全面发展的教育，促进每个幼儿身心和谐发展。《规程》还结合我国学前教育发展的实际，充分体现了原则性与灵活性的结合，从而使之更具有指导意义。

改革开放以来，在党和政府的领导下，我国学前教育法规建设方面取得了巨大成就，为学前教育事业的发展起到保驾护航的作用。

3. 编写幼儿园教材及幼儿园教师培训教材

在《幼儿园教育纲要》（试行草案）（以下简称《纲要》）颁布以后，为配合《纲要》的贯彻实施，教育部组织全国幼儿园优秀教师和幼教理论工作者编写幼儿教师用书一套共7种，包括体育、语言、常识、计算、音乐、美术、游戏。上海教育出版社还为《纲要》配印了全套教学挂图，人民教育出版社也编写了有关读物。重视和有计划地出版幼儿园教材及有关教学用书，这在中华人民共和国成立后还是首次。

针对农村幼儿教师缺乏系统专业培训的实际，原教育部初等教育司于1984年组织有关力量编写了一套12种13册的农村幼儿园教师培训教材,包括《幼儿教育学》、《幼儿教育心理》、《幼儿卫生学》、《语言教学法》、《常识教学法》、《计算教学法》、《体育教学法》、《音乐教学法》、《美术教学法》、《幼儿园玩具教具制作》、《音乐基础知识》(两册)、《幼儿园舞蹈和歌曲》等辅导教材,由人民教育出版社1987年后陆续出版。

(二)多渠道、多层次、多形式地发展学前教育事业

从1976年到1989年的十余年里,各级政府的高度重视并正确贯彻执行学前教育指导方针,幼教改革成果显著:幼儿园的数量和质量均得到发展,幼儿教师的数量增加、水平提高,学前教育事业进入前所未有的发展时期。

1. 幼儿园的发展

在学前教育的拨乱反正与改革振兴时期,各类幼儿园得到了较快的发展,特别是厂矿、机关、学校和农村幼儿园有较快的发展。统计数字表明,十年来,除1981—1983年减少外,幼儿园数一直稳定在17万余所。入园幼儿数却一直保持着增长的趋势,幼儿教育事业稳步向前发展。如1989年的入园幼儿数1 847.66万人,比1979年的879.23万人增加了一倍以上。在此期间,幼儿入园率逐年提高,1983—1989年,历年的入园率分别为17.2%、19.6%、21.5%、23.9%、28.2%。

2. 师资队伍的建设

"文化大革命"造成了幼儿教师与幼师师资的严重不足,对幼教事业的恢复和发展带来极大的困难,为此,必须积极发展幼儿师范教育,同时抓紧在职教师的培训工作。十年来,经过各级政府和师范院校的努力,我国的幼教干部和师资培训工作有着较大的发展。

1)高等师范院校内学前教育专业的发展与改革

1978年10月,教育部发出《关于加强和发展师范教育的意见》指出:"原有的学前教育专业的师范院校应积极办好这个专业,扩大招生名额,为各地培养幼师师资。"1978—1979年北京师范大学、南京师范学院、西南师范学院、西北师范学院、东北师范大学等高等师范院校先后恢复学前教育专业的招生。20世纪80年代初期,华东师范大学、陕西师范大学以及一些省(市、自治区)师范学院也增设了学前教育专业。据1987年统计,共有22所师范院校设置了学前教育专业。另在上海幼儿师范学校的基础上,成立了上海幼儿师范专科学校,实行三、二分段(即中专3年、大专2年),培养幼儿园的骨干教师。从20世纪80年代初起,北京师范大学和南京师范大学学前教育专业设有2个硕士点。

教育改革主要反映在:①改革招生制度。除招普通高中生外,从20世纪80年代末起招收有5年以上工龄的有实践经验的幼儿教育工作者。②改革课程设置。改变以往高师、中师都是"三学大法"一贯制的情况,增加了比较教育、研究方法以及操作技术方面的课程,并注意吸收国内外最新研究成果,更新教学内容。③增强实践环节。包括结合教学的调查、观察、实践等以及集中进行社会调查、教育实习等,以培养学生理论与实际相结合的能力。④加强教材建设。从20世纪70年代末起,教育部即组织力量编写高师学前教育专业的各科教学用书,并分别纳入国家的"六五"和"七五"规划。这在中国学前教育史上是一项开创性的工作。从20世纪80年代末开始,由人民教育出版社陆续出版了下列书籍:黄人颂主编的《学前教育学》及《学前教育学参考资料》(上下册),陈帼眉、冯晓霞编的《学前心理学参考资料》,王坚红编的《学前儿童发展与教育科学研究方法》,屠美如著的《学前儿童美术教育》,王志明编著的《幼儿科学教育》,唐淑、钟昭华主编的《中日学前教育史》,

中国学前教育史编写组编的《中国学前教育史资料选》，赵寄石、楼必生主编的《学前儿童语言教育》等。

2) 中等幼儿师范学校的发展与改革

幼儿师范学校是培养幼儿教师的主要阵地，党和政府要求迅速恢复原有的幼儿师范学校，并要做到每个省和直辖市至少有一所独立的幼儿师范学校。各地教育行政部门把恢复与发展幼儿师范学校作为重点工作，1978—1979 年幼儿师范学校从 1 所恢复到 22 所，以后逐年递增。1989 年独立设置的幼儿师范学校 63 所，为 1965 年 19 所的 2.3 倍；在校学生 35 498 人，为 1965 年 5 267 人的 5.7 倍；毕业生 10 956 人，为 1965 年 861 人的 11.7 倍。各地幼儿师范学校均有较完善的教学设备，师资力量经过几年的增添与培训已达到合格水平，幼儿师范学校承担了为地区培养骨干幼儿师资的任务。幼儿师范学校在各地培养幼儿园新师资的工作中起着示范作用。

此外，20 世纪 80 年代还出现了一种新颖的师训机构，即职业高中幼师班，以弥补幼儿师范和普通师范附设幼师的不足。这类幼师班同样招收初中毕业生，学制 2~3 年，学生毕业后自谋出路，不包分配。

3) 在职教师的进修和提高

由于幼儿园的迅速发展，新师资的培养跟不上幼儿园发展的需要，致使大多数教师未受过专业训练。同时，培训幼儿园师资的教师也需增补和提高。

1986 年年底，各地教育行政部门开始对幼儿园教师进行考核。根据规定，不具备国家合格学历的幼儿园教师，还应参加教材教法考试合格证书和专业合格证书的考试，这为幼儿园教师评定职称打下基础，同时又促进幼儿园教师全面地提高自己的文化、业务水平。据 1987 年统计，全国取得专业合格证书的有 5 765 人；到 1988 年，共有 21 952 人；1989 年为 35 366 人。

总之，通过各方面努力，教师队伍逐年扩大，学历层次呈上扬的趋势，中师、高中以上毕业者和受过专业训练一年以上者所占比例逐年增加，大批在职幼儿教师与干部获得培养与提高，逐步达到合格水平，并向着更高的层次提高迈进。

(三) 开展科学研究，促进学前教育改革

幼儿教育科学研究的开展是幼儿教育发展水平的重要标志。"文革"前，我国的幼教科研只在较小的范围内进行，没有专门的幼教科研机构和群众性的幼儿教育研究组织，科研的开展比较落后。20 世纪 70 年代末开始建立专门的科学研究机构和群众性的科学研究组织，开展了某些课题的研究。经过十几年的努力，取得了一定的成果，对繁荣学前教育科学、提高学前教育工作者的理论水平和实际教育工作质量，起到了积极的推动作用。

1. 学前教育科学研究机构的建立

学前教育科学研究机构是由相当水平的学前教育研究人员组成，专门从事学前教育科学研究工作，针对学前教育领域中的重要问题进行探索研究。

1978 年 7 月，恢复了中央教育科学研究所，设立了"幼儿教育研究室"。这是我国第一个国家级的幼儿教育研究机构。除了中央教育科学研究所的幼儿教育研究室外，在全国先后建立的 36 个省（市）、自治区及计划单列市的教育科学研究所中，辽宁等 7 个省、市都设有幼儿教育研究机构，北京等 13 个省（市）、自治区的教育研究所内设有专职幼儿教育科研人员。各级幼儿教育科学研究机构及教育行政部门还相互协作，从而培养了科学研究人才,带动了全国相当一部分地区幼儿园的科学研究工作。

2. 学前教育学术团体的成立

1979年11月3日,中国教育学会幼儿教育研究会在南京成立,并举行第一届学术会议。幼儿教育研究会于1982年和1985年相继召开了第二届和第三届全国学术年会,学术交流的主题有新中国成立以来的幼教经验、幼儿园的爱国主义教育、幼儿园教育改革等。近年,还召开幼儿园课程改革、幼儿园数学教育、幼儿园品德教育等小型专题研讨会。各省市也纷纷建立相应的幼儿教育研究会,定期召开学术年会。幼儿教育研究会的建立,对组织科研队伍、培植科研骨干、推进群众性幼教科研等方面,都起到了积极的促进作用。

1987年1月,全国幼儿教育研究会与湖南长沙师范学校联合出版了《学前教育研究》杂志(双月刊)。

3. 学前教育主要研究课题及成果

20世纪70—80年代所研究的主要课题及成果举例介绍如下:

(1)总结我国幼儿教育的经验,重点总结"新中国成立以来的幼儿教育"。1979年中央教育科学研究所幼儿教育研究室主持"建国32年来幼儿教育的历史经验和教训"的课题研究。1982年由中央教育科学研究所幼儿教育研究室撰写成论文《回顾与展望》。

(2)对我国现代教育家陶行知、陈鹤琴、张雪门、张宗麟等幼儿教育思想的研究。先后出版了《陶行知幼儿教育的理论和实践》《陈鹤琴教育文集》(上下卷)、《陈鹤琴全集》(第一卷、第二卷)、《张雪门幼儿教育文集》及《张宗麟幼儿教育论集》等书。

(3)加强对幼儿体、智、德、美教育方面的研究。体育方面的课题有"我国幼儿形态、机能、基本体育活动能力的调查研究""幼儿园幼儿膳食营养调查与实验研究",这两项由中央教育科学研究所与各省、市协作进行;《幼儿一日生活组织》的研究,是全国幼儿教育研究会组织的,其他如幼儿体育课的密度、三浴锻炼等的研究,也取得显著效果。智育方面的课题有"幼儿园3~6岁儿童言语发展特点的教育研究",由中央教育科学研究所与10个省市协作进行,该研究成果已写成综合论文编入《中国儿童青少年心理发展特点和教育》一书;以发展幼儿观察力和创造力为中心的实验研究,由北京师范大学学前教育专业和该校实验幼儿园合作进行,成果已发表。在德育方面的课题有幼儿友好关系、爱祖国教育、劳动教育和"幼儿德育大纲",北京师范大学学前教育专业研究的"幼儿园德育大纲"先后在27所幼儿园进行为期三年的验证、实验研究,已有成果。美育方面的研究无论在美术教育和音乐教育方面,对发展幼儿的审美情操及创造力的培养等方面做了重点研究,上海和南京师范大学学前教育专业已有不少论文和专著。

(4)农村幼儿教育的调查和实验研究。中央教育科学研究所幼儿教育研究室于20世纪80年代初期开始调查农村幼儿教育,1987年开始与河北省教委合作,对农村幼儿教育进行宏观和微观的研究,以探索农村幼儿教育事业发展和提高的特殊规律。

(5)幼儿园课程结构的实验研究。1983年起南京、北京、上海等地先后开始课程改革的实验研究,旨在克服现行幼儿园课程结构的弊端,探索新的课程结构,以利于幼儿身心得到充分的发展。在他们学习中外历史和当代的课程理论基础上,借鉴系统论、认知建构理论及人类发展生态等理论,结合中国国情探索多种课程模式,主要包括:南京师范大学与南京市实验幼儿园的"幼儿园综合教育";上海市长宁区教育科学研究所与愚园路第一幼儿园合作进行的"幼儿园综合性主题教育的实验";南京师范大学与鼓楼幼儿园协作进行的"活动教育课程"；东北师范大学教育系与该校实验幼儿园的"整体教育课程"等。

4. 中华人民共和国成立后学前教育基本经验总结

中华人民共和国建立后的40年，我国幼儿教育走过了一条坎坷的发展道路，其基本经验可概括为以下几点：

（1）学前教育的发展必须与国民经济发展水平相适应。学前教育离开了经济发展实际，不从客观实际与可能出发，任凭主观意向促发展是不能巩固的，必将以解体失败而告终。为此，应不断从调查研究入手，根据本地区的社会需求，来调整学前教育发展的数量、布局、形式与制度等，使之与经济发展和群众需求相适应，以避免主观性、盲目性。

（2）必须加强领导、构建科学的学前教育管理体制。发展学前教育离不开各级政府支持，更不能没有科学的管理。幼儿园的经费、人事、行政事务可由主办单位负责，保教业务可由卫生部门及教育部门负责。我国幼儿园发展的实践已证明，实行"统一领导，地方分级管理、分工负责"的方针是适合我国国情的，是促进幼儿教育事业发展的有效方针，今后仍然适用于幼儿园的发展。

（3）必须明确幼儿园为儿童成长和为家长工作服务的双重任务。我国幼儿园的双重任务是培养革命接班人的需要，又是广大适龄妇女投身社会主义劳动的需要。幼儿园工作的实践业已证明，幼儿园的两项任务能够统一地、协调地实现。将两项任务对立或偏向某一方面的做法是不妥的，有碍幼儿园为社会主义服务功能的实现。

（4）必须坚持保育与教育相结合的原则。幼儿园是保育和教育儿童的机构。从幼儿发展需要出发，施以体、智、德、美全面发展教育，促进幼儿身心的和谐发展，是幼儿园保育和教育的任务，不容偏科。对幼儿实施全面发展的教育，要根据幼儿年龄发展与个性特征，通过游戏活动，把教育渗透于幼儿生活的各项活动之中。幼儿园教育在于引导每个幼儿身心得到健康与充分的发展，应克服纠正幼儿园教育的"小学化"与"早期定向培养"的倾向。

（5）应充分重视古今中外的学前教育理论与实践。借鉴古今中外学前教育理论与实践经验是幼儿教育健康、快速发展的需要。历史的经验与教训告诉我们，只有以马列主义思想为指导，结合我国的国情和具体教育对象的实际，有选择地吸取古今中外学前教育理论的精华，对建设与发展我国的幼儿教育理论和幼儿教育实践将是非常有利的。

（6）应确保乳婴儿教育和幼儿教育两部分的衔接。乳婴儿教育和幼儿教育是连续的、衔接的，构成学前教育阶段教育的整体。我国在20世纪50年代学习苏联的做法，将托儿所与幼儿园机构划分，由卫生部门与教育部门分管，这种分工管理在当时起了加强领导的作用，但也由此铸成了托儿所教育与幼儿园教育的脱节或重复，延续至今。近十年来，世界各国对学前儿童生理与心理研究日趋精细，大量研究成果证明低龄开始教育的可能与必要，从而提出了对乳儿、婴幼儿的教育应做连续的、统一的考虑，使各阶段教育更加适应并促进各年龄儿童的发展。

第二节　改革开放以来的学前教育

一、改革开放以来的学前教育现状

（一）政府高度重视，制定多项政策性文件

根据《中共中央关于教育体制改革的决定》的"要改革同社会主义现代化不相适应的

教育思想、教育内容、教育方法……使基础教育得到切实的加强"的精神，国家教委于1989年6月5日颁布了《幼儿园工作规程（试行）》（以下简称《规程》），在重申1981年《幼儿教育纲要》基本精神的基础上，突出了促使幼教现代化的教育原则。

1990年，李鹏总理签署了世界儿童问题首脑会议通过的《儿童生存、保护、发展世界宣言》。1991年，全国人民代表大会常务委员会批准我国政府参加签署的联合国制定的《儿童权利公约》从1992年4月1日起在我国生效。

1991年9月颁发了《中华人民共和国未成年人保护法》，1992年2月公布国务院妇女儿童工作协调委员会编制的《九十年代中国儿童发展规划纲要》，1995年3月颁发了《中华人民共和国教育法》。这些国家法律和纲领性文件，将儿童的生存、保护和发展与人类未来之间的关系提到"人口素质基础"和"未来发展的先决条件"的高度。面对国家尚处于社会主义初级阶段、儿童保教需求尚存在较大差距的实情，幼教界将促进少数民族、边疆和贫困地区幼教事业发展，改善广大幼儿生活和受教育条件列入了重要的议事日程。根据国家教委基础教育司、卫生部医政司、民政部社会福利司、中国残联康复部等单位于1993年6月联合发出的《关于进一步做好学龄前智残儿童康复训练工作的通知》精神，从提高全民族素质的最终目的出发，幼教工作者将视野从正常幼儿教育扩展至特殊幼儿教育。

江泽民主席在十四大报告中提出"鼓励多渠道、多形式社会集体办学和民间办学"，李岚清副总理在1994年6月召开的全国教育工作会议总结讲话中也指出"企业在转换经营机制和建立现代企业制度过程中，应继续办好所属中小学、幼儿园"。此后，各地针对实际，大胆改革，勇于创新，形成了各自的特色，为幼教事业发展增添了活力。其中青岛市城市学前教育体制改革模式、温州市社会力量办园模式、北京崇文区（今为东城区）幼儿园体制改革模式、上海市适应城市整体建设的幼教事业发展措施等较有代表性。

国家教委、国家计委、全国妇联等部门于1995年9月19日联合发布的《关于企业办幼儿园的若干意见》，指出"有条件的企业应继续办好幼儿园""加强社区对幼儿教育的扶持与管理""在城市规划建设中安排好幼儿园规划和建设"。

1996年9月，全国妇联、国家教委颁布《全国家庭教育工作"九五"计划》，提出"到2000年，使90%儿童（14岁以下）的家长不同程度地掌握保育、教育儿童的知识……掌握科学的教育方法，提高家长素质；使家庭、学校、社会协调配合"。

1997年7月17日，国家教委印发了《全国幼儿教育事业"九五"发展目标实施意见》（以下简称《实施意见》），为实现《全国教育事业"九五"计划和2010年发展规划》对幼儿教育事业提出的目标奠定了坚实的基础。《实施意见》提出，2000年全国学前三年幼儿入园（班）率达到45%以上，大中城市基本解决适龄幼儿入园问题，农村学前一年幼儿入园（班）率达到60%以上，并按"普九"情况和经济发展水平提出分区实施要求。

（二）开展科学研究，探索建设有中国特色社会主义幼教体系和规律

1990年世界全民教育大会通过《世界全民教育宣言》和《满足基本学习需要的行动纲领》。1993年3月1日，中国全民教育国家级大会召开，通过了《中国全民教育行动纲领》，将"大小城市基本满足幼儿接受教育要求，农村学前一年教育的幼儿入园率达60%"列为2000年的"全民教育目标"。1994年6月，江泽民主席在全国教育工作会议上号召"要加快教育改革和发展"，"全面实现党中央、国务院颁布的《中国教育改革和发展纲要》"；李鹏总理在《动员起来，为实施〈中国教育改革和发展纲要〉而努力》的报告中提出要"重

视发展幼儿教育"。所有这些，使幼教工作者的科研行为更加自觉和自主。

1. 全国教育科学研究规划组批准的幼教科研课题

经全国教育科学研究规划组批准的幼教科研课题，其项目数量由"七五"时期的 2 项发展到"八五"时期的 7 项和"九五"时期的 9 项；研究领域从幼教机构扩展至家庭，从城市扩展至农村，从幼儿发展扩展至幼儿园师资水平提高；研究内容从单一走向综合；研究方法从侧重调查研究到以实验研究为主；研究结论的获取从重视定量分析发展至定量和定性分析兼顾；研究主持者从专职研究人员发展至各层面的幼教工作者，从以中老年为主扩展为以中青年占多数。

各地根据地区特点确立研究项目。例如，北京市教育科学"九五"规划重点研究课题"北京市幼儿园课程方案实验研究"，为指导北京市幼教界贯彻《规程》的基本精神，提供了具有本地区特色的指导教育实践活动的依据；上海市教委于 1999 年颁发的《上海市学前教育纲要》，是由上海市教委、上海市教科所、华东师范大学、长宁区实验幼儿园等单位共同组成的上海市中小学课程教材审查委员会学前教育分会的科研产物；江苏省教委 1996 年经研究后颁发《江苏省基本实现现代幼儿园评估细则（试行）》，对重视教育质量、提高幼儿发展水平的教育思想的确立起到了导向作用。

依据何东昌 1985 年在全国中小学师资工作会议上的讲话精神——"高等师范学校的所谓'师范性'与'学术性'应当是统一的"，"高等师范学校的教育科学研究必须面向实际……面向基础教育的实践，注重调查，开展实验"，高等师范学校主持的部委级以上的科研项目有所增加。例如，由赵寄石主持的"农村幼儿教育课程研究"、卢乐珍主持的"当前我国道德启蒙教育的研究"、陈帼眉主持的"我国幼儿家庭教育研究"、陈帼眉和刘焱主持的"中外幼教理论与实践研究"、屏美如主持的"儿童早期艺术教育的改革与研究"、冯映霞主持的"幼儿园课程标准研究"、唐淑主持的"幼儿园课程体系研究"、庞丽娟主持的"幼儿社会性发展研究"等。除全国科研规划项目外，高等师范学校学前专业教师为建立我国幼教体系，将教研与科研结合，效果颇为明显。

幼儿园工作人员根据本园工作需要、个人专长特点和时代要求，独自立题研究的现象，近年来也屡见不鲜。

2. 通过群众学术团体推动幼儿教育科学研究

中国教育学会幼儿教育研究会于 1979 年 11 月成立后，始终以调动广大幼教工作者进行研究的积极性和主动性作为主要任务。

1979 年幼教研究会成立后紧接着举行第一届学术会议，会议资料以《幼儿教育经验·研究》为名由教育科学出版社出版。会议决定第二届学术年会的主题是总结中华人民共和国成立 32 年来幼儿教育事业的历史经验和教训，切合了幼教界亟须端正方向、掌握路线的实际状况。第二届学术年会按计划于 1982 年 11 月在湖南长沙举行。会议材料以《论文·经验选编》为题，由长沙师范学校内部编印。

此后，全国幼教研究会的研究工作主要从以下几方面不断强化和深化：第一，紧密配合政府有关规章制度的出台，发挥研究会在建设有中国特色社会主义幼教体系过程中的作用。第二，紧密配合幼教科研单位的研究课题，在提供人力资源的过程中锻炼幼教队伍。第三，通过全国幼教研究会的学术组织进行专题研究，如"幼儿园教育整体改革""幼儿园课程模式""幼儿园语言教学"等，在研究会专门课题小组领导下，进行了较长时间的有计划的研究。尤其是1992年研究会被批准成为国家教委下属的一级学会并更名为中国学前教育研究会后，建立了五个专业组织，使学术研究进行得更加有计划、有目的、有层次和有实际指导意义。第四，通过国际交流提高广大幼教工作者进行研究的主动性。尤其是全国幼教研究会1986年正式成为联合国教科文组织资助的世界学前组织的会员后，基层幼教工作者参加国际会议的机会明显增加。第五，挖掘历史财富，推动现代幼教事业。如陈鹤琴教育思想研究会、徐特立教育思想研究会的研究活动，均对当前幼教改革产生了良好的影响。第六，通过传播媒介，推广研究成果，调动群众进行研究的积极性。从1997年开始，借助中国福利会学前教育信息中心的力量，建立了中国学前教育研究会信息中心。

（三）幼儿教育师资素质的重要性被提到新的高度

1993年10月31日，第八届全国人民代表大会常务委员会第九次会议通过的《中华人民共和国教师法》规定"取得幼儿园教师资格应该具备幼儿师范学校毕业及其以上学历"。1995年1月27日，国家教委发布《三年制中等幼儿师范学校教学方案（试行）》，提出了幼儿师范学校的培养目标与规格。

1997年10月29日，国家教委颁发《关于组织实施"高等师范教育面向21世纪教学内容和课程体系改革计划"的通知》，指出世纪之交的高师改革计划"起点高、立意新、针对性强"，"具有鲜明的时代特征"，高师须"用现代文化、科技发展新成果充实和更新教育内容"，要"采取科研立项的办法，把研究过程和改革实践紧密结合起来"。高等师范院校加强学前教育的科研队伍，促使学前教育研究成果日益增加，对推进幼儿教育基层实践和高等师范院校学前教育专业水平的提高起了明显的作用。例如，我国高等师范院校学前教育专业增加了一处博士生培养点（南京师范大学学前教育系）；华东师范大学成立了学前教育与特殊教育学院幼教系和幼儿教育研究所。高等师范院校主持的全国教育科研规划的科研项目在"九五"期间的9项研究中有5项，占55.5%，较"七五"期间的33.3%有明显增加。

1996年1月25日，国家教委颁发《关于开展幼儿园园长岗位培训工作的意见》。同年1月26日，又颁发《全国幼儿园园长任职资格、职责和岗位要求（试行）》的通知，要求"采取多种形式开展培训工作，争取用五年左右的时间将全国幼儿园园长轮训一遍"。

以提高教师素质为主题的科学研究在"九五"时期受到了更多的重视。中央教育科学研究所幼儿教育研究室主持的"提高幼儿园教师素质的研究"和南京师范大学教科院主持的"幼儿互动研究"均系"九五"全国科研规划国家教委级的有关教师素质提高的课题。上海教育科研市级课题"对八位优秀幼儿园教师教育行为的研究"，通过对优秀教师经验的提炼，对优秀教师的素质加以总结。

通过职前和在职培训，幼教师资水平进一步提高。1996年，全国幼儿师范学校在校生达到8.43万人（1989年为3.65万人）。1981年，全国43万名幼儿教师中，文化业务水平为中等师范和高中毕业者占教师总数的35.5%；到1996年，全国96.2万名幼儿园教师中，中等师范、职业高中以上毕业者占幼儿园教师总数的58.8%，已经取得专业合格证书者占幼儿园教师总数的12.55%。此外，还有5 070名高等师范毕业的幼儿园教师，占幼儿园教师总数的5.3%。1996年国家教委提出全国幼儿园园长任职资格、职责和岗位要求后，各地均采取多种形式开展培训工作。

（四）明确21世纪学前教育目标

1999年1月13日，国务院批准了教育部1998年12月24日制定的《面向21世纪教育振兴行动计划》（以下简称《行动计划》），指出"实施素质教育，要从幼儿阶段抓起，要用科学的方法启迪和开发幼儿的智力，培养幼儿健康的体质、良好的生活习惯与求知的欲望"。《行动计划》激励幼教工作者以创造性的劳动实现国家规定的幼教事业的发展蓝图。

1999年6月13日，中共中央、国务院颁发《关于深化教育改革，全面推进素质教育的决定》（以下简称《决定》）。

《决定》明确指出，"实施素质教育应当贯穿于幼儿教育、中小学教育、职业教育、成人教育、高等教育等各级各类教育，应当贯穿于学校教育、家庭教育和社会教育等各个方面"，"要重视婴幼儿身体发育和智力开发"，"实施素质教育，必须把德育、智育、体育、美育等有机地统一在教育活动的各个环节中……促进学生的全面发展和健康成长"。

《决定》强调"积极发展以社区为依托的、公办与民办相结合的幼儿教育"，提出了"建设全面推进素质教育高质量的教师队伍"的要求。

教育部基础教育司于1999年7月初已召集地方幼教行政部门负责人共同商议贯彻《决定》的措施，为实施科教兴国战略切实做好幼儿教育工作。

（五）通过多种途径，促进中国幼教与国际接轨

改革开放政策，将中国幼教界推向了世界。自20世纪80年代中期开始，我国幼教界经常参加国际合作幼教研究项目，举办国际学术研讨会，参加国际会议等。20世纪90年代以后，则更加注意此类行动对世界儿童发展事业的推动作用。

1993年5月18日至22日，联合国儿童基金会和国家教委联合举办"幼儿的教育发展——面向90年代挑战国际研讨会"，参加会议的有澳大利亚、美国、中国香港和澳门等国家和地区的专家、代表共200余人。

1996年4月23日至25日，在北京师范大学举行了国家教委-联合国教科文组织联合主办的中国履行《儿童权利公约》研讨会。会上，联合国儿童权利委员会副主席汉姆伯格介绍了《公约》精神。国家教委法规司副司长李连宁做了《中国儿童受教育权的法律保护》的报告。国家教委基础教育司幼教处处长朱慕菊以《幼儿受教育权利的保护与国家政策》为题做了讲话，指出"中国幼儿教育事业的发展政策始终围绕着为更多的儿童提供学前教育的机会这一核心"进行。另有高等师范院校教师和教育科研机构研究人员做了有关报告。

（六）20世纪90年代幼儿教育课程的改革

在20世纪80年代幼儿教育课程改革的基础上，90年代的幼儿教育课程向纵深的方面发展。20世纪90年代课程改革的指导思想在保持80年代的整体观、主体观、个体观、活动观的基础上，又提出了"中国化、科学化、现代化"的观点（参阅虞永平：《学前教育课程研究漫议》，《学前教育研究》，1996年第3期）。所谓"中国化"，是指在课程研究、设计和实施中要考虑我国的社会文化背景，考虑我国的社会价值观念，考虑我国幼儿园的人力、物力、空间、规模等现实条件，真正借鉴和吸收国外的课程思想。所谓"科学化"，是指幼儿教育课程应该从相关学科的理论发展中寻找培植自己的根基所必需的理论营养，把握教育哲学、教育心理学、发展心理学、教育社会学、人类发展生态学等学科的理论发展，以建构科学的幼儿教育课程。所谓"现代化"，是指幼儿教育课程应该把握社会和时代的发展方向，关注周围社会现实，放眼世界，面向未来。

在课程理论研究方面，20世纪90年代的幼儿教育课程改革进一步深入地探讨幼儿教育课程的价值、本质和理论基础、目标、结构、内容、特点、组织和实施及其评价等问题。达

成共识的看法主要有以下几点：

（1）在课程目标方面，认识到幼儿教育课程不仅要关注幼儿的知识和技能的发展，更要关注幼儿的情感和能力培养，要把培养幼儿的基本素质作为幼儿教育课程的中心任务。

（2）在课程内容方面，强调培养幼儿不断学习的愿望和能力、独立思考和判断的能力、对他人和社会的责任感、合作的意识和能力、创新的意识和能力、自我保护的意识和能力、环境保护的初步意识和能力、人际交往的兴趣和能力等，帮助幼儿学习关心、学习生活，为可持续发展奠定良好的基础。①

（3）在课程的组织方面，强调以"教育活动"为基本的组织形式，改变了长期以来幼儿园一直把"上课"当作幼儿教育的组织形式的观念，并把游戏确定为幼儿教育的基本活动。

（4）在课程的实施和评价方面，在显性课程继续受到重视的同时，隐性课程也受到重视。

在课程的实践研究方面，广大幼儿教师积极参与到课程研究的各个领域，形成了教育理论工作者和一线教师共同研究的热潮。主要的研究成果有：南京师范大学和南京市鼓楼幼儿园的"活动教育课程中的小组活动教育"、上海市静安区的"幼儿园游戏课程研究"、上海市宝山区的"幼儿园情感课程研究报告"、江苏无锡市实验幼儿园的"幼儿园'生活、学习、做人'课程的研究"、湖南省长沙师范的"农村一年制学前班课程实验报告"②，还有中央教科所刘占兰、周俊鸣的"对河北省农村学前班课程的探索"和云南省教委裴康敏、张锦弼的"新加坡小学预备班教材介绍及评析"（见中国学前教育研究会编：《继往开来共创辉煌——全国幼儿教育第五届学术研讨会文选》（上册），第252~283页），等等。上述这些研究代表着20世纪90年代课程研究发展的总趋势。

总之，20世纪90年代的幼儿教育课程改革是在80年代课程改革基础上的深化，它虽然不像80年代的课程改革那样具有开拓性，却产生了广泛而深远的影响，其研究成果对我国21世纪幼儿教育的发展起到了很好的促进作用。

二、21世纪初我国幼教事业的改革与发展

（一）"十五"期间幼儿教育改革的目标与政策

1. 幼儿教育改革的总目标

2003年1月27日国家教育部等部门颁布了《关于幼儿教育改革与发展的指导意见》（以下简称《意见》）。《意见》提出了新世纪我国幼儿教育改革的总目标是：形成以公办幼儿园为骨干和示范，以社会力量兴办幼儿园为主体，公办与民办、正规与非正规教育相结合的发展格局。根据城乡的不同特点，逐步建立以社区为基础，以示范性幼儿园为中心，灵活多样的幼儿教育形式相结合的幼儿教育服务网络。为0~6岁儿童和家长提供早期保育和教育服务。

"十五"期间，全国幼教事业的发展目标是：到2005年，全国学前三年幼儿受教育率达到55%，学前一年幼儿受教育率达80%；大面积提高3岁以下和3~6岁儿童家长及看护

---

① 石筠搜.90年代我国幼儿园课程改革方案和发展的特点[J]幼儿教育，1998（10）．
② 唐淑．幼儿园课程基本理论和整体改革[M]．南京：南京师范大学出版社，1998．

人员的科学育儿能力。

根据《意见》提出的"积极进取，实事求是，分区规划，分类指导"的原则，把以上目标具体化为：

——占全国人口15%、未实现"两基"（基本实施九年义务教育和基本扫除文盲的简称）的贫困地区，要积极发展学前一年教育，使受教育率达到60%，力争学前三年幼儿受教育率达到35%；使大多数0~6岁儿童的家长和看护人员受到科学育儿指导。

——占全国人口50%左右、已实现"两基"的农村地区（主要指中西部地区），学前一年儿童受教育率达到80%，积极发展学前三年教育，努力使学前三年幼儿受教育率达到50%；使90%的0~6岁儿童家长和看护人员受到科学育儿指导。

——占全国人口35%的大中城市和经济发达地区，要基本满足社会对学前三年教育的需求，受教育率达到90%；儿童的家长和看护人员普遍受到科学育儿指导。

2. 进一步完善幼儿教育管理体制和机制

第一，坚持实行地方负责，分级管理和分工负责的幼儿教育管理体制，明确各级政府的职责。

（1）国家制定有关幼儿教育的法规、方针、政策及发展规划。

（2）省级和地（市）级人民政府负责本行政区域幼儿教育工作，统筹制定幼儿教育的发展规划，因地制宜地制定相关政策并组织实施，积极扶持农村及老少边穷地区的幼儿教育工作，促进幼儿教育事业均衡发展。

（3）县级人民政府负责本行政区域幼儿教育的规划和布局调整、公办幼儿园的建设以及各类幼儿园的管理，负责管理幼儿园园长、教师，指导教育教学工作。

（4）城市街道办事处配合有关部门制定本辖区幼儿教育的发展计划，负责宣传科学育儿知识、指导家庭幼儿教育、提供活动场所和设备、设施，筹措经费，组织志愿者开展义务服务。

（5）乡（镇）人民政府承担发展农村幼儿教育的责任，负责举办乡（镇）中心幼儿园，筹措经费，改善办园条件；要发挥村民自治组织在发展幼儿教育中的作用，开展多种形式的早期教育和对家庭幼儿教育的指导。

（6）各部门职责：建立和完善政府领导统筹，教育部门主管，有关部门协调配合，社区内各类幼儿园和家长共同参与的幼儿教育管理机制。发挥城市社区居委会和农村村民自治组织的作用，综合协调、动员并利用各种社会资源，促进幼儿教育事业健康发展。

第二，加强管理，保证幼儿教育事业健康发展。

（1）地方各级人民政府要加强公办幼儿园建设。保证幼儿教育经费投入，全面提高保育、教育质量。不得借转制之名停止或减少对公办幼儿园的投入，不得出售或变相出售公办幼儿园和乡（镇）中心幼儿园，已出售的要限期收回。公办幼儿园转制必须经省级教育部门审核批准。城乡中小学布局调整后，空余校舍要优先用于举办幼儿园。

（2）积极鼓励和提倡社会各方面力量采取多种形式举办幼儿园。社会力量举办的幼儿园，在审批注册、分类定级、教师培训、职称评定、表彰奖励等方面与公办幼儿园具有同等地位。各级教育部门要加强对社会力量举办幼儿园保育、教育工作的指导和监督，规范办园行为，保证办园的正确方向。

（3）加强对企事业单位幼儿园的管理。企事业单位转制后，可以继续举办幼儿园，也可将企事业单位办园资产整体无偿划拨，移交当地教育部门统筹管理；要通过实施联办、承办、国有民办等办园体制改革，提高办园效益和活力。实施办园体制改革要保证国有资产不流失，保育、教育质量不下降，广大幼儿教师合法权益受到保障、整体素质得到提高。

(二)《幼儿园教育指导纲要（试行)》和《中国儿童发展纲要》的颁布

2001年9月教育部颁布了《幼儿园教育指导纲要（试行)》（以下简称《新纲要》）。这是为进一步贯彻第三次全国教育工作会议精神，落实《国务院关于基础教育改革与发展的决定》，推进幼儿园实施素质教育而颁布的全国幼教纲领性指导文件。

《新纲要》是在总结了近些年来我国幼儿教育改革的经验，并充分吸纳了世界范围内早期教育优秀思想与研究成果的基础上制定的。《新纲要》立足于我国幼教改革的现实，坚持贯彻党的教育方针，坚持全面推进素质教育的思想；《新纲要》倡导先进的教育观念，如尊重每个幼儿，尊重儿童身心发展规律；《新纲要》力求体现终身教育的思想，将社会、文化、环境与教育密切结合起来；努力实现教育的目的性与幼儿发展的可能性相适宜的思想以及促进教师与幼儿的相互作用、共同成长的思想，等等。

《中国儿童发展纲要（2001—2010年)》是国务院按照《中华人民共和国国民经济和社会发展第十个五年计划纲要》的总体要求，根据我国儿童发展的实际情况，以促进儿童发展为主题，以提高儿童身心素质为重点，以培养和造就21世纪社会主义现代化建设人才为目标，从儿童与健康、儿童与教育、儿童与法律保护、儿童与环境四个领域，提出了2001—2010年的目标和策略措施。

《中国儿童发展纲要》的总目标是：坚持"儿童优先"原则，保障儿童生存、发展、受保护和参与的权利，提高儿童整体素质，促进儿童身心健康发展。儿童健康的主要指标达到发展中国家的先进水平；儿童教育在基本普及九年义务教育的基础上，大中城市和经济发达地区有步骤地普及高中阶段教育；逐步完善保护儿童的法律法规体系，依法保障儿童权益；优化儿童成长环境，使困境儿童受到特殊保护。

(三) 21世纪和幼儿教育课程的改革

21世纪初的幼儿教育课程改革，是在20世纪80年代和90年代幼儿教育课程改革基础上的进一步的研究。它的精神集中体现在2001年颁布的《新纲要》中，为新世纪的幼儿教育课程改革奠定了理论基础，为广大幼儿教育的理论和实践工作者在21世纪进行幼儿教育的课程改革指明了方向。

21世纪初，课程改革的指导思想除20世纪80年代的整体观、主体观、个体观、活动观和90年代的"中国化""科学化"和"现代化"的观点之外，还明确提出了一些新的观点，如终身教育的观点、以人为本的观点、新的知识观和学习观等。终身教育的观点要求幼儿教育课程真正为幼儿一生的可持续发展打好基础，重视为幼儿奠定生存的基础、做人的基础、做事的基础和终身学习的基础。以人为本的观点要求从课程目标到课程的实施都要尊重幼儿、保障幼儿权利、促进幼儿富有个性的发展。新的知识观把知识看作是动态变化的，是幼儿主动建构的过程，这就要求课程的组织方式必须是活动，通过活动来促进幼儿主动建构知识。新的学习观认为，学习是与环境相互作用而发生的；学习必须引起相对稳定的变化。这种变化既包括内部的，也包括外部的。只要是具备这两个特点的现象就是学习[①]。这种广

---

① 李季湄. 对《幼儿园教育指导纲要（试行)》中的几个基本观点的理解[J]. 学前教育研究，2001 (6).

义的学习观承认了幼儿学习的多样性和开放性，也促使我们对课程实施中的过程、方法和策略等重新思考。与此同时，对整体观、科学化等20世纪80年代或90年代已经提出的观点又进行了深入的研究，给予了新的注解。整体观要求幼儿教育应注重整体性和全面性；应对课程内容进行合理的、有效的整合；应有机地整合各项活动，努力提高各项活动的成效；应充分发挥各种教育资源的整体性影响；应有机地、综合地利用课程实施的方法、形式及手段等（见虞永平：《幼儿教育整体观》）。科学化的基本观点和20世纪90年代相同，但提出了要体现新的科学研究成果的具体方面的要求。

上述这些观点都明确体现在教育部2001年颁布的《新纲要》中。《新纲要》把幼儿教育课程分为健康、语言、社会、科学和艺术五个领域，具体规定了这五个领域的目标、内容与要求和指导要点，并对课程的组织实施和教育评价等方面做了一些具体的规定。作为法规文件之一，《新纲要》推动着我国幼儿教育的科学化和法制化进程，促使幼儿教育课程朝着更加健康、正确的方向前进。

21世纪初的课程理论研究呈现出一片欣欣向荣的景象，具体表现在以下几个方面：

（1）研究在各种新观点（或旧观点新看法）指导下的幼儿教育课程的目标、内容和实施等问题。例如，华东师范大学的李季湄在"科学化"的观点之下，提出了应该在课程的哪些方面实施科学化：在课程目标方面，要重视幼儿的兴趣、情感、态度，并在实施中重视以幼儿为主体的探索性学习；在课程内容方面，吸收了建构主义和现代认知心理学的成果，强调作为教育内容的知识的建构性、过程性；在课程的实施中，根据现代学习心理学的研究，从广义的学习观出发，要求保证幼儿的游戏、自由和自发的活动时间；等等（参阅李季湄：《幼儿园教育指导纲要（试行）简析》）。南京师范大学虞永平在"整体观"之下，提出了幼儿教育课程整合的层次、内容和策略。北京师范大学的冯晓霞从新知识观出发，将幼儿教育课程内容分为四个方面：①关于周围世界（包括自己）的浅显而基本的知识经验。②关于基本活动方式（包括认识活动）的行动经验（"做"的经验）。③关于发展智力、提高各种基本能力的经验。④关于对待世界（包括自己）和活动的态度，即情意方面的经验（冯晓霞：《新〈纲要〉的知识观与幼儿园课程内容》）。

（2）对瑞吉欧课程的学习与探讨。从20世纪90年代中后期开始，瑞吉欧教育经验开始被介绍到我国，但真正形成学习瑞吉欧热潮的是在21世纪初。瑞吉欧课程的理论和实践给了我们很多的启示，但其中最重要的是，它为我国幼教工作者在设计和实施幼儿园课程时，如何处理幼儿生成的活动和教育预定的活动之间的关系提供了思路和样板。而这一关系的处理，正是当今我国幼儿园课程改革的重点和难点之一。瑞吉欧教育经验运用了方案教学的方式处理这对矛盾关系，强调要处理好幼儿自发的学习与教师有目的、有计划的教学之间的关系，强调教师在设计活动的过程中充分顾及儿童已有的知识和经验的重要性，主张让儿童在游戏状态中主动地去建构知识。瑞吉欧还主张，教师在实施方案教学时，从主题的设计、方案活动的展开和实施到方案的总结，整个过程都要重视通过积极的师生互动，给予儿童自由探索、尽情表达的机会（朱家雄：《瑞吉欧教育经验能给我国幼教改革带来什么启示》）。

（3）对"园本"课程理论的探讨。针对目前许多幼儿园热衷于开发自己的特色课程，并宣称为园本课程的现象，一些专家进行了冷静的思考和探索，发表了自己的见解。例如，华东师范大学的李季湄认为，幼儿园课程本来就属于"园本课程"，或者说，"园本"是幼儿园课程本身固有的特性。把幼儿园的特色课程简单地改称为"园本课程"，或者把所谓的

"园本课程"看成是与幼儿园课程具有并列关系或包含关系的课程都是错误的（李季湄：《"园本课程"小议》）。华南师范大学的袁爱玲认为，当前我国的幼儿教育课程正发生着深刻的变革，幼儿园正从单纯的课程实施者向课程开发者转变，但这种开发工作并不等于就开发出了园本课程。她认为，园本课程具有民主性、开放性、独特性、完整性和补充性等特征，否则便不是园本课程（袁爱玲：《冷静思考园本课程的热潮》）。

（4）对幼儿教育课程生活化的探讨。例如，南京的王春燕提出将幼儿园课程与幼儿的日常生活、幼儿的感性经验联系起来，使幼儿在一日生活中获得身体、认知、情感、社会性等方面的和谐发展。在此基础上，她指出课程的生活化是幼儿园课程应有的特点，并提出了幼儿园课程生活化的主要途径（王春燕：《试论幼儿园课程的生活化》）。华东师范大学的张明红提出了幼儿园课程应该向生活世界回归的看法，指出幼儿生活是幼儿园课程整合的基点，是幼儿园课程开发的新的生长点（张明红：《幼儿园课程生活化》）。

在课程的实践研究方面，研究者和广大幼儿教师形成一定的合力，继续对课程研究的各个领域进行研究。与20世纪90年代不同的是，广大幼儿园教师参与课程研究的积极性更加高涨，而且研究的水平也有了很大的提高。主要的研究成果有：广州的"自主性活动"课程研究（详见高岚：《寻找意义——自主性活动课程》、张琼：《自主性活动课程的实践探索》）；深圳的"叙事性整合课程"研究（详见马荣：《叙事性整合课程简述》《"叙事性整合课程"的预成与生成》）；南京的"融合式课程"研究（详见屠美如：《以审美教育为中心的生态式教育》、石岩等：《融合式课程研究体会集锦》）；上海的"学前教育课程改革"研究（详见何幼华：《推进学前课程改革、促进学前儿童发展》）；杭州的"艺术活动体验式课程"研究（详见杭州大地幼儿园课题组：《幼儿园艺术活动体验式课程实验研究》）和山东青岛的"新课程"研究（详见纪沛：《树立新观念，实施新课程》）等。

上述成果有些是根据国外的研究结合我国的国情和各地幼儿教育的实际而进行的研究；有些是根据某些幼儿教育的理论，根据幼儿园自身的特点自行进行的研究。在时间上，上述研究有些是20世纪90年代后期研究成果的总结，有些是21世纪初的研究成果，大量的21世纪初的研究成果因为时间关系，还未见诸报纸杂志。

本章小结

总之，我国20世纪80年代以来的幼儿教育课程的改革，在世界幼儿教育课程改革的推动下，经历了20世纪80年代的改革热潮和90年代的逐渐深化到21世纪初的初见成效的过程，尽管才走过了短短的30多年，但在广大理论工作者和幼儿教师的共同努力下，已经取得了很大的成绩。当然，我国的幼儿教育课程改革还在继续，在如何将国外的经验很好地理解和吸收，如何探索适合我国幼儿教育的课程体系，建立适合各地发展的课程模式，如何更好地学习、探讨和完善《新纲要》中有关幼儿教育课程的目标、内容、组织、实施和教育评价，并将之灵活运用到实践等方面，还有大量的研究工作要做，还需要幼教理论和实践工作者的进一步努力。

扩展阅读

幼儿园教师专业标准（试行）

为促进幼儿园教师专业发展，建设高素质幼儿园教师队伍，根据《中华人民共和国教师法》，特制定《幼儿园教师专业标准（试行)》（以下简称《专业标准》）。

幼儿园教师是履行幼儿园教育工作职责的专业人员，需要经过严格的培养与培训，具有良好的职业道德，掌握系统的专业知识和专业技能。《专业标准》是国家对合格幼儿园教师专业素质的基本要求，是幼儿园教师开展保教活动的基本规范，是引领幼儿园教师专业发展的基本准则，是幼儿园教师培养、准入、培训、考核等工作的重要依据。

一、基本理念

（一）幼儿为本

尊重幼儿权益，以幼儿为主体，充分调动和发挥幼儿的主动性；遵循幼儿身心发展特点和保教活动规律，提供适合的教育，保障幼儿快乐健康成长。

（二）师德为先

热爱学前教育事业，具有职业理想，践行社会主义核心价值体系，履行教师职业道德规范。关爱幼儿，尊重幼儿人格，富有爱心、责任心、耐心和细心；为人师表，教书育人，自尊自律，做幼儿健康成长的启蒙者和引路人。

（三）能力为重

把学前教育理论与保教实践相结合，突出保教实践能力；研究幼儿，遵循幼儿成长规律，提升保教工作专业化水平；坚持实践、反思、再实践、再反思，不断提高专业能力。

（四）终身学习

学习先进学前教育理论，了解国内外学前教育改革与发展的经验和做法；优化知识结构，提高文化素养；具有终身学习与持续发展的意识和能力，做终身学习的典范。

二、基本内容

维度	领域	基本要求
专业理念与师德	（一）职业理解与认识	1. 贯彻党和国家教育方针政策，遵守教育法律法规。 2. 理解幼儿保教工作的意义，热爱学前教育事业，具有职业理想和敬业精神。 3. 认同幼儿园教师的专业性和独特性，注重自身专业发展。 4. 具有良好职业道德修养，为人师表。 5. 具有团队合作精神，积极开展协作与交流
	（二）对幼儿的态度与行为	6. 关爱幼儿，重视幼儿身心健康，将保护幼儿生命安全放在首位。 7. 尊重幼儿人格，维护幼儿合法权益，平等对待每一个幼儿，不讽刺、挖苦、歧视幼儿，不体罚或变相体罚幼儿。 8. 信任幼儿，尊重个体差异，主动了解和满足有益于幼儿身心发展的不同需求。 9. 重视生活对幼儿健康成长的重要价值，积极创造条件，让幼儿拥有快乐的幼儿园生活

续表

维度	领域	基本要求
专业理念与师德	（三）幼儿保育和教育的态度与行为	10. 注重保教结合，培育幼儿良好的意志品质，帮助幼儿形成良好的行为习惯。 11. 注重保护幼儿的好奇心，培养幼儿的想象力，发掘幼儿的兴趣爱好。 12. 重视环境和游戏对幼儿发展的独特作用，创设富有教育意义的环境氛围，将游戏作为幼儿的主要活动。 13. 重视丰富幼儿多方面的直接经验，将探索、交往等实践活动作为幼儿最重要的学习方式。 14. 重视自身日常态度言行对幼儿发展的重要影响与作用。 15. 重视幼儿园、家庭和社区的合作，综合利用各种资源
	（四）个人修养与行为	16. 富有爱心、责任心、耐心和细心。 17. 乐观向上，热情开朗，有亲和力。 18. 善于自我调节情绪，保持平和心态。 19. 勤于学习，不断进取。 20. 衣着整洁得体，语言规范健康，举止文明礼貌
专业知识	（五）幼儿发展知识	21. 了解关于幼儿生存、发展和保护的有关法律法规及政策规定。 22. 掌握不同年龄幼儿身心发展特点、规律和促进幼儿全面发展的策略与方法。 23. 了解幼儿在发展水平、速度与优势领域等方面的个体差异，掌握对应的策略与方法。 24. 了解幼儿发展中容易出现的问题与适宜对策。 25. 了解有特殊需要幼儿的身心发展特点及教育策略与方法
	（六）幼儿保育和教育知识	26. 熟悉幼儿园教育的目标、任务、内容、要求和基本原则。 27. 掌握幼儿园环境创设、一日生活安排、游戏与教育活动、保育和班级管理的知识与方法。 28. 熟知幼儿园的安全应急预案，掌握意外事故和危险情况下幼儿安全防护与救助的基本方法。 29. 掌握观察、谈话、记录等了解幼儿的基本方法。 30. 了解0~3岁婴幼儿保教和幼小衔接的有关知识与基本方法
	（七）通识性知识	31. 具有一定的自然科学和人文社会科学知识。 32. 了解中国教育基本情况。 33. 掌握幼儿园各领域教育的特点与基本知识。 34. 具有相应的艺术欣赏与表现知识。 35. 具有一定的现代信息技术知识

续表

维度	领域	基本要求
专业能力	（八）环境的创设与利用	36. 建立良好的师幼关系，帮助幼儿建立良好的同伴关系，让幼儿感到温暖和愉悦。 37. 建立班级秩序与规则，营造良好的班级氛围，让幼儿感受到安全、舒适。 38. 创设有助于促进幼儿成长、学习、游戏的教育环境。 39. 合理利用资源，为幼儿提供和制作适合的玩教具和学习材料，引发和支持幼儿的主动活动
	（九）一日生活的组织与保育	40. 合理安排和组织一日生活的各个环节，将教育灵活地渗透到一日生活中。 41. 科学照料幼儿日常生活，指导和协助保育员做好班级常规保育和卫生工作。 42. 充分利用各种教育契机，对幼儿进行随机教育。 43. 有效保护幼儿，及时处理幼儿的常见事故，危险情况优先救护幼儿。
	（十）游戏活动的支持与引导	44. 提供符合幼儿兴趣需要、年龄特点和发展目标的游戏条件。 45. 充分利用与合理设计游戏活动空间，提供丰富、适宜的游戏材料，支持、引发和促进幼儿的游戏。 46. 鼓励幼儿自主选择游戏内容、伙伴和材料，支持幼儿主动地、创造性地开展游戏，充分体验游戏的快乐和满足。 47. 引导幼儿在游戏活动中获得身体、认知、语言和社会性等多方面的发展
	（十一）教育活动的计划与实施	48. 制定阶段性的教育活动计划和具体活动方案。 49. 在教育活动中观察幼儿，根据幼儿的表现和需要，调整活动，给予适宜的指导。 50. 在教育活动的设计和实施中体现趣味性、综合性和生活化，灵活运用各种组织形式和适宜的教育方式。 51. 提供更多的操作探索、交流合作、表达表现的机会，支持和促进幼儿主动学习
	（十二）激励与评价	52. 关注幼儿日常表现，及时发现和赏识每个幼儿的点滴进步，注重激发和保护幼儿的积极性、自信心。 53. 有效运用观察、谈话、家园联系、作品分析等多种方法，客观地、全面地了解和评价幼儿。 54. 有效运用评价结果，指导下一步教育活动的开展
	（十三）沟通与合作	55. 使用符合幼儿年龄特点的语言进行保教工作。 56. 善于倾听，和蔼可亲，与幼儿进行有效沟通。 57. 与同事合作交流，分享经验和资源，共同发展。 58. 与家长进行有效沟通合作，共同促进幼儿发展。 59. 协助幼儿园与社区建立合作互助的良好关系
	（十四）反思与发展	60. 主动收集分析相关信息，不断进行反思，改进保教工作。 61. 针对保教工作中的现实需要与问题，进行探索和研究。 62. 制定专业发展规划，不断提高自身专业素质

三、实施建议

（一）各级教育行政部门要将《专业标准》作为幼儿园教师队伍建设的基本依据。根据学前教育改革发展的需要，充分发挥《专业标准》引领和导向作用，深化教师教育改革，建立教师教育质量保障体系，不断提高幼儿园教师培养培训质量。制定幼儿园教师准入标准，严把幼儿园教师入口关；制定幼儿园教师聘任（聘用）、考核、退出等管理制度，保障教师合法权益，形成科学有效的幼儿园教师队伍管理和督导机制。

（二）开展幼儿园教师教育的院校要将《专业标准》作为幼儿园教师培养培训的主要依据。重视幼儿园教师职业特点，加强学前教育学科和专业建设；完善幼儿园教师培养培训方案，科学设置教师教育课程，改革教育教学方式；重视幼儿园教师职业道德教育，重视社会实践和教育实习；加强从事幼儿园教师教育的师资队伍建设，建立科学的质量评价制度。

（三）幼儿园要将《专业标准》作为教师管理的重要依据。制定幼儿园教师专业发展规划，注重教师职业理想与职业道德教育，增强教师育人的责任感与使命感；开展园本研修，促进教师专业发展；完善教师岗位职责和考核评价制度，健全幼儿园绩效管理机制。

（四）幼儿园教师要将《专业标准》作为自身专业发展的基本依据。制定自我专业发展规划，爱岗敬业，增强专业发展自觉性；大胆开展保教实践，不断创新；积极进行自我评价，主动参加教师培训和自主研修，逐步提升专业发展水平。

同步测试

简答题

1. 中华人民共和国成立初期学前教育经历了哪几个阶段？
2. 改革开放以来学前教育的发展有哪些举措？

下 篇

外国学前教育史

第六章

古代的学前教育

学习目标

1. 了解古代东方国家学前教育的概况。
2. 了解古代西方国家学前教育的概况，比较斯巴达和雅典学前教育的异同。
3. 掌握柏拉图、亚里士多德和昆体良的学前教育思想。
4. 分析西欧中世纪学前教育的基本特征。

内容提要

古代东方是世界文明的发祥地，也是世界学前教育的摇篮。进入阶级社会之后的古代埃及、古代印度、古代希伯来的学前教育具有了阶级性、等级性。古希腊、古罗马和中世纪是古代西方学前教育发展的三个重要阶段。古希腊学前教育是西方学前教育的源头；古罗马学前教育是古希腊学前教育的延续；基督教教育是中世纪教育的主干，这一阶段的学前教育充满了宗教色彩。柏拉图、亚里士多德和昆体良是西方学前教育思想的先驱，他们关于学前教育的论述在当代仍有着积极的意义。

关键术语

古代东方　古希腊　古罗马　儿童教育　中世纪

第一节　古代东方的学前教育

一、古代埃及的学前教育

古代埃及位于非洲北部的尼罗河流域，大约在公元前3 500年进入奴隶社会，在公元前3 000年左右建立了奴隶制国家，分别经历了早期王国、古王国、中王国和新王国。在早期王国时期，开始形成专制统治机构。因地处尼罗河流域，这里气候温暖，雨量充沛，土地肥沃，凭借着优越的自然环境和强大王权的统治，农业和畜牧业都较发达。农业和畜牧业的发展又促进了科学文化知识的发展。在农业生产和实践中，人们在预防河水泛滥和进行灌溉时积累了天文学和水利学的知识，在测量土地和建造庙宇、房舍的过程中创立了数学和几何学，在进行海外贸易和军事作战中开始了航海学和地理学的研究，在制作木乃伊和预防、医治疾病的过程中积累了医学知识。这些知识不仅是奴隶主阶级为维护其统治需要的，同时也是普通职业家庭子弟所要掌握的。古埃及的教育与其政治、经济、文化、科学等发展是紧密相连的。文化科学知识的传授和统治阶级地位的维护以及文字的出现，又促使古埃及的教育得到了较大的发展。

为适应社会经济发展要求和统治需要，古埃及相继建立了不同类型的学校。据文献记载，为了教育皇子、皇孙和贵族子弟，在公元前2 500年左右，古埃及建立了宫廷学校。随着王权的加强，为培养官吏，在公元前2 000年左右，古埃及建立了专门的职官学校。同时，建立寺庙学校用于培养僧侣，建立文士学校用于培养一般文秘人员。古埃及时期虽然建立了不同类型的各种学校，但这些学校都是为统治阶级服务的，有明显的等级性。

（一）家庭教育

在学校诞生以前，古埃及的教育都是由家庭负责，家庭是教育子女的重要场所。4岁以前的幼儿，由母亲教养，4岁以后，女孩跟母亲学做家务或农活，男孩则子承父业，由父亲传授生产知识技能、宗教歌曲、初步的社交礼仪等各类知识，且是在生产生活的过程中进行。据史料记载："他们从儿童期起就被父亲或亲属传授各种生活所需的实际知识和能力，谈到读和写，埃及人至多只对他们做肤浅的教授，并且不是所有埃及儿童都学习它们……只有以读写为职业的人才学习它们。"[①] 可见，一般家庭的子女是享受不到文化教育的。古埃及的僧侣、文士、建筑师等都是通过家庭教育的方式培养后代，书写和计算知识是这些家庭教授的内容。在古埃及，家庭在学校教育产生后仍担负着教育子女的任务。

古埃及注重家庭成员之间的相互帮助与合作，强调社会责任和从属感，要求个体在日常的行为中注重家族的荣誉。为此，家庭在承担一般儿童生产生活技能教育的同时，注重培养儿童的良好社会行为，培养孩子的宗教信仰、伦理道德、融洽相处和服从社会等意识。

（二）宫廷学校

古王国时期，埃及政治强盛，经济繁荣，法老（即皇帝）、贵族、僧侣居于统治地位，占有大量的土地，过着奢华的生活。为教育皇子、皇孙和贵族子弟，使其具备一定的知识才能，以维护其统治地位，古埃及在宫廷中设立了学校，这是人类历史上有文字记载的最古老的学校。皇族子弟除了年幼时专有乳母、奶娘、保姆等精心喂养外，稍一懂事，就要进入宫廷学校。在这类学校里，聚集了古埃及的文人学者，他们传授给皇室子弟书写、计算、天文等基础知识，以及军事知识、司法知识、思想控制等统治经验。此外，儿童从小还要被灌输敬畏日神、忠诚国君的说教，还要模仿成人试行宫廷的习俗和礼仪，以便养成未来统治者所应具备的言行举止。学生完成学业后还要到政府部门去接受一段时间的业务锻炼，然后再被分派到各个政府部门担任官吏。这类宫廷学校的教育十分严格，经常对儿童进行惩戒和鞭打。

中王国时期，古埃及的中央集权进一步加强，国力强盛，又恢复了对外扩张政策。同时，随着农业和手工业的发展，古埃及出现了铜匠、织工等行业的社会分工，商业和海上运输业也开始得到了发展。政治的繁荣、国力的强盛以及经济的发展，使得古埃及需要大批的官吏，宫廷学校难以满足这种需求，于是政府开设职官学校，招收贵族和官员的子弟，让他

---

① 王天一，等. 外国教育史［M］. 北京：北京师范大学出版社，1993：17.

们在现职官吏的教导下，既受一定的基础训练，又受充分的业务训练，从而造就所需要的职官。

古埃及时期政治强盛、经济繁荣，但其学前教育仍处于萌芽阶段，尽管表现出来对于学前教育的关注，但教育内容简单、教育方法单一。

二、古代希伯来的学前教育

古代希伯来位于现在的西亚地区，为现代犹太人祖先的居住地。希伯来人原住于幼发拉底河畔的吾珥，公元前18世纪末西迁至迦南（Canaan），即今叙利亚至约旦一带。公元前1600年，迦南发生特大饥荒，迫使希伯来人逃荒到埃及。四百多年后，其首领摩西带领全体希伯来人重返迦南。不久后，摩西创立了犹太教。公元前1000年，大卫王建立统一的以色列犹太王国。不久后，分裂为北方的以色列和南方的犹太国。公元前722年，以色列被亚述人所灭；公元前586年，犹太国被新巴比伦吞灭。尼布甲尼撒二世（新巴比伦国王）将犹太国的国王、贵族及一般居民掳至巴比伦，史称这批人为"巴比伦囚徒"。直到公元前538年，希伯来人才得以重返家园。公元70年起，罗马人遣散了希伯来人（即犹太人）。希伯来人从此失去了自己的故土，开始了长达1000多年的流浪。古代希伯来人十分重视教育，以宗教神学为教育核心，以增加其民族凝聚力。其宗教教育无论从方法或内容上而言，都对以后的基督教教育产生了极大的影响。中世纪基督教的形成、发展与犹太教密切相关。

（一）育儿习俗

希伯来人将孩子看作是上帝的恩赐。他们盼望生孩子，尤其渴望生儿子，因为儿子长大后，可以增加财富，扩大家族的规模，并能保持祖传遗产。按照希伯来习俗，婴儿出生后要用盐水擦洗。希伯来人认为这样做可以使孩子健壮结实。希伯来人还习惯将婴儿置于襁褓之中。男婴出生后的第八天必须行割礼（即用刀子割损包皮）。孩子一般由母亲哺乳，3岁时才断奶[①]。

家庭组织形式盛行父权为主的家长制。犹太教经典《摩西十诫》中明文规定妻为夫之财产，受丈夫的严格约束；子女亦须听命于父亲，父训就是法律。希伯来人一般以家庭为子女受教育的场所，父亲既是家庭的祭司，又是子女的教师，一切言行举止必须听命于他。

（二）教育内容

希伯来人以家庭教育为主，教育的内容十分广泛，有民族传说、宗教信仰和祖先的训诫。他们对男孩传授职业技能，对女孩则教导如何成为一名贤妻良母。希伯来人在巴比伦流放期间建立了犹太会堂。公元前538年，他们从巴比伦流放地回到故乡后，由于受巴比伦先进文化的影响及实际需要，在犹太会堂内设立了融幼儿学校与小学为一体的学校。儿童在这里读书、写字和理解一些简单的法律知识。

不管是家庭教育还是后期的学校教育，由于希伯来人视信神为天经地义，故教育仍以培养宗教信仰为最重要的目标。《圣经》（《旧约》）是每个犹太教徒必须诵记的宗教经典，也是希伯来人从小就开始学习的教育经典及核心内容。《圣经》中所记载的最著名的先知以赛亚（Isaiah）主张婴儿断奶时就应开始受教育。犹太哲学家斐诺（Philo，公元前20—公元50年）甚至要求婴儿在襁褓中就应知道上帝是宇宙间唯一的神和创造者。家长主要以可视为

---

① 朱维之. 希伯来文化[M]. 上海：上海社会科学院出版社，2004：118-112.

上帝意旨代表的《圣经》(《旧约》)去教导子女。这种经典学习并不重知识传授,而重宗教信仰和宗教感情的陶冶,是道德的而非理性的训练。

(三) 教育方法

希伯来人的早期家庭教育中,儿童在家庭中享有较高的地位。教育上较注重引导、启发儿童提问和观察事物,注重父子之间的亲密感情和说服感化。但到后期学校教育阶段,教育旨在传授律法知识和宗教理论,在具体教学过程中,教师有时会采取引导或是儿童间互帮互学、相互竞赛的形式进行,但总体上仍注重死记硬背律法条文和《圣经》章句,只重字义,不求甚解。其教学方法可归纳为以下几点:

1. 强调背诵、记忆

教学的最高目的在于使学生丝毫不漏地掌握《圣经》。因此,枯燥、单调的重复朗读、背诵便是唯一的教学法。

2. 主张体罚

希伯来人认为儿童生来愚蠢无知,年轻人本性向往堕落。所以,为让儿童专心学习《圣经》,培养良好习惯,他们主张体罚,对儿童严加管教和约束。有关体罚的字句在《圣经》中比比皆是:"不忍用杖打儿子的是恨恶他,疼爱儿子的随时管教。""杖打和责备能加增智慧,放纵的儿子使父母羞愧。"当体罚无效时,无可奈何之下还可以将儿童置于死地。

3. 理论与实践相结合

学生在道德训练中,不仅要求对律法知识有精深的造诣,而且还要求他们躬行实践,将学到的东西运用在自己的一举一动、一言一行之中。

古代希伯来的教育以教育儿童接受"上帝"为开端。它首先教授给儿童的是抽象、普遍的真理,而非具体、可见的知识。它要求儿童一开始就要服从、信奉、敬畏上帝,而不是其他简单初步的知识。古代希伯来人的早期教育内容狭窄,宗教贯穿于一切知识之中、凌驾于一切之上。

三、古代印度的学前教育

古代印度并不是一个统一的国家,而是今天的南亚次大陆地区许多建立在部落制基础上的小王国。公元前2500年至公元前1500年,位于该地区的达罗毗荼人创造了哈拉巴文化。公元前1500左右,哈拉巴文化衰落,由位于葱岭(今帕米尔高原)的中亚地区的游牧民族雅利安人(欧罗巴人种)征服了土著,在印度创立了更为持久的文明——吠陀文明。吠陀文明后来发展到了婆罗门教文明。吠陀文明和婆罗门教文明是前后相承的一个整体,产生了今日印度人民视为自身文明之源的成果。古代印度的教育以保持种姓压迫和宗教培养为核心,但在婆罗门教时期和佛教兴起时期,学前教育在形式和内容上各具特色。

(一) 婆罗门的学前教育

从公元前1000年到公元前600年,古代印度逐渐形成了一套严格的等级制度,名为种姓制度。它把从事不同分工的人群划分成4个等级(种姓):第一等级是婆罗门,即僧侣。第二等级是刹帝利,即武士。第三等级是吠舍,即农民和从事手工商业的平民。第四等级是首陀罗,即被征服者或奴隶。前两种为高级种姓,能接受教育的也主要是高级种姓。

在婆罗门家庭里,儿童3~5岁时,经过剃度礼,开始在家庭里接受教育。儿童学习内容主要是婆罗门教的经典——《吠陀》经。古代的印度人认为,《吠陀》先是由主传授给这个宇宙而创造的,然后通过古代的先知将永恒的真理传递给世人,再以师徒相传的方式小心谨慎地流传下来。所以,它是一种人类直接听闻上天启示的经验,而不是由任何凡人的思想所完成。

古代印度实行家长制,婆罗门家庭为保证种姓的世袭和尊严,父亲必须在家里悉心指导子女记诵《吠陀》经。《吠陀》经的学习极其困难,所以为避免亵渎主或神灵之嫌,儿童在学习过程中禁止抄写笔录,不准提问,只能死记硬背,直至烂熟于心。而《吠陀》由梵文写成,词义晦涩难懂,其学习的艰巨性可想而知。儿童一般要经过10年学习,方能掌握4部《吠陀》经中的一部。婆罗门家庭的教育从儿童幼年开始,教育内容除教授《吠陀》经外,还有母亲负责其身体养护和传授生活知识、行为规范和风俗习惯。

刹帝利、吠舍种姓子弟虽也有学习《吠陀》经的任务,但学习的时间和数量远远低于婆罗门种姓的子弟,他们花费较多时间跟随父辈学习有关军事、农作、手工等方面的实际知识。至于首陀罗种姓的子弟,则毫无受教育的权利,奴隶主视他们为畜生,把他们当作会说话的工具而已。

(二) 佛教的学前教育

佛教教育在印度教育史上具有重要的地位,其学前教育有家庭教育和寺庙教育之分。公元前6世纪至公元前5世纪,婆罗门教式微,且难以维系社会制度。反婆罗门教思潮之一的佛教应运而生,并逐渐取代婆罗门教成为印度的国教。

佛教为古印度的迦毗罗卫国(今尼泊尔境内)王子乔达摩·悉达多(即释迦牟尼,约公元前566—前486年)所创。佛教教义的核心是:人的生、老、病、死都是苦的,苦的根源在于人有欲望,只要人们消除欲望,忍耐顺从,刻苦修行,才能达到"极乐世界"。它在产生时主要代表了印度四个种姓中属刹帝利和吠舍种姓的一部分人的思想观念,在很大程度上反映了他们的政治、经济利益和主张。佛教(特别是早期佛教)反对婆罗门教的种姓观念,认为人的高低贵贱并不是由于人的出身,而是由于人的行为,出身卑贱的人一样能成为贤人。佛教主张一种平等的观念,即反对婆罗门教的四种姓不平等理论。不过,客观地说,佛教反对种姓间的不平等是有一定限度的,它主要强调无论种姓高低都毫无例外地有权利加入佛教组织,修习佛法。它的种姓平等理论的出发点是为了把佛教的影响扩展到社会的各个阶层中去。

佛教的学前教育一般在家庭里进行,主要让儿童在信仰方面、公德意识的养成方面和良好行为习惯的培养方面,通过耳濡目染初步了解有关知识和内容。例如,父母要求儿童从小定期参加宗教仪式,吟诵简单经文,培养他们对佛祖的崇拜之情;教导儿童慈悲为怀,积德行善,普度众生;要求儿童打坐、早起、生活简朴、乐于吃苦,为自己以后皈依佛法、领受"五戒"①,成为一名在家佛教徒做准备。若有家长想令子女终生为僧为尼,可在儿童8岁时送入寺院或尼庵专心修行。也有五六岁儿童就申请入寺院或尼庵学习的。寺院、尼庵的学习无疑偏重佛教经典、教义,不仅需要天天背诵反省,还需要外出化缘,训练道德品质和言行举止。

古代印度的幼儿教育是与种姓制度和宗教神学密切相关的,其中婆罗门教的学前教育是以维系种姓压迫和培养婆罗门宗教意识为核心任务的,而佛教的学前教育主要以信奉佛祖、

---

① 佛教的五条戒律:戒杀生、戒偷盗、戒妄语、戒奸淫、戒饮酒。

修行守规为基本特征。

第二节　古希腊和古罗马的学前教育

一、古希腊的学前教育

人类最初的文明在西亚的两河流域和埃及的尼罗河流域形成以后，地中海东部地区便在这两大文明的照耀下熠熠生辉，其中爱琴文明尤为杰出。爱琴文明形成以后，爱琴海遂与希腊组成统一的文化区，此即世界历史上著名的古希腊文化区，它是西方文明的源泉。希腊是希腊人对他们所生活居住地区的通称，在古代不是一个国家的名称，最初指传说中希腊人始祖居住的希腊半岛中部偏北地区，后来范围逐步扩大而包括希腊半岛、爱琴海诸岛，乃至泛指所有希腊人聚居之地。通过对东方先进文明遗产的吸收，希腊这个后起的文明得以在巨人的肩上创造出更加卓越的成就。

从公元前8世纪开始，古代希腊在奴隶制形成的过程中出现了数以百计的城邦国家，其中最强大并最有代表性的两个城邦是斯巴达和雅典。由于具体的政治、经济和地理条件等不同，其学前教育也表现出不同的特征。

（一）斯巴达的学前教育

斯巴达位于希腊半岛南端的伯罗奔尼撒半岛，是领土面积最大的希腊城邦之一。传说有一个名叫来库古的伟人约在公元前825—前800年推行改革，逐渐形成了其特有的国家制度。土地国有和奴隶国有制度成为斯巴达经济生活的基础，也决定了斯巴达特殊的阶级结构。约有9 000户的斯巴达公民是奴隶主，每户从国家领得一份土地以及若干耕种此地的奴隶即希洛特人，但土地和希洛特人的所有权属于国家。斯巴达人本身仅是一个小团体，而被其征服后沦为奴隶的希洛特人则有25万。斯巴达的国家制度和生活习俗便始终以镇压希洛特人为首务。

斯巴达教育的全部特征都是由追求军事效率的愿望决定的。为了维持对希洛特人的军事统治，斯巴达人很早就意识到教育与城邦军事目的相一致的极端重要性，并使军事训练成为每个公民应尽的义务。尚武成为斯巴达国家的灵魂并决定了其教育的特质。斯巴达人7岁以后就开始过军营生活。20岁成为正式军人，服兵役直至60岁为止。

教育年青一代被视为斯巴达国家的职责。孩子一生下来，父亲就把他抱到部落长老的面前去检查。如果孩子健康，长老就将其交还给父亲养育，否则就将其抛弃。儿童从一开始就受严格的锻炼，例如，不用被包束婴儿，并注重使儿童养成各种好的生活习惯。在希腊各城邦中，斯巴达的妇女作为出色的保姆和斯巴达的男人作为骁勇的战士一样出名。

满7岁的男孩要离开家庭到军营过艰苦生活，集体睡在自己从河岸边采来的芦苇上，无被褥；12岁以后不穿外衣。同龄人分成小队，挑选勇敢机警者任小队长；由20~30岁的青年担任小队教导员。国家设有总监，由当地最高尚、最优秀的人担任。他们的助手叫作"鞭打者"，负责监督辖区各小队的教导工作。此外，每一个斯巴达公民都有权随时教育、责罚任何一个斯巴达儿童，这被视为每个公民应尽的义务。斯巴达儿童还要高高兴兴地接受鞭打，当作使自己坚强的训练。

斯巴达教育强调集体性的养成，不允许有任何个人意志。"尽管斯巴达教育的结果，总的说来，损毁了个性，但它仍然注意培养少年们在实际事务中的机智和聪明。"① 为培养青少年的机灵和聪明，还鼓励他们去偷窃公共食堂的饭菜和果园的果实充饥，如被抓获，将面临遭毒打或挨饿的惩罚，其目的在于使他们学会勇敢和狡诈。

公育机构对儿童进行一种特殊形式的政治教育。教官或来访者对儿童进行政治谈话，常提出一些政治性的问题，如谁是城里最优秀的人，或问其对某一特别行为有何想法，回答必须简明而有道理，如果回答错了，教导员处以咬大拇指的惩罚。古希腊历史学家色诺芬（Xenophon，约前431—前354年）描述斯巴达的情形时说："从男孩那里比从石像处还难得听到声音，可以说男孩比女孩还要娴静寡言。"②

斯巴达妇女的地位很特殊，并不像希腊其他各地如雅典的有地位的妇女那样与世隔绝。女孩也进行男孩一样的体育锻炼，甚至和男孩子一起赤身裸体地进行锻炼。她们还练习赛跑、角力、掷铁饼和投标枪。不同的是她们不离家过军营生活。国家鼓励多生育。为了培养一个身强力壮的军人，斯巴达立法者决定从根本上做起，认为母亲身体的强弱对胎儿影响颇大。此外，由于男子常年出外远征，妇女在家成为一家之长，受到尊敬。

斯巴达教育在实现造就全心全意为了国家的无敌战士的目标方面无疑是成功的。他们训练了年青一代坚强、不怕苦和服从纪律的品性。但另一方面，文化教育或科学教育都被认为是无意义的事情。国家没有把阅读作为教育的组成部分，文学和艺术在斯巴达的教育体系中没有地位。"斯巴达对希腊思想起过双重的作用：一方面通过现实，一方面通过神话；而两者都是重要的。现实曾使斯巴达人在战争中打败了雅典，神话则影响了柏拉图的政治学说以及后来无数作家的政治学说。"③

（二）雅典的学前教育

雅典位于阿提卡半岛的希腊城邦，面积仅次于斯巴达，有优良的海港、丰富的自然资源、发达的工商业和民主政治。这些都要求雅典公民具有多方面的才能。雅典教育不仅要训练身强力壮的军人，更要培养具有多种才能、能说会辩、善于通商交往的公民，包括政治活动家和商人等。为适应这种需要，在雅典的教育中，除了军事、体育以外，还具有较多的智育成分。随着政治、经济、文化的发展，在雅典人中间，逐渐形成一种身心和谐发展或称体、智、德、美多方面发展的教育理想。雅典人认为这种教育兼顾个性与公民性两方面的要求，只有身心和谐发展的个人才能最好地履行公民的职责。西方教育史家把雅典教育作为进步的希腊教育的最典型的形式。早在公元前7世纪，雅典就有了学校，它们是私人的事业，并非国家所创办。雅典人把它们的教育分为新、旧两个阶段。旧教育时间可以定为公元前6世纪到前5世纪中叶。新教育从公元前5世纪到前338年马其顿征服希腊为止。

雅典的学前儿童教育反映了和谐发展的教育理想。儿童在7岁以前由家庭负责教养。雅典的儿童属于家庭及父母所有。婴儿出生后须被放到父亲脚下，若父亲抱起，则表示认可其为家庭一员，将承担养育之责，否则将被抛弃。婴儿出生后第五天要举行向神灵表示敬意的仪式。仪式通常由奶妈或祖母主持。在仪式过程中，家中的女性成员须怀抱婴儿，在燃烧着的祭坛前绕行几圈。除举行仪式外，还要设宴庆祝，并在门上悬挂标志，让过往行人或邻里知晓。若是女孩，则在门上悬挂羊毛；若是男孩，则悬挂以橄榄树枝制作的王冠。孩子出生

---

① [英]博伊德·金.西方教育史[M].任宝祥，吴元训，译.北京：人民教育出版社，1985：13.
② [英]克里斯普.探索：古希腊史[M].苏扬，等，译.北京：科学普及出版社，2009：164.
③ [英]罗素.西方哲学史（上卷）[M].何兆武，等，译.北京：商务印书馆，2012：131.

第 7 天时，为婴儿取名并再次设宴。第 40 天时，孩子的名字就被注册登记在家族的花名册上。男孩的出生被视为更值得庆贺的事。雅典儿童在襁褓期间通常由母亲或奶妈抚育，断奶后则由家庭女教师照料。

雅典家庭学前教育内容包括听摇篮曲和故事、唱歌、游戏以及礼貌行为习惯的培养等。成人常给幼儿讲述《伊索寓言》、神话及"荷马史诗"中的英雄故事。儿童游戏包括掷骰子、猜单双、玩球以及与小动物嬉戏等。据说在雅典和其他希腊城市流行的游戏达 50 余种之多。雅典幼儿的玩具包括彩陶娃娃、泥制动物、铁环、陀螺、玩具车和拨浪鼓等。7 岁以前，男女幼儿在家庭中享受同样的教育。7 岁后，女孩仍留在家中过幽居的生活，男孩则进入弦琴学校和体操学校学习。

二、古代罗马学前教育

古代罗马在教育史上的地位是学者们争论的一个问题。很多人认为，罗马文明充其量起了一个希腊文化传播者的作用。但事实上，一方面，罗马文化的确是希腊文化的继续；另一方面，罗马在西方教育史上也有自己的重要地位。在吸收、传播和补充希腊学前教育的基础上，古代罗马人发展起具有罗马特色的学前教育。

意大利是古罗马的发祥地。古代罗马的历史分为三个时期：王政时代（公元前 8 世纪—前 6 世纪）、共和时期（公元前 6 世纪—前 1 世纪）和帝国时期（公元前 1 世纪—公元 5 世纪末）。王政时期的教育资料缺乏；共和早期主要是家庭教育；共和后期，在希腊文化的影响下，先是希腊式文法学校，后来是罗马人自己的拉丁文法学校和拉丁修辞学校发展起来；帝国时期逐步建立起一套国家教育行政制度，罗马皇帝以奖励与控制齐头并进的措施使学校教育成为国家的事业。大规模的学校教育实践使罗马人积累了丰富而成熟的教育经验，培养雄辩家的教育理想和教学论思想得到发展。这些构成了古代罗马学前教育发展的社会背景。

（一）共和时期罗马的学前教育

共和早期，罗马以农业作为城邦经济基础。家庭是抚养和教育幼儿的主要场所。古代罗马以父权家长制著称。《十二铜表法》规定，子女乃父母的私有财产，父亲对子女（包括除婚嫁外的成年儿女）有生杀予夺之权；尤其对残疾儿童，出生后应"立即灭绝"①。幼儿出生后，与雅典习俗一样，也要放到父亲脚下，由父亲决定是留养或抛弃。母亲亦须顺从父亲的意志并承担抚育子女的义务。与雅典不同的是，即使在最显赫的罗马家庭，母亲也以亲自抚养自己的孩子为荣。

男孩满 7 岁，父亲成为其真正的教师，男孩在跟随父亲外出工作或参加社会活动中受教育。有些男孩进入学校学习文化知识，女孩则继续留在家里跟随母亲学习纺织羊毛及做家务活。古罗马有早婚习俗，女孩 14 岁即可嫁人并生育后代。据史书记载，在罗马，祖父母等长辈也可承担幼儿教养的义务。父母去世，则可由祖父母等对幼儿进行教养。

有关礼貌及宗教色彩的知识是罗马幼儿教育的内容，常以格言和歌谣形式呈现。加图为教子而编写的《道德格言》流传甚广，不仅当时家喻户晓，对中世纪乃至近代幼儿教育都产生过重要影响。在共和后期，受希腊教育影响，罗马学前教育还增加了希腊语初步知识、简单字母书写等内容，为幼儿进一步学习做准备。

---

① [美]克伯雷. 外国教育史料[M]. 任宝祥，任钟印，译. 武汉：华中师范大学出版社，1991：29.

(二) 罗马帝国时期的学前教育

公元前 30 年，罗马人建立起地跨欧、亚、非的罗马帝国，巨额财富流进罗马。1 世纪末，罗马社会抛弃了勤劳的传统，社会风气日趋淫靡。上层家庭主妇抛弃亲自教子的传统，将婴幼儿交给希腊侍女或奴隶照管。幼儿从小耳闻目睹的是靡靡之音、放纵的举止及穷奢极欲的场面，幼稚心灵难免被毒害。

基督教的兴起对古代罗马学前教育有深刻影响。早期基督教哲学家依据基督教教义及经典将新生婴儿视为有灵魂的人，谴责杀婴，逐渐改变了杀婴或弃婴的陋习。公元 318 年，信奉基督教的罗马皇帝君士坦丁曾发布文书严禁父母杀婴。公元 400 年，罗马尼森宗教会议建立收养弃子孤儿的"乡村之家"。但基督教的一些教义对儿童观有消极影响，如原罪论、赎罪论和禁欲主义等，认为在上帝面前没有人是纯洁无瑕的，即便是刚刚出世的婴儿也不例外①。

第三节 古希腊和古罗马的学前教育思想

在古希腊、古罗马学前教育发展过程中，许多思想家和教育家论述过学前教育的目的、意义、内容和方法。这些见解和主张是对长期学前教育实践经验的总结和理论概括，不仅对当时的学前教育具有重要的指导作用，其中不少精辟的思想，至今仍是学前教育的宝贵财富。

一、柏拉图的学前教育思想

柏拉图（Plato，公元前 427—前 347 年）是古希腊著名的思想家、教育家、哲学家，客观唯心主义的创始人。他出生于奴隶主贵族家庭，自幼受到良好的教育。20 岁时师从著名哲学家苏格拉底，是苏格拉底最得意的弟子之一。苏格拉底去世后，柏拉图曾离开雅典，到麦加拉、埃及和西西里岛等地宣传他的政治主张达 12 年之久，但屡遭挫折。公元前 387 年回到雅典后，创建了阿加德米学园，在那里讲学至逝世为止。他的主要著作《理想国》和《法律篇》比较集中地反映了他的教育学说。他的教育思想是建立在其哲学观和政治观基础之上的。

他的社会政治主张主要反映在建立完美理想国家的蓝图中。他明确提出：一个理想国家应当由三个阶级的人组成，即执政者、军人和农工商。这三种人分别注入了黄金、白银和铜铁，从而呈现"爱智""爱胜"和"爱利"三种心灵特点，并形成智慧、勇敢和节制三种不同品德。智慧者，理性发达，能对国家大事做出正确的谋划，最适宜于成为国家的最高统治者；勇敢者，意志坚强，能御敌卫国，最适宜成为国家的保卫者；节制者，习惯于克制欲望，擅长生产、制造和贩运，理应成为服从哲人和军人统治的劳动者、供养者。这三种人应各司其职，干自己分内的事而不干涉别人分内的事。教育的作用就是为理想国培养各类人才。他主张按能力而不是按出身选拔、培养人才。为此，他构筑了一个从优生、学前教育到成人教育的教育体系②。

---

① [古罗马] 奥古斯丁. 忏悔录 [M]. 周士良, 译. 北京: 商务印书馆, 2010: 10.
② [英] A·E·泰勒. 柏拉图——生平及其著作 [M]. 谢随知, 等, 译. 济南: 山东人民出版社, 2008: 677.

(一) 儿童的优生优选

柏拉图深受斯巴达教育的影响,在总结斯巴达教育实践经验的基础上,他在西方教育史上首次论述了儿童的优生优育问题。他主张任何人都得过集体的公共生活,婚姻的目的是为国家生育优秀的后代;任何个人无婚姻自主权,成人必须由执政者负责选择配偶;国家只允许身体健壮的男女结婚,男子的婚龄为25~55岁,女子的婚龄为22~40岁;合法结婚生育的子女,一出生就要由政府官员进行检验审查,国家只允许养育健壮的新生婴儿,病弱的婴儿则要被抛弃。只有这样,才能保证国民的身体素质一代胜过一代。在重视优生的同时,柏拉图还十分强调优育。柏拉图的优育措施是与他的儿童公育思想联系在一起的。

(二) 儿童公育制度

为了保证儿童优育措施的落实,柏拉图认为在理想国中出生的子女都属于国家所有。国家要统一设置育儿园,由优秀的女仆照管。他还对儿童早期的公育制度做了年龄划分。儿童从出生到3岁前,为第一阶段。在这一阶段,儿童出生后就交给国家特设的育儿园养育,并用摇篮曲、儿歌对婴儿施加良好的教育影响。有乳的母亲可以给婴儿喂乳,但不应让母亲知道哪一个是自己的子女。3~6岁是公育制度的第二个阶段。这时儿童要集中到附设在神庙里的国家儿童游戏场去,由国家指定性格温和的、富有知识的保姆照管抚养,他们将对儿童进行智、德、体、美多方面的教育。具体内容包括:故事、寓言、诗歌、音乐和体育锻炼,并强调寓教于乐,处处给儿童以道德的陶冶。柏拉图是西方历史上第一个提出学前公共教育思想的教育家。

(三) 学前教育的内容和方法

柏拉图提出学前教育的主要内容是做游戏、讲故事、唱歌等。他非常重视音乐对儿童心灵的陶冶作用,指出音乐的节奏与旋律有最强烈的力量,能浸入心灵的最深处,儿童如果受到和谐的音乐教育,心灵就能得到陶冶,性情就能得到调和;如果音乐教育不适合,儿童的心灵就会被丑化。因此,要选择欢快、令人兴奋的歌曲给儿童唱,以培养儿童积极向上的精神,养成良好的行为习惯。

讲故事的目的是要形成将来的卫国者的良好品质,柏拉图因此非常重视故事内容的选择。他说:"早年接受的见解总是根深蒂固不容易更改的,因此,为了培养美德,儿童们最初听到的应该是最优美高尚的故事。"[①] 柏拉图主张,要严格审核故事的创作者及其作品,接受那些编得好的故事,拒绝那些编得不好的故事。他的选择标准是:把那些能够振奋精神、鼓舞斗志、令人积极向上的作品献给孩子们,同时要严格取缔那些战争暴虐、神怪离奇、死难恐怖和贪财枉法的题材。因为,这种描写神与神的拼杀搏斗、相互谋害、残暴报复以及让好人受害、英雄哭泣的故事,损害了神和英雄的形象,儿童在幼年时期若耳濡目染了这一切,就会变成残暴、凶狠、自私、胆怯或狂妄的人。他还十分鼓励"母亲和保姆给孩子们讲那些已经审定的故事,用这些故事铸造他们的心灵,比用手去塑造他们的身体还要仔细"[②]。

柏拉图很重视游戏对儿童发展的作用。他认为儿童的天性是需要游戏的,游戏不仅仅是玩耍和娱乐,同时也是一种道德教育过程。他甚至认为儿童的游戏关系到政体的稳定,因此,必须对儿童游戏的内容进行很好的安排,使游戏的内容与法律和社会秩序一致。为此,

---

① [英] A·E·泰勒. 柏拉图——生平及其著作 [M]. 谢随知,等,译. 济南: 山东人民出版社, 2008: 683.
② [古罗马] 奥古斯丁. 忏悔录 [M]. 周士良,译. 北京: 商务印书馆, 2010: 10.

他主张游戏的方式和玩具不应当轻易变更,要为所有儿童安排同样的游戏,采用同样的游戏方式,使儿童喜欢相同的玩具,养成相同的爱好,从而使儿童形成固定的行为习惯,养成儿童节制、顺从、公道的美德,这将有利于社会秩序的稳定。他的这些论述与游戏的本质是自相矛盾的。

体育也是柏拉图十分重视的教育内容。他认为和谐的教育就是"用体操来训练身体,用音乐来陶冶心灵"[①]。他认为体育与音乐教育必须结合,一个人只受音乐教育而忽视体育训练往往会变得精神萎靡,难有成就;而只从事体育运动忽视音乐教育的人可能会变成四肢发达、头脑简单、行为粗鲁的人。他还提出儿童的饮食要适当,生活要有规律,睡眠要充足但不宜过多。

在道德行为习惯的养成方面,柏拉图不仅强调了"知"的作用,而且指出在教育的初期通过行动或实践来培养儿童良好的习惯尤为重要。他说:"实践做好事能养成美德,实践做丑事能养成邪恶。"[②] 他根据儿童喜欢模仿的特点要求引导儿童从小模仿那些勇敢、节制、虔诚、自由的人物。从小到老一生连续模仿最终将养成习惯,变成人的第二天性。

柏拉图是西方学前教育思想的奠基人。他对学前教育诸多问题的论述开启了西方人对学前教育的理论思考,他的研究为后世学前教育的发展提供了思路。当然,他的理论中也有许多神秘、保守、落后的观点,这是我们应该摒弃的。

二、亚里士多德的学前教育思想

亚里士多德(Aristotle,公元前 384—前 322 年)是古希腊最著名的哲学家,也是一位博学的思想家、科学家、教育家。他出生在古希腊属地色雷斯,其父是马其顿国王的御医。亚里士多德从小受到良好的贵族教育。17 岁时到雅典的阿加德米学园学习,师从柏拉图 20 年。柏拉图去世后,他离开学园周游各地。公元前 343 年,亚里士多德担任了马其顿王子亚历山大的教师。公元前 335 年回到雅典,并在阿波罗神庙旁创建了吕克昂学园。学园内有图书馆、动物园、植物园、实验室等,吕克昂也成为古希腊科学发展的中心之一。他在学园亲自讲授哲学等学科达 13 年之久。公元前 323 年,亚历山大暴死,亚里士多德逃离雅典,次年去世。

亚里士多德一生涉足了众多的科学领域,建树颇丰。《政治学》和《伦理学》两部著作集中阐述了他的教育思想。

(一)论教育的年龄分期

亚里士多德关于教育的年龄分期思想主要基于其灵魂论观点。他把人的灵魂分为两部分,即理性灵魂和非理性灵魂。非理性灵魂又包括两部分,即植物灵魂和动物灵魂。他认为灵魂的成长是有先后顺序的,最先成长的是植物灵魂,这是灵魂中最低级的部分,它的功能主要表现在营养、发育、繁殖、生长等生理方面。其次成长的是动物灵魂,它的功能主要表现为本能、感觉、情感和欲望等方面。最后成长的是理性灵魂,这是灵魂的高级部分,它的功能主要表现在认识与思维方面。人的灵魂是这三部分的统一体。他说:"如果既是营养的,又是感觉的,并且是理性的,那就是人的灵魂。"[③] 在人的灵魂这些组成部分中,植物

---

① [古希腊]柏拉图. 理想国[M]. 谢善元,译. 上海:上海译文出版社,2016:174.
② [古希腊]柏拉图. 理想国[M]. 谢善元,译. 上海:上海译文出版社,2016:98.
③ [古希腊]亚里士多德. 政治学[M]. 吴寿彭,译. 北京:商务印书馆,2014:396.

灵魂与理性灵魂不相干，动物灵魂即感觉的、欲望的灵魂，它的天性中有反理性倾向，与理性相矛盾、对抗，但它也有可能具有理性，特别是能自制的人更是如此。灵魂的三个部分若能在理性的领导下和谐共存，人就成为人。与这三种灵魂相一致，为了发展人的灵魂，应当实施与它们相一致的三种教育，即体育、德育、智育，并应根据灵魂成长的次序，依次实施这三种教育。

他的灵魂论思想在教育理论上有重要意义。他肯定了人是动物界的一部分，人身上也有动物性的东西，它是与生俱来的。植物灵魂和动物灵魂都应当得到发展，它们是理性灵魂发展的基础。同时，人又高于动物：能否用理性领导欲望，使欲望服从理性，是人与动物的根本区别。因此，发展人的理性，使人超越于动物的水平，上升为真正的人，这就是教育特别是德育的任务。他的灵魂成长是有顺序的思想，成为其教育适应自然原则的主要内容。实际上，这一思想是强调在人的不同发展阶段有不同的发展重点，教育应当根据人的发展阶段来决定这一思想。亚里士多德在研究了青少年身心发展特点的基础上，首次提出按照儿童的年龄划分受教育阶段，并根据不同的教育阶段对儿童实施不同的教育内容，完成不同的教育任务。这一思想集中体现在他的教育适应自然的原则中。他把儿童的教育分为以下三个时期：

（1）0～7岁，是学前教育时期。这一时期教育的主要任务是使儿童的身体正常地发育。身体的发展应先于心灵的发展。婴儿出生后，应吃含乳分最高的食物，应有适合于其年龄的运动，在幼年时习惯寒冷，但这种锻炼应是渐进的。在五岁以前，不应要求儿童学习课业或工作，以免妨碍其发育。应鼓励儿童游戏，但要避免鄙俗的游戏，对给儿童讲解的故事或神话要加以选择。

（2）7～14岁，是儿童"进入正规的集体教育"阶段。教育的任务在于使儿童掌握读、写、算的基本知识与技能，并进行体操训练与音乐教育。

（3）14～21岁，这个时期教育的主要任务在于发展学生的理性灵魂。

（二）论学前儿童健康教育

增进儿童的健康和体质是学前教育阶段的主要任务。为此，亚里士多德指出，为了培养健康的下一代，应当实行优生，孕妇应当注重保健。他要求以法律来规定婚配制度，保证在最适宜于生育的年龄生育下一代。已婚夫妇要经常学习生育知识。孕妇要注意自己的身体，经常进行运动，但不宜过于劳累，而且孕妇的食物要有营养，要保持宁静的情绪。营养也是健康的保证。亚里士多德特别注意儿童的营养问题。他认为，婴儿出生以后，食物对他们的体力影响很大，应当让婴儿多吃一些含乳食物。因此，他要求母亲亲自哺乳，这样更能满足婴儿的营养需要。为了增进儿童的健康，他要求及时地引导他们做些适宜于肢体发育的活动。他认为，应让儿童从小习惯于寒冷，衣服要穿得宽松一些，不要穿得太多。婴幼儿的啼哭也不必禁止。应及早培养儿童的好习惯，但他们的身体锻炼要适量，不能让他们过度疲劳。

亚里士多德认为，5岁前不能教儿童学习任何功课，他们的活动应是游戏和听故事。他说："从婴孩期末到5岁止的儿童期内，为避免对他们身心的发育有所妨碍，不可教他们任何功课，或从事任何强迫的劳作。"[①] 游戏是有益的，儿童应当玩游戏，儿童游戏大部分应当是他们将来要认真从事的事业的模仿。儿童在5～7岁这一阶段可以旁观成人正在从事的

---

① ［古希腊］亚里士多德. 政治学 [M]. 吴寿彭，译. 北京：商务印书馆，2014：405.

各种工作。7岁以后,则进入正规学习的阶段。亚里士多德也非常强调环境对学前儿童心理健康成长的影响,认为环境对儿童性格的形成至关重要,任何卑鄙的见闻都可能导致儿童的不良习惯。他强调不要使儿童听污秽的语言,也不允许他们看秽亵的图画或戏剧表演,因为,他们对最初接触到的事物往往会留下深刻的印象。所以,务必将儿童隔离于任何下流的事物之外,凡能引致邪恶和恶毒性情的各种表演都应加以慎防,不能让儿童耳濡目染。立法者要负责在全城邦杜绝一切秽亵的语言,应该规定儿童可以看哪些戏剧。这些措施都体现了亚里士多德对学前儿童身心发展的高度重视。

亚里士多德在总结斯巴达和雅典的学前教育经验的基础上,对0~7岁的儿童教育进行了全面的论述。他所提出的教育适应自然的思想和对儿童教育阶段的划分是建立在他对儿童的生理和心理特点的观察和分析的基础上的。他对0~7岁儿童的健康教育无比重视,对促进学前儿童的身心健康提出了许多有价值的建议。他把儿童身体的健康作为其心理发展的前提,这一思想是非常宝贵的。他也意识到了环境对于学前儿童心理健康的巨大影响,要求为儿童创设一个纯洁的、健康的教育环境。亚里士多德的学前教育思想把古代学前教育理论推向了一个新的高度,对西方后世学前教育理论和实践有着深远的影响。

三、昆体良的学前教育思想

昆体良(Quintilianus,公元35—95年)是古罗马著名的雄辩家和教育家。他出生于西班牙,在罗马受过雄辩术教育,后来又在罗马从事过多年的教育工作。当时,培养雄辩家仍是教育的主要任务,昆体良在总结罗马教育实际情况的基础上,写出了《雄辩术原理》一书。此书汇集了昆体良的教育思想。书的手稿遗失达1 400多年之久,直到1415年才被发现。这一著作成为欧洲文艺复兴时期人们重新认识古希腊、古罗马教育的重要线索。

(一) 论早期教育

在昆体良看来,凡是儿童应当学习的东西就应该早点开始学,早期年龄阶段的光阴不要浪费掉。"七岁以前的收获无论怎样微小,为什么就要轻视它呢?诚然,七岁以前学习的东西无论怎么少,有了这个基础,到了七岁就可以学些程度更深的东西,否则到了七岁还只能从最简单的东西学起。"① 他认为未来雄辩家的培养和教育是伴随着婴儿的出生而开始的。昆体良还从儿童心理和生理方面强调学前教育的必要性。他说:"愈是年纪小,头脑就愈易于接受小事情……儿童时期的记忆甚至更加牢固。正因为如此,就更没有借口浪费早期年龄的光阴。"② 昆体良提出的对儿童及早施教的思想是非常可贵的。

不过在强调及早教育儿童的同时,昆体良告诫人们要防止两种极端的倾向:第一,不要让儿童在还不能热爱学习的时候就厌恶学习,视学习为苦事,以至于在童年过去以后还对初次尝过的苦心有余悸。第二,要使最初的教育成为一种娱乐。为此,要向学生提出问题,对他们的回答给予赞扬,绝不要让他们以不知道为快乐。如果他不愿意学习,有时要让他和其他孩子比赛,用那个年龄所珍视的奖励去鼓励他在竞赛中获胜。总之,昆体良不主张在儿童尚柔弱的学前阶段使儿童负担过重。

(二) 论学前儿童语言教育

在学前教育的内容方面,昆体良在历史上第一次提出了双语教育问题。双语是指希腊语

---

① [古罗马] 昆体良. 昆体良教育论著选 [M]. 任钟印, 译. 北京: 人民教育出版社, 2001: 14.
② [古罗马] 昆体良. 昆体良教育论著选 [M]. 任钟印, 译. 北京: 人民教育出版社, 2001: 15.

和拉丁语。由于罗马文化和希腊文化的渊源,所以他希望儿童先学习希腊语,奠定一定基础后,接下来再学习罗马通用语言——拉丁语,然后两种语言的学习同时并进。昆体良主张教儿童认识字母、书写和阅读。他详细论述了语言学习的具体方法:认识字母应同时教形状和名称,可以将刻有字母的象牙人像给孩子当玩具玩;当儿童开始写字母的形状时,可将字母尽可能正确地刻在木板上,指导孩子用铁笔沿着笔画的勾纹去写,这样他们就不会出错误,如同在蜡版上写一样。通过这种迅速而准确的经常性摹写,儿童的手腕就习惯了,用不着别人把着手去教。

昆体良十分强调书法的重要性。他说:"书法本身就是一种最基本的学问,它是获得根基深厚的专业特长的源泉之一。写得太慢了延碍思维,粗糙而错乱的字迹不能阅读。"[①] 他提出阅读首先要求正确,然后才要求连贯。他说不要急于要求学生读得连贯、读得迅速。读得太快了会给学生的阅读造成难以置信的障碍,由此而产生口吃、中断和重复,因为学生力不从心,而一旦出现错误,他们就会对已经学会的东西失去信心。所以,在很长一段时间内要读得很慢,直到通过练习读得迅速而又准确。为了使儿童发音更完善,口齿更清晰,也可以要求这个年龄的孩子以最快的速度朗读由许多音节组成的难字、难句。应在幼年时期就注意纠正儿童发音上的错误,以免积习难改。

(三) 论学前儿童教育方法

昆体良在教育理论方面的主要贡献是对教学法的论述。他提出儿童的学习要劳逸结合,学习与休息相间,要防止儿童疲劳过度,负担过重。他说:"对于一切儿童都应当允许他们有些休息,这不仅仅是因为没有什么东西能经受持久的劳累,而且因为专心致志的学习有赖于学生的意愿,而意愿是不能通过强制得到的。"[②] 如果儿童的精力和精神因休息而得到恢复,他就能以更旺盛的力量和更清晰的头脑进行学习,而这种力量通常是不能用强迫得到的。同时他还提出,为防止儿童学习负担过重,应考虑儿童的接受能力。他举例说:"正如紧口瓶子不能容受一下子大量流进的液体,却能为慢慢地甚至一滴一滴地灌进的液体所填满,他们远远不能理解的东西是不能进入他们的头脑的,因为头脑还没有成熟到能容受它们。"[③]

昆体良十分重视儿童的游戏活动。他说:"我不会因为学生爱好游戏而感到不高兴,那是天性活泼的标志;那种总是迟钝麻木、没精打采的,甚至对那个年龄所应有的激动也漠然无动于衷的学生,我是不指望他能热心学习的。"[④] 在游戏活动中,儿童的道德品质也能毫无保留地按照本来面目表现出来。在游戏活动的组织安排上,他主张寓发展智力和培养德行于游戏之中。在他看来游戏和娱乐有助于发展敏锐的智力。他要求教师充分利用游戏这一儿童喜爱的活动形式,把它变成既是一种娱乐,也是一种学习,又是一种教育的活动形式。

昆体良还论述了因材施教的思想。他要求教师必须仔细地观察儿童,了解儿童的能力和天赋素质,从而根据儿童的不同特点采取不同的教育方法,长善救失;还要善于使每个儿童在他最有才能的方面得到进步,扬长避短。他说:"善于精细地观察学生能力的差异,弄清

---

① [古罗马] 昆体良. 昆体良教育论著选 [M]. 任钟印, 译. 北京: 人民教育出版社, 2001: 16.
② [古罗马] 昆体良. 昆体良教育论著选 [M]. 任钟印, 译. 北京: 人民教育出版社, 2001: 26.
③ [古罗马] 昆体良. 昆体良教育论著选 [M]. 任钟印, 译. 北京: 人民教育出版社, 2001: 23.
④ [古罗马] 昆体良. 昆体良教育论著选 [M]. 任钟印, 译. 北京: 人民教育出版社, 2001: 15.

每个学生的天性的特殊倾向,人们通常认为这是优秀教师的标志之一。"① 教学要能培植个人的天赋特长,要沿着学生的自然倾向,最有效地发展他的能力。自然倾向如果辅以精心的培养就能获得更大的力量。儿童的天性应该受到重视,但天性缺少的东西也应该得到弥补。

昆体良竭力反对儿童教育中的体罚现象。他认为体罚是一种残忍的行为,是一种凌辱,他是无论如何也不赞成的。如果孩子的倾向卑劣到不能以申斥矫正,他对体罚也会习以为常。他说:"当你用鞭挞强迫儿童以后,待他到了青年时期,这种恐吓手段已经不能再用,而他又有更困难的功课要学习的时候,你又如何对付他呢?"② 如果有人经常跟在他身边监督他勤奋学习,这样的惩罚就完全没有必要。体罚会使儿童心情沮丧、压抑,使他不敢见人,经常感到抑郁。所以昆体良抗议说:"对于如此纤弱、如此无力抗拒虐待的幼儿,任何人都不允许滥用权威。"③

昆体良继柏拉图、亚里士多德之后详细而深入地探讨了学前教育问题。他对早期教育的重视,对儿童学习能力的信心以及对儿童语言发展的关注和对学前教育的科学方法的建议,至今仍是学前教育理论的宝贵财富。

第四节 西欧中世纪的学前教育

公元476年,西罗马帝国灭亡,西欧从此进入了封建社会。公元5世纪末至14世纪文艺复兴之前的这段历史被称为中世纪。西欧中世纪是在罗马帝国的废墟之上,由文明程度很低的外来"蛮族"建立起来的。由于战争的破坏、占领者文化的落后及其对古希腊、古罗马文化遗产的排斥,西欧的文化大幅度下降,宗教和僧侣垄断了政治、经济和文化。同时,西欧的封建贵族和教会内部逐渐形成了一个严格的等级结构。在上述背景下,中世纪的西欧教育烙上了浓厚的宗教性和明显的等级性。学前教育也是如此。

一、中世纪的儿童观

(一) 原罪论的儿童观

中世纪,基督教会的宗教成为维护欧洲封建社会形态的精神支柱。教会在思想意识上大力提倡原罪说及禁欲主义等。为了让人们相信原罪说、禁欲主义的荒唐说教,为了使上帝的神话成为人们的信仰,基督教鼓吹儿童是带"原罪"来到人世的,故生来性恶,人人必须历经苦难生活的磨难,不断赎罪,才能净化灵魂。为得到未来天堂的幸福,人人应当听从教会的训诫,常年敬畏上帝,实行禁欲。在中世纪教会兴办孤儿院、收留弃婴的原因之一就是帮助儿童赎罪。

以性恶论及禁欲主义为依据,教会对崇尚和谐发展的雅典文化教育,持敌视态度。教会学校中,宗教居于所有学科之上,儿童从小就要盲信、盲从圣书和教师的权威,不允许有任何自主性和独立意识的流露。教会要求摧残肉体以使灵魂得救,声称"不可不管教孩童,你要用杖打他,就可以救他的灵魂免下地狱",应当从幼年起就抑制儿童嬉笑欢闹、游戏娱乐的愿望,并采取严厉措施来制止这类表现。儿童活泼灿烂的童年被扼杀,戒尺、棍棒成了

---

① [古罗马]昆体良.昆体良教育论著选[M].任钟印,译.北京:人民教育出版社,2001:87.
② [古罗马]昆体良.昆体良教育论著选[M].任钟印,译.北京:人民教育出版社,2001:27.
③ [古罗马]昆体良.昆体良教育论著选[M].任钟印,译.北京:人民教育出版社,2001:15.

中世纪学校不可缺少的工具，对儿童的约束与惩戒就成了中世纪学前教育的重要特征。在教育中体罚盛行，体育完全被取消了。

（二）预成论的儿童观

由于中世纪自然科学的落后和成人的自我中心，人们不愿对儿童的特点给予更多关注等原因，人们沿袭了源自古代预成论的儿童观。预成论认为：当妇女受孕时，一种极小的、完全成形的人就被植于精子或卵子中，人在创造的一瞬间就形成了。儿童是作为一个已经制造好了的小型成年人降生到世界上来的，儿童与成人的区别仅是身体大小、知识多少的不同而已。因此在社会上，儿童被看成小大人，一旦能行走和说话，就可以加入成人社会，玩同样的游戏，穿同样的服饰，例如，小男孩即要求穿骑士服，佩带宝剑，犹如成年男子的装束；小女孩则要求浓妆艳抹，穿拖地长裙，打扮得像贵妇人。他们被要求有与成人同样的行为举止。按照预成论的观点，儿童与成人不应有重要区别，从幼儿开始，儿童的身体和个性已经成人化了。在这一观点的影响下，欧洲14世纪以前的绘画，总是不变地以成年人的身体比例和面部特点来画儿童肖像。

显然，预成论否认儿童与成人在身心特点上的差异，也否认了儿童身心发展的节律性、阶段性。由于受预成论的影响，人们无论是在社会教育还是家庭教育中，都忽视儿童的身心特点，忽视儿童的爱好及需要，对儿童的要求整齐划一，方法简单粗暴。一位中国学者曾指出中国的传统教育的类似情况，说由于"小儿也只是父母的所有品，又不认他是一个未长成的人，却当他作具体而微的成人，因此，又不知演了多少家庭的与教育的悲剧"①。

二、基督教会的学前教育

基督教会的学前教育是西欧中世纪儿童必须接受的早期教育。中世纪时期的教育，基督教会居于独尊地位，不允许一般的世俗学校存在。教堂是唯一的知识源地，教士是掌握知识之人。因为一切知识都来自"神启"，一切真理都来自《圣经》，所以教育的主要目的就是使受教育者虔信上帝、熟读《圣经》，以求做一个合格的基督徒，教育方法则简单、粗暴，以体罚为主。在基督教世界里，学前教育的主要措施大致如下：

（一）接受"洗礼"

"洗礼"为基督教的重要仪式。教会以"洗礼"来说明罪人因相信耶稣为救主，而内心被圣灵洁净，罪恶得以赦免，成为属于基督的人。儿童出生后的第一件事，就是要参加神父主持的"洗礼"或"浸礼"。

（二）灌输宗教意识

当孩子稍能懂事时，父母就向他们灌输诸如儿童生下来就是一个犯有原罪的人，人生来就要准备经受无穷的苦难，学会如何忍耐服从、逆来顺受；宣扬天下人都是上帝的子民；圣父、圣灵、圣子是三位一体的主；笃信上帝是全能的、仁慈的；一个人只要虔诚地信仰上帝，死后灵魂就可得救，即升入天堂。

（三）参加圣事礼仪

儿童要随父母参加教会组织的各项圣事活动，这些活动将伴随终生。如参加主日的祈

---

① 周作人. 人的文学 [J]. 新青年, 1918 (5).

祷、读经、唱诗、听布道等，有时也欣赏教会音乐，以陶冶其宗教情感和增强对上帝的信仰。

（四）度过宗教节日

儿童跟随家长到教堂或在家里过各种宗教节日，如圣诞节、万圣节、复活节等，从中萌生对宗教的好感，确信人的最大幸福就是爱上帝、爱他人，领受所谓圣灵无所不为、无所不能、全智全能的神秘感。

三、封建贵族的学前教育

西欧封建贵族的学前教育一般分为两类：

（一）王室宫廷的早期教育

这是一类专为王室儿童实施的宫廷教育，参加宫廷学校学习的只是皇室儿童和极少数机要大臣的子弟。公元467年，西罗马帝国灭亡之后，约经过3个世纪的征战兼并，西欧出现了一个强大的法兰克王国加洛林王朝。法兰克人原属游牧民族，英勇善战，但文化素质甚低，即使在上层王室贵族中习文识字者也不甚多。面对疆域扩展但政务繁多，单凭勇猛和武力已不足取时，最高统治者不得不着手培养人才。所以中世纪时期，有些封建君主也重视教育并从王室儿童的学前教育抓起。如八世纪后期的查理曼大帝时期，为了培育王室的后代，专门在王宫内开设了一所教育王室儿童（包括幼儿在内）的学校。有些宫廷教师经过摸索，并吸取了古代（如苏格拉底及其他智者）的教学经验，在教学中采用了问答法。下面是查理曼的儿子与教师阿尔琴的一段对话：

问：太阳是什么？
答：宇宙的光辉，天空的美丽，白昼的光荣，时间的分配人。
问：月亮是什么？
答：夜的眼，露的施者，风暴的先知。
问：星是什么？
答：天顶的图画，水手的导航者，夜的装饰。
问：雨是什么？
答：地球之库，果实之母。
问：雾是什么？
答：白昼的夜，视力的劳作。
问：风是什么？
答：空气的骚动，水的动乱，土的干涸……①

通过以上的问答，儿童学到不少作为未来统治者所必需的有关自然和社会的知识以及某些粗浅的哲理。这种教法堪称中世纪儿童教育中少有的亮点。总体上，宫廷学校的学习科目和当时的教会学校一样，主要学习"七艺"即七门课程：文法、修辞、辩证法、音乐、算术、几何、天文学，内容是作为未来统治者所必需的自然和社会的知识以及某些粗浅的哲理。

（二）骑士的早期教育

骑士是欧洲封建贵族阶层中最低的等级。骑士既需保卫和扩张封建庄园，还要进行竞技

---

① [美] 克伯雷. 外国教育史料 [M]. 任宝祥，任钟印，译. 武汉：华中师范大学出版社，1991：101.

格斗，以示对教会和封建主无限忠诚。骑士教育是集封建思想意识的熏陶与军事体育训练于一体的一种特殊形式的家庭教育。一名骑士的训练和养成要经历三个阶段：①出生到七岁为家庭教育阶段；②7~14岁为侍童教育阶段，即贵族之家按其等级将男孩送入更高一级贵族的家中充当侍童，侍奉主人和贵妇；③14~21岁为侍从教育阶段，重点是学习"骑士七技"①。这是除王室儿童外，每个封建贵族子弟都必须接受或经历的必修课。

在第一阶段，即骑士的学前期的教育，都是在自己的家里完成的，父母扮演教师角色。在骑士家庭的学前教育中，宗教意识的熏陶占有重要地位。因为，训练骑士的首要标准就是虔敬上帝，听命于教会，甘为宗教而献身，树立这些观念必须从幼年抓起。母亲从儿童懂事起便开始灌输宗教神学的初步观念，随着儿童年龄的增长，父母还安排他们参加一些宗教仪式和节日活动，加深他们对宗教的情感。其次，在道德品质教育方面，父母以身作则对封建主忠心耿耿，教育孩子从小树立"忠君爱国"之心，以便成年后能坚定地效命于国王和上一级封建主；此外，还要儿童仿效雅士贵妇，懂得礼节，谈吐文雅，举止得体。最后，为了能够纵横厮杀、克敌制胜，骑士必须具有健壮的体魄，而从小的养护是关键所在。母亲十分注重儿童的合理饮食、适宜锻炼、作息制度和生活习惯等。骑士虽然有接受教育的机会和条件，但在骑士早期阶段的教育中，由于轻视文化知识的学习，因此，许多骑士目不识丁，更有甚者在成人后，仍不会签自己的名字。

西欧中世纪的学前教育，不论是宫廷学校还是骑士教育，都带有鲜明的宗教性和等级性，这正反映出在基督教至尊的背景下，畏神禁欲的教育特色以及为封建统治阶级服务的性质。它导致对儿童的严苛，忽视儿童的身心特点，人们只按照儿童所处的社会地位而实施不同的教育。

本章小结

东方各国进入奴隶社会后，社会结构、家庭结构和生产关系都发生了巨大变化，与此相对应，学前教育在教育性质、教育内容、教育方法等方面与原始社会有了根本的不同。西方各国中，古希腊重视幼儿的体质，对新生儿优存劣汰，母亲在学前教育中发挥了重要作用；古罗马的学前教育大多在家庭中进行，父母承担着重要的教育职责。这一时期具有代表性的学前教育思想来自柏拉图、亚里士多德和昆体良，他们的很多观点在学前教育史上具有开创性的意义。西欧中世纪流行原罪论和预成论的儿童观，学前儿童成为"赎罪的羔羊"。

扩展阅读

孔子与亚里士多德"中庸"思想之教育培养目标的比较

孔子反对奴隶主上层贵族垄断政治和教育的现象，提出了"有教无类"的口号，主张只要愿意学习的人，不管地位高低，都可做他的学生。通过教育，学生学习到"修己""安人"的中庸之道，从而成为统治者。所以"学而优则仕"即是教育的培养目标。为把学生培养成为"文、行、忠、信"的人才，即既有美德又有智慧的人，孔子的教育内容包括《六经》——《诗》《书》《礼》《乐》《易》《春秋》，六艺——礼、乐、射、御、书、数。从教育内容看，孔子提倡的是全面发展的和谐教育。

---

① 骑士七技：骑马、游泳、投枪、击剑、打猎、弈棋、吟诗。

亚里士多德认为，民主政体国家的所有公民都有权参与治理国家，当他们成年时，就要求他们行使这种权利。在最理想的国家中，只有那些有地位而又受过良好教育并有能力在政府中任职的人才算是公民。因此，亚里士多德像柏拉图一样，非常赞赏斯巴达人的教育体制，认为国家的主要职能是教育。教育的培养目标是发展儿童的理性和美德。根据人的灵魂由植物灵魂、动物灵魂、理性灵魂三部分构成的认识，他提出对儿童进行体、德、智、美的和谐教育。

孔子和亚里士多德虽然提倡进行全面和谐发展的教育，但是孔子提出教育是培养统治者，使学生学会以礼治国，所以礼乐是教育的核心内容，教育面向想做"士"的人实施。亚里士多德从其民主政治出发，认为所有公民都要受教育，不管他们是否会成为统治者，只要他有权参与国家治理，就应该把他们培养成全面和谐发展的人。从这点来看，亚里士多德提出的和谐教育涉及面更广一些。

（节选自戴莉. 孔子和亚里士多德的"中庸"思想与儿童教育主张的比较［J］. 中华女子学院学报，2001（5）.）

同步测试

一、填空题

1. 为了教育皇子、皇孙和贵族子弟，在公元前2500年左右，古代埃及建立了_____。
2. 古代希伯来人以_____为主，教育的内容十分广泛。
3. 在婆罗门家庭里，古代印度儿童学习的内容主要是婆罗门教的经典——_____经。
4. 古代罗马的历史分为三个时期：_____、_____和_____。
5. _____是欧洲封建贵族阶层中最低的等级。

二、名词解释

骑士教育

三、简答题

1. 古代希伯来人早期家庭教育的教学方法主要有哪些？
2. 试比较古希腊斯巴达和雅典学前教育的异同。
3. 简述柏拉图的学前教育思想。
4. 简述亚里士多德的学前教育思想。
5. 简述昆体良的学前教育思想。

第七章

文艺复兴时期的学前教育

学习目标

1. 认识文艺复兴运动对欧洲学前教育发展的深刻影响。
2. 了解人文主义学前教育思想的一般特征。
3. 系统了解夸美纽斯的学前教育理论及其地位和影响。

内容提要

文艺复兴时期是近代学前教育的开端。文艺复兴运动的重大意义在于改变了人们对现世生活的态度以适应新的时代的到来。文艺复兴时期的人文主义教育家和思想家批判了性恶论，把儿童视为应当得到成人照顾的自然生物，重新提出了身心全面发展的培养目标和塑造新人的教育理想，注意儿童身心发展的一般规律和个别差异，强调体育和游戏的重要意义，重视家庭教育，重视儿童兴趣的启发。夸美纽斯系统论述了学前教育，对后世西方学前教育的发展有重要影响。

关键术语

文艺复兴　人文主义　夸美纽斯

第一节　文艺复兴与人文主义教育

在中世纪基督教神学的严密禁锢下，古希腊、罗马的文化被埋没了近千年。自14世纪开始到16世纪，在沉寂良久的欧洲大地上，掀起了一个以搜集、整理、研究古希腊、古罗马文化的热潮。它以疾风暴雨之势，砸开了禁锢古希腊、古罗马的文化的枷锁，把欧洲的学术文化思想推向了一个繁荣的时代。

一、人文主义的特征及教育观念的转变

"文艺复兴"原意指人文学科的"复兴"。基本含义有二：一是指古希腊、古罗马文化的复兴。二是指人类精神的觉醒，反抗中世纪的精神桎梏，追求人的个性的圆满发展。文艺复兴运动实质上是新兴资产阶级在意识形态领域掀起的一场反封建、反教会的伟大思想文化

运动。

文艺复兴首先产生于意大利，从学术思想上涉及艺术、文学、教育、哲学各个方面，其指导思想是人文主义。人文主义是一种崇尚现实、崇拜人生，反对来世观念，以世俗的人为中心的世界观；提倡以"人性"反对"神性"，以"人权"反对"神权"，以"人道"反对"神道"；主张个性解放、个性自由、个人幸福，尊重人的价值，反对禁欲主义，反对压抑；宣扬个人是生活的创造者和享受者。显然，它是和基督教对立的一种世界观。

在中世纪，教会和封建主都把儿童看作是赎罪的羔羊，压制摧残他们的身心，向儿童灌输宗教意识，麻醉和禁锢儿童的头脑。人文主义的新教育则提出儿童是正在成长和发展的新人，父母要热爱儿童，为儿童创造良好的家庭教育环境，让儿童自然地、愉快地、健康地成长，强调通过智育、体育、美育和道德教育来培养儿童的完美精神和高尚情操。在教育原则和教育方法方面，人文主义强调环境的陶冶作用，主张建立优美的校舍，变基督教阴森的学府为舒适的学习乐园；强调尊重儿童天性，顺应儿童身心发展的特征，考虑儿童的个别差异；强调教师的言传身教和以身作则，师生之间保持自然协调的关系；主张教学运用直观教具，向大自然学习；反对压抑个性，主张减少体罚，甚至取消体罚；注重兴趣引导，提倡发挥体育和游戏对儿童的重要意义。以上这些思想，相对中世纪前期的教育无疑是一个重大进步，并深刻影响到后来的教育。

二、人文主义教育家论儿童教育

（一）伊拉斯谟论儿童教育

伊拉斯谟（Erasmus，1469—1536年）出生于尼德兰，是文艺复兴时期著名的人文主义学者、教育家。他从小受到良好的教育，在巴黎大学受到人文主义的影响，后游历欧洲，一生都致力于人文主义的宣传。他还对古典文献有独特的研究，教育思想深受昆体良的影响。伊拉斯谟的重要幼教著作《幼儿教育论》（1529）探讨了幼儿教育中的诸多问题。此外，他的《愚人颂》（1509）、《一个基督教王子的教育》（1516）等主要作品中也有不少地方涉及幼儿教育。

1. 论教育的目的、任务

伊拉斯谟认为人并非生而为人，要成为人，必须通过教养、理性、道德的规范和约束。在他看来，教育的目的融合在道德目的中，即培养"善良"的人。教育的任务则是在年轻人头脑里播下虔诚的种子，认真学习自由学科，掌握基本礼仪，为生活做好准备。

2. 论教育的作用及环境的重要性

伊拉斯谟深信教育对于改造社会和改造人性发挥着重要作用。他指出，教育无论是对于国家、君王还是平民百姓，都是极其重要的。一个国家要想治理得好，有赖于君王贤明，而一个贤明君王的培养，则有赖于教育。此外，他还呼吁国家担负起教育年轻二代的重任。他说："一个国家的主要希望，在于它对青年的适当的教育。"[①] 他引用柏拉图的话来说明教育的巨大影响："一个受过正当训练的人，发展成为一种神圣的动物，而另一方面，一个受到错误训练的人，堕落成为一种畸形的野兽。"[②] 他提出影响儿童成长的三个因素：自然（儿

---

① ［英］博伊德·金. 西方教育史［M］. 任宝祥，吴元训，译. 北京：人民教育出版社，1985：175.
② 同上.

童的天赋)、教导和练习,并指出后两者乃是起主导作用的。伊拉斯谟认为人的先天禀赋不同,但任何人都是可教育的。教育对于人的作用不可低估。

伊拉斯谟非常重视环境对儿童成长的影响。一方面是家庭环境条件。他指出,家庭环境优越的儿童则更要加强教育;土壤的质地越好,如果农人不注意,则越易荒芜,以致长满无用的野草和灌木,育人的道理与此相似。另一方面,重视孩子交朋友。他认为只能让幼儿和品德优良、谦虚谨慎的孩子交朋友。应使孩子远远避开成群的顽童、死硬的酒鬼、下流的人,特别是溜须拍马的人,不要让孩子闻其声,观其影,以免受到不良影响。

3. 论学前教育

1)重视早期教育

伊拉斯谟提出对儿童应及早进行教育,可从襁褓时期开始。他认为幼儿尚处在有待成熟的过程中,稳定的习惯很少。儿童喜欢模仿,要求人们给儿童以良好范例,以使有益的思想充满孩子尚未成形的心灵。他说:"道德的种子必须播种在他精神的处女地,以便随着年龄和经验日益增长,它们会逐渐生长和成熟,在整个生命的过程中植根。从来没有什么东西像在早年学习的东西那样根深蒂固。"①

2)教育要遵循儿童身心发展的特点

作为文艺复兴时期的人文主义教育家,伊拉斯谟反对中世纪教会对儿童的压制态度和严酷的体罚,倡导自由教育,主张按照儿童的身心特征,照顾儿童的个性,采取扬长避短的方法。他指出,"儿童"这个词在拉丁语中意味着"自由者"(liberi),因此,自由的教育是符合儿童特点的,如果用恐怖的教育手段来使之弃恶,将原本是自由的儿童奴隶化,是极其荒谬的。此外,他还要求教师切不可把幼小儿童视为小大人,施教时必须考虑儿童的身心特征,并照顾儿童的个别差异。他要求教师在教育过程中首先要仔细观察、掌握孩子的性情,然后有的放矢,采取措施。教师发现孩子的弱点,应长善救失,设法将其引上正路;如果发现了孩子的长处,应扬长避短,使孩子更加出色。

3)学前教育的内容和方法

第一,热爱儿童。儿童会通过对教师的爱达到对学习的爱,故教师能否深受儿童爱戴是至关重要的。伊拉斯谟强烈地抨击了当时的学校中虐待儿童的做法。

第二,采取中庸之道。伊拉斯谟认为教师必须采取中庸之道,严格与慈爱相结合,表扬和批评相结合。教师责备学生"而不使其感到受奚落",赞扬学生"而不流于诌媚","老师的申斥应该私下进行","应该态度和蔼,稍微减少训诫的严肃性"②。

第三,通过有趣的故事。伊拉斯谟指出,可以通过有趣的故事、令人忍俊不禁的寓言和巧妙的比喻来引进教师的教导。当孩子听毕,停止了欢笑时,教师要及时指出其中富有教育性的寓意。比如,讲了《伊索寓言》中狮子和老鼠的故事,教师就要教导孩子不要轻视别人,应当以自己的诚实和善良去赢得别人的尊重。

第四,采用直观教具。伊拉斯谟还探索了教育方法的改进,提出了"事物先于文字"的口号,主张在教学中采用直观教具。与此同时,他也批评有的人为了吸引儿童兴趣,不分良莠,将一些荒谬的谜语、精灵和恶魔的故事对儿童和盘托出。他认为这些毫无教育价值的材料不仅浪费了儿童宝贵的时光,而且对其成长十分有害。

---

① 华东师大教育系. 西方古代教育论著选[M]. 北京:人民教育出版社,2001:203.
② 华东师大教育系. 西方古代教育论著选[M]. 北京:人民教育出版社,2001:224.

可见，伊拉斯谟的许多教育观点承袭了昆体良等前人的思想，同时也对后来的夸美纽斯等人产生了重要的影响。

（二）蒙田论儿童教育

蒙田（Montaigne，1533—1592年）是法国16世纪后期文艺复兴时期的人文主义者、思想家、散文作家及教育家。他出生于法国波尔多的一个贵族家庭，受过良好的教育，曾从事过多年的法律工作。主要著作《散文集》（又译为《蒙田随笔》）是享誉世界的文学名著，其中有一些篇章专门论述或涉及儿童教育问题。

1. 论教育目标和教育原则

蒙田所憧憬的教育目标是体智全面发展的新的绅士。他理想中的人是身心两方面和谐发展的。他主张教育要兼顾心智和身体，"只使他们的心智健全是不够的，还必须增强他们的体力，如果心智得不到体力的支持，就要受到过分的压力"①。蒙田本人患有气喘病，体质柔弱易感，所以他认为这对他的"心智活动是一个沉重的负担"，"心智与身体绝不能一个得到训练，而另一个没有训练，两者同样需要指导，好像两匹马配合起来合力拉车一般"，"我们所训练的，不是心智，也不是身体，而是一个人，我们绝不能把两者分开"②。

为了培养身心和谐发展的人，蒙田重视早期教育，认为儿童时期的教育是人一生最重要的事情。他批评过去中世纪的神学强调超自然，离开了现实，离开了自然，离开了人类生存的生活基础，也批评了经院主义教育不注意研究儿童的天性，执教时往往和儿童的天性背道而驰，只注重儿童的记忆，不给儿童发展智力的机会，不给儿童独立行动的自由，以至于把儿童变成胆怯的人。他提出作为教育工作者，应当遵循自然，顺应儿童的天性。把儿童培养成具有自然精神的绅士，应该了解儿童的天性，否则是不可能教育好儿童的。这与亚里士多德的自然教育观点是一致的，也与文艺复兴时期出现的依据自然、遵循自然的思想是一致的。

2. 论教育内容和教育方法

蒙田同其他人文主义者一样，主张学习广博的知识。在他的作品中写道："我愿意把这个世界结构作为我的学生精选的教科书。"③他非常重视人文学科的学习，在语言、诗歌、历史、哲学等领域都有独到的见解。关于语言，蒙田提出的是"一种自然、平易和不矫揉造作的语言，无论是口头讲的，还是写在纸上的，是一种有表现力、简洁、紧凑的实质的语言"④。关于历史，蒙田认为学习历史的重点在于学习美德，而不是记年代。一个好教师"灌输到学生脑子里去的东西，主要的不是迦太基灭亡的日期，而是汉尼拔和西比奥留下的教训"⑤。关于哲学，蒙田认为"应该成为人类行为的试金石，成为使行为正直的规则"⑥。关于身体方面的教育，他认为"一切运动和锻炼，如长跑、击剑、音乐、舞蹈、打猎、骑马，都应该是学习的一部分"⑦。关于学习方法，蒙田反对死记硬背，主张深入理解所学的知识，并且要行动。他告诫道："不要孩子多背诵功课，而是要他行动。他应该在行动中复

---

① [法] 蒙田. 蒙田随笔 [M]. 梁宗岱，黄建华，译. 北京：人民文学出版社，2005：208.
② [法] 蒙田. 蒙田随笔 [M]. 梁宗岱，黄建华，译. 北京：人民文学出版社，2005：210.
③ [法] 蒙田. 蒙田随笔 [M]. 梁宗岱，黄建华，译. 北京：人民文学出版社，2005：223.
④ [法] 蒙田. 蒙田随笔 [M]. 梁宗岱，黄建华，译. 北京：人民文学出版社，2005：227.
⑤ [法] 蒙田. 蒙田随笔 [M]. 梁宗岱，黄建华，译. 北京：人民文学出版社，2005：233.
⑥ [法] 蒙田. 蒙田随笔 [M]. 梁宗岱，黄建华，译. 北京：人民文学出版社，2005：238.
⑦ [法] 蒙田. 蒙田随笔 [M]. 梁宗岱，黄建华，译. 北京：人民文学出版社，2005：241.

习功课。"① 此外，蒙田还提倡独立思考和练习。

3. 论德育

蒙田既尊崇博学多能，又重视德育。在他的《论儿童的教育》中随处都流露出对德行的敬仰。认为应教育儿童树立"道德的崇高和价值就在于实践时容易、快乐和有用"，指出"获得它的方法是自然，而不是勉强"。强调道德应自幼培养。他指出儿童犹如黏土，趁它还湿润而易塑，"让旋转的轮赶快把它转造"②。在所有德行中，蒙田特别提到谦虚，不固执己见，勇于承认自己的错误，以及正直等品德。蒙田在德育方法上也表达了独特的见解，提出了有新意的看法。蒙田反对娇生惯养，主张严格要求。他不同意"把一个孩子挨紧抚抱、娇养溺爱，使其在父母的膝上长大"，分析了溺爱子女的恶果，指出对孩子的过错不能姑息迁就，强调父母和教师要为孩子做出榜样，使孩子自然地接受一些影响，如通过旅游观察别人的仪态、举止，会使儿童学会疾恶和向善。

4. 论教师的作用

蒙田十分重视教师的作用。他认为儿童的教育和成长，完全在于导师的选择。蒙田说："我还是喜欢有智慧、有判断力、习惯文雅和举止谦逊的人，而不喜欢空空洞洞、只有书本知识的人。"③ 他主张教师应让学生说话，让他们轮流表达自己的观点。他说："教育的权威往往阻碍着好学的人。"④ 对学生来说，由于教师剥夺了学生独立思考的自由，从而使学生变得更加具有奴性、更加怯懦。他还主张教师不应只传授知识，学生不应只接受知识，更要注意让儿童理解所学的知识，提高儿童各方面的能力。

蒙田揭露了当时儿童教育中的种种弊端。尽管他没有写下系统的教育专著，但在其散文的字里行间充满了睿智的教育观念，闪耀着新的教育思想的火花。蒙田不仅为文艺复兴时期留下了值得讴歌的业绩，而且对后世教育理论的发展也做出了铺石垫路的贡献。

第二节 夸美纽斯的学前教育思想

夸美纽斯（Johann Amos Comenius，1592—1670 年）是 17 世纪捷克教育家，自幼父母双亡，在新教派兄弟会资助下接受中高等教育后任兄弟会牧师，兼任兄弟会学校校长。在欧洲"三十年战争"（1618—1648 年）期间被迫流亡国外，仍孜孜不倦从事教育研究；曾应邀到英国、匈牙利和瑞典等国从事教育改革，客逝于荷兰。其教育名著有《大教学论》（1632）、《母育学校》（1633）和《世界图解》（1654）。

夸美纽斯生活于欧洲从封建社会向资本主义社会过渡的时代，其世界观带有新旧矛盾的特征：受人文主义思想的影响，他对人的能力充满信心；他否定教会力倡的"原罪"论，赞成性善论，关心人的健康与幸福，主张通过教育使人得到和谐发展；他希望通过教育改革来拯救社会，主张教派、民族平等和普及教育。作为一位虔诚的基督教徒，他相信上帝是万物的创造者和主宰者；受时代和自然科学的引导，他力图探索自然法则并运用于教育；他将人的感觉和《圣经》同时作为认识的源泉。

---

① [法]蒙田. 蒙田随笔[M]. 梁宗岱，黄建华，译. 北京：人民文学出版社，2005：245.
② [法]蒙田. 蒙田随笔[M]. 梁宗岱，黄建华，译. 北京：人民文学出版社，2005：124.
③ [法]蒙田. 蒙田随笔[M]. 梁宗岱，黄建华，译. 北京：人民文学出版社，2005：187.
④ [法]蒙田. 蒙田随笔[M]. 梁宗岱，黄建华，译. 北京：人民文学出版社，2005：188.

夸美纽斯世界观中的进步因素集中体现在他的"泛智"思想中。所谓"泛智"就是将一切有用的知识教给一切人,并使其智慧得到普遍发展的理论,反映了文艺复兴以来新兴资产阶级反对宗教蒙昧主义、提倡发展科学的时代精神,以及普及教育的民主要求,这是他从事教育活动的宗旨。

一、论教育作用和教育适应自然原则

(一) 论教育作用

夸美纽斯继承了前人思想,高度评价教育在社会和人发展中的重要作用。首先,夸美纽斯将教育视为改良社会的手段,声称"教会与国家的改良在于青年得到合适的教导"[①]。他希望通过教育改变社会道德普遍堕落的现象;同时,坚信受到良好教育的民族,将有富足和幸福的生活。其次,他高度评价了教育在人的发展中所起的作用,认为人生而具有学问、道德和信仰的种子,这是人可接受教育的基础。他将人心比作一张"白纸"或"一块蜡",可写上或绘上任何文字或图画,能接受万物的影像。"假如要去形成一个人,那便必须由教育去形成。""只有受过一种合适的教育之后,人才能成为一个人。"[②] 只要教师像高明的画家和辛勤的园丁那样,肯于努力,同时又讲究工作艺术,那么人的智慧可以得到无限的发展。教师不应对儿童的发展失去信心,更不要轻易给儿童下一个"难于教育"的结论而放弃应有的努力。

(二) 论教育适应自然的主导原则

"教育适应自然"或自然适应性原则是夸美纽斯提出的教育主导原则。亚里士多德曾提出"教育要适应儿童自然"即适应儿童本性的思想。在夸美纽斯所处的时代,受生产技术和自然科学发展的影响,一些先进人士采用引证自然的方法论述问题,夸美纽斯显然受到这种时代精神的影响。他认为旧学校最大的弊病就是违背自然,强迫学生死记硬背,使无用的知识填满学生头脑,造成儿童时间及精力的极大浪费。因此,要改革旧教育就必须贯彻教育适应自然的原则。

按照夸美纽斯的解释,所谓"适应自然"主要指遵循自然界的"秩序"或规律。他认为在自然界存在一种起支配作用的"秩序"即普遍法则,人是自然界的一部分,因此,人的发展以及对人进行教育也应服从这一普遍法则。比如,鸟儿在春天繁殖,园丁在春天种植,人类的教育也应加以仿效,从"人生的春天"即幼儿时期开始教育。在夸美纽斯的"适应自然"的思想中,也包含有依据人的天性和身心发展规律进行教育的含义。

由于当时科学发展水平的限制,夸美纽斯并不理解教育作为一种社会现象的特殊规律性,也不可能全面揭示大自然和人类社会发展的普遍法则。当他采用与自然和社会现象类比的方法论述教育问题时,尽管不乏真知灼见,但也不可避免地出现了许多片面、机械和牵强附会之处。实际上,夸美纽斯教育思想中许多有益的主张与合理的因素,并不是模仿自然秩序得出的结论,而是他对本人和前人长期教育实际工作经验的总结。夸美纽斯在对这些教育经验进行理论论证时,不是依据《圣经》和神学教条,而是引证自然,试图以合乎自然秩序来论证自己的教育改革主张的合理性。

---

① [捷克] 夸美纽斯. 大教学论 [M]. 傅任敢, 译. 北京: 教育科学出版社, 2014: 257.
② [捷克] 夸美纽斯. 大教学论 [M]. 傅任敢, 译. 北京: 教育科学出版社, 2014: 39.

二、论学前教育的意义

夸美纽斯以人文主义观点看待儿童。在《母育学校》中,他把儿童比作"上帝的种子",生而具有和谐发展的根基;他还将儿童比作比金银珠宝还要珍贵的"无价之宝",并警告那些欺侮儿童的人要像尊敬基督那样去尊敬儿童,要严厉谴责、惩处那些虐待儿童的人①。夸美纽斯还把儿童比作一面镜子,人们"可以注视谦虚、有礼、亲切、和谐以及其他基督徒的品德",并认为成人只有变为儿童才能进入"天国"②。在夸美纽斯的儿童观中,虽然还表现出宗教思想的束缚,但毕竟不同于中世纪"性恶论"的儿童观,表达了文艺复兴以来的人文主义精神,也表达了对新生一代的殷切希望。

夸美纽斯深信学前教育的重要意义,认为如果要将儿童培养成有用的人,就必须在他身心形成的最早阶段就开始教育。"任何人在幼年时代播下什么样的种子,那他老年就要收获那样的果实。"③他呼吁父母承担教育孩子的责任,而不只是关注其温饱和为其积攒钱财,因为人比其他动物更高贵,更要注意他的灵魂,要以教育去滋补、抚爱和照管儿童的心智,施以包括虔信、德行、知识和体育在内的全面的训练,以将其培养成忠实的、能够智慧地管理自己各种事务的有才能的人。

三、论母育学校的教育

夸美纽斯依据其民主信念及"适应自然"的思想,在《大教学论》中提出适用于一切男女儿童的四级单轨学制:①从出生到6岁为婴幼儿期,儿童在母育学校接受家庭教育;②6～12岁为童年期,儿童由设在每个村落的国语学校进行初步教育;③12～18岁为少年期,由设在每个城市的拉丁语学校实施教育;④18～24岁为青年期,通过设于省或王国的大学接受高等教育④。

(一) 母育学校的任务

在夸美纽斯看来,每一个家庭都可成为一所学校,孩子的父母特别是母亲便是孩子最早的教师。他在教育史上第一次从普及教育和儿童身心发展连续性、阶段性角度考虑学前阶段教育的重大任务。他认为婴儿期、童年期、少年期和青年期四个阶段,每个阶段都有专门的教育任务,同时,每个阶段之间又存在密切联系。母育学校是前后衔接而统一的学制系统的第一阶段,也是必不可少的阶段,为儿童奠定体力、道德和智慧发展的基础是这个阶段教育的主要任务。

(二) 母育学校的教育内容和方法

1. 保健

夸美纽斯在《母育学校》中引用一位作家的忠告——"健康的精神寓于健康的身体",提醒父母首先应关注的事情是保持其子女的健康。要从胎儿时期就加以注意,孕妇的心理状态对于胎儿有重要影响,如果孕妇经常处于诸如恐惧、愤怒、怨恨或伤感一类不良的情绪状

---

① [捷克]夸美纽斯. 夸美纽斯教育论著选 [M]. 北京:人民教育出版社,2005:12.
② [捷克]夸美纽斯. 夸美纽斯教育论著选 [M]. 北京:人民教育出版社,2005:15.
③ [捷克]夸美纽斯. 夸美纽斯教育论著选 [M]. 北京:人民教育出版社,2005:22.
④ [捷克]夸美纽斯. 大教学论 [M]. 傅任敢,译. 北京:教育科学出版社,2014:220-221.

况，就可能生育一个怯弱的易动感情的和沮丧的婴儿，严重时甚至可造成死胎。婴儿降生后，不要让他们习惯于用药，要使他们生活有规律并保持愉快的心情。他引用一些欧洲古老格言说"一种愉快的心情就是一半的健康"，"精神快乐是人的生命的源泉"①。

2. 德育

儿童生下来不是要做一头小牛或一头小驴，而是要成为一个有理性的人。因此，夸美纽斯强调必须在幼年生活中的头几年就为其奠定良好的德行基础。"成年时还未受过管理的，到老年就会没有德行。"② 他强调儿童要学习德行的初步知识，包括节制、整洁、礼节、尊敬长辈、诚实、不损害他人、不嫉妒、落落大方和爱劳动等。夸美纽斯特别重视节俭和勤劳等良好品质的培养，认为节制和俭朴是健康和生活的基础以及一切良好品德之根本。道德教育手段主要有三种：训斥、榜样和练习。其中"练习"尤为重要。例如，在吃饭、穿衣和玩玩具的过程中学会整洁，在帮助别人的过程中体会助人为乐，在与人们的日常交往中练习礼貌的言行举止等。夸美纽斯在倡导温和的纪律及积极引导的方法的同时，对中世纪以来家庭教育实践中广泛采用的体罚持反对态度，主张在万不得已时才可使用。

3. 智育

夸美纽斯在西方教育史上第一次为6岁以下的幼儿智育提出一个广泛而详细的教学大纲。他主张这一时期智育的主要任务是训练幼儿的外部感觉、观察力和获得各类知识的"种子"，并发展语言和思维，为其进入初等学校的系统学习做准备。母育学校的智育计划包括自然、光学、天文学、地理学、年代学、历史学、家务、政治学、辩证法、算术、几何学、音乐、语言等学科。"应当把一个人在人生的旅途中所应当具备的一切知识的种子播植到儿童身上。"③ 例如，在物理方面，应该知道什么是火、空气和土，并且学会说出雨、雪、冰、铅、铁等名称；在天文学方面，应当辨别日、月、星；在地理学方面应当认识他出生和生活的地方、乡村、城市、要塞或城堡。夸美纽斯重视训练幼儿的"体外感觉"及分辨外界事物的能力，尤其是视觉，为培养幼儿的观察力提出了相当细致的意见。

4. 父母教育指导书及教材

夸美纽斯在《大教学论》中专门讨论了幼儿父母教育指导书和儿童读物。他认为，要想帮助父母或保姆有效教育好孩子，必须考虑为他们编写一部包括以下内容的手册：①父母及保姆的教育责任；②幼儿所学各科教学大纲；③教学方法，主要是指出教授每一科目的最佳时间以及所应采用的最佳言语和姿态。夸美纽斯在其学前教育专著《母育学校》里详尽阐述了上述思想。他还主张为幼儿编写一本可直接供其观赏的图画书。在学前阶段，教育的主要媒介应是感官的知觉，而视觉是感觉里面最主要的一种，所以，应当把各门学问中最重要的事物以图像形式输送给幼儿。上述原则体现在他后来编绘出版的《世界图解》一书中，包括150课和187幅插图。

（三）学前儿童游戏

夸美纽斯把游戏视为在母育学校对幼儿进行全面教育的手段。幼儿天性好动，他们血气旺盛，所以对幼儿不应加以限制，而应让他们常常有事可做，像蚂蚁一样不停地忙碌。他甚至规定了这样一条原则：凡是儿童喜欢的东西，只要对儿童没有害处，那么，就应让他们通

---

① [捷克] 夸美纽斯. 夸美纽斯教育论著选 [M]. 北京：人民教育出版社，2005：34.
② [捷克] 夸美纽斯. 夸美纽斯教育论著选 [M]. 北京：人民教育出版社，2005：52.
③ [捷克] 夸美纽斯. 大教学论 [M]. 傅任敢，译. 北京：教育科学出版社，2014：218.

过玩而得到满足而不应加以阻止。儿童不活动比起不得闲,对身心两方面的损害更多[①]。夸美纽斯认为给幼儿以活动的自由有三大好处:一是可锻炼身体,增进健康;二是可运用和磨炼思想;三是可练习四肢五官,使之趋于灵活。

至于活动的方式,夸美纽斯认为游戏最适合学前儿童。游戏的时候,幼儿的精神专注于某种事物,自然本身在激发他们去做事情。用这种手段,幼儿就可以受到一种积极生活的锻炼而没有任何困难。这并不是意味着父母可以让幼儿自由玩耍,自己却袖手旁观;父母要积极行动起来,帮助和指导幼儿游戏,甚至直接参加游戏。

夸美纽斯对玩具也提出了详细意见:真的工具常会给孩子带来危险,必须找些替代品,如铁刀、木剑、锄头、小车、滑板和踏车等。幼儿也可以用自己喜欢的泥土、木片、木块或石头搭盖小房子,以表现其初步的建筑术。他还提议要为幼儿的眼、耳及其他感官提供一些小的作业,认为这些作业对增强其身心力量将大有裨益。

从上述主张中,我们可以看到夸美纽斯提出了涉及游戏教育意义的一些重要问题:游戏符合幼儿天性的能量的散发;游戏是组织愉快的幸福童年的手段,是幼儿生活所不可缺少的伴侣;游戏是幼儿的一切力量和才能所借以发展的重要的智力活动,是扩大和丰富幼儿观念的有力手段;游戏是生活的预备;此外,还有成人领导或参与游戏的必要性等。夸美纽斯的这些思想在儿童游戏理论的发展史上具有重要的意义。

(四)劳动教育和语言发展

夸美纽斯鄙视懒惰,主张从小培养幼儿的劳动习惯,让他们逐年获得劳动技能。如在幼儿出生后的前3年应学会倒水,把东西从一处移到另一处;学会将物体卷起、展开、折弯、弄直、戳穿等。在幼儿4~6岁时应当从事手工劳动,包括各种建造活动。为了发展手的技能,夸美纽斯主张利用幼儿易懂的图画帮助他们习字,用粉笔或炭黑教他们画直线、钩弯、十字、圆圈,并建议这些课业用游戏形式进行。幼儿如能习惯拿粉笔写字母,以后可减轻小学教师的工作。

为了发展幼儿的语言,夸美纽斯认为首先必须教会他们清楚准确地发出字母、音节和全字的声音,然后说出他们在家中所见以及作业用的一切东西的名称。夸美纽斯也建议采用游戏的方式来发展语言。母育学校除了培养幼儿正确地使用本族语说话的技能以外,还应当打下发展思维的基础。他认为这个阶段的幼儿已表现出这方面的萌芽。

(五)学前儿童的集体教育

夸美纽斯在《母育学校》中论述了学前儿童集体教育的必要性:同龄儿童在态度和思维方面的进步是相似的,他们往往能比成人对幼儿的教育更有效地相互促进智力的发展。因为,某个幼儿的发现对于其他幼儿来说不会无法企及;在他们中间既没有某个幼儿对其他幼儿施加控制,也没有强制和恐怖,相反,有的是情感、公正以及对所发生问题的自由讨论。所有这一切都是成人与幼儿相处时易疏忽之处。由于同龄儿童可能比其他任何人更宜于彼此提高伙伴的才能,所以,每天都应让他们聚集在一起追逐嬉戏。但夸美纽斯也指出,要教育幼儿分辨善恶,防止同不良伙伴交往。

在夸美纽斯晚年的作品《泛教论》中,他的幼儿集体教育的思想开始发展为提倡建立4~6岁幼儿为对象的"母亲督导的班,第一个共同和积极的教学班"。这是"一种特殊的半

---

① [捷克]夸美纽斯. 夸美纽斯教育论著选[M]. 北京:人民教育出版社,2005:43.

社会学校",是为邻近的孩子而开设的。在那里,孩子们在各家母亲的照管下,相互交往、共同游戏、唱歌、数数儿,培养良好的习惯和信仰;在尚未进行读写的时候,锻炼情感和记忆①。

(六)为进入公共学校做准备

夸美纽斯在《母育学校》一书中还详细论述了幼儿在何时入小学以及入学前应做些什么准备的问题。他认为幼儿6岁前入小学是不合适的。一方面,稚龄儿童需要较多的监护和照顾,这远非一位教育许多儿童的学校教师力所能及的;另一方面,在幼儿五六岁以前,其头脑还未"凝固",使其在游戏、生活中自然感知事物即可。但必须将满6岁的儿童立即送入学校,否则他们将变得懒散并沾染恶习,日后难以连根拔掉②。

考虑到幼儿的发展存在差异,夸美纽斯提议任何父母一旦有一个才能优越或低下的特殊子女,就应该去请教学校教师或视导员,以便安排合适的教育。幼儿是否适宜进入公共学校学习的标准是:①是否真正获得在母育学校所应学会的东西。②对问题是否有注意和辨别、判断的能力。③是否有进一步学习的要求或愿望③。夸美纽斯认为父母没有准备就将其子女送往学校是不明智之举,这如同小牛奔往市场,或羊群闯入牛群一样,学校教师将会为这样的孩子所困扰。更为糟糕的是一些父母所做的错误准备:用幼儿对教师和学校的恐惧来惊吓、刺激幼儿,使幼儿情绪沮丧,对学校和教师持有更加憎恶和奴隶对主人般恐惧的情绪。正确的准备应当是:第一,在幼儿接近入学的时候,父母、家庭教师和监护人应当以快乐的心情尽力鼓舞幼儿,好像节日和收获葡萄季节快到时那样;要告诉幼儿入学获得学问是何等美好的事情。第二,应当用各种方法努力激发幼儿对于未来教师的信心和爱戴。

夸美纽斯对学前教育的主要贡献是:第一,详细论述了教育的作用及人受教育的可能性;第二,在历史上第一次把学前教育纳入其充满民主色彩的单轨学制;第三,撰写了历史上第一部幼儿教育专著《母育学校》以及与其配套的看图识字课本《世界图解》;1 第四,首次深入"研究了在家庭条件下学前教育的完整体系,规定了它的目的、内容和基本方法"④。"福禄贝尔学说上的每一个重要细节差不多都是建立在那摩拉维亚主教(即夸美纽斯)所奠定的基础之上。"⑤ 夸美纽斯的教育思想对近代教育制度发展也有重要影响。不过,作为一位新旧交替时期的历史人物,夸美纽斯的教育思想仍有其局限性。

本章小结

文艺复兴时期的学前教育是西方近代学前教育的开端。尽管文艺复兴只限于社会上的少数英才,但它所宣扬的思想唤醒了长期笼罩在基督教神学之下的西欧社会。文艺复兴时期的人文主义教育家和思想家反对把幼儿看成带有"原罪"的羔羊,重视教育培养人的作用;他们看到了环境,尤其是家庭环境对幼儿教育的影响,要求父母、教师或保育人员以身作则,为幼儿树立表率;注意到幼儿身心发展的一般规律和个别差异,强调体育和游戏的重要意义,尤其是道德行为与语言文字方面的教育;他们要求取消或至少减轻对幼儿的体罚,建

---

① [捷克] 夸美纽斯. 人类改进通论·泛教论 [M]. 长沙:湖北教育出版社,1994:340.
② [捷克] 夸美纽斯. 夸美纽斯教育论著选 [M]. 北京:人民教育出版社,2005:68.
③ [捷克] 夸美纽斯. 夸美纽斯教育论著选 [M]. 北京:人民教育出版社,2005:69.
④ [苏] 沙巴耶娃. 教育史 [M]. 邱爽秋,等,译. 北京:人民教育出版社,1995:69.
⑤ [美] 克伯雷. 外国教育史料 [M]. 任宝祥,任钟印,译. 武汉:华中师范大学出版社,1991:395.

议用幼儿的荣誉心、竞争心去代替体罚，作为推动幼儿学习的积极手段。夸美纽斯的《母育学校》是西方最早系统论述学前儿童教育的专著，对后世学前教育的发展有深刻和积极的影响。

> **扩展阅读**
>
> ### 伊拉斯谟独具特色的儿童礼仪教育
>
> 伊拉斯谟儿童礼仪教育思想是文艺复兴时期人文主义作家有关礼仪的作品中最为精致的产物之一。他面向社会需要，详细整理了儿童在私人、公共社交场合最为重要的注意事项与礼仪建议，并取得了广泛成功，呈现出独特面貌。
>
> 伊拉斯谟将礼仪教育的主要对象定位于儿童，重新发现了儿童和儿童教育的价值。文艺复兴时期许多人文主义者，如马基雅维利、卡斯廷利欧、卡萨等都鼓励人们学习良好的礼仪，包括交谈、餐桌礼仪、穿衣、坐姿、个人卫生等行为规范。但这类作品几乎都是针对贵族生活启蒙教育的，伊拉斯谟是为数不多的儿童礼仪教育的倡导者。伊拉斯谟改变了以往这类作品所针对的主要对象，转向了自罗马晚期以来长期为人所忽视的儿童。他的几部主要教育作品都是针对儿童的，扉页题词上明确指出是献给几位儿童的：《论儿童的博雅教育》一书是为克利夫斯公爵之子13岁的威廉所作，《论儿童的礼仪》是为伊拉斯谟的赞助人费勒亲王之子、11岁的勃艮第王子亨利所写，《论基督教君主的教育》实际上也只是写给哈布斯堡家族时年16岁的查理王子的。根据罗马社会以来西方人对儿童履行社会职能的认知，童年往往被认为是"在14岁或17岁时结束"。
>
> 伊拉斯谟儿童礼仪教育的主要内容是基于身体规范的礼仪教育，具有社交性和生活性特点。伊拉斯谟的礼仪教育主要分为身体、服饰、饮宴礼仪、卧室举止等几部分内容，其中身体语言及其社会规范是伊拉斯谟阐述的核心内容。伊拉斯谟隐晦地指出，人的身体具有能指和所指双重意涵。能指即身体的自然属性。伊拉斯谟极为关注人身体的各种表现，如眼睛的转动、面部表情、呼吸、坐姿、站姿、打喷嚏、咳嗽、呕吐以及"身体的身体"——服饰等。伊拉斯谟深信这些良好的身体行为模式如能在幼年时期建立，必将永远伴随孩子健康成长。因此，伊拉斯谟不厌其烦地引导儿童认识身体、控制身体、运用身体。例如，他在《对话集》中指出："无论何时，长辈召唤你的时候，你都要挺直站立、脱帽。你的脸不能看起来悲苦、愁闷，也不能鲁莽、无礼、多变，要用令人愉悦的谦逊来控制自己。你要用尊敬的目光注视着交谈对象，你的双脚要并拢、手要放直……你的衣服要干净……"
>
> 伊拉斯谟儿童礼仪教育追求的生活也是一种品性与品位之道。他一再将优雅、合宜发挥到极致。如服饰的穿着既要有品位，凸显优雅气质和品性，又要干净、整洁，令人愉悦，整齐协调，剪裁得当，契合于身体曲线；要因俗制宜、因地制宜、因时制宜；既要合乎身份、地位与等级，又不至于过于引人注意。而在饮宴礼仪方面，入座前，要修剪指甲、洗手、放松腰带；进食时，勿挑剔食物、反刍等，要顾及他人感受，以免使同桌之人感到尴尬、难以忍受。他还列举了数种坏品位，如服饰上"拥有无用之物""开叉""绣花且色彩斑斓"，男性"拖着长下摆或拖裙"，等等。
>
> （节选自尹璐，于伟."教而为人"——伊拉斯谟儿童礼仪教育思想管锥[J].教育学报，2018（5）.）

同步测试

一、填空题

1. 伊拉斯谟的重要幼教著作是_____。
2. 伊拉斯谟认为学前教育的内容和方法应包含_____、_____、_____和_____。
3. 蒙田认为儿童教育的内容和方法上应当提倡_____和练习。
4. 夸美纽斯在《大教学论》中提出从出生到6岁为_____，儿童在_____接受家庭教育。

二、名词解释

1. 文艺复兴
2. 人文主义
3. 泛智
4. 母育学校

三、简答题

1. 文艺复兴时期儿童教育观念发生了哪些重要转变？
2. 简述人文主义教育家的儿童教育思想。
3. 简述夸美纽斯的学前教育思想。
4. 概述夸美纽斯在学前教育史上的地位。

第八章

近现代学前教育实践

> **学习目标**

1. 了解近代英国、法国、德国、美国、日本等国家学前教育机构的产生和发展过程。
2. 掌握近代英国、法国、德国、美国、日本等国家具有代表性的学前教育机构及其教育内容。
3. 理解并掌握近代英国、法国、德国、美国、日本等国家学前教育发展过程中出现的教育事件和教育法规。
4. 了解20世纪英国、法国、德国、美国、日本等国家的学前教育的实践活动。
5. 掌握英国、法国、德国、美国、日本的学前教育改革的进程及其对世界学前教育发展所产生的积极影响。

> **内容提要**

17世纪60年代,英国资产阶级革命的胜利,标志着世界近代史的开端。在此之后,法国、德国、俄国、美国和日本等国,也通过各自不同的途径,先后建立了资本主义制度。随着资本主义制度的建立,这些国家又分别形成了适合资产阶级需要的教育制度,学前教育的发展也进入了一个新的历史阶段。

伴随着大工业生产的发展,产生了近代学前教育机构。最早诞生的近代学前教育机构是英国的欧文在1816年创办的幼儿学校。到19世纪中期,德国的福禄贝尔所创办的幼儿园,又成为世界许多国家效仿的榜样。到19世纪末20世纪初,一些主要资本主义国家在学前教育的发展中均已具有规模,有的国家的学前教育还具有了公共教育的性质。20世纪以来,世界各国现代学前教育的发展有不同的进程,同时各国对学前教育进行了改革实践活动。

> **关键术语**

英国 法国 德国 美国 俄罗斯 日本

第一节 英国的学前教育

英国是世界上最早建立资本主义制度的国家,英国幼儿学校的开端,也是世界幼儿学校

第八章 近现代学前教育实践

的开端。英国近代幼儿教育机构的建立和发展曾经历了从幼稚到成熟的逐步形成和推广的过程。在英国19世纪前期的幼儿学校运动中,以欧文的幼儿学校和维尔德斯平的幼儿学校为代表。英国19世纪后期学前教育的发展主要是受福禄贝尔幼儿园的影响,引进和推广福禄贝尔的教育思想和教育经验,对本国进行改革。

一、17世纪末—19世纪末英国的学前教育

17、18世纪,随着英国资本主义生产的发展,更多的人投入工业生产劳动中,幼儿不能得到很好的照顾。英国当局为了保持社会秩序的稳定,设置了幼儿机构。19世纪初,一些慈善家以及教会人士建立了幼儿园。

(一)17世纪末至18世纪上半期英国政府的教育政策

18世纪60年代,英国率先开始第一次工业革命,随着英国资本主义生产的发展,越来越多的妇女投身于工业生产劳动。由于妇女们整日参加劳动,使得孩子得不到应有的照顾,孩子的身心健康受到极大的损害。在这样的环境下,幼儿的死亡率很高,幼儿的安全和教育问题受到关注,救济和保护幼儿成了当时人们普遍关注的社会问题,于是相继出现了一些由教会和慈善团体创办的孤儿院、救济院等机构。英国当局为了保持社会秩序的稳定,对贫民幼儿的阶级管理成为国家的头等大事。因此,英国政府于1697年颁布了《国内贫民救济法》,其中除规定了一般的救济措施外,还提出设置"纺织学校"和"贫穷儿童劳动学校"的计划。

"纺织学校"计划规定:对年收入不足40先令的家庭中6~14岁的男女儿童全部实施免费义务教育,而4~6岁的儿童可以自由入学。儿童每天最多进行10小时的纺纱作业。"贫穷儿童劳动学校计划"是由资产阶级教育家约翰·洛克(1632—1704年)制定的。其中规定,每一个教区内设立一所"劳动学校",教区中所有受救济贫民的3~14岁的儿童必须进入这种学校。洛克认为这样做有两大好处:第一,可以为母亲和儿童带来双重利益。母亲可以腾出照顾孩子的时间参加工作,儿童可以在学校中学习劳动技能,养成劳动习惯。第二,儿童进入学校后,父母不再领取救济,从而大大减少了国家的花费,同时,又可以靠孩子们自己的劳动维持学校的支出。

上述计划虽然是从资产阶级的利益出发的,在执行过程中并没有完全的实施,但是对于学前教育积极的意义还是显而易见的。因为,它明确提出了要对3~7岁的幼儿实施有组织的教育要求,在一定程度上,对以后独立设置幼儿学前教育机构起了先导作用。

(二)18世纪下半叶至19世纪英国幼儿教育的开始和发展

19世纪初,一些慈善家、热心人士以及教会人士着手建立幼儿学校,以保护和教育贫困儿童。从1840年开始,英国政府开始对幼儿学校实行国库补助政策。通过对师范学校进行检查和教员考试,以及学官对幼儿学校的检查,使幼儿教育逐渐纳入国家教育制度的轨道。

1. 欧文的幼儿学校

罗伯特·欧文(Robert Owen,1771—1858年)是19世纪英国空想社会主义思想家和教育家。他于1816年在苏格兰新兰纳克(New Lanark)创办的"性格形成学院"(Institute for the Formation of Character)中,为1~6岁的儿童创办的公共学前教育机构(Infant School),是英国也是世界上第一所幼儿学校。

1）欧文学校产生的原因及意义

欧文在 1800 年接管了苏格兰的新兰纳克纺织厂，当时厂里工人的生活非常悲惨，工资低，劳动时间长，居住条件简陋，生活资源匮乏。在这种环境中生活的人们性格是畸形的，粗野、无知、道德堕落、打架、酗酒、盗窃时有发生。这给幼小的孩子带来恶劣的影响。欧文认为，这些不合理的性格都是罪恶的环境造成的，要改变人的性格，首先要改变环境。欧文把人的性格看作是环境的产物，他的"性格形成学说"，为其丰富的教育实践活动奠定了理论基础。

欧文在工厂进行了一系列的改革试验，缩短工人的劳动时间，提高工人的工资，兴建宽敞的住宅区，非常重视其子女教育的问题，他希望通过实施教育来改变环境，通过给工人及其子女一定的教育来培养和发展这些孩子，形成合理的性格，再由他们来促进周围环境的改变，最终形成合理的社会制度。经过一段时间的改造后，新兰纳克纺织厂工人们的性格发生了巨大变化，新兰纳克纺织厂成了模范工厂区，各地的工厂主、社会活动家纷纷前来参观，欧文成了最有名望的慈善家。

欧文在改造新兰纳克纺织厂的过程中，主要的措施有：为 2~5 岁的儿童设立幼儿游戏场，接收刚会走路的孩子，请热爱孩子的青年女子担任幼儿的保姆，帮助幼儿发展体格和好的品德；为 5~10 岁的儿童提供免费入小学学习的条件；为 10 岁以上的童工、青工设立业余学习班；为成人举办实用知识讲座；等等。1816 年，欧文将上述各种教育形式加以整合，使之成为一个统一的教育机构，正式命名为"新兰纳克性格陶冶馆"也称"性格形成学院"，而幼儿学校就是其中的一个部门。幼儿学校招收 1~6 岁的幼儿，分两部分：1~3 岁儿童为一部分，3~6 岁儿童为一部分。但实际上幼儿学校是以 3~6 岁幼儿的保育和教育为中心，1816 年共招收 3~6 岁的儿童 300 多名。

1813 年，欧文在他的代表作《新社会观，或论人类性格的形成》中对为什么要设置幼儿学校做了阐述，提出了建立幼儿学校的必要性。欧文主张通过幼儿学校教育，给幼儿打下合理的性格基础。著作中对设置幼儿学校，分析了三方面的原因：一是由于工人阶级居住条件恶劣，狭小的空间和简陋的家庭设备不利于孩子的成长；二是孩子的父母们为生活所迫，忙于赚钱养家，很少有时间和精力考虑子女的教育和教养；三是父母的无知，完全不懂如何对待孩子，在养护和教育孩子方面没有正确的方法，不利于孩子性格的形成。所以，建立幼儿学校非常必要，是为了使工人阶级的幼儿摆脱不良的生活环境，培养他们合理的性格而开办幼儿学校。

欧文的幼儿学校在世界学前教育史上占有重要的地位，被公认为世界上第一所学前教育机构，为近代学前社会教育的发展开了先河。

2）欧文幼儿学校的教育内容

首先，非常重视幼儿的智育和道德教育。在智育方面，他提倡发展儿童的"推理能力"，即认识事物和理解事物的能力。提倡让儿童多去学习实际有用的知识，反对把儿童束缚在书本知识中，应该多去认识周围的事物，也就是让儿童说出环境里最有用的、也是最有必要了解的事物。欧文还提倡开放的教学形式，在他的幼儿学校里，没有固定的室内活动时间，只要天气适合，幼儿的体力允许，就应该在户外新鲜的空气中玩耍。在游戏场玩够了，再到教室，由教师对幼儿展示和说明一些幼儿能够理解的、有用的事物。欧文还提倡实物教学，在幼儿学校里，教室的墙上贴了各种动物的图画，还有各种地图。教室中经常放一些从花园里、田野中和树林里采集来的实物标本，供直观教学使用，从而增强幼儿学习的兴趣。游戏场是欧文幼儿学校的重要设施，是幼儿在户外活动的主要场所。幼儿学校还有供幼儿娱乐的房间和教室，其中有专供舞蹈和唱歌用的教室。

在道德教育方面，欧文提出，幼儿学校道德教育的主要任务就是养成幼儿遵守纪律的习惯，培养他们与小伙伴平等、友好相处，为他人着想的品德。为了让幼儿做到这点，要求教师要向幼儿说明理由，让幼儿明白个人的幸福和团体的幸福、他人的幸福是不可分割的，建立在别人痛苦之上的欢乐和幸福不会是真正的幸福。

其次，开展舞蹈、音乐和军事训练活动。欧文认为，开展舞蹈、音乐和军事训练活动，能够创造一种对形成合理性格有利的"优越环境"，使幼儿精神愉悦、身体健康，培养他们对美的感受，并形成服从和守秩序的习惯。

3）欧文幼儿学校的教育方法

欧文在教育方法方面要求幼儿教师要以人道主义的态度对待幼儿。他反对那些非人道地对待孩子的做法，并进行严厉的谴责。他特别反对责骂和惩罚儿童，认为惩罚儿童就像是在孩子的食物里下毒药一样，是不可饶恕的。他要求在幼儿学校里，教师无论有什么样的理由，都绝对不允许打孩子。无论面对如何调皮捣乱的孩子，都不允许使用诸如威胁和咒骂的惩罚手段。他要求教师始终如一地以和蔼的语调、表情、言语和行为，对待所有的儿童。

欧文从性格形成的观点出发，非常重视幼儿教育，把幼儿教育看成是国民教育中最重要的一个部分，他尝试把工人阶级的幼儿放到最好的教育环境里，通过集体合作的游戏、实物教学、教师的人道主义态度等形式和手段，来促使儿童合理性格的形成。欧文的幼儿学校在世界学前教育史上占有重要的地位，它被公认为世界上第一所学前教育机构，为近代学前社会教育的发展开了先河。但是，由于欧文将发展教育的希望寄托在统治者身上，并试图仅仅通过教育来改造社会，因此，他的思想和实践有一定的局限性。

2. 维尔德斯平的幼儿学校

塞穆尔·维尔德斯平（Samuel Wilderspin，1792—1866年）是英国19世纪幼儿学校的积极创办者，他一生致力于普及幼儿学校，发展学前教育事业。1820年，维尔德斯平在欧文的影响之下，在伦敦创办了一所幼儿学校，在办学的过程中形成了一套具有特色的教育内容和教育方法。1825年伦敦幼儿学校协会成立后，受其委托维尔德斯平到英国各地进行普及幼儿学校的活动。他一生协助建立、组织和管理了多种学前教育机构，由此创立了一套在当时来说是比较完备的幼儿学校教育体系。与此同时，其他幼儿学校协会也相继成立，幼儿学校在其他支持者的推动下逐渐发展成为一种全国性的运动。这些运动对促进幼儿学校的发展做出了贡献。

1）维尔德斯平幼儿学校创办的目的

维尔德斯平领导的幼儿学校是以贫民、工人阶级的幼儿为对象，以保证他们的安全和健康为目的。他指出，由于劳动阶级的生活贫困，致使他们的幼儿畸形成长，幼儿身体受到严重的损害。这些损害是疏于管理造成的，所以他说："培养好的体质必须是我们在儿童管理上的第一目的。"因此，维尔德斯平强调开办幼儿学校的一个重要目的就是为了保障幼儿的安全和健康。

2）维尔德斯平幼儿学校的教育内容

维尔德斯平非常重视幼儿学校的智育，他认为，智育应当是幼儿学校教育的重要内容。

维尔德斯平幼儿学校规定智育的主要内容包括：国语、算术、自然、社会、音乐、宗教等。这些教育内容和初等学校的教育内容没有什么不同。维尔德斯平之所以重视幼儿的智育，一是为了满足幼儿家长的要求，家长要求学校教授"三艺"（读、写、算的知识和技能）。二是由于当时贫民和工人儿童受教育的年龄被规定在8岁以内，过了这个年龄就被迫去从事劳动而无法继续学习。维尔德斯平在这样的历史背景下制定的幼儿学校的教育，存在着超越儿童实际接受能力和发展水平的问题，具有主知主义性质，没有充分考虑幼儿的兴趣和能力水平，教给儿童的知识大多脱离实际生活。

3）维尔德斯平幼儿学校的教育方法

在智育教育的方法上，维尔德斯平主张教学应该培养儿童形成独立思考的能力和独立获得知识的能力，反对传统的灌输知识、背诵知识的做法，由此他提出了"开发教育方法"。这种教育方法包括：激发好奇心；通过感觉教学；从已知到未知；让孩子们独立思考；把教学和娱乐结合起来五个方面。为了使他的"开发教育方法"得到实施，他设计了"游戏场""阶梯教室""旋转秋千"等教具，还研究编写了"发展课本"作为教材。这些教育对幼儿智力开发的意义和作用是不可否认的。维尔德斯平所设计的智育内容、智育方法和教具影响非常的广泛，被许多国家的学前教育机构所仿效。

4）维尔德斯平幼儿学校的道德教育

维尔德斯平幼儿学校在道德教育方面的主要任务是防止不良和不道德行为的产生。培养爱、同情他人、服从父母、守秩序、正直、勤勉、节制、尊重人等品质。可见其道德教育的目的是维护现存的社会秩序，是为资产阶级服务的。

在道德教育的原则上，维尔德斯平主张要爱儿童。在道德教育的方法上，以奖励代替惩罚，即使是不得不惩罚的时候，也不要带着怒气，而是要带着悲伤和遗憾的感情。维尔德斯平对幼儿学校的教师也提出了要求，要求教师应有"受人欢迎的风采""生气勃勃的气质""很大的忍耐性、温顺、坚韧、冷静、精力旺盛，具有关于人性的知识，尤其是虔诚——朴素、诚实的，而且实际的虔诚。"他还强调幼儿学校的教师必须研究幼儿的心理状态以及掌握知识的情况，以便更好地指导教学。

5）维尔德斯平教育的局限

维尔德斯平的幼儿学校继承了欧文幼儿学校在德育、体育和游戏等方面的特色，并有所发展。注重书本知识的学习，注重教具的实用功能。强调关心幼儿健康，提出开发教育的方法，为幼儿设计游戏场和各种教学用具，并极力主张教师要研究儿童。维尔德斯平的这些主张都应当是肯定的。但是，维尔德斯平幼儿学校过于注重智育内容，在教学中重视记忆而忽略了儿童的理解能力，因而加重了儿童的学习负担，这是违背儿童身心发展规律的。

维尔德斯平一生致力于贫民幼儿教育，为幼儿教育在英国的普及做出了很大的贡献。英国的幼儿学校运动就是通过他的实践和宣传而开展起来的。

3. 福禄贝尔幼儿园的影响

19世纪后半期，福禄贝尔幼儿园运动推广到世界各国，当时英国是最早推广福禄贝尔幼儿园的国家。对英国学前教育发展的影响主要体现在两个方面：一方面，在英国引进福禄贝尔幼儿园后，学前教育机构开始两种制度并存：一种是原来以收容工人阶级和贫困阶层子女为对象的幼儿学校；另一种是以中上层阶级子女为对象的幼儿园。另一方面，幼儿学校自身的发展也受到福禄贝尔运动的影响。福禄贝尔的精神渗透到幼儿学校中，开始减少读、写、算训练的时间，而增加游戏的时间，突出了学前教育的特点。

1848年，德国革命失败后，德国的流亡政治家约哈勒斯·伦克夫妇移民至英国，在英国伦敦住下来。于1851年在自己的住宅里开设了一所德语幼儿园，主要是招收居住在英国的德国儿童。1854年开始，这所幼儿园招收英国儿童入园，并开始用英语进行教学，从而引起英国人的注意。约哈勒斯·伦克夫妇于1855年出版了《英语幼儿园入园手册》，宣传福禄贝尔的思想。这本书是英国宣传福禄贝尔思想的最初文献。正是这本书的出版，使英国人开始认识福禄贝尔幼儿园。19世纪70年代，福禄贝尔幼儿园运动迅猛地开展起来。

1870年《初等教育法》又称《福斯特法案》的颁布，标志着英国资本主义教育制度的初步确立。虽然《初等教育法》并没有直接涉及学前教育，但是，其自由主义精神也给学前教育带来生机。1873年"曼彻斯特福禄贝尔协会"成立；1874年伦敦成立"福禄贝尔协会"，福禄贝尔著作的英译本以及他的"恩物"都在英国广为流行。通过两个协会的活动，各地的幼儿园也相继建立起来了。福禄贝尔的影响在英国凸显。

4. 免费幼儿园

19世纪末20世纪初，英国以招收贫民和工人的幼儿为对象的教育设施"免费幼儿园"开始诞生，免费幼儿园是由私人出资创办的，进入20世纪以后，福禄贝尔主义者发起的开设免费幼儿园的活动比较活跃。这些幼儿园的服务对象是贫民区劳苦大众的3~6岁的幼儿。幼儿园为这些孩子提供食品、衣服以及洗澡、休息、游戏的场所。它采取免费或者只收若干伙食费的办法，提供良好的环境，保证儿童的身体健康和发展。

这些免费幼儿园按照福禄贝尔幼儿园的教育方针，积极鼓励户外活动和自由游戏，同时还通过"恩物"和作业材料，让幼儿进行作业、唱歌、跳舞、讲故事、说童谣等。1919年，免费幼儿园被改为"保育学校"，对福禄贝尔幼儿园在英国的普及和发展起了一定的推动作用。

二、20世纪初期至"二战"前的英国学前教育

在第二次世界大战以前，英国的学前教育事业发展比较缓慢。这是由于传统教育习惯限制和政府认识上的不足造成的。这一时期，英国学前教育的主要内容是保育学校的创立与发展，以及幼儿教育理论和方法的探索。

（一）保育学校的创立和发展

1913年，麦克米伦姐妹创立了保育学校，其宗旨是"确保贫民和工人家庭子女的健康，预防流行疾病"。姐姐拉歇尔·麦克米伦（1859—1917年）是医生，曾从事卫生检查工作，去世较早。妹妹玛格丽特·麦克米伦（1860—1931年）是福禄贝尔协会的成员及地方教育委员会委员，名声及贡献超过姐姐拉歇尔，经常被单独提到。

1. 保育学校产生的背景

英国于1870年颁布《初等教育法》，随后又颁布了其他一些相关的法令，规定了对儿童从5岁开始进行免费义务教育，这在法律上确定了义务教育制度。但在实施过程中，不仅5岁以上的儿童基本入学，未到5岁的儿童也随着哥哥、姐姐大量涌入小学。1900年，3~5岁的幼儿在校率高达43.1%。这不仅超出了小学的接受能力，同时也严重地影响了5岁以下儿童身心的健康发展，这种情况受到了政府有关部门的注意。1905年教育委员会明确规定，地方教育行政当局开办的学校有权拒绝5岁以下的儿童入学。这样，使得5岁以下幼儿的保育教育就成为多方瞩目的社会问题。为解决这一社会问题，由麦克米伦姐妹创办，面向

贫民，招收义务教育以下年龄段幼儿的一种新型的幼儿保教机构——保育学校应运而生。

2. 保育学校的创办

麦克米伦姐妹的保育学校事业开始于20世纪初，从为贫民子女创办诊所开始。麦克米伦姐妹的保育学校创办之初深受资金不足的困扰。1908年，麦克米伦姐妹由于得到了美国一富豪的资助和英国教育院的承认，以及伦敦参事会提供的设施，其幼儿实验诊所才得以开设。在1910年，麦克米伦姐妹将幼儿实验诊所迁到了贫民窟改名为普特福德学校治疗中心。同年底，麦克米伦姐妹发表了她们的幼儿教育事业报告，在1911年还得到了英国伦敦市的补助基金，一些对幼儿教育关心的市民也对她们的事业提供了一些资助。1910年，在短短的一年之中，服务对象就达6 000人。1911年，她们利用普特福德治疗中心开设野营学校，架起帐篷。8岁儿童利用晚上，8岁以下儿童利用白天在帐篷里进行保育。在这个基础上，1913年发展成为野外保育学校。这所学校是以确保贫民和工人家庭子女的健康、预防流行疾病为宗旨的。1915年麦克米伦姐妹多年的经济困惑终于得到解脱。她们得到教育部对5岁以下幼儿每人每天7便士的常年补助和500镑金额的建筑资金。

第一次世界大战（1914—1918年）期间，麦克米伦姐妹的保育学校为兵工厂的孩子所用，政府对每个孩子平均每天补助7便士的费用。1917年麦克米伦姐妹的保育学校搬进了斯托威吉的新校舍，举行了开学仪式。但是拉歇尔不幸于1917年3月25日英年早逝。妹妹玛格丽特继续致力于推广保育学校的工作。1917年玛格丽特在保育学校开设教师培训学院，对有资格的教师实施培训工作。

1921年在玛格丽特领导下由伦敦参事会主办了一所保育学校，1924年在威灵顿开设了一所保育学校，1927年又增设了斯托威吉保育学校分校。1930年开设了拉歇尔·麦克米伦高等幼儿教师培训学校，先后培养了100名学生，充实到保育学校教育的第一线。普特福德的保育设施成了幼儿保育的综合设施，统称为"拉歇尔·玛格丽特学园"。1931年玛格丽特逝世后，她所经营的保育学校被伦敦参事会接管，改称为州参事会拉歇尔·麦克米伦保育学校。

（二）20世纪初英国政府的幼儿教育政策

20世纪上半叶，英国幼儿教育的发展以保育学校的创立、发展和幼儿教育方法的改革为主要内容，幼儿园被纳入保育学校系统。1918年的《费舍教育法》和1933年的《哈多报告》是英国颁布的与幼儿教育相关的两个重要文件。

1. 1918年《费舍教育法》

1918年，英国国会通过《费舍教育法》，这是以当时的文教大臣费舍的名字命名的初等教育法。该项法令的目的是在英国的国家教育行政系统初步确定一个包括幼儿教育、初等教育、中等教育和各种职业教育在内的学制。《费舍教育法》正式将保育学校纳入国民教育制度中，并把保育学校的设立和援助问题全部委托给地方教育行政部门来处理。规定除了伙食费和医疗费外，保育学校实行免费入学，并决定对13所保育学校实行国库补助。但由于第一次世界大战后经济危机的冲击，政府采取了通货收缩政策，教育经费被压制到最低的限度，保育学校的经济实质上难以保证，有关保育学校的规定执行得很差。所以，从1919年至1929年的10年间，英国的保育学校仅仅增加了15所。

2. 1933年《哈多报告》

1924年，英国工党赢得大选，上台执政。上台执政的首届工党内阁任命以哈多爵士为调查委员会主席对初等教育调查并提出发展中等教育的建议。1933 年该委员会发表了《关于幼儿学校以及保育学校的报告》(《哈多报告》)。这份文件对推动英国幼儿教育理论和实践发展起着举足轻重的作用。

1933 年的《哈多报告》针对英国幼儿教育提出以下几点建议：

(1) 良好的家庭是 5 岁以下儿童的最佳教育环境，同时也认为保育学校对城市儿童的发展具有重要作用。建议将保育学校定义为"国民教育制度中理想的附属机构"，提倡大力增设麦克米伦式的保育学校、幼儿学校和幼儿部附设的保育班。

(2) 提出五岁并不是区分儿童重要发展阶段的界限，建议成立以 7 岁以下幼儿为对象的独立的幼儿学校。

(3) 幼儿学校的教师也应遵循保育学校的原理，即注重对 6 岁以下儿童开展户外体育、游戏等自然性活动和进行会话、唱歌、舞蹈、手工、图画等表现能力的训练。对于 6 岁以上的幼儿进行读、写、算的正规教育。

《哈多报告》肯定了保育学校和保育班的成绩，并大力提倡开设新的保育学校和保育班。报告遵循了幼儿发展的规律性，同时又注重了教学的传统性。因此，被认为是英国学校教育史上具有划时代意义的文献。但由于 1929 年经济危机的余波尚未平息，《哈多报告》也因之被暂时搁置起来。直到 1936 年，教育委员会要求地方教育行政当局调查保育学校的情况，保育学校的发展才出现了新的转机。

三、第二次世界大战后的英国学前教育

(一) 第二次世界大战后，英国政府的幼儿教育政策

第二次世界大战后，英国政府意识到了学前教育的重要性，因此，颁布了一系列教育法律，以政府行为来推动学前教育的发展。英国学前教育从主要由民间慈善事业主导转向了由政府主导的轨道上来，政府对学前教育无论在投资力度上，还是在监督指导力度上，都大大增强。

1. 1944 年《巴特勒法案》

第二次世界大战后，为了恢复昔日的霸主地位，英国当局及其各政治党派的头面人物不断提出了教育改革的设想，在 1944 年 8 月通过了《1944 年教育法》(即《巴特勒法案》)，它是一部奠定英国现代教育基础的重要法案，它全面对英国初等与中等教育中的各方面问题做出了详细规定。因议案是当时教育大臣 R·A·巴特勒提出的，故该法又称《巴特勒教育法》。它的基本条款至今仍被执行，是英国现行教育制度的主要基础。

《巴特勒法案》教育规定初等教育分为三个阶段：幼儿园、幼儿学校和初等学校。为 2~5 岁的幼儿设立保育学校(保育学校的教育不属于义务教育之内)；为 5~7 岁幼儿设幼儿学校；有的地方如果设立 5~11 岁的初等学校，则可在校内附设保育班，招收 3~5 岁幼儿。此法案是英国教育制度发展史上一个极其重要的法令，它决定了英国战后教育发展的基本方针和政策，对英国教育的进一步发展产生了重要的影响。

《巴特勒法案》把保育学校或保育班的设置规定为地方教育行政当局不可推卸的义务，有利于学校教育的发展。但是，《巴特勒法案》未能将保育学校和幼儿学校连贯起来的思想形成制度，幼儿学校仍作为义务教育的最初阶段，包括在初等教育之中。幼儿教育以 5 岁为界被割裂开来，这是不科学的。

2. 1966年《普洛登报告书》

1966年，教育咨询委员会委员长普洛登女士发表了一篇关于"儿童与初级学校"的报告书。该报告在第九章《为义务教育前的幼儿提供教育设施》中呼吁大力发展英国的幼儿教育，尤其是在教育不发达的地区。该报告提议：①要大力发展幼儿教育，大量增加保育设施的数量，尤其要在教育发达地区尽快设立"教育优先地区"。②应在学前教育中增加更多的教育成分，由教育部门把目前尚由卫生部门负责管理的日托机构接管过来。③凡年满3~5岁的幼儿，开学后的任何时候都可以入学。④幼儿教育应以20人为一组划成一个"保育集体"；1~3个保育集体组成一个"保育中心"；它们可以与保育所或者儿童中心的诊疗所结合起来。所有保育集体每60人应配备一名有资格的教师，每10人至少配有一名修完两年培训课程的保育助理来担任每天的保育工作。⑤在公立保育机构得到扩充之前，地方教育当局有权对非营利私立保育团体进行援助，以资鼓励。⑥最理想的是将保育集体在内的一切幼儿保护服务机构都统一在各个收容儿童的设施及小学校的领导之下，同时，在制订新的地区计划和对老区重新规划时，也应充分考虑到幼儿教育。

3. 1972年《教育白皮书》

1972年12月，教育科学大臣撒切尔发表《教育白皮书》，提出将"扩大幼儿教育"当作内阁将要实行的四项教育政策之一。白皮书肯定了《普洛登报告书》中具有实践意义的建议，并制订了实施计划，打算10年内实现幼儿教育全部免费，并扩大5岁以下儿童的教育范围。为此，提出：①要调动各方面的积极性。除政府外，还要依靠地方教育行政当局的周密规划，以及自由团体、教师和家长的大力配合。②确保有一定数量的教师队伍。必须在进一步改革大学幼儿教师培训课程的同时，对非正式教师进行特别训练。③政府为实现上述计划提供必要的经费援助。

1972年白皮书发表后，英国的学前教育有了一定的发展。1978年3岁儿童入托已占15%，4岁儿童入托占53%，但尚未达到白皮书规划的50%与90%的指标。

（二）学前教育机构的类型

英国的学前教育作为初等教育的重要组成部分，类型灵活多样，比较重要的有：

1. 幼儿游戏班运动

第二次世界大战后，由于经济原因，英国的幼儿教育发展受到阻碍，现有的幼教机构难以满足大量的儿童进入免费保育学校和保育班学习。于是，20世60年代由本部设在伦敦的自由团体儿童救济基金会发起了"幼儿游戏小组运动"（Movement of Preschool Playgroup），并迅速发展起来。它以为幼儿提供游戏场地为明确目标，以大城市为中心开始设立，收容2~5岁的幼儿。这种游戏小组属于民间自愿组织，多设在教会大厅、社会福利中心或学校中。经费由儿童家长自筹和管理，一些宗教及社会慈善团体、福利中心和学校也提供捐助，有些地方教育当局给予适当补贴。游戏小组有全日制的，也有每周开放两三次，每次两三个小时的。每班人数15~20人，游戏小组没有固定教师，由热心幼教工作的母亲轮流值班，有时也请专门的教师进行指导。活动内容主要有两方面，一是通过各种材料进行自由游戏，有些玩具还可借回家去玩一两周；另一方面的内容是唱歌、跳舞、讲故事等集体活动。管理人员主要是中产阶级家庭妇女。游戏小组提出的口号是"为孩子们争得一块游戏场地"。在正规幼儿教育设施不足的情况下，幼儿游戏小组担负起查缺救急的任务。但这一机构后来并未消亡，一直保留至今，成为英国学前教育体系的补充类型之一。

2. 保育学校和保育班

保育学校是英国主要学前教育机构，主要招收 2~5 岁儿童。保育班附设在小学中，招收 3~5 岁儿童。在行政管理上，保育学校和保育班归国家教育和科学部以及地方教育行政当局领导。办学经费来自国家或地方税收。地方教育当局享有实际自治权领导，负责提供保育学校和保育班教师的聘任。保育学校和保育班的教育目的是：为幼儿提供医疗服务；培养幼儿良好的习惯和品行；为幼儿提供良好的学习环境，使幼儿能够学习到适合于幼儿年龄特点的知识。教育内容上，不开设正式课程。保育学校和保育班多半为半日制，也有全日制，教育内容由校长决定。幼儿日常生活由幼儿自己选择，以自由游戏为主，教师适当给予帮助，尽可能发展幼儿的语言能力，提高幼儿的智力水平。

3. 幼儿学校

幼儿学校属于义务教育体系，为小学的一部分，学制 2 年，收 5~7 岁幼儿。第一年被称为"接待班"，与保育学校区别不大，只是除去自由活动外，幼儿作业趋向有组织、有系统地安排。第二年，教学较为正规，小学预备教育的目的更为明显，有正式的教学大纲。

4. 日托中心

第二次世界大战时，由于战时需要，英国出现另一种幼教机构——日托中心（day care center）。当时这种机构曾得到政府扶持，战后继续发展，保留至今，属于社会服务性质。招收社会救济部门选送的 5 岁以下幼儿，或劳动妇女的无人照看的幼儿，全日制。幼儿由保姆负责保育，重在生活照顾及卫生保健。招收的幼儿占英国幼儿的将近 1/10。一般由地方政府部门、企业或私人团体开办，归卫生部门领导。

（三）学前教育师资

英国对保育学校及保育班的教师有严格要求。幼教师资主要由教育学院培养，所培养的学前教育教师，要求入学前应有半年以上从事学前教育的实际工作经验，学习期限 3~4 年，所学课程：①普通教育课程，包括教育学、心理学、教育史以及一般文化课程；②职业教育课程，包括幼儿教学法、幼儿保健、游戏等；③教学实习。学生毕业后，尚须经过一年的实习考核，合格者由教育部颁发合格教师证书，保育学校教师的任职资格与小学教师相同。

四、当代学前教育

当代英国幼儿园里没有任何正式的课程，幼儿以自由活动为主。

（一）"幼儿凭证计划"（1995）——学前教育的新发展时期

幼儿凭证计划是英国的一种幼儿教育方式。1995 年，英国教育和就业大臣谢泼德公布了一套数目为 7.3 亿英镑的"幼儿凭证计划"，规定发给家长 1 100 英镑的凭证以支付幼儿教育的费用，使全国每个年龄在 4 岁的儿童都能接受三个月的高质量的学前教育。这种方式使众多家长能自由选择公立、私立或民办的幼儿教育机构，推动了幼儿教育机构之间的公平竞争，提高了教学的质量。"幼儿凭证计划"在推动教育公平竞争的同时，存在幼儿入学过早的问题。

（二）当代英国学前教育的特点

（1）幼儿教育和学前教育在英国是两个不同的概念。前者属于义务教育的初级阶段，后者指义务教育开始 5 岁以前的儿童教育。

(2) 英国的幼儿教育现在仍存在着双轨制。
(3) 家长对幼儿教育的积极参与是一大特色。
(4) 在幼儿园和幼儿班不进行正规的课堂教学。

学前教育发展的影响因素无外乎两种：一种是内部因素，一种外部因素。英国学前教育的发展，政府的行政政策和财政支持起到了巨大的促进作用。

第二节　法国的学前教育

1789年法国爆发资产阶级革命，推翻了封建制度，于1792年建立共和国，标志着资本主义制度在法国的确立。奥柏林开办编织学校的活动，拉开了法国近代学前教育历史的序幕。自1835年开始，法国政府逐步将学前教育纳入中央集权教育行政管理体制，把托儿所视为公共教育体系的组成部分。19世纪中后期，法国学前教育的发展主要是受到福禄贝尔幼儿园理论的影响。

一、18世纪末至19世纪末的学前教育

18世纪末至19世纪末法国学前教育的性质开始发生变化——从慈善事业到国民教育事业转变。法国学前教育性质发生转变，是中央集权的教育管理体制不断加强这一趋势的反映。

（一）18世纪末至1835年以前的学前教育

奥柏林的"编织学校"是法国近代学前教育的开端，自此后出现了数目众多的托儿所，主要是受到英国幼儿学校的影响。法国的学前教育在办学宗旨、教育内容和方法等方面，都借鉴和吸收了英国幼儿学校的经验。从19世纪30年代开始，法国政府逐步将学前教育纳入中央集权的教育行政管理体制。

1. **奥柏林的"编织学校"**

"编织学校"是法国有史记录的最早的幼儿教育机构，创设者是法国新教派的一名牧师奥柏林（1740—1826年）。1776年，奥柏林创设编织学校。在学前教育史上，人们一般把奥柏林的编织学校看作是近代学前教育设施的萌芽，它在法国存在了很长时间。

奥柏林从1767年开始在法国的一个名叫布鲁德堡的教区任牧师，一直到他逝世为止。奥柏林在任牧师期间，通过各种经济的、社会的以及教育方面的改革活动，为努力提高该地区居民生活、教养水平贡献了自己的毕生精力。特别是他在对学校教育进行改革与整顿方面功勋卓著。在奥柏林任布鲁德堡牧师前，全教区只有1所学校，而在奥柏林任职后，几年间学校增加到5所，而且学校类型也增多了，并建立了7~16岁儿童一贯制的学校体系。

奥柏林在1776年创设了"编织学校"，这是以3岁以上的幼儿为对象的保育所，专门在农忙季节收容幼儿和学童。这所学校有两名指导教师，一名任手工技术指导，另一名任文化、游戏方面的指导。编织学校每周只开放两次，教学内容包括：标准法语、宗教赞美诗歌、格言和讲童话故事、采集和观察植物、绘画、地理等，还带儿童做游戏，对学童进行缝纫、纺织和编织方法的传授，讲授历史、农村经济常识等方面的知识，在法国有一定的影响。

"编织学校"设置的目的表现在：为儿童创设一种有序的生活，从而形成一定的纪律

性；使儿童理解宗教教义和提高语言能力；通过手工技巧的传授，培养儿童勤劳的品质，并掌握劳动技术。奥柏林把教育置于比保育更重要的地位。

实际上奥柏林的"编织学校"是一种慈善机构，和当时普遍存在的"教会学校"有相同的性质。但是由于奥柏林把这个学校作为开发他的教会的社会经济以及增进地区居民福利的重要手段，使这个"编织学校"处于重要地位。在这点上，它在学前教育的思想和实践方面具有一定的创新意义。但是这一思想并没有得到法国政府的支持，与法国的其他学前教育机构等也没有直接关系。

2. 柯夏的"托儿所"

帕斯特莱是法国慈善家和女教育家，是法国托儿所的创办者。1862年，帕斯特莱领导妇女会创办了法国最早的托儿所，收容儿童80名。"托儿所"的出现翻开了法国学前教育史上新的一页。

帕斯特莱夫人领导的妇女会的托儿所运动得到巴黎第十二区区长柯夏的支持和帮助。柯夏亲自到英国去，对英国的幼儿学校进行了一年时间的考察和研究。在此基础上，他便协助妇女会于1828年模仿英国的幼儿学校建立了一个托儿所。同年他自己也开办了"模范托儿所"。不久，在这个托儿所里还附带开设了培养托儿所教员的课程。这样，1828年巴黎便有了3所托儿所。此后，巴黎的托儿所便逐渐开展起来。

柯夏对法国托儿所的创立起了理论指导的作用。在他所著的《托儿所纲要》（1853）里说明了设立托儿所的理由和托儿所存在的意义。他认为，托儿所是最有效的公共的贫民救济设施，其次是教育设施，是公共的（贫民）救济设施中最为有效的、最现实、最有力的。柯夏的"模范托儿所"基本上是模仿了维尔德斯平的幼儿学校，特别是模仿了注重对幼儿进行智育训练的做法，教育内容与初等学校完全一样，只是程度上有所差别。

法国的托儿所并不是英国幼儿学校在法国的移植，也有对英国幼儿学校改进的地方。柯夏在道德教育方面，和对待孩子的方法上比维尔德斯平幼儿学校更具有合理性和人道主义的特点。他主张，托儿所的教师要避免一切暴力、压制和暴躁行为，反对对孩子用简单的惩罚手段。另外，主张托儿所要培养孩子"对同伴宽大为怀的感情""公正的感情""说真话""服从""纯朴""礼节、礼法和良好的仪表"等品德，幼儿教师首先要以身作则，为孩子们树立榜样。

（二）19世纪末的学前教育——"母育学校"

1840年，法国教育部长卡尔诺提出把"托儿所"改为"母育学校"。但这个提议在时隔30年后才生效，直到1881年法国才正式开始采用这个名称。1881年法国政府颁布了法国历史上实施最长久的一个教育法令《费里教育法》，这个法令中确立了国民教育的义务、免费和世俗性三条原则，并规定初等教育中的免费原则同样适用于"母育学校"。这是官方的教育文献中第一次正式使用"母育学校"的名称，从那以后，这一名称一直沿用至今。

"母育学校"的保育内容包括：①初步的道德教育。如向幼儿灌输对家庭、祖国和上帝应尽的义务。②日常生活中的实用知识。如区分时间与季节，辨别颜色和形状等。③唱歌、绘画、书法、初步阅读、语言练习、儿童故事、博物和地理的基础知识。④手工作业训练。⑤按年龄阶段进行的身体锻炼。通过这些教育内容可以看出法国的"母育学校"有几个主要的特点：一是特别的偏重于智育，学习范围较广泛；二是清除了宗教教育的内容，而代之以资产阶级的道德教育；三是注意让儿童学习日常生活中的实用知识；四是根据儿童的身心发展水平进行教育；五是采取直观教学法，注意儿童的游戏活动。

"母育学校"的设施，包括保育室、游艺室、带小庭院的游戏场。"母育学校"使用的教材也有很多，主要归为两类：一类是玩具，有用木头或橡皮制作的玩具，用铅和木头制作的军事模型、积木箱、小桶、手推车、跳绳等；另一类是手工作业必需的用具，有地球仪、挂图、连环画、日用品等。"母育学校"实际上已经将过去托儿所保育工作的特点全部摒弃了，完全采用了福禄贝尔的玩具、教具和幼儿园的教学方法，实现了法国学前教育的现代化。但是，"母育学校"在保育内容方面还存在着许多问题，如知识分量过重，对儿童的作业时间没有限定，使"母育学校"充满了小学教育的气息，"母育学校"的教师大把的精力都放在多教孩子学知识方面，忽略了应以照料和监护好儿童为主要任务。"母育学校"应很好地承担起如同母亲一样的责任，给予儿童很好的照顾。由此可见，19世纪开始的把初等学校的教育内容作为托儿所的保育内容，借以谋求儿童智力发展的倾向，一直延续到19世纪末，在法国已受到不少的批评。

20世纪上半期，法国的幼教机构主要包括"母育学校"、幼儿班、幼儿园三种。按照法国政府规定，公立"母育学校"由国家和地方自治团体开办并支付经费，实行免费制，但不是义务教育。幼儿班多设立于农村小学，分公立和私立两种。幼儿班的性质和"母育学校"相似，招收2~6岁儿童。幼儿园是一种私立幼教机构，为数很少。一般由教育部的"母育学校"视学官负责对农村小学附设的幼儿班及私立幼儿园的监督工作，多数私立幼儿园则由小学的督学官来负责监督管理。

（三）法国政府的学前教育政策和措施

法国学前教育是初等教育的组成部分，由国家指导与监管。18世纪末期，法国提出了初级学校、高级小学、中学、专门学校、科学和艺术研究协会五个阶段的公共教育体制，第一次明确将初等教育列为一个独立的教育阶段。1835年，法国政府颁布了关于在各县设立初等教育特别视学官的规定，提出视学官对托儿所具有视察和监督的权力，这是国家正式管理托儿所的开端。

1. 1833年《初等教育法》

法国政府看到托儿所的发展，也承认托儿所"不仅是照看和监督孩子，也是教育的机构"。1833年，法国颁布了《初等教育法》，规定：应把托儿所看作是初等教育的基础，男女儿童将共同接受体、德、智全面发展的教育，要对托儿所给予财政上的援助。这是政府正式管理托儿所的开端。在这之前托儿所的费用主要是由一些民间组织和各地方当局提供。由国家参与对托儿所的补助的政策，进一步推动了法国托儿所的发展，到1835年年底，法国被公认的托儿所已经有93所。

1836年，政府当局还试图将托儿所的管理权、监督权从妇女会的手中接收过来，作为公共教育部所管辖的学校。1837年，法国政府发布了有关托儿所的最早规定，它制定了有关托儿所的管理、监督体系，在以后很长的时间里对托儿所的行政管理工作起到了指导和约束作用。这个规定有5章30条。其中就托儿所的性质和保育内容、托儿所领导者的资格、托儿所的教育方法等都做了规定。从这个规定可以看出，法国的托儿所虽然保留着慈善团体的性质，但已经完全成了公共教育学校的一部分了。这一规定的颁布，进一步推进了托儿所的发展，掀起了在全国各地设立托儿所的高潮。

1855年3月，在教育部长福特尔的努力下，以皇帝拿破仑三世的名义颁布了有关托儿所组织的敕令，同时还提出了"托儿所内部规章制度"。在"托儿所内部规章制度"中，对托儿所的性质、保育内容、时间和设施都有明确的规定。这些规定表现了一定的人道主义精神。

2. 1881年《费里教育法》

1881和1882年议会先后通过"第一费里法案""第二费里法案"，确立了法国初等教育"免费""义务""世俗化"三位一体的原则，促进了学前教育的世俗化，在法国近代学前教育史上有重要的意义。1881年和1882年法国政府颁布了法国历史上实施最长久的一个教育法令《费里教育法》，规定初等教育中免费的原则同样适用于"母育学校"。《费里教育法》规定：以实施"母性养护及早期教育"为宗旨，将国内的幼教机构改称"母育学校"，并将其纳入公共教育系统，招收2~6岁的幼儿，实行免费、统一教育。《费里教育法》的颁布，标志着法国近代资本主义教育制度的初步确立，对法国学前教育也有重要的影响。

3. 福禄贝尔幼儿园方法的传入

1855年，玛伦霍尔兹·别劳男爵夫人来到法国，在法国生活3年。她作为福禄贝尔的学生，为推广福禄贝尔的教育理论和实践经验而积极地开展活动。在3年期间，她宣传演讲了100多次福禄贝尔的思想。正是通过她的介绍，法国才开始了解福禄贝尔的幼儿园思想与实践。

别劳夫人系统地介绍了福禄贝尔的教育思想及其幼儿园事业，别劳夫人通过法国政府自上而下顺利地把福禄贝尔教育方法引入了法国。福禄贝尔幼儿园对法国学期教育的影响主要表现在以下两个方面：

（1）为上层社会的幼儿创设幼儿园。法国上层社会的儿童都是在自己家里由专门的保姆或家庭教师进行保育和教育。福禄贝尔幼儿园的思想和经验被引进之后，法国才开始设立幼儿园，而这种幼儿园主要是面向上层社会儿童开放，其原因是幼儿园只能容纳有限的人数。再有，幼儿园的设施、质量都比托儿所好得多，所以费用也高。贫穷的市民和工人家庭没有能力把自己的孩子送入幼儿园。正是由于福禄贝尔幼儿园的引进，致使法国的学前教育机构明显地形成了双轨制：即普通民众的儿童被送往专门接收劳动人民儿童的、数量较多的、简陋的托儿所；上层社会的儿童则被送往人数极少、条件优越的幼儿园。从此，法国的学前教育沿着这种等级性明显的双轨制方向发展。

（2）福禄贝尔幼儿园教育实践。福禄贝尔幼儿园对法国学前教育的影响体现在幼儿园的教育内容、方法上。幼儿园开始注重幼儿的游戏和户外活动。在幼儿园中设立娱乐用的庭院，在庭院中种上花卉、树木，并将福禄贝尔"恩物"作为教具等。福禄贝尔幼儿园的教育思想和实践，对改革法国托儿所的保育内容和方法起到了一定的积极作用。

二、"二战"后法国学前教育的改革和发展

第二次世界大战后，法国教育机构不断调整，学前教育实施免费入学，幼儿入学率提高。学前教育内容和教育方法有很大变化，学前教育比较发达，居世界学前教育前列。

（一）"郎之万-瓦隆计划"

1944年，法国临时政府委托一个委员会制定战后教育发展计划。1947年，委员会提出一份报告，人们以其先后两任主席命名，称"朗之万-瓦隆计划"。该计划受"统一学校"和"新教育"两种思潮的影响，首次提出了"教育民主化"的思想和"以儿童为中心"的

改革。

第二次世界大战之后在法国兴起了反思如何进行教育现代化的思潮。这个思潮的发端是因为经过第二次世界大战后，法国社会"经受了迅速演变和发生了一些根本变化：生产机械化，新能源的利用，运输与传递手段的发展，工业集中，产品增加，女子大量进入经济生活以及基础教育的扩展"，但是基础教育领域并没有回应社会提出的新的挑战。在1947年由物理学家朗之万和儿童心理学家瓦隆先后领导的委员会向教育部提交了新的改革方案，这也就是后来被称为"朗之万-瓦隆计划"的法国战后经典教育文献。

1947年，"朗之万-瓦隆计划"出台，提出了战后法国教育改革的六大原则：

（1）社会公正原则，即男女儿童和青年，不论家庭、社会地位和种族出身如何，都有受适合其自身才能的教育的平等权利。

（2）各种类型的教育和训练方式，居于同等地位。

（3）普通教育是一切专门教育和职业教育的基础，学校应该成为传播普通文化的中心。

（4）学校教育应该重视学生的才能、兴趣、禀赋的发展，并给予科学指导，使学生能够适应社会的需要。

（5）建立单一的前后连贯的学校制度，义务教育的年限是6～18岁，各级教育实行免费。

（6）加强师资培养，提高教师地位。

这一计划虽因政治尚不稳定、经济还未恢复、意见不够一致而没有付诸实施，但它指出了"战后教育改革"的方向，奠定了思想基础。它所提出的"教育民主化"思想对法国教育具有深远的影响，被称为法国教育史上的"第二次革命"。

（二）三分段教育法

20世纪60年代末，法国在初等教育阶段全面推行合科教育以取代传统的分科教育。1969年，法国的"母育学校"根据教育部的指令，在课程和教育方法方面进行了与小学类似的改革，以实现体、智、德方面的稳定发展。课程分为三大类，即基础学科、启蒙科和体育，所以叫"三分段教育法"，也叫"三分制教学"。基础学科包括语文、数学；启蒙学科包括历史、地理。其中基础知识课占去一半以上的学时。强调4岁以上儿童教育的重点是读、写、算的基础知识和技能，为进入小学做准备。三分段教育法主要为了克服分科教学的绝对性，使各科有机联系，使儿童统一、协调和整体地去认识世界。

（三）1975年《哈比教育法》

1975年，法国颁布《哈比教育法》，规定学前教育的目标是启发儿童个性；消除儿童由于出身和家庭条件差异而造成的成功机会的不均等；早期发现和诊治儿童智力上的缺陷及身体器官上的残疾；帮助儿童顺利完成学前教育向小学教育的过渡。根据此法令，自20世纪70年代以来，法国学前教育实际上发挥着四重作用，即教育、补偿、诊断治疗及与小学衔接的作用。20世纪70年代，法国政府更加重视公立学前教育的发展，把学前教育列为第七个五年计划的主要任务之一。

（四）1989年《教育方针法》

20世纪80年代末以来，法国教育改革全方位展开，涉及学前教育、初等教育、中等教育、高等教育、继续职业教育、社会职业培训等各方面。《教育方针法》是法国社会党自

1981年执政以来的一部重要立法,1989年7月10日正式颁布执行。《教育方针法》以法律的形式规定了教育的地位:"教育是国家优先发展的事业";强调国家应确保青少年受教育的权利;决定成立全国教学大纲委员会,负责指导和协调各学习阶段和各学科间的教学大纲和教学内容,以适应学生的不同需要和经济科技的发展变化。附加报告中明确规定了学前教育的目标:"通过对美感的启蒙、对身体的意识、对灵巧动作的掌握和对集体生活的学习,发展幼儿的语言实践能力和个性,同时还应注意发现儿童在感觉、运动或智力方面的障碍,并做及早诊治。"这个目标实际上强调了法国学前教育的四种作用:启蒙教育作用、社会化作用、诊断和治疗作用、与小学衔接作用。该报告对20世纪末的法国学前教育起到了重要的指导作用。

由于政府重视、社会支持和措施得力,法国学前教育在发达国家中始终位居前列。1985年统计,法国2~5岁儿童入学率,公立学前教育机构学生比例达87%,居发达国家首位。

(五) 教师队伍建设

随着学前教育的深入发展,法国政府对教师的素质问题越来越关注,对幼教师资的要求也不断提高。1946年,法国师范学校的招生对象从初中毕业生改为择优录取高中毕业会考合格的学生,学制一年,主要任务是进行专业教育。从1969年开始招收高中毕业生。1979年又将学制由2年调整到3年。教学实行"培训单元",3年共30个教学单元。每单元50~70课时。20世纪80年代中期以来,随着自理能力差的2~4岁幼儿入校人数增多,对幼儿教师的业务及学校管理工作提出了更高要求。为此,法国政府积极采取措施,轮训幼儿教师,改进教育方法,大力开展对幼儿心理学、幼儿医学、幼儿教育学的研究,并增加教育投资,改善办学条件,以使幼儿教育能更好地适应进一步教育的需要。

总之,法国的学前教育在世界上保持领先地位,是国民教育的重要基础,是解决母亲不能照顾子女这个社会问题的重要手段。同时,法国政府建立了行之有效的教育行政和管理制度,使学前教育工作有章可循,为世界各国学前教育的发展树立了一面旗帜。

第三节　德国的学前教育

帝国时期以前的德国学校是由教会控制,后来国家从教会手中夺回教育权,并推行义务教育。在英、法等国爆发资产阶级革命时,德国还是一个有着大大小小诸侯邦国的封建制国家。国家长期不统一,各诸侯国之间战乱不止,生产落后。这种状况直到19世纪中后期才有所改变,逐渐结束了封建割据局面,于1871年建立了以普鲁士为首的统一的德意志帝国,实行军国主义统治。德国近代学前教育的发展比英国、法国晚,19世纪出现了一些慈善机构性质的保育机构,19世纪20年代以后受到英国学前教育发展的影响,开始学习英国幼儿学校的办学经验,发展学前教育。第二次世界大战后,德国被美、英、法、苏四国占领,被分为东德和西德,即德意志民主共和国和德意志联邦共和国,在教育上各自走上了不同的道路。1990年10月民主共和国加入联邦共和国,于是德国又重新统一。统一后德国保持了联邦共和国的学前教育传统。

一、近代德国学前教育的创立与发展

在英国幼儿学校对德国产生影响之前,德国已有了自己的学前教育设施。1840年,福

禄贝尔幼儿园在德国产生，极大地推动了德国学前教育的发展，从而使德国的学前教育走在了世界前列，成为其他国家学习的榜样。

（一）19 世纪最初的 20 年

19 世纪初的幼儿园，主要是解决幼儿无人看护问题，教育是附带的。幼儿设施的费用主要靠慈善捐款，担任保育的老师多半不是正规保育员和教师。

1. 巴乌利美保育所

巴乌利美保育所是由巴乌利美侯爵夫人于 1802 年设立大的一个保育所。它是作为一个救济贫民的设施而产生的，是为了让穷苦孩子的母亲安心去劳动，不用为了留在家中的孩子而牵挂设立的一个机构。招收对象是 1~4 岁半的农村孩子，是季节性的托儿所，从上午 6 点到晚上 8 点。由 12 名贵夫人来轮班监督保育所的工作。还有一些从孤儿院和职业介绍学校招来的 12~16 岁的女孩子做保姆，参与照顾幼儿的活动。巴乌利美保育所的保育方式是：经常对孩子们进行监督，但不给幼儿任何约束，让幼儿每天都在游戏中度过。天气好的时候带着幼儿在庭院里玩耍。教育内容是：教授正确的德语，教幼儿正确地称呼身边的事物，进行守规矩、守秩序、协调、亲切、勤劳等有关社会道德方面的训练和生活规律的教养。巴乌利美保育所的重点是放在幼儿的健康上，教育只是附带和从属地位。

巴乌利美保育所为幼儿们提供干净整洁的衣服和富有营养的食物，为幼儿们安排有规律的生活，而且鼓励户外游戏，给孩子们讲授知识，进行道德教育，这些方面都有利于促进儿童的健康成长。巴乌利美保育所是巴乌利美夫人从人道主义的立场出发，基于对贫穷的母亲们的深刻理解和对穷苦孩子们健康的关心而建立起来的，是德国最早的幼儿保育和教育设施，被人们所关注，成为德国教育史上光辉的一页。

2. 托儿所

1819 年，在德国出现了一个"瓦德蔡克设施"，这是柏林最早的托儿所。"瓦德蔡克设施"的教育对象是城市劳动阶级的子弟，招收 9 个月至 2 岁的婴幼儿。"瓦德蔡克设施"与"巴乌利美保育所"设施之类的季节性托儿所不一样，是常设托儿所。不久，又发展成为收容流浪儿和孤儿的进行 24 小时保育的常设托儿所。但是，这所托儿所并没有作为一所纯粹的学前教育设施发展下去，最后无异于一所普通的孤儿院。

3. 德国各邦的教育政策

1827 年，普鲁士政府教育部发出"迅速建立幼儿学校"的号召。在这之前普鲁士政府对以贫民为对象的学前教育设施采取了一系列的保护政策。例如，1838 年，在国王威廉三世的敕令中，批准了为援助柏林托儿所而设立的中央基金。敕令明确提出，这笔基金要用于维持现有的托儿所和设立新的托儿所。但实际上仍然把学前教育规定为"私人的慈善事业"，作为一种私人的慈善活动，同时也表明了普鲁士政府对学前教育的态度，既想发展还想控制，但又不想提供实际的帮助和支持。

1839 年，拜恩政府内务部制定了关于托儿所各方面事务的规定。这个规定当时在德国各邦中是有关学前教育的最为详细的规定，可以说它代表了当时德国各邦的学前教育政策。规定中体现出：贯彻控制但不给予支持的政策；坚决反对在托儿所进行读、写、算等方面的知识教学，认为对贫民的孩子主要是提供安全和良好照顾的场所，因此采用"托儿所"的名称；鼓励幼儿在室外进行轻松愉快的游戏活动，为将来成为劳动者做准备；强调宗教教育和道德教育，其目的是培养具有顺从、守纪律、勤劳、节制等品质。

德国各邦对贫民幼儿所采取的教育政策,一般都贯穿了维护社会治安和统治秩序的基本思想,控制但不支持。但这些学前教育政策又多少地引进了一些英国幼儿学校的做法,给德国学前教育的沉闷气息注入了一股新的空气。

(二) 20 世纪中期至 40 年代末——弗利托娜的幼儿学校运动

20 世纪中期以后至 40 年代末,在英国幼儿学校的影响下,德国出现了以弗利托娜为代表的幼儿学校运动。

弗利托娜幼儿学校是一所私人慈善性质的学前教育机构。弗利托娜是新教派的牧师,曾参观了英国很多的幼儿学校,在自己的教区内建立了一所幼儿学校,招收了 40 名贫苦的工人阶级的孩子。弗利托娜幼儿学校的办学宗旨:一是要保护工人们的孩子不生病,不受伤,增强他们的体质;二是要注意他们的道德行为习惯的培养,防止他们养成粗野、放纵、懒惰和不讲卫生等恶习;三是通过让幼儿从事编织劳动,来养成他们勤劳的习惯。

弗利托娜幼儿学校有着丰富的教学内容,主要集中在:

(1) 重视幼儿的游戏活动。在幼儿园中给幼儿提供了良好的游戏活动的场所和游戏器械,任他们自由地跑、跳和做游戏。

(2) 重视幼儿的知识教育、宗教教育和道德教育,采取轻松愉快的游戏式的教学。

总的来说,弗利托娜幼儿学校的最终目的主要在于对工人阶级的孩子进行宗教教化和道德教育。适合德国教育政策的要求,它的影响非常的广泛,在它之后又建立起了二十多所类似的机构,在德国形成了弗利托娜幼儿学校运动,对德国各邦学前教育的发展起了积极的推动作用。

(三) 19 世纪下半期的学前教育——福禄贝尔幼儿园运动

福禄贝尔(Friedrich Froebel,1782—1852 年)是德国著名的学前教育家。他所创立的幼儿园及其幼儿教育理论对后世影响很大。人们称他为"幼儿园之父",福禄贝尔出生于德国中部图林根地区一个名叫奥伯魏斯巴赫的村庄里,他的父亲是一位路德派的牧师,家庭笃信宗教。

1837 年,福禄贝尔在德国的勃兰根堡开办了一所学龄前儿童教育机构,1840 年正式命名为"幼儿园",这是世界上第一所以"幼儿园"来命名的学前教育机构。福禄贝尔在幼儿园的工作中,形成了一整套的学前教育理论体系。

福禄贝尔认为,不应当把学前教育设施办成学校,孩子们在里面不应接受学校式的教育,而应当采取保证幼儿自由发展的教育方法,以儿童的自由活动、自我教育为主,以直观教学为主。他的主张成为他的幼儿园教育理论的思想基础。

福禄贝尔幼儿的教育内容主要包括:①为幼儿园编制了多种游戏活动,其中最主要的一种就是运用他所设计的玩具——"恩物"进行游戏,以此发展儿童的认识能力和创造性,并练习手的活动技能;②为幼儿园儿童安排多种作业活动,通过作业对儿童进行初步的教学;作业活动包括折纸图画、拼图、串珠、搭积木等,另外,还有一些如初步的自我服务、照料植物等方面的劳动作业;③重视幼儿的语言发展,通过唱歌、讲故事、朗诵和游戏等方式,来培养儿童的语言能力。

福禄贝尔之前的学前教育设施,基本上都是贫民救济性设施,还不能算作是正规的教育设施。直到 1840 年福禄贝尔幼儿园的产生,才有了真正的学前教育机构,使学前教育从"看管"转向"教育"。他的学前教育思想体系,不仅极大地推动了德国学前教育的发展,从而使德国的学前教育走在了世界的前列，成为其他国家学习的榜样，也对世界学前教育的发展做出了巨大的贡献。

福禄贝尔的教育思想在德国引起了轰动，并由此成立了幼儿园协会等组织。别劳夫人在德国福禄贝尔运动中是一个很有影响的人物，她作为运动的领袖，积极地创办了"福禄贝尔协会"，尽量多地设立幼儿园，培养幼儿教师，为福禄贝尔幼儿园在德国的普及做出了贡献。她还把福禄贝尔幼儿园介绍到国外，在英国和法国的托儿所里试行福禄贝尔的教育方法，为将福禄贝尔幼儿园教育思想和实践传播到世界各地，在世界范围内流行起来做出了很大的贡献。

二、20世纪初至第二次世界大战前的德国学前教育

20世纪初，德国的幼儿园继续朝着多轨的方向发展，有幼儿园、慈善机构和幼儿学校等。1922年，德国政府制定《青少年法》，其中强调要设立"白天的幼儿之家"，包括幼儿园、托儿所及幼儿保护机构等。同时提出，训练修女担任看护工作，还强调加强幼儿教师的培训。政府在颁布的幼儿园条例中宣布：各种各样的幼儿教育机构，凡招收2~5岁儿童者，均称为幼儿园。政府还规定一切幼儿园由政府监管，隶属于教育、卫生两部门，幼儿园儿童具体由地方儿童局监督，学校教养儿童均须经儿童局许可，凡儿童在家不能得到正常教养者，则由儿童局遣送入学或入园。

这一时期，幼儿园尤其是私立幼儿园得到较快发展，成为德国幼儿教育中的主要形式。据1930年的统计，私立幼儿园有8 000多所，入园儿童有50万人，但是公立幼儿园只有50所。这说明国家和社会把学前教育事业主要看成是民间行为而非政府行为。

1933年，德国进入纳粹统治时期。希特勒法西斯政府把教育作为侵略政策的工具，建立了中央集权的学校管理制度。各类学校、幼儿园都必须进行所谓的"种族教育"，强调德意志是最优秀的民族，并在各种教科书中宣扬对法西斯的崇拜和对法西斯头子的盲从，幼儿教育受到严重摧残。

三、第二次世界大战后德国学前教育的改革和发展

在东德，幼儿教育被纳入统一的学校教育系统，成为公立教育制度的一个重要组成部分。在西德，幼儿教育又恢复了魏玛共和国时期的传统。统一后的德国保持了西德的学前教育传统。

第二次世界大战后，德国建立了一系列的教育政策，包括《关于德国学校民主化的法律》《德国教育民主化的基本原则》《教育结构计划》，等等。20世纪70年代后，德国政府日益重视学前教育，把学前教育纳入整个教育体制，作为初等教育的一个组成部分，但总体来说，德国的学前教育尚有待进一步发展。

（一）学前教育的政策

联邦德国的幼儿园主要是由教会、普通慈善机构和民间团体开办的。其中教会开办的幼儿园占70%左右。国家并不行使对幼儿园的监督，幼儿园的监督工作主要由开办幼儿园的团体自行负责。第二次世界大战后，联邦德国所有的公立和私立幼儿园的监督工作均由儿童局负责。幼儿园的入园制度大多由各州自行负责。在各类幼儿园中，公立的仅占约三分之一，远低于教会所办的幼儿园数。因此，在联邦德国，幼儿园民办化形成传统，这在一定程

度上阻碍了公立幼儿园的发展。

20世纪60年代，在美国开端计划、幼儿教育机会均等、开发幼儿智力等计划及思想影响下，联邦德国开始日益重视学前教育。1970年，联邦教育审议会公布了包括学前教育在内的全国教育制度改革方案。此方案将整个教育体系划分为初等、中等、继续教育三个领域。3~6岁的幼儿教育被纳入教育体系的基础部分，属于初等教育范围。其中5~6岁的幼儿教育被列入义务教育。此后，不仅5岁以上幼儿普遍入学，3~5岁幼儿入园率也不断提高。据统计，1960年，3~6岁幼儿入园率约为50%，1977年，3~5岁幼儿入园率已达75%，但是联邦各州之间差异较大。

1970年，德国教育委员会提出《教育结构计划》，把学前儿童的教育纳入计划的构想之中。从此，学前教育成为整个教育系统中初等教育的一个组成部分。

1990年，新的《儿童与青少年福利法》要求各州承担扩建幼儿园的义务，以满足社会需要。

在德国，幼儿园不属于国家的学校体制，而属于青少年福利救济事业。德国幼儿园的数量很多。2002年，德国幼儿园27 830所，平均2 966个居民就有一所幼儿园。

(二) 学前教育机构的类型

联邦德国的学前教育主要在幼儿园及学校附设幼儿园中实施。此外，还有多种形式的教育机构，达30多种，大致可以归纳为以下6种：

1. 普通幼儿园

幼儿园大多由地方政府、教会、企业、社会团体或私人开办，没有将其列入国家教育计划。1970年，才把3~6岁的学前教育纳入教育体系的基础部分。儿童入园根据自愿原则，国家不做强制规定，但要求不入园者必须保证家庭教育的内容与幼儿园一致。幼儿园招收3~5岁儿童，每班25~40人，幼儿园分全日制和半日制两种。大部分家长将其子女送往半日制幼儿园。幼儿园禁止教授基本知识，如读、写、算，以游戏为主要活动。幼儿园内实行收费制，但比较灵活，一般根据家长的收入状况及家中子女同时入园的人数来决定征收额、减收额乃至免收学费。

2. 特殊幼儿园

特殊幼儿园是专门为身体有残疾、智力发育不正常或聋哑儿童开设的幼儿教育机构，承担着双重职能：治疗和教育。其目的是使幼儿能够最大限度地恢复身体和智力，使身心得到最理想的发展，能够在未来更好、更快地适应特殊学校或基础教育学校的学习条件和生活环境。

3. 学校附设幼儿园

学校附设的幼儿园于1939年创立于汉堡，是为那些已经到入学年龄，但身心发展滞后的儿童进行小学预备教育的设施。儿童可接受到特别训练，获得进入小学学习的基础。学校幼儿园基本上都是公立，由国家教育行政机构管辖，儿童免费入园。

4. 托儿所

托儿所主要接受双职工的0~3岁子女，对其实行保育。目的是减轻双职工由于工作而无法照顾子女而形成的负担。20世纪80年代初，德国有公立托儿所近900个，有床位的约2.5万个。

5. 店铺幼儿园

1986年，西柏林出现了一种新的反对权威主义的"店铺幼儿园"，实行自由的解放式的教育，教育内容和方法由家长讨论决定，并轮流担当保育工作。有时聘请专家进行指导。

6. "白天的母亲"

1974年，由联邦青年、家庭、健康教育部批准设立了另一种新型的幼儿保教机构——"白天的母亲"。主要做法是：由政府提供少量经费，让一些年轻妇女在照管自己的小孩之余，再帮助邻近的职业妇女在白天照管1~2个小孩，以解决其实际困难。这些"白天的母亲"需要参加短期培训，以获得科学育儿的知识。

（三）学前教育师资的培训

德国设有培养幼儿园教师的特别培训学校，修业年限2年，招收初中毕业生或具有同等学力的人。但由于德国传统上一向不重视学前教育，因此，没有将其列为义务教育范围内，导致幼儿园教师无论在工资收入，还是在社会地位方面，都不及小学教师。小学教师是国家公职人员，而幼儿园教师仅仅是雇员。这种显著的差别引起了幼儿园教师的不满，严重影响了幼儿园高素质教师的补充，使学前教育的发展受到了一定程度的阻碍。

第四节 俄罗斯的学前教育

由于历史原因，俄罗斯被分割成不同的时期。俄罗斯的学前教育也随着各个历史时期呈现出自己本身的特点。本章节按照以下的历史沿革，对俄罗斯的学前教育进行梳理：

俄国（俄罗斯帝国），1721—1917年。1721年，彼得一世改国号为俄罗斯帝国。1917年11月7日，十月革命胜利，宣告俄罗斯帝国终结。

苏俄（俄罗斯苏维埃联邦社会主义共和国），1917年11月7日—1922年12月30日。十月革命胜利，建立世界上第一个社会主义国家政权。

苏联（苏维埃社会主义共和国联盟），1922年12月30日—1990年12月25日。1922年12月30日，苏联正式成立，当时加盟的国家有俄罗斯联邦、乌克兰、白俄罗斯和外高加索联邦，后扩至15个加盟成员国。1990年12月25日，苏联解体。

俄罗斯（俄罗斯联邦），1990年12月25日至今。1992年4月16日，俄罗斯第6次人代会决定将国名改为"俄罗斯"，从而恢复了历史的名称。

一、儿童慈善机构的产生和发展

在俄国农奴制废除前，俄国的经济发展比西欧各国落后很多。1861年，沙皇政府废除了农奴制度，为俄国资本主义经济的发展创造了有利条件，此后开始大工业生产，到19世纪80年代完成工业革命。此时随着经济的增长，俄国的文化教育也有所发展，沙皇政府迫于各方面的压力，对各级教育实施改革，开办了一些教养院、收容所和孤儿院，并把这些慈善机构收归政府管辖。俄国还成立了培养学前教育人员的机构，为俄国的幼儿园输送了一批合格的幼儿教师，推动了俄国学前教育的发展。

从18世纪后半期，即俄国女皇叶卡捷琳娜二世（1762—1796年）统治开始，在俄国陆续出现了一些儿童慈善教育机构，主要是解决弃婴和孤儿的收容问题。在慈善教育机构的创办过程中，有不少人对此做出过贡献。其中最具有代表性的是伊·别茨考伊。伊·别茨考伊（1704—1795年）于1763年向女皇叶卡捷琳娜二世呈奏折，要求在莫斯科开办"教养院"，收容弃婴和孤儿，同时他还要求为贫民开办一所产科医院，附设在教养院内。伊·别茨考伊的请求获得女皇的批准,他被委托负责此事。1763年,俄国的第一所教养院和产科医院在莫斯科成立,伊·别茨考伊任院长。此教养院收容2~14岁的弃婴和孤儿,分成三个年龄段实施教育。教养院不是单纯的慈善教育机构,还非常重视对儿童的教育工作,他希望通过教育培养人,达到改良社会的目的。他的教育包括德、智、体三方面的内容。注重给儿童灌输"敬畏上帝"的思想,培养他们热爱劳动、勤俭、整洁的良好习惯。根据儿童的爱好和兴趣去学习知识,不能强迫儿童,在学习活动中,绝对禁止体罚;重视体育锻炼,让儿童多呼吸新鲜空气。

别茨考伊的教育观点有很多合理的见解,落实到教养院的实践中,推动了俄国教育事业的发展。在别茨考伊的教养院之后,俄国的其他地区出现了不少类似的机构。19世纪上半期,由进步人士组成的各种慈善团体,又开办了一些"收容所"和"孤儿院"。后来,沙皇政府把这些儿童慈善教育机构都收归政府管辖。

二、福禄贝尔幼儿园的建立

19世纪中期,福禄贝尔幼儿园运动也波及俄国。19世纪60年代俄国出现了第一所幼儿园。1866年,在彼得堡发行了俄国最早的学前教育杂志月刊——《幼儿园》。1866年,在彼得堡还出版了以宣传福禄贝尔学前教育思想体系为主的教育杂志——《家庭和学校》。1870年,在彼得堡、基辅等地成立了"福禄贝尔协会",这些组织的主要工作就是大力宣传福禄贝尔的学前教育理论,推动幼儿园运动,促使幼儿园在俄国各地开办。另外,协会不仅促使幼儿园在全国各地开办,还培训幼儿教育师资,这是俄国唯一的培养学前教育人员的机构,1872年,在彼得堡福禄贝尔协会领导下,建立了"福禄贝尔学院",这所学院在十月革命后改为"学前教育大学",这是一所专门培训学前教育人员的私立学校,主要招收初中毕业生或具有家庭教育经验的女青年入学。此后,在俄国其他一些地方也成立了类似的机构。这类学校是当时俄国唯一的培养学前教育人员的机构,为俄国的幼儿园输送了一批合格的幼儿教师,推动了俄国学前教育的发展。

19世纪末至十月革命前,俄国政府继续推广孤儿院。1891年开始设立农村孤儿院。1901年,全俄国共有80所这种孤儿院。此外,在俄国首都及大城市出现的一些资产阶级慈善团体,也为孤儿设立了各种慈善机构,如育婴堂、育婴孤儿院和平民幼儿园。1845年,彼得堡开办了第一所乳婴期儿童的托儿所,开设了最早的平民幼儿园。以后,在其他工业城市也陆续出现了类似幼儿园的机构。20世纪初到十月革命前,沙皇政府仍然认为没有必要把学前教育纳入国民教育系统。但在大工业中心地区,曾出现了一些社会团体,大力宣传公共学前教育思想,并努力把教育科学的要求贯彻到家庭教育中去。

三、乌申斯基的儿童教育思想

乌申斯基(1824—1870)是俄国著名的资产阶级民主教育家,他的教育实践和教育理论对俄国教育的发展起了重要的作用,也为俄国学前教育理论的创立奠定了基础。乌申斯基曾在孤儿院担任过俄语教师和监督,后又任一所女子学校的监督,在此过程中积累了丰富的教育教学实践经验,为其理论体系的形成奠定了基础。乌申斯基的代表作是《人是教育的对象》。他还发表了许多关于教育问题的文章,其中有《论公共教育的民族性》《学校的三要素》《论教育书籍的益处》《劳动的心理和教育意义》等。乌申斯基教育思想中最重要的部分是"教育的民族性原则",这是他整个教育理论体系的基础。他认为:俄国的教育不能简单地照抄搬别国的教育制度,而应从本国的教育实际出发,制定完全符合本国本民族特点的国民教育制度;要继承俄罗斯民族的文化遗产,重视使用本民族的语言进行教学。他强调教育的目的、任务和教育内容都应围绕着这一民族性原则来进行。他特别指出,教育内容应该包括整个俄国的文化遗产,而在这些遗产中,有一方面特别重要,这就是祖国语言,他认为一个民族的语言在其民族的发展过程中是永不凋谢的,而且随着年代的延伸,民族语言会越来越丰富、越具有魅力,所以一定要崇尚祖国语言。

乌申斯基教育思想的民族性原则,对19世纪后半期俄国学前教育理论的发展产生了重要的影响。他从民族性原则出发,要求建立俄国自己的教育制度,包括学前教育制度,要求培养儿童的爱国主义精神和民族自豪感和责任感,这些思想都影响着俄国学前教育理论的形成,对十月革命后苏联学前教育理论和实践体系的形成,起了一定的奠基作用。

四、第二次世界大战前学前教育的发展

十月革命以后至第二次世界大战以前,是苏联学前教育制度基本确立的时期。苏联是20世纪公共学前教育发展较快的国家。十月革命以后,苏联党和政府一直非常重视公共学前教育,强调学前教育机构对儿童进行教育的优越性,制定有关方针政策,并采取各种措施,促进学前教育的发展。

(一)革命初期至20世纪20年代末

1. 免费学前教育的确立

十月革命以后,学前教育的精神发生了根本的变化。苏维埃政府一反沙皇政府轻视学前教育的做法,明确地把学前教育纳入国民教育体系中。1917年11月12日苏俄教育人民委员部学前教育局成立,11月20日,教育人民委员部发表了《关于学前教育的宣告》,指出:苏维埃共和国的学前教育制度是整个学校制度中的一个重要组成部分;儿童公共免费教育,从儿童出生时期开始。1918年10月16日,苏维埃政权颁布的《统一劳动学校规程》规定:在统一学校中(包括幼儿园),所有6~8岁儿童实行统一的、免费的幼儿园义务教育。1919年3月举行的第八次俄共代表大会通过的党纲,规定了苏俄学前教育的两大任务:儿童的公共学前教育是学校教育事业的基础之一,必须按照儿童的年龄特征来实现儿童的全面发展和共产主义教育的任务;为了改善公共教育和使妇女们获得解放而立即设立学前教育机关,如托儿所、幼儿园等。根据苏维埃政权关于学前教育的基本方针和政策,在教育人民委员部学前教育局的统一领导下,国立的学前教育机构网在全国范围内建立和发展。到1920年,苏俄已有4 723所学前教育机构,共收有254 527名儿童。

2. 学前教育专业人才的培养

1918年9月,在彼得堡设立了一所学前教育学院,用以代替原有的福禄贝尔学院。该学院是世界上第一所国立的专门培养学前教育专业人才的高等学府。学院讲授蒙台梭利的教育理论,并进行一些实习作业。该学院还兼有学前教育研究中心的功能。第二莫斯科大学也在1920年年初,设立了学前教育系,由各种修业年限不同的学前教育专门训练班培养出来的教师达3 280人。

(二)20世纪30年代至卫国战争时期

20世纪30年代,苏联幼儿教育的发展突出表现在学前教育机构网的急剧增长以及学前

教育工作质量的提高。1930年6月,苏共召开第16次代表大会,规定全国工矿企业、城镇地区都有义务设置托儿所和幼儿园,接收3岁以下婴幼儿,所需要的经费采取国家拨款与吸收社会资金两条腿走路的方针筹措。此后,托儿所、幼儿园迅速发展,夏令班、农忙班、长日班、晚夜班等幼儿教育机构不断涌现,满足不同类型家长的需求。

1932年,教育人民委员部颁布了第一部国家统一的《幼儿园教育大纲草案》,规定幼儿园教学内容包括社会政治教育、劳动教育、认识自然的作业、体育、音乐活动、美术活动、数学活动和识字等。该草案最主要的意义在于第一次明文规定了幼儿园的工作任务与教育内容,对于整顿幼儿园,促进幼儿园管理正规化,提高幼儿教育质量具有重要意义。1934年,教育人民委员部经过修订,重新颁布了幼儿园教育大纲和关于幼儿园内部规定的指示,要求更全面地考虑学前儿童的生活安排及教育内容。

1948年,苏联教育人民委员会制定了《幼儿园规程》和《幼儿园教养工作指南》。《幼儿园规程》规定了幼儿园教育的目的、任务、组织、基本类型及对儿童的营养和幼儿园房舍的要求等。《幼儿园教养工作指南》则根据儿童的年龄特征,将幼儿园工作的任务、内容和方式等具体化。1958年,人民教育委员会制定了《幼儿园规则》,对幼儿园的教育对象、幼儿园的性质和任务、内容与方式及幼儿园开设等问题做了详细规定。这表明,苏联的学前教育制度基本制定。

五、第二次世界大战后学前教育的发展

"二战"后,为了适应形势发展的需要,苏联共进行了三次学前教育的改革。20世纪50年代末至60年代初,苏联学前教育的改革重点是托幼一体化。60年代末开始,进行第二次改革,力图根据儿童心理学和教育实验研究的新成果,以及小学改革的情况,改变重保轻教的观念,保证儿童从出生到小学接受一贯的全面发展教育。1989年6月16日,苏联国家教育委员会批准和公布《学前教育构想》。以此为标志,苏联开始了学前教育的第三次改革。与世界继续教育思潮和纠正偏重智力的发展趋势相一致,强调儿童个性的全面发展,提出了新的"个性定向式教育策略",提出学前教育阶段是整个继续教育体系中的第一个环节。

(一)托幼一体化

1959年5月21日,苏共中央和苏联部长会议公布了"关于改革学前教育制度的决定"。决定指出,改革的重点是宣布在全苏联建立将托儿所和幼儿园合并的统一学前教育机构,并将其正式命名为"托儿所-幼儿园";将"托儿所-幼儿园"的管理和监督权统一于各共和国的教育部;同时规定各共和国卫生部负责"托儿所-幼儿园"中儿童的保健工作;凡有条件的地方,均须在1960年1月1日以前,完成托儿所和幼儿园的合并工作。自1959年的"决定"公布后,苏联新设的幼儿教育设施,基本上是"托儿所-幼儿园"。

(二)幼儿园教育大纲的修订

为了适应"托儿所-幼儿园"的教育设施,1962年,在《幼儿园教养员工作指南》的基础上,以俄罗斯联邦教育科学院学前教育研究所所长乌索娃为首,在医学科学院的教授洛万诺夫协助下制定了《托儿所-幼儿园统一教学大纲》。同时《幼儿园教养员工作指南》于1963年9月1日作废。苏联1962年制定的《托儿所-幼儿园统一教学大纲》,无论从形式上还是内容上,都堪称世界上第一部综合性的婴幼儿教育大纲。

20世纪60年代末，苏联开始对1962年的《托儿所－幼儿园统一教学大纲》进行修订。1970年《托儿所－幼儿园统一教学大纲》的修订本公开发行。修订后的大纲加强了婴儿期的护理和教育，加强了入学预备班的教育内容向初等教育过渡的衔接性，逐级下发了有关教育内容。1978年出版了《托儿所－幼儿园统一教学大纲》的第八次修订本。1984年，苏联又颁布了《幼儿园教育和教学标准大纲》（《托儿所－幼儿园统一教学大纲》第十次修订本）。该大纲要求给幼儿的知识内容能反映出事物的本质联系，并要求通过更为系统的教育、教学活动，促使幼儿个性全面协调发展，在体、智、德、美、劳各项教育任务以及为入小学做准备等问题上都增加了深度。

（三）《学前教育构思》的制定

1988年，苏联国家教育委员会通过决议，批准了《学前教育构思》。以《学前教育构思》为标志，苏联开始了学前教育的第三次改革。《学前教育构思》根据现代科研成果制定了改革学前教育体系的理论方针，并指出了新的、个性定向式教育策略的基本特征。这种教育策略在其目标、手段和结果上都不同于传统的教学－纪律式儿童教育观。新的教育模式的制定既服从于整个社会的改革思想，也服从于当时苏联正在进行的教育科学改革。《学前教育构思》与苏联国家教委制定的《中学教育构想》一起，被整合在更为广阔的《继续教育构想》之中。学前教育阶段被看作整个继续教育体系中的第一个环节。

这次学前教育改革强调儿童个性的全面发展，提出了新的"个性定向式教育策略"。这种策略在其目标、手段和结果上，都不同于传统的"教学－纪律式"儿童观，以"个性－定向型相互作用模式"取代以往的"教学－训导型相互作用模式"。

（四）学前教育师资的培训

苏联幼儿园的教师是由幼儿师范学校来培养的。幼儿师范学校主要从两个方面来招收学生：一是招收8年制学校的毕业生，修业4年，学习中学知识和学前教育专业课程。二是招收10年制学校毕业生，修业2年，学习学前教育专业知识。幼儿师范学校的教育特色在于注重理论联系实际，设有实践训练课，并组织学生见习、实习。幼儿师范学校的教师、学前教育机构的干部和教学顾问则由师范学院培养，学习的内容要求掌握较深的专业知识。对幼儿园领导人的要求是必须经过高等学校培训，并且具有3年以上的学前教育实践经验。

六、俄罗斯的学前教育

苏联解体后，俄罗斯走上私有化的道路。经济、社会、思想、文化等全面改革变化给俄罗斯的文化教育事业带来了巨大的冲击，包括对学前教育机构的影响。

（一）全面私有化的学前教育（1991—1999年）

新的教育法使得学前教育机构办学向私人领域转移。俄罗斯的托儿所大多是私立机构，主要招收2个月至3岁的儿童，每天开放8~12个小时；托幼一体化教育机构主要招收2个月至7岁的儿童，基本上沿袭了苏联时期的机构设置；家长管理中心主要存在于经济不发达的地区和城镇，以充分利用家长资源，让家长参与幼儿教育活动，配合幼儿教师对儿童进行教育活动，农忙时期一天开放12小时，清闲季节一般开放3~6小时。

《俄罗斯联邦教育法》是苏联解体后俄罗斯颁布的第一个教育法。1992年7月经联邦总统批准发布实施。分总则、教育体系、教育体系的管理、教育系统的经济、实现公民受教育权利的社会保证、教育系统的国际活动 6 章，共 58 条。包含国家制定教育政策的原则、教育组织形式、各级各类教育的实施、各级政府部门的教育权限、教育机构的权限和职责、教育机构的经营性活动等多方面内容。

1992 年俄罗斯联邦教育法第十八条中提出："学前教育机构网络的存在旨在于家庭对儿童进行教育，保护并增强他们的身心健康，开发其智力并纠正他们在发展中出现的缺陷。"该法首次提出了新形势下教育政策的新内容：①重新构建国民教育体制的组成部分；②确立创办教育机构的程序和细则，使非国立教育的实施成为可能；③扩大教育机构的管理自由权和经营自主权。

1996 年 1 月，俄罗斯对教育法做了补充和修正，明确规定普通教育的三个阶段，即初等教育、基础教育、完全中等教育及初等职业教育为免费教育和普及教育。

（二）初步定性阶段的学前教育政策（2000—2010 年）

"梅普组合时代"2001 年出台了《2010 年前俄罗斯教育现代化构想》；2006 年修订了《幼儿园教育和教学》。主要特点为：①加强学前教育的普及性和义务性；②为处境不利的学前儿童提供学前教育；③注意学前教育与普通教育之间的衔接；④突出学前教育的民族性。在 2008 年 9 月 2 日俄罗斯总统批准的《学前教育机构规范条例》中学前教育机构的主要目标是：

（1）保护儿童生命，促进儿童身心健康成长；

（2）促进儿童认知、语言、社会性、个性、艺术、审美和身体的发展；

（3）考虑儿童的年龄差异同时培养儿童尊重人权和自由、热爱自然、热爱祖国、热爱家庭的情感；

（4）对缺陷儿童进行矫正、给予帮助，保证他们获得与其发展水平相适应的受教育权利；

（5）给父母提供关于儿童教育、学习、发展方面的咨询意见与指导。

依据"整体性和连贯性的教育原则"，在托幼一体化教育机构把 2 个月至 7 岁的儿童看作是一个整体，坚持整体的教育。具体做法是从教育的整体性出发，无论在教育目标、课程实施、教育方法、教学形式和教育资源共享上，都体现出了整体性和综合性，以达到各因素协调发展和优势互补，促进儿童身心健康成长。教育内容与 4～7 岁幼儿园教育相连贯。

从 20 世纪末开始，俄罗斯开始制定除学前教育外各级各类教育的国家标准。2012 年 12 月颁布的新《俄罗斯联邦教育法》将学前教育作为普通教育的一个层次确定下来，提出学前教育应当按照一定的标准开展。2013 年 1 月 30 日，俄罗斯组建工作小组开始研制《学前教育标准》，从 2014 年 1 月 1 日起，该标准开始实行。这是俄罗斯历史上第一次制定《学前教育标准》，旨在促进学前教育公平。

社会转型后，受社会及经济因素的影响，俄罗斯出生率持续下降，学前教育网络一再压缩。而随着 2011 年出生率的陡增，2013 年，适龄儿童入园难成为一大社会问题。2013 年初，俄罗斯有 41.8 万儿童在排队等待入园。为了扭转局面，俄罗斯很多地区开始实施学前教育现代化方案，增建新园，恢复此前挪为他用的幼儿园设施，并鼓励开办私人幼儿园及家庭幼儿园。

俄罗斯《学前教育标准》力图反映社会和国家对于学前教育的期待，以保证每个儿童平等地获得优质学前教育，保证俄罗斯学前教育空间的统一为目的（培养目标、教育内容的基本一致性），为学前教育机构创办者、教育工作者、家庭和社会开展学前教育指明了方向，是制定和落实教学大纲和落实资金保证标准的根据；是考察教育机构的教学活动是否符合标准的依据；是培养学前教育机构的教育工作者和管理者，并进行再培训的基础。已有的相关研究认为，《学前教育标准》在促进学前教育公平的同时，通过确定学前教学大纲的实施条件，有利于促进学前教育环境的改善、学前教育工作者专业水平的提升、学前教育的优质发展，进而能够促进对儿童和学前教育关注度的提升。

第五节　美国的学前教育

自1492年，哥伦布发现美洲新大陆以后，从16世纪开始，欧洲的殖民主义者都相继来到这里开拓殖民地。1607—1733年，英国在现在的美国东北部建立起13块殖民地。这13块殖民地的政治、经济、文化都操纵在英国殖民者手中。北美殖民地到18世纪逐渐繁荣起来，殖民地人民渴望摆脱英国的控制和压迫，进行了不断的反抗。殖民国与宗主国——英国之间的矛盾日益激烈，终于在1775年爆发了北美殖民地的独立战争。1776年，美国正式宣告脱离英国而独立，成立了美利坚合众国。美国独立后，原来的13个殖民地就成为美国最早的13个州。19世纪初，美国开始了产业革命，这标志着美国资本主义发展走上了正轨。特别是经过了1861—1865年的南北战争以后，废除了南方的奴隶制度，极大地促进了美国资本主义的发展。到19世纪末，美国的经济和科技的发展都在资本主义世界处于领先地位。

美国的学前教育起步较晚，一开始主要受欧洲，特别是英国学前教育发展的影响，曾经掀起学习"欧文幼儿学校运动"。开办了很多所欧文式的幼儿学校，兴起多所"家庭教育学校"。美国直到19世纪中期，才有了自己真正意义上的学前教育机构。虽然美国的学前教育事业起步迟缓，但是一经产生便迅速地发展起来。到20世纪初，美国学前教育已形成了以公立幼儿园为主体，私立幼儿园和慈善幼儿园多种形式并存的体制。

一、19世纪中期前的幼儿学校

19世纪以前，美国不存在现代意义的学前教育，当时美国的学前教育都是在家庭中进行的。美国最早的学前教育机构是欧文影响下出现的幼儿学校。

（一）裴斯泰洛齐的家庭式教育

美国最初流行的是裴斯泰洛齐的家庭式教育。裴斯泰洛齐（Johann Hein Pestalozzi，1746—1827年）是一位瑞士的民主主义教育家，他把一生都贡献在了贫苦儿童教育事业上，对当时的教改和新的教育理论做出了巨大贡献，也是当时瑞士试图通过农村教育来达到农村改革的思想家。

裴斯泰洛齐由于幼年时目睹农村破产的境况和农民的悲惨遭遇，萌发了对农民疾苦的深切同情。他注意进行家庭化的爱的教育，注意教育和劳动的结合，也注意智力、道德和体力方面的和谐发展。在任教的同时，为使人类教育心理学化，他开始初等教育新方法的研究及实验，根据儿童心理特点，寻找对儿童进行教育、教学的最容易最简单的方法，以改进初等学校的教育和教学工作。

19世纪中期，在美国，学习和推广裴斯泰洛齐的教育理论，一度蔚然成风。

（二）欧文幼儿学校的兴衰

1824年欧文在美国印第安纳州建立"新和谐村"，从事创办共产主义公社的活动。"新和谐公社"是英国著名空想社会主义者欧文建立的理想模型。

1799 年，欧文接管了新兰纳克工厂。此时，英国正处于工业革命的鼎盛期，一方面是生产力的飞速发展，资产阶级财富的极度膨胀，另一方面是劳动人民惨遭剥削，工人和资本家之间的矛盾加剧。欧文决心在自己的工厂进行改革社会不合理状况的试验。他的改革原则是既有利于工厂主，又有利于工人。他把工人的工作时间缩短为 10 小时，禁止不满 12 岁的童工劳动，提高工人工资，工厂在暂停时工资照付，改善工人的生活和劳动条件，设立工厂商店向工人出售比普通市场价格便宜的消费品，开办工厂子弟小学、幼儿园和托儿所，建立工人互助储金会。欧文的这些改革措施取得了明显的成效。工厂增加了利润，工人生活得到改善。

为了用典型示范自己改造社会的计划是可行的，1825 年，欧文到美国创办了"新和谐公社"，公社实行生产资料公共占有、权利平等、民主管理等原则。在资本主义制度下，欧文的这些想法只能是幻想，行动的结局也必然是失败。

在欧文的影响下，美国许多州都建立了幼儿学校。1840 年，这些幼儿学校改称初级部，与初等学校相衔接。幼儿学校的经费来源以收费为主，或靠一些慈善团体的捐款来维持。教育的主要对象是上层家庭的幼儿。

幼儿学校虽然存在的时间不长，但在思想观念上对美国人产生了一定的影响。19 世纪 30 年代，在幼儿学校影响的高潮过去之后，迅速兴起了"家庭学校运动"。家庭学校运动主要是教育家爱好者通过出版《家庭指南》来影响家长。

二、19 世纪中后期学前教育的发展

19 世纪中期，福禄贝尔幼儿园开始在美国出现，并在 70 年代得到迅速发展。与此同时，出现了公立幼儿园运动和慈善幼儿园运动。

（一）福禄贝尔式幼儿园的初创及发展

福禄贝尔式的幼儿园在 19 世纪 50 年代传入美国。

1. 玛格丽特·舒尔兹与德语幼儿园

美国最早的幼儿园是由德国的玛格丽特·舒尔兹于 1855 年在威斯康星州的瓦特镇创立的。以德语会话为主，是专门为德国移民的子女开办的。玛格丽特·舒尔兹在德国曾受到福禄贝尔思想的影响，采用福禄贝尔的教育方法，指导幼儿进行游戏、唱歌和作业。继舒尔兹夫人之后，1858 年在俄亥俄州的哥伦布，又有人开设了美国的第二所德语幼儿园，这所幼儿园采取双语教学，出现了向英语幼儿园过渡的倾向。从舒尔兹夫人在美国开设第一所幼儿园至 1870 年为止的 15 年间，在美国，由德国人开设的德语幼儿园已有 10 所左右，而且都实施福禄贝尔式的教育。但是，由于当时福禄贝尔进步的学前教育思想在美国还没有引起人们足够的重视，因此早期出现的这些幼儿园，还只限于局部地区，而且是民间私立的小规模的学前教育设施。当时幼儿园还没有被美国社会所完全接受，人们还没有把幼儿园视作教育子女必不可少的途径。

2. 伊丽莎白·皮博迪与美国第一所英语幼儿园

1860 年，美国妇女伊丽莎白·皮博迪在波士顿开办了美国第一所英语幼儿园。伊丽莎白·皮博迪被尊为美国幼儿园的真正奠基人。她使学前教育在美国得到了普及和发展，她也因此作为美国学前教育运动的先驱者而被载入史册。

1860 年，伊丽莎白·皮博迪在自己私人住宅里开办了一所私立幼儿园，之后又与妹妹

玛丽·曼一起宣传福禄贝尔的思想，于1863年出版了《幼儿园指南》一书。在书中阐述了幼儿园与小学的区别，强调应把幼儿园办成儿童的乐园，让儿童在其中自主地活动和游戏。到1867年，虽然皮博迪的学前教育思想和她办的幼儿园在美国享有盛誉，但她却怀疑自己还没有充分理解福禄贝尔的思想精华，于是她便关闭了幼儿园，去德国系统学习福禄贝尔的教育方法，进一步对幼儿园的许多问题进行研究。这期间，她还到欧洲其他国家参观幼儿园和师范学校，学习各国的办学经验。回国后，她便在自己的幼儿园中创办了美国第一所幼儿园保育人员培训所。她还从德国请来专家来担任培训所的第一任教师，直接向未来的幼儿园教师灌输福禄贝尔的思想。

美国初期的学前教育是在福禄贝尔的理论指导下形成的。美国直接从德国引进福禄贝尔的理论，开始美国最初的幼儿园教育与幼儿师资培训。

（二）慈善幼儿园的发展

1. 教会开办的慈善幼儿园

1870年以后，美国出现了一种慈善幼儿园，大部分是由教会及各种社会慈善团体开办的，招收的对象是贫穷家庭的儿童，属于私立幼儿园，免收学费。这种慈善幼儿园发展很快，到19世纪末，几乎所有的大中城市都办起了慈善幼儿园。这种状况出现的原因主要是，慈善幼儿园不仅成为教会进行宗教教育和传教活动的一个场所，而且政府还把幼儿园教育作为一种贫民救济事业来看待，给予支持。最早建立幼儿园的教会是1877年俄亥俄州托利多的托雷尼特教会。1877年，纽约市安东纪念教会也设立了幼儿园。这一时期很多教会和慈善团体纷纷热衷于创办幼儿园，美国教会幼儿园发展迅速。到1912年，全国已有108所教会幼儿园。

2. 社会慈善团体开办的幼儿园

在教会幼儿园兴起的同时，社会慈善团体也纷纷开办幼儿园，其中有1877年在纽约市开设的"慈善幼儿园"、1893年在芝加哥市开办的"邻人之家"幼儿园。这些幼儿园都具有慈善机构的性质，目的是促进社会改良和改善贫民子女的生活状况。社会慈善团体开办的幼儿园与欧洲其他国家学前教育机构的性质相仿，是面向社会贫民阶级开放的一种贫民救济事业。

（三）公立幼儿园的发展

从19世纪20年代开始，由于工业人口迅速增加，需要受教育的人越来越多，数量很少的私立学校无法满足这一要求，受教育也成为每个公民的权利，在美国掀起了一场大规模的公立学校运动，建立了一大批由政府开办、公款维持的公立学校和公立师范学校。这场公立学校运动也波及学前教育领域。公立幼儿园的建立是以公立学校为基础的。

1873年在密苏里州的圣路易市，由教育局局长威廉·哈里斯建立了美国第一所公立幼儿园，是附设在公立小学中的一所幼儿园。哈里斯是公立学校运动的积极发起者、执行者和支持者。他从很早就崇拜福禄贝尔的教育思想，对学前教育的发展十分关心。在幼儿园中，运用福禄贝尔思想理论和方法对幼儿进行实际的指导。这所幼儿园在教育方法上取得了很大的成功，在美国影响很大，从而促使公立幼儿园迅速地普及和推广。把幼儿园教育作为学校教育制度的组成部分这一点，逐渐得到教育界的普遍承认。到1914年，全国公立幼儿园已有7 554所，几乎所有的大中城市都建立了公立幼儿园制度，从此学前教育成为公共教育制度的一部分。这种公共教育性质的幼儿园首先把增进幼儿自身的幸福作为教育的目的，同时也保证了学前教育的机会均等。公立幼儿园的建立推动了幼儿园教育在美国的普及。私立幼儿园和慈善幼儿园逐步被纳入公立学校系统。

公立幼儿园运动是美国学前教育史上的一件大事，标志着学前教育进入了一个新时期：幼儿园不再是单纯的民间慈善护理机构，而是发展成为整个公立教育系统的有机组成部分，在一定程度上改变了幼儿园和小学脱节的状况，使两个阶段能够相互衔接；对福禄贝尔教育理论进行了分析和评价，既促进了幼儿园的美国化，又推动了美国学前教育理论的发展。

（四）美国幼儿教育协会的活动

从 19 世纪后期开始，各种有关幼儿园教育的团体在美国纷纷成立。到 1897 年，美国已有 400 多个这样的组织。其中包括 1870 年在密尔沃基建立的第一个"幼儿园协会"，1878 年在旧金山成立的"公立幼儿园协会"，1880 年在芝加哥成立的"福禄贝尔协会及义务教育幼儿园协会"，1881 年在费城成立的"初等学校附属幼儿园协会"等，这些组织对幼儿园的普及和发展起了相当大的作用。它们的具体工作基本上包括以下三个方面：第一，为年轻的父母提供解决有关幼儿教育实际问题的指导和建议；第二，促进了幼儿园的成立和幼儿园教育运动的发展；第三，在社会各阶层的人中间，宣传学前教育的重要作用，呼吁人们给学前教育以足够的重视和关心。

这一时期，各地的幼儿教育协会都把幼儿母亲的教育提到日程上来，积极开展有关母亲教育的研究和讨论，还在各地的幼儿园里开设"母亲教室"，为母亲们提供学习的场所，使家庭教育能够积极地配合幼儿园教育，使家庭的父母与幼儿园教师之间能够相互沟通，并共同来解决幼儿教育上的问题，使教育达到最佳效果。幼儿教育协会在促进幼儿园教育发展的同时，也促进了学前家庭教育的发展。

三、20 世纪上半期学前教育的发展

20 世纪初，美国学前教育已经形成以公立幼儿园为主，慈善幼儿园和私立幼儿园多种形式并存的格局。

（一）进步主义幼儿园运动

19 世纪末至 20 世纪二三十年代，美国开展了进步主义幼儿园运动。该运动从新的哲学、心理学和教育学的观点对福禄贝尔正统派进行了批判，努力摆脱形式主义，加强教育与社会生活的密切联系。杜威是美国进步主义教育运动的"精神领袖"，他的哲学思想、心理学思想和教育思想也给进步主义幼儿园运动以指导性的影响。杜威肯定福禄贝尔教育理论思想的同时，反对用神学解释其中道理的神秘主义色彩。他从"教育即生长""教育即经验改造""教育即生活""做中学"等基本观点出发，认为教育目的是培养儿童适应社会生活能力，教育方面应以儿童为中心，让儿童通过活动积累直接经验。杜威的理论为进步主义幼儿园运动提供了理论依据。

进步主义幼儿园运动主要领导人是安娜·布莱恩、帕蒂·希尔。布莱恩是进步主义幼儿园运动的先驱。布莱恩的批评和改革在美国幼儿教育领域产生了很大的影响，使美国幼儿教育界日益形成两大对立的派别——进步派（或称自由派）和传统派（或称保守派）。两派展开了长期针锋相对的论战，实际上最终促进了美国学前教育理论和实践的发展。

1893 年，希尔接管了路易斯维尔免费幼儿园协会和路易斯维尔师范学校。经过 12 年努力，使这里成为进步主义幼儿园运动的中心。希尔还发明了一组大型木玩具，被称为"希

尔积木"。进步主义幼儿园运动强调研究儿童，注重幼儿教育与实际生活的联系，开展多方面的实验活动，在实践中突破幼儿园闭关自守的局面，使幼儿园教育逐渐发展成为一种同小学教育紧密结合的新型机构。进步主义幼儿园运动是具有美国特色的学前教育改革的开始。

进步主义幼儿园运动后期，还强调家庭和社会的责任，主张对家长、教师进行培训。随着运动的深入，进步主义日益暴露出一些缺陷，如过分强调活动，解决问题式的教学超出了幼儿的能力，不利于幼儿进一步学习。而且，对广大学前教育工作者来说，尚无能力将学术上的研究成果完全理解并运用到教育实践中去，往往陷入缺乏科学性和实证性的经验主义泥潭。因此，进步主义幼儿园运动在20世纪30年代后受到颇多的质疑和非议。

（二）"蒙台梭利热"

蒙台梭利教育法在美国是昙花一现，但在美国学前教育界的影响是深远的。

意大利幼儿教育家蒙台梭利在罗马创办"幼儿之家"获得成功。1910年，蒙台梭利的教育方法连同她所设计的教具传入美国。数百名美国学前教育工作者读了蒙台梭利的著作，兴奋不已，奔赴罗马"朝圣"。1912年至1915年，蒙台梭利两次访美，宣传自己的学说。1913年，美国蒙台梭利协会成立，蒙台梭利学校纷纷成立，"蒙台梭利热"达到顶峰。1916年后，美国的"蒙台梭利热"迅速冷却。但蒙台梭利重视感觉训练和智力训练的思想是有价值的，这为在20世纪后半期"蒙台梭利热"的"死灰复燃"埋下了伏笔。

（三）保育学校运动

1915年，美国由一批上层知识妇女所组成的"芝加哥大学教授夫人团体"，受到英国麦克米伦姐妹创办保育学校的启示，自发地以集体经营的形式，开设了美国第一所保育学校。

为推动保育学校在美国传播，她们曾赴英国追随麦克米伦姐妹学习保育学校的创办经验。回国后，大力倡导并移植麦克米伦姐妹保育学校的理论及实践。1922年1月2日，伊利奥特在波士顿创办了能充分体现麦克米伦姐妹特色的"拉格街保育学校"。半年后，怀特在底特律麦瑞尔－柏尔玛母亲学校又创办了附属保育学校。她们成为20世纪20年代美国保育学校运动的主要领导者。1919年，美国第一所公立性保育学校成立，十年后成立了"全国保育协会"。到1933年，全国设立的保育学校已达600多所。自此，一个以芝加哥为中心向全国扩张的"保育学校"热潮兴起。在第二次世界大战期间，联邦政府对保育学校实行了经济援助，使保育学校数量猛增。到1945年2月底，全美共有1 481所保育学校，收容幼儿69 000名。

"二战"结束后，政府停止对保育学校的经济援助，公立保育学校在经营上困难重重。与此同时，私立的收费保育学校却急速发展起来，且占绝对优势。这种保育学校由于收费比幼儿园昂贵很多，所以，其招收对象只限于认识到早期学前教育意义的少数知识分子阶层的子女。

（四）日托所的发展

日托所又名日托中心，其历史可追溯到1838年，在一些地方属于贫民救济机构。20世纪30年代，美国经济危机，劳资纠纷和社会矛盾增多，美国政府为稳定政局和缓解矛盾，于1933年10月批准建立日托所，专门为失业人员和劳工子女免费服务，提供免费照顾和学前教育的机构。日托所供应丰富的食物以保证孩子的营养，实施与各年龄组相适应的课程，配备了受过短期培训的幼儿教师，保证孩子受到一定的教育，受到社会普遍欢迎。于是，建立和开展这种日托所形成了一项新兴运动。托儿所主要招收 2~4 岁的幼儿，主要以保育为主，教育因素很少，主要是作为母亲福利的辅助手段。从各个方面来看，其影响远逊于保育学校。

四、20 世纪下半期学前教育的发展

1957 年至 1965 年，美国进行了 10 年的教育改革，力图改变教育科技的落后状态。教育政策委员会提出给所有儿童以均等教育机会的主张。1965 年起，在全国实行"开端计划"。1966 年后，重视学前教育的研究与实验，以各种方式发展幼儿教育，以满足现代生活的需要。美国通过立法的确规定并有效地保障了对学前教育事业的各项拨款，从而有力地推动了美国学前教育事业的发展。

（一）开端计划

开端计划属政府行为，是美国政府为实现幼儿教育机会均等的目标而实行的一项重要计划。其理论和现实的根据主要是芝加哥大学心理学教授的理论研究、佩里学前教育研究计划的实验研究和美国参议员哈伦顿的调查报告。

美国政府于 1963 年、1964 年宣布向贫困宣战，提出了一系列福利措施和计划，以此来达到目标，使贫困儿童获得与富裕儿童同等的环境、同等的教育机会即为其中的重要措施之一。1965 年秋，美国联邦教育总署根据 1964 年国会制定的《经济机会法》，提出"开端计划"。这一计划由经济协会办公室发起。这是实现学前教育机会均等的目标而实行的一项重要计划。计划要求对"处于困境者"家庭的子女进行"补偿教育"。计划目标有 5 个方面：为学前儿童看病治牙，开展为儿童心理发展的服务，为幼儿进入小学做必要的准备，加强对志愿服务人员的培训与使用，开展社会服务与家庭教育。其具体做法是：由联邦财政拨款，将贫困而缺乏文化条件家庭的 4~5 岁的幼儿免费收容到公立小学特设的学前班，进行为期数月到一年的保育。保育内容包括：体验、治病、自由游戏、集体活动、户外锻炼、校外活动、文化活动（手工、绘画、搭积木、听故事、音乐欣赏、传授科学常识）等。

"开端计划"促进了幼儿智力、语言、社会情感等方面的发展。但多数学校视幼儿为小学低年级学生，过多地进行文化的教学。尽管人们对"开端计划"实施以来的效果褒贬不一，但总的来说，这一计划的实施无疑大大地促进了美国学前教育的发展。

（二）幼儿智力开发运动

20 世纪 60 年代，美国掀起了中小学课程与教学方法的改革运动，目的在于提高中小学教育质量，这自然波及幼儿教育。著名的结构主义心理学家布鲁纳认为，儿童存在着极大的智力发展潜力，任何学科都有可能用某种方式有效地教给处在任何发展阶段的任何儿童，按照他的主张，只要做到使学科教材适合儿童发展的阶段，并按照儿童理解的方式加以组织和表达，儿童就能够接受。这种思想对学前教育也产生了影响。

1963 年，美国科学促进协会在科学工作者和教师的共同协助下，出版了使用于幼儿园和小学低年级的《科学教育见闻》。其宗旨是：从空间、数的关系、观察、测量等项入手，对幼儿进行科学教育，增强其掌握科学的基础技能及充实经验。1969 年 11 月 10 日，许多电视台开播由美国儿童电视制片厂制作的学前儿童电视节目"芝麻街"。此节目内容丰富，形式多样，包括动画、木偶、真人表演等。其目的是对幼儿进行启蒙教育，发展智力。"芝

麻街"最初以"开端计划"的儿童为对象，后来扩大到一般幼儿。在美国 2～5 岁的 1 200 万幼儿中，每天约有一半人热心收看。

（三）蒙台梭利运动的复兴和发展

20 世纪 20 年代后期，蒙台梭利方法在美国重新引起人们的注意。20 世纪 50 年代后期，蒙台梭利对早期教育的重视、对于智力发展的看法、感官训练的方法，以及强调个别指导和科学研究的态度与方法，在需要智力的时代引起人们的兴趣。冉布什女士于 1958 年在康涅狄克州克林威治城建立的"菲特比学校"，是重新恢复的第一所蒙台梭利学校。到 20 世纪 70 年代初，美国又有几百所蒙台梭利学校建立。1989 年，蒙台梭利教学法已被 60 个地区的 110 所公立学校采用。在美国各式各样的学校中，有 4 000 余所冠之以"蒙台梭利"的字眼。蒙台梭利教学法也从学前和小学教育扩展到中学教育。蒙台梭利教学法以往主要是私立学校采用，但这时公立学校纷纷应用。许多教育专家认为，公立幼儿园的教育标准大都能够与蒙台梭利教学法成功地融合起来，尤其在计算机教育、审美教育、品德教育方面可以取得很好的效果。

但是，蒙台梭利运动的发展也引起了一些师资方面的问题：一是蒙台梭利方法强调个别教育，因而要求师生比例低，出现了师资不足的问题；二是许多教师未来得及接受正规训练就匆匆上阵，致使教学质量不稳定。

（四）皮亚杰理论的兴起

20 世纪 60 年代后，随着皮亚杰的影响日益扩大，在美国有不少皮亚杰理论的信奉者、解释者将皮亚杰的认知发展理论应用于幼儿教育实践，并为此设计了种种幼儿教育实验方案。较有影响的是拉瓦特里的儿童早期课程方案和威斯康星大学皮亚杰学前教育方案。拉瓦特里的儿童早年课程方案是美国伊利诺伊大学的教授拉瓦特里教授设计的。该方案以 4～5 岁儿童为对象，通过系统地提供数种具体运算的内容，以帮助儿童获得逻辑思考的方式，从而达到"为具体运算的出现奠定基础"的基本实验目标。拉瓦特里的这一方案就其强调通过动作去发展智力与皮亚杰理论是一致的，但不是对皮亚杰理论的亦步亦趋，其构想与当代重视开发幼儿智力的潮流吻合。

（五）立法保障学前教育事业的拨款

1990 年，为促进各州和地方儿童保育服务的开展，美国国会通过了《儿童保育与发展固定拨款法》。依照法规规定，1996—2002 年每个财政年度联邦政府应提供 10 亿美元的拨款，而获得拨款的机构要将其中不少于 4% 的部分用于改进和提高儿童学前教育服务质量，包括促进家长选择权的活动、为儿童及家长提供相关保育信息的服务等。随着美国学前教育的发展，国会在 2005 年提出了《儿童保育法案》，拨款数额明显增加。

2000 年颁布的《早期学习机会法》，目的是为了增加儿童早期发展的义务性项目、提高服务和活动的有效性，促进年幼儿童为入学做好准备。

2002 年，美国正式通过《不让一个儿童落后法》。2003 年，美国对学前教育的财政投入达到 10.75 亿美元。这在美国历史上是史无前例的。

美国政府对学前教育的投入表现出强烈的现实主义色彩，法律制定针对的都是迫切需要解决的问题。投入以法律的形式进行明确和规范，有效地保证了资金的正确使用和学前教育事业的正常发展。

第六节　日本的学前教育

日本是亚洲的一个从封建主义弱国发展为资本主义的强国的典型。1868 年明治维新运动标志着日本从封建社会进入了资本主义社会。明治维新运动废除了"幕府统治"，把政权还给天皇。幕府统治时期一般富裕的家庭都是请家庭教师到家里给孩子进行学前教育，普通平民的子弟在专为平民子弟开设的初等教育机构"寺子屋"进行教育。直到明治维新之后，日本才有了真正的学前教育机构。

一、第二次世界大战前日本学前教育的产生和发展

（一）《学制令》中有关学前教育机构的规定

从明治维新开始，日本就把发展教育作为促进资本主义经济、政治发展的重要途径。正是在这一背景下，学前教育开始发展起来。在汲取西方教育经验的基础上，全面改革日本教育。1871 年，日本设立文部省，负责全国的教育事业。1872 年，由明治政府的文部省颁布《学制令》，这是日本历史上的一个非常重要的教育法令，规定了近代日本学前教育的领导体制和学校制度。其中，对日本学前教育机构的设立做了明确的规定，要求开设幼稚学校，招收 6 岁以下的男女儿童，实施入小学之前的教育。这是日本有关学前教育机构方面的最早的规定。但是由于当时明治政府把工作的重点放在创建小学方面，《学制令》中有关幼稚学校的规定并未受到重视，幼稚学校一所也没有成立。

（二）国立幼儿园

1876 年，东京女子师范学校开办了东京女子师范学校附属幼儿园，是日本学前教育史上第一所国立幼儿园。后又设立了"保姆练习科"，通过保育实践为学前教育培养师资。因此，东京女子师范学校附属幼儿园不仅是日本学前教育机构的先驱，在日本学前教育史上占据着重要的地位，而且也是明治维新后培养学前教育师资的一个重要基地。

1877 年，文部省还制定了东京女子师范学校附属幼儿园的规则、对幼儿园的目的、入园年龄、保育时间、保育科目和保育费等方面进行了规定。这些规则被后来日本各地成立的幼儿园所效仿，其影响很深远。这所幼儿园不是为广大民众的子女所设的，而是只为少数特权阶级的子女服务的教育机构，在当时日本经济尚不发达，生产力水平还较低的情况下，自然是难以普及的，发展速度也非常缓慢。

1882 年，文部省采取增设幼儿园的积极措施，提出了新的办园意见，明确规定：文部省所属幼儿园，办园的一切费用完全由政府承担，各地方幼儿园也是这样。同时指出，幼儿园的规模不宜过大，办园的方式可以任意选择，并提倡设置简易幼儿园，认为这样就可以大量收容那些贫困劳动者的子女，或者是父母没有时间、精力照顾和养育的那些子女。文部省还规定了简易幼儿园在设施、编制上要从简，简易幼儿园主要是为贫民子女所办的幼儿园，这种幼儿园收费低廉，入园者可免费或只交少量入园费。由于这一政策的实施，加速了幼儿园的普及，促进了日本学前教育的空前发展。这种简易幼儿园的特点是：设备、园舍等设施简陋，能节省开支；收费低廉；对幼儿的保育实行不分年龄阶段的集体保育；适宜乡村和边远地区幼儿园的普及。

（三）私立幼儿园

19世纪末，简易幼儿园为一般贫民子女接受学前教育发挥了一定的作用。但是随着资本主义的发展，越来越多的妇女走向工作岗位，原有的简易幼儿园已经不能满足幼儿的入园要求，一种新的学前教育机构——托儿所便应运而生。1890年，由民间人士赤泽钟美（1864—1937年）夫妇于新潟市创立了日本学前教育史上的第一所托儿所。与幼儿园不同，托儿所不是国立的，而是由私人出于慈善动机开办的私立机构，是专门为贫民子女而开设的，主要是起着看管幼儿的作用。

这所托儿所的特点是，实行常设寄托制，并且收费较低，深受年轻父母的欢迎。托儿所的诞生，引起了当时社会广泛的注意。人们赞扬这对宽厚仁慈的夫妇为解决幼儿家长的苦恼而担起了这一人道主义责任。受其影响，1894年，大日本纺织公司也分别在东京和深川的工厂内附设了托儿所，以解决参加工作的母亲的托儿问题。接着于1896年，在福冈县成立了利用民宅建起的邻里托儿所。日本内务省对发展这类托儿所表示关注，曾拨出少量经费来资助它的发展。正是从赤泽钟美夫妇创办的第一所托儿所开始，日本学前教育事业的发展走上了一个新的轨道。从此，日本就存在幼儿园和托儿所两类学前教育机构。到20世纪，日本逐渐形成了具有独具特色的幼儿园与托儿所的二元学前社会教育机构，这一体制延续至今。

二、日本政府的学前教育政策和措施

20世纪初期，日本幼儿教育的内容和方法日趋灵活，形式趋于多元化。学前教育实践方面也积累了一定的经验，开始探索和尝试更适合日本国情的新方法、新路子。

（一）福禄贝尔学前教育思想的影响

关信三是东京女子师范学校附属幼儿园的园长，是日本明治时期学前教育家，他曾留学英国，回国后从事女子教育和学前教育。他翻译了《幼儿园记》，还编写了《幼儿园二十例游戏》，把福禄贝尔的"恩物"以"二十种游戏"的方式进行了图解。这本书曾作为学前教育的基础教材被广泛地应用。由此，就把福禄贝尔发明的教具"恩物"介绍到了日本，并使其成为幼儿园教学的重点。为了进一步研究和推广福禄贝尔的学前教育理论，19世纪末，在日本各地还纷纷成立了福禄贝尔学会。由该学会发起者向文部省大臣提交了一份《关于幼儿园制度的建议书》，要求政府颁布"幼儿园教育令"，以对幼儿园的保育内容、保育时间等方面做具体的规定。这一建议书后来就成为日本政府制定《幼儿园保育及设备规程》的基础。

（二）《幼儿园保育及设备规程》

随着第一所幼儿园和托儿所的成立，影响逐渐波及全国，各地相继出现了一批幼儿园和托儿所。为了巩固学前教育机构，需要建立相关的制度和法令。

1899年，文部省经过审议，颁布了《幼儿园保育及设备规程》。这是日本政府制定的第一个幼儿园教育法令，它对日本幼儿园的设施、设备、保育内容和保育时间等都做出了明文规定，从而奠定了日本学前教育体制的基础。《幼儿园保育及设备规程》是第一个涉及关于幼儿园设施、设备、保育内容及保育时间等规定的文件，也是日本首次由政府颁布的有关幼儿园综合而详细的法规。该规定是日本学前教育史上的一个里程碑，是日本学前教育走向制度化的重要尝试。

《幼儿园保育及设备规程》不仅成为19世纪末20世纪初日本幼儿园设置和编制课程的标准，而且还成为以后日本幼儿园制定新章程的基本依据。此后的多次修改基本上都保存了这一规程的基本内容和本来面貌。第二次世界大战后制定的《学校教育法》中，有关幼儿园保育及设备方面的规定，也是沿用了这一规程中的有关条文。但是，这个规定没有把幼儿园列入正规的学校体系中，直到1947年在新颁布的《教育基本法》和《学校教育法》中，才把幼儿园明确规定为学校教育制度的最初级阶段，进入小学前的教育机构。从此，幼儿园在学校体系之中的地位就正式确立了。

近代日本在明治维新时期形成了学前教育制度，它较多地引进和吸收了欧美进步的教育思想和经验，特别是受福禄贝尔学前教育理论的影响很大，但在当时幼儿园的发展情况仍然较为缓慢，与国民的实际需要有很大的差距。虽然有经济尚不发达、社会和个人的承受能力尚受限制等因素，但主要是日本政府在教育的政策上低估了学前教育的作用，对幼儿园的发展在很长的一段时间内采取不予干涉、任其自由发展的政策。

（三）自由主义保育思想的发展

20世纪初，儿童中心主义教育思潮在欧美兴起。日本一些受西方影响的人士不顾明治后期天皇《教育敕语》的专制主义教育观的限制，提出了与西方新教育呼应的自由主义保育思想。

1907年，在第十四届京阪神联合保育会上，日本教育家谷本富做了题为"怎样办好幼儿园"的演讲。他认为儿童是一个有独立意志、独立人格的个体，不应由成人随意摆布，要求幼儿园的保育工作必须以"遵循自然"为原则，幼儿园是自由游戏的场所，应禁止一切课业。1908年他与人合著《幼儿教育法》，系统阐述了以游戏为中心、立足自然主义教育原则的幼儿教育体系。

（四）《幼儿园令》的制定

1926年4月22日，文部省制定了日本第一部《幼儿园令》。这是日本学前教育史上第一部较为完整而又独立的法令，标志着学前教育逐渐趋于制度化而进入一个新的发展时期。该法令规定幼儿园教育为学校教育中的一环，首次明确了幼儿园在日本教育体制中的位置；规定了幼儿园是为父母都从事生产劳动、无暇进行家庭教育的阶层的儿童而设的保育机构；规定幼儿园以保育幼儿身心健康、培养善良性格、辅助家庭教育为目的；放宽了入园年龄的限制；规定原则上3岁入园，但在特殊情况下，得到知事批准，不满3岁儿童也可入园；可在幼儿园中附设托儿所；在保育时间上规定幼儿园不必拘泥于每日实行5小时的半日制，即使采取全日制也可以。同时，还规定幼儿园园长和保姆的资格，要求提高他们的待遇和地位。《幼儿园令》的颁布标志着日本法律上把学前教育视为教育制度中不可分割的一环，从而在制度上平息了关于学前教育作用问题的争论，明确了学前教育的地位。

三、第二次世界大战后学前教育的发展

日本幼儿园和保育所在战后的废墟上得到迅速普及的主要原因：一是法律、法规的保证。《教育基本法》提出，国家的教育目的是"培养和平国家与社会的建设者"。《学校教育法》规定，幼儿园是受文部省管辖的正规"学校"，以3岁至小学前的幼儿为教育对象。二是经济上的保障。1946年公布的《生活保护法》规定保育所费用由国库负担80%，由府县负担10%。三是对学前教育的需求大大增加。"二战"后日本人口急增，婴儿出生率大幅提

高，客观上促进了学前教育的普及和发展。

(一) 幼儿园教育大纲的制定与修改

1948年3月，文部省颁布第一个由国家制定的幼儿教育指南——《保育大纲》，指明了幼儿教育的目的、内容和方法，对战后日本的幼儿教育产生了很大影响。

为了适应新形势发展的需要，文部省于1956年又对《保育大纲》进行了修订，在此基础上推出《幼儿园教育大纲》。强调幼儿园教育和小学教育的一贯性，突出幼小衔接，幼儿园教育课程内容设计小学化，幼儿园教育严重小学化。这种早期教育方式引发激烈争论，幼儿教育研究呈现活跃状态。在早期智力开发、幼保一元化、幼小衔接、幼儿园与家庭教育的联系、幼儿教育与终生教育的关系等方面展开了深入探讨和研究。

1964年，为配合"人才开发"政策，文部省再次修订并颁布了《幼儿园教育大纲》，纠正了幼儿园教育小学化的偏差，重新要求根据幼儿的年龄身心发展特点，进行全面发展教育，保持幼儿园教育的独特性，注意幼小区别。《幼儿园教育大纲》规定了20世纪60年代以来，日本幼儿教育的基本方针，教育内容概括为健康、社会、自然、语言、音乐、韵律、绘画、手工等。但是《幼儿园教育大纲》又在一定程度上走上了对智育认识不足的另一个极端。从世界范围来看，20世纪60年代各国普遍开始重视教育机会均等和儿童的早期智力开发等问题。

(二) 幼保一体化的进展

所谓幼保一体化，就是要求幼儿园和保育所在制度上实现一体化。日本的幼儿园及保育所，由于历史原因形成了两个系统。"二战"前幼儿园主要是对富裕阶层的3~6岁幼儿进行教育的场所，归文部省领导，保育所则主要收容贫民家庭，尤其是妇女参加劳动的家庭的0~6岁婴幼儿，由内务省管辖。

1947年3月颁布的《教育基本法》及《学校教育法》将幼儿园纳入受文部省领导的学校系统。1947年12月，日本国会又颁布了《儿童福利法》，强调保障所有儿童的福利，同时又宣布将"二战"前的托儿所，全部改名为保育所，声称保育所是受父母亲或监护人之委托，以保护婴幼儿为目的的福利机构，受厚生省管辖，实际上仍要求保育所继承"二战"前的特点，收容家庭保育有困难的贫民婴幼儿。

随着社会发展及民主化潮流的影响，保育所与幼儿园两者在性质、设施、设备及实际功能上有所接近。现在的日本家庭不论收入多少，都可将婴幼儿送入保育所，幼儿园也不再是只接受富裕阶层子女入园。实际上在一个地区，两者共同担负着婴幼儿的保育、教育任务。20世纪60年代以来，日本社会上响起了"幼保一体化"的呼声。在此影响下，1963年，厚生省与文部省达成协议，要求各地为保育所开设的课程和提供的设备，必须与幼儿园基本相同。为此，1965年厚生省与文部省以1964年制定的《幼儿园教育大纲》为范本，制定了《保育所指南》。

(三) 幼儿园教育振兴计划

1964年，日本开始实行第一次幼儿园教育振兴计划（又称"七年计划"），旨在提高5岁幼儿入园率，明确要求使1万人以上的市、镇、村，幼儿入园率达到60%。结果，1971年的幼儿入园率达到了63.5%，振兴计划完全实现。

1971年，中央教育审议会向文部大臣提交了《关于今后学校教育综合扩充整备的基本政策》，提出了"政府基本政策实施计划"，要求从1972年开始，实行第二次幼儿园教育振兴计划（又称"十年计划"），旨在提高4~5岁幼儿的入园率，要求到1982年实现4~5岁幼儿全部入幼儿园或保育所。至此，日本学前教育的水平已经跻身少数最发达国家之列。

1998年，日本政府颁布了经过第三次修订的《幼儿园教育要领》，并于2000年起实施至今。新的《幼儿园教育要领》对教育内容的划分未做调整，按照"健康""语言""人际关系""环境""表现"五大领域，对幼儿进行教育。经过不断改革完善，日本学前教育逐渐形成了既体现先进思想又有本国特色的课程模式。

（四）幼儿教育师资的培养

日本一向重视幼教师资的培养。第二次世界大战前，幼儿园及保育所的教师均称为"保姆"，最早培养保姆的机构是东京女子师范学校开设的"保姆练习科"。第二次世界大战后，日本将幼儿园的保姆改称为"教谕""助教谕"，与小学教师是同级人员。根据《学校教育法》，欲取得有关称号者，必须接受高等教育。一般大学学前专业本科毕业生可取得一级任职证书，短期大学毕业生可取得二级任职证书。保育所的教师至今仍称保姆。

保姆培训机构有各部、道、府、县开办的保姆养成所、短期大学和大学。另外，有的高中也设有保育课程，以便一些高中生毕业后取得保姆资格。保姆培训内容与幼儿园教师培训内容相同，只是在专业科目上有其独到之处。由此可见，日本对学前教育师资的质量要求是相当严格的。

扩展阅读

1. 日本学前教育的"五个领域"

日本的学前教育机构按照"五个领域"的内容，创造条件布置环境，充分保证幼儿在游戏中学习。因为游戏就是生活，生活就是学习。"五个领域"的内容都涉及了与"游戏"相关的一些具体内容，反复强调了"游戏"的重要性，即"游戏"作为幼儿的自发性活动，是培养幼儿身心协调发展的、基础的、重要的学习。学前教育机构的工作，就是从"五个领域"指导幼儿通过游戏和生活体验逐步形成生存的基础，逐步为幼儿所需要的各种能力，特别是"生存能力"的形成奠定良好的基础。

（一）健康

培育健康的精神和身体，培养自身创造健康且安全的生活的能力。

1. 目的：①开朗舒心地活动，体味充实感。②充分活动自己的身体，具有继续运动的意愿。③养成健康且安全的生活所必需的习惯和态度。

2. 内容：①与保育园的保育士等人及朋友交往，安定地生活。②在丰富多彩的游戏中充分地活动身体。③经常到户外游戏。④开心快乐地参与各种各样的活动。⑤养成健康的生活习惯，享受进餐的乐趣。⑥讲究个人卫生，自己做生活方面的必要事情，如穿脱衣服、吃饭等。⑦懂得保育所的生活方式，同伙伴一起整理生活场所，能够有条理地行动。⑧关心自己的健康，对疾病预防等能够采取必要的行动。⑨在危险场合或发生灾害时，懂得应对方法，能够安全行动。

（二）人际关系

养成自立能力，培养与他人交往的能力，亲近他人，相互支撑、共同生活。

1. 目的：①享受保育所的生活，体味用自己的力量行动的充实感。②以爱心和信赖感亲近身边的人，并加深联系。③养成适应社会生活的习惯和态度。

2. 内容：①在与信赖的保育士等人的来往中，关心身边的大人和朋友，模仿他人游戏，自己愿意亲切地与他人交往；②在与保育士等人及朋友的安定的关系中，体味共同生活的喜悦；③自己思考，自己行动；④自己能够做的事情就自己做；⑤积极与朋友交往的同时，共同感受喜悦和悲伤；⑥告诉对方自己的想法，关心对方思考的事情；⑦关注朋友的优点，体味一起活动的乐趣；⑧在和朋友一起活动中，愿意寻找共同的目标，并合作完成目标；⑨能够明白既有好的事情也有坏的事情，能够边思考边行动；⑩加深与身边朋友的交往，同时能够与不同年龄的朋友、各种各样的朋友亲切交往；⑪在和朋友开心地生活中，注意规则的重要性，并能够遵守规则；⑫爱护共同的设备和玩具，和大家一起使用；⑬亲近包括老年人在内的社区内的、与自己的生活紧密相关的人；⑭亲近包括外国人在内的不同文化背景的人。

（三）环境

培养对周围各种环境的好奇心和探求心，以及将周围环境与自己的生活紧密联系的能力。

1. 目的：①爱护周围的环境，接触自然，由此关心各种各样的事物，并对此感兴趣；②自己主动接触周围的环境，享受发现的乐趣，善于思考，并努力将其与自己的生活相联系；③在观察、思考、接触周围事物的过程中，丰富关于事物的性质、数量和文字的感觉。

2. 内容：①在信赖的人及物构成的环境之中，丰富听、视、触、嗅、味等各种感觉；②对喜欢的玩具等感兴趣，享受丰富多彩的游戏；③接触自然，并关注大自然的广大、美好和神奇等；④在生活中接触各种各样的事物，关心其性质和组成，并对此感兴趣；⑤关注随着季节的变化而变化的自然和人的生活；⑥关心自然等周围的事物，并努力将其运用到自己的游戏和生活之中；⑦亲近、同情、珍惜身边的动植物，栽种并品尝作物等，尊重生命的尊严；⑧珍惜身边的事物；⑨喜欢并善于使用和琢磨身边的事物和玩具，能以此尽情地游戏；⑩关心日常生活中的数量和图形等；⑪关心日常生活中简单的标识和文字等；⑫关心、喜欢身边的生活，喜欢参加保育所内外的活动。

（四）语言

养成用自己的语言表达自己经历的和思考的事情、愿意听取对方讲话的意愿和态度，培养对语言的感觉和运用语言表达的能力。

1. 目的：①体验用语言表达自己心情的乐趣；②认真听他人讲话，表达自己经历的和思考的事情，体验语言交流的喜悦；③理解日常生活必要的语言，同时喜欢读画册和听故事，与保育士等人及朋友心意相通。

2. 内容：①对保育士等人的问答和话语，自己愿意使用语言回答；②在与保育士等人一起玩捉迷藏的游戏中，享受使用语言的乐趣；③关心喜欢保育士等人及朋友的语言和讲话，并能亲切地听他们讲话，自己也能亲切地和他们讲话；④用自己的语言表达自己做过、看见、听到、尝到、感受、思考的事情；⑤用语言表达自己想做的、想让他人做的事情，用语言询问不明白的事情；⑥注意听取他人的讲话，努力讲话以争取对方明白自己。⑦明白并能够使用生活中必要的语言；⑧亲切地进行日常问候；⑨关注生活中语言的乐趣和美好；⑩通过各种各样的体验，丰富感觉和语言；⑪喜欢读画册和听故事，开心地听，体验想象的乐趣；⑫在日常生活中，体验文字等表达方式的乐趣。

（五）表现

通过表现自己感受的和思考的事情，培养丰富的感性和表现能力，丰富创造性思维。

1. 目的：①对各种各样美好的事物，持有丰富的感情；②享受表现自己感受的和思考的事情的乐趣；③在生活中丰富感受，享受丰富多彩的表现。

2. 内容：①享受接触水、沙、土、纸、黏土等各种各样的材料的乐趣；②和保育士等人一起唱歌、做手指游戏、按照节奏活动身体、游戏；③享受关注并感受生活中丰富多彩的声音、颜色、形状、手感、动作、味道、气味等的乐趣；④接触生活中各种各样的事情，丰富感觉；⑤在各种各样的事情中，体验相互交流感动的乐趣；⑥用声音或动作等，或表现，或自由地写，或表达出自己感受的和思考的事情；⑦喜欢各种各样的材料和玩具，并能用心地做游戏；⑧喜欢音乐，体验唱歌或使用简单节奏的乐器的乐趣；⑨喜欢写东西或动手制作，并能用来游戏或做装饰等；⑩体验用动作或语言表现自己的感受，或表演游戏的乐趣。

（选自王幡. 论日本学前教育中的"五个领域"[J]. 外国教育研究，2014（1）.）

2. 德育的学前教育——森林幼儿园

德国，一个面积仅有 35.7 万平方公里，人口 8 000 多万的中欧小国，在短短的几十年内就在第二次世界大战后的废墟上创造出经济总量仅次于美国、中国和日本这样辉煌的成果，究其原因，是其完整的国民教育体系把日尔曼民族推向了历史的前台。整个体系中第一阶段是对学龄前儿童的教育。德国的学前教育历史悠久。中世纪时德国学前教育以家庭教育为主要形式。之后"幼儿教育之父"福禄贝尔于 1837 年在勃兰登堡开办了世界上第一所幼儿教育机构，德国因此也成为幼儿园的发源地，同时也促进了德国学前教育事业的迅猛发展。自福禄贝尔之后，学前教育成为一个独立的学科发展起来，德国政府对学前儿童的教育越来越重视，学前教育也逐渐走上正轨并日渐发展壮大。综观德国的幼儿教育，处处体现着崇尚自然、尊重幼儿自然成长的特色。幼儿园的诞生地德国正在走上返璞归真的道路，"森林幼儿园"应运而生，这种幼儿园一般建在城市的郊区，森林就是他们的教室，不管刮风还是下雨，孩子们都要去森林里上课。孩子们可以享受美丽的大自然，可以在森林里唱歌，在草地上打滚、做游戏、观察动植物。孩子们从小就与大自然亲密接触，他们能更好地体会大自然馈赠的宁静与和谐之美，形成热爱自然、保护自然的心理意识并内化为终身的一种行为。第一所森林幼儿园于 20 世纪 50 年代早期成立于北欧的丹麦，最初源于一位名叫艾拉法拉陶的家庭主妇从生活中得到的灵感。这位全职妈妈每天领着两个孩子到附近的森林里去散步、游戏，偶尔也有邻居的幼童一起同行。这群年轻妈妈们渐渐地发现，这些天天在户外"疯玩"的孩子，其身心发展、社会交往较之传统幼儿园的幼童均胜一筹。于是，这群幼儿的父母亲联合起来成立了世界上第一所森林幼儿园。之后的数十年，形式独特的森林幼儿园风靡欧洲。

森林幼儿园的特点：

（一）幼儿园环境是周围的大自然——森林

每个个体都是自然界的一分子，自然环境对于幼儿的智力、情感、社会性等方面发展都有重大意义。大自然教育提倡者哈蒙曼指出："户外教室的墙可以随幼儿的兴趣、意愿无限拓展，户外教室的天空可以随着时间及季节改变。"森林幼儿园没有围墙，用的就是户外的自然教室，幼儿可以尽情奔跑，在大自然里直接感受各种自然现象，领略四季变化的奥妙；广阔的大自然，清新的空气，充足的阳光，清澈的溪水，幼儿可以在森林里种植蔬菜，与小鸟、松鼠为伴，在溪水中自由嬉戏。森林幼儿园彻底实践自然教育的理念，幼儿们通过与大自然的"亲密接触"直接学习，他们的学习环境是丰富多元的，他们的学习动机是积极主动的。

（二）混龄编班

混龄的教育模式强调尊重幼儿个体差异，给幼儿提供了与异龄同伴交往的环境，有利于幼儿社会适应及人际交往能力的提高，促进儿童的全面发展。践行这种教育理念，森林幼儿园招收3~6岁幼儿，采用混龄编班教学，每个班幼儿最多不超过22人，由两位教师带领，有时还有1~2位实习老师及义工妈妈的协助。

（三）规模较小

目前，德国的森林幼儿园大都规模较小，设施简单。森林幼儿园活动流程一般为：集合——晨圈（相当于晨会）——游戏——用餐——再游戏——结束。活动时根据自己的兴趣幼儿可参加小组游戏，也可自由活动，比如，捡树枝、玩石子、爬树、观察蚂蚁、寻找蜗牛等。午饭时大家席地而坐，摆上自带或教师准备的食品，饭后游戏一会儿，下午两点左右结束一天户外的活动。每所森林幼儿园都有一个棚或一辆拖车，用来挡风遮雨。里面还有桌椅，用来放置绘画材料、书本、各种器具。

（四）不强调知识学习，注重动手能力培养

在森林幼儿园，重视通过自由玩耍培养幼儿的动手能力、创造力和社会交往能力。孩子们自己通过游戏探究、发现，从做中学，进而获得知识并形成经验，教师只是幼儿学习中必要时刻的协助者。如森林里到处是花草树木等具体实物，幼儿通过直接触摸、闻嗅、品尝等方式全方位、立体地认识它们的形状、味道及颜色；森林里的绿树、花草等不同植物让幼儿领略到大自然的不同造型及色彩，并用森林里找到的各种材料自制玩具，或者使用树枝搭建房子，在这里幼儿的想象空间无限拓展，创造力也因此发挥得淋漓尽致。

（选自何惠丽．"崇尚自然"的德国森林幼儿园对我国学前教育的启示［J］．黑河学刊，2016（3）．）

同步测试

一、填空题

1. 世界上第一所幼儿学校是_____国_____的幼儿学校。
2. 法国近代学前教育开端的标志是_____的_____学校。
3. 德国1802年设立了比较著名的_____保育所。
4. _____年，俄国建立了第一所幼儿园。1866年，在彼得堡发行了俄国最早的学前教育杂志_____。
5. 1926年4月22日，文部省制定了日本第一部《_____》。

二、简答题

1. 简述欧文学校产生的背景及意义。
2. 简述福禄贝尔对英国学前教育的影响。
3. 简述美国学前教育发展过程中的相关政策。
4. 简述第二次世界大战后苏联学前教育的发展。
5. 法国"母育学校"的保育内容有哪些？

第九章

近代学前教育理论

学习目标

1. 了解国外近代教育家的教育思想。
2. 掌握近代教育家的学前教育主张和理论。
3. 能结合近代学前教育理论谈谈其对现阶段学前教育的启示。

内容提要

近代学前教育理论是在近代学前教育实践背景下，不同国家的思想家、教育家围绕人与教育的本质，通过著书立说，阐述教育思想，形成与发展为独树一帜的理论，掀起新兴教育思潮。其中，英国洛克的《教育漫话》、法国卢梭的《爱弥儿》、瑞士裴斯泰洛齐的《林哈德与葛杜德》、德国赫尔巴特的《普通教育学》以及德国福禄贝尔的《人的教育》等著作中传达的教育理论以及学前教育思想，时至今日仍然产生着深远的影响。

关键术语

近代教育 洛克 卢梭 裴斯泰洛齐 赫尔巴特 福禄贝尔

第一节 洛克的学前教育思想

一、生平简介

洛克（John Lock，1632—1704 年）是英国著名的实科教育和绅士教育的倡导者，是 17 世纪英国资产阶级哲学家、政治家、教育思想家、唯物主义经验论的奠基人。洛克关于教育的专门著作有《教育漫话》《论父母的权力》《工作学校计划》《理解能力指导散论》《人类理解论》等。

他主张的"自然、权力基础上的天赋人权"论、"社会契约论"、"白板说"，以及他在教育代表作《教育漫话》中所阐述的绅士教育的主张都对西方近代教育和社会发展产生了重要影响。

二、教育理论

（一）教育的认识论基础

洛克反对流行的"天赋观念"论，提倡"白板说"，认为人出生后心灵就像一块白板，"我们的一切知识都是建立在经验上的，而且最后是导源于经验的"[①]，只有当儿童在自己生长的环境中不断地从外界吸收经验而成长时，他的精神世界中才充满了各种观念，父母和教师就是使儿童的精神得以成长的决定者。儿童观念的形成和完善的过程就是受教育的过程。因此，教育在形成人的过程中起着非常重要的作用。这一"白板论"表明了他主张经验主义认识论，但他又认为"我们的心理活动是观念的一个来源"[②]，五官的感觉只能了解物体的部分性质，内心的"自我反省"则可以使人了解复杂的概念，这种不彻底的经验主义论，构成了洛克教育思想的出发点和主要的思想基础。

（二）教育的作用和目的

洛克高度评价教育在人的形成中的巨大作用，认为人之好坏，或有用或无用，"十分之九都是他们的教育所决定的"[③]。

教育的社会意义则在于关系到国家的繁荣与幸福，他更注重的是教育对个人的幸福、事业、前途的影响，显示出明显的功利主义和个人主义色彩。他认为教育发挥作用的正面场所并不在学校，而在家庭，因此，他特别重视家庭教育。

（三）绅士教育的内容和方法

洛克认为一国之中绅士教育是最应该受到重视的。他注重贵族子弟的教育，主张把他们培养成为身体强健，举止优雅，有德行、智慧和才干的事业家。

关于体育，洛克在《教育漫话》中把它作为第一个问题加以论述。洛克认为人们要能工作，要有幸福，必须先有健康；他认为每个绅士的身体都必须能适应以后活动中面临的艰苦环境，针对当时贵族子弟多娇生惯养的风气，他强调生活各方面的忍苦耐劳。

对于德育，洛克认为道德观念来自教育和生活环境，否认天赋观念和神的启示。他把德行放在比知识更重要的地位，洛克把听从理性的指导、克制自己的欲望看成是一切道德与价值的重要标准及其基础。道德教育的方法首先要重视理性的领导，其次要重视榜样示范作用，强调德育中的早期教育、行为习惯和良好榜样，主张尽可能不要使用体罚。

在智育问题上，洛克尤其强调两点：德行重于学问；学问的内容必须是实际有用的广泛知识。

除了学习有用的知识外，洛克认为还应培养学生良好的学习态度，提高他们的能力。教师的工作不是要把世界上可以知道的东西全部教给学生，而是要使学生爱好、尊重知识。教育的目的只在于向学生启示一条途径，日后没有教员学生自己也可以前进。在方法上，洛克重视直观教学，循序渐进，以及好奇心、注意力和记忆力的培养，等等。

洛克的教育思想以其世俗化、功利性为显著特点，他的思想在实践中和理论上都对英国以及西欧教育的规范化做出了贡献，但他的教育思想局限于绅士教育而缺乏民主性。

[①] 洛克. 人类理解论 [M]. 关文运, 译. 北京：商务印书馆, 1981：68.
[②] 洛克. 人类理解论 [M]. 关文运, 译. 北京：商务印书馆, 1981：69.
[③] 洛克. 教育漫话 [M]. 傅任敢, 译. 北京：人民教育出版社, 1979：4.

三、洛克的学前教育思想

（一）重视早期教育，提出"教育权"

洛克在《教育漫话》中指出："我们幼小时所得的印象，哪怕极微小，小到几乎觉察不出，都有极重大长久的影响。"这充分表明洛克对幼儿早期教育的高度重视。

1690 年，洛克所著的《关于市民政府第二论文》的第六章《论父母的权力》一文中写道："孩子们为了实现完全平等的状况而生存，但并非是在这种状况下出生的……"，"我们作为有理智的人而生，同样也作为自由的人而生。但是，我们在现实中不能采取任何武力……"从这一立场出发，洛克表达了父母权力之一——"教育权"的理论，父母的教育权"来源于作为父母的、在儿童处于不健全状态期间必须照料其后代的义务（保护、养育及教育的义务）"[①]。

洛克认为："教育权与其说是父母的特权，毋宁说是孩子们的特权，父母的义务。"父母行使的教育权应该是为了"儿童们的幸福"，而不是危及儿童的生命或其所有。如果父母将教育义务委托于他人，这种教育权也随之让于他人[②]。洛克将教育权从教会手中夺取出来，交归父母和家庭来掌管，使得教育更具人性化色彩。

"教育权"的提出，一方面强调了家教的重要地位，另一方面表明了父母在行使孩子教育权要基于"儿童们的幸福"。洛克的这一观点为一些国家（如德国、中国等）将父母对其子女的抚养和教育拥有所谓"天赋之权利"体现为国家意志，并以相应的法律规定提供了理论依据。同时对家长如何理解、行使"教育权"方面，提供了学前教育方面的启示。

（二）提倡德育为先，全面发展

洛克认为："在一个人或者一个绅士的品性中，德行是第一位的，是最不可缺少的。""如果没有德行，我觉得他在今生来世就都得不到幸福。"洛克所主张的德育，主要是培养儿童具备理智、礼仪、智慧、勇敢、公正等美德。《教育漫话》中，洛克认为幼儿的可塑性强，容易支配，是培养德行的好时期，要及早对儿童进行道德教育；应奖罚分明，最好是培养儿童的名誉感、自尊心；应坚持说理和实践相结合，反对体罚，强调成人的示范作用，应以身作则为儿童树立典范和学习的榜样。

洛克认为培养绅士的第二种美德便是良好的礼仪。礼仪训练的目的在于教会儿童为人处世的技巧，使儿童到处受欢迎和重视，从而增进人生的幸福。他曾说，不良的礼仪有两种："忸怩和羞怯""行为不检和傲慢"。要克服这两种缺点，一是要帮助儿童建立自信心，二是要求儿童养成尊重他人的习惯。

在德育之外，洛克还重视体育，反对娇生惯养，主张养成良好的生活习惯和加强身体锻炼。提到智育的发展，洛克把学问放在最后提到，强调课程应符合有用性和多样性原则，应激发儿童的好奇心，培养他们的求知欲，要用生动有趣的事物来引起儿童的兴趣。

长久以来，我们对孩子智育的关注、重视远远超越了德育及其他。洛克的这一思想对学前教育有重要启示，学前教育要注重幼儿的品行习惯的塑造，而不是追求知识的学习。

[①] 日本世界教育史研究会. 世界幼儿教育史（上）[M]. 长春：吉林人民出版社，1986.
[②] 周咏波. 浅议洛克教育思想对我国当前学前教育的启示 [J]. 黑河学刊，2015（6）.

(三) 凸显身心和谐，重视游戏

洛克在《教育漫话》中把健康素养摆在了人才培养的首位，强调"健康就是人世之幸福"，"凡是身体、精神都健康的人就不必再有什么别的奢望了"，"身体、精神有一方面不健康的人，即使得到了别的种种，也是徒然"，"有健康的身体才有健全的精神"。同时，在阐述德行培养时，他还强调个体自我克制力、理智感的重要性，自我克制能力也是衡量一个人心理是否健康的标准[①]。

洛克的教育论述中还谈到儿童的"游戏"和"玩具"。他指出："对于天真无邪的恶作剧、游戏和本能的行为，应完全任其自由，而且要最大限度地予以宽容。"强调必须从体育、智育和德育的角度，给游戏以教育指导。"儿童应该有玩具，而且应该有各种玩具"，"他们年岁小的时候玩什么东西都行"，但给玩具不要超过一种，第一种没有归还，第二种就不可以得到，"若是你让他们自己保有数量多种多类的许多玩具，他们就会漫不经心，就等于教他们变成一些浪费的人"。他极力主张：要给以儿童自然的、生活中常见的小石头啦，纸啦，或钥匙等，而不是价格昂贵、精巧的成品玩具；要让儿童自己动手制作玩具；等等[②]。

总而言之，洛克继夸美纽斯之后进一步发展了世俗的、理性的新教育。他高度评价了教育在人的形成中的作用。他的"白板说"和功利主义道德观对18世纪法国启蒙思想家的教育观点发生了深刻的影响。洛克十分重视儿童的早期教育，强调教育者必须考虑儿童的年龄特征和个性差异，并在体育、德育和智育方面都提出了许多有价值的主张，注重儿童身心发展特点，并要求在此基础上选用适当的教育方法。主张儿童的教育应通过家庭教育形式，父母和教师在家庭教育中起主导作用。他的锻炼说和儿童养护的观点对卢梭有很大影响。但是，洛克的教育思想局限于绅士教育而缺乏民主性，具有阶级的局限性。

第二节 卢梭的学前教育思想

一、生平简介

让·雅克·卢梭（Jean Jacques Rousseau，1712—1778年），法国18世纪伟大的思想家、教育家，他的思想在政治、教育等多个领域都产生了很大的影响。卢梭生活在新旧时代交替的18世纪，他的思想既受到了旧的封建思想的影响，同时也受到了新时代启蒙思想的冲击。

卢梭的教育思想的形成与发展深受很多教育家、思想家和哲学家的影响，如古希腊哲学家普鲁塔克、17世纪英国唯物主义经验论的杰出代表洛克以及同时期的狄德罗、孔狄亚克、伏尔泰等无神论思想家。卢梭在1754年后相继出版了《新爱洛伊丝》《社会契约论》《爱弥儿》等惊世骇俗之作。作为专门的教育论著，《爱弥儿》不仅包含了卢梭此前的革命思想，而且将这些思想运用于教育问题的思考与指导，时至今日仍然有很大的指导意义。

二、教育理论

18世纪的法国在对待孩子的教育问题上，充满了封建迷信的思想。这种儿童观主要来

[①] 姜思宏. 论洛克的经验论及其生成的教育观[J]. 天津市教科院学报，2007（06）.
[②] 李璨，李化树. 洛克的教育思想及对当前我国家庭教育的启示[J]. 文史博览：理论，2012（10）.

源于黑暗中世纪的"原罪说",认为人生下来就是有罪的,人生在世就是要为自己赎罪。天主教也认为对待儿童首先应该进行洗礼以减轻自身的罪恶,成人应该对儿童进行严格的管制和约束,抑制儿童罪恶的生长。卢梭认为人性是善的,儿童应该是被爱护而不是被惩罚的。1762年,《爱弥儿》出版问世,否定了在人们心中根深蒂固的儿童"原罪说",给当时的封建思想以沉重的一击,它带来了一场教育领域的思想启蒙,在当时的社会掀起了一场关于儿童教养的飓风。

卢梭的教育思想有着深刻的哲学思想基础,主要体现自然主义、性善论、感觉经验论、实践论以及自由主义的哲学思想。

(一) 论人的天性

在人性论问题上,他认为人性善,在人的善良天性中存在两种先天的自然感情,即自爱心和怜悯心。他的性善论与宗教的原罪说针锋相对,充满着反封建的战斗精神,具有进步的历史意义。他同其他启蒙学者一样,承认感觉是知识的来源,持感觉论观点。

(二) 自然教育理论

在《爱弥儿》一书中,卢梭集中论述了自然主义的教育理论。自然教育理论是卢梭教育思想的主体,自然教育理论包括自然教育的核心、自然教育的目的、自然教育的原则、自然教育阶段理论等方面的内容。

1. 自然教育的核心

卢梭认为自然教育的核心就是"归于自然"(back to nature)[①],即教育必须遵循自然规律,适应儿童的自然本性。他从儿童受的多方面的影响来论证教育必须"归于自然"。他认为每个人都是由自然的教育、事物的教育和人为的教育三者培养起来的,只有三种教育圆满的结合统一才能达到预期的目的。在教育上应该取法于自然,并接近、归顺自然。这就要求教育要遵循儿童自然的天性,要求儿童在自身的教育中取得主动地位,无须成人的灌输和压迫,教师只需要创造学习的环境、防范不良的影响。这里,教师的作用不是积极的,而是消极的,因此也被称为"消极教育"。

2. 自然教育的目的

卢梭认为自然教育就是要培养"自然人"。自然教育不是培养野蛮人,而是培养自由人;不是培养"公民",而是培养自然人。"自然人"是能独立自主的人,平等的、自由的、自食其力的、道德高尚、能力和智力极高的人。"爱弥儿"是要被教育成社会的成员,能够尽到社会成员的职责,是自然天性充分发展的、个人潜能得以充分实现的自然人。

3. 自然教育的方法原则

1) 正确看待儿童

在自然教育方法上,卢梭认为首先要正确看待儿童,给予儿童自由教育。不要把他们看成是小绅士、小大人,看成上帝的产物、成人的玩物,教育要遵循自然天性,总的原则就是在任何事情上让大自然按它最喜欢的办法去照顾孩子,成人不必干涉,教育只需遵循自然,沿着它给你指出的道路前进。

2) 给儿童以充分的自由

自然教育应该尊重人的天性,贯彻遵循自然的"消极教育",即成人的不干预、不灌

---

① 滕大春. 卢梭教育思想述评 [M]. 北京:人民教育出版社,1984.

输、不压制和让儿童遵循自然率性发展,把成人、教师在教育中的中心位置让位于儿童的自主发展。同时,卢梭注意到儿童天性的个体差异,要求因材施教,要求教育者必须在了解了自己的学生之后才对他说第一句话。

4. 自然教育的阶段理论

卢梭不但肯定天性至善,而且肯定这种善良天性是逐步发展的,儿童的成长要顺应规律,在不同阶段,儿童会呈现出不同的特征。他主张对于儿童的教育要分为婴孩期、儿童期、认知期、成年期四个不同阶段来进行[①]。

第一阶段,婴孩期的教育。卢梭将从出生到两岁定义为婴孩期。此阶段婴孩要母亲的陪护。卢梭认为婴孩因为身体柔韧,善于活动,最能接受锻炼。同时,由于这一时期婴孩无感情,无思考,他仅能凭感觉感知外界,这一时期应以身体的养育和锻炼为主,给孩子充分自由积累感觉经验。

第二阶段,儿童期的教育。卢梭将从婴孩期到12岁定义为儿童期,卢梭认为这个阶段的儿童,理智没有开化,处于睡眠的状态,儿童在认识上只能接受形象,而不能形成概念,所以教育仍要以接受锻炼为主。同时,这一时期的儿童应该掌握一些道德观念,在方法上行动多于口训,最好利用儿童自身不良行为所产生的自然后果使他们接受教训。

第三阶段,认知期的教育。卢梭将13岁到15岁定义为认知期。这一阶段的教育内容主要是学习自然知识和劳动教育。卢梭认为,经过前两个阶段的成长,儿童有了培养学习能力的基础,正规的教育应由这一阶段开始。

第四阶段,青春期的教育。卢梭将16岁至20岁定义为青春期,这一阶段主要的教育内容是知识教育。卢梭在知识教育方面企图完成两个任务:一是粉碎古典主义的教学内容;二是摧毁教条主义的教学方法。

(三) 公民教育理论

卢梭是一个对新的社会制度充满幻想的思想家,主张建立国家教育制度和培养良好的国家公民。卢梭认为国家作为一个共同体而存在,公民则是生活在共同体中的每一个成员,公民应该克制个人的欲望,将自己全部的权利毫无保留地交给国家,而转交权利后公民也不再作为独立的个体而存在,而是成为国家不可分割的一部分。理想国家中的教育"必须给予人民的心灵以民族的形式",其目标是培养忠诚的爱国者。

要实现上述目标必须改变现存制度及其教育,主张国家掌管学校教育,"设立一个最高行政院为教育的最高管理机构",认为公民的教育可分为道德教育、法律教育和爱国教育三部分[②]。

三、卢梭的学前教育思想

(一) 学前教育的目标

在《爱弥儿》中,卢梭详细地论述了其学前教育思想的相关理论,学前教育的目标是将儿童教育成一个"自然人","自然人完全是为他自己而活的,他是数的单位,是绝对的

[①] 李润琳. 卢梭教育思想研究 [D]. 长春:吉林大学,2015,6.
[②] 李润琳. 卢梭教育思想研究 [D]. 长春:吉林大学,2015,6.

统一体，只同他自己和他的同胞才有关系"①。

(二) 学前教育的内容

1. 体育

卢梭非常重视孩子的体育教育，他认为体力劳动和身体锻炼有助于磨砺性格和增进健康，健壮的体格也是卢梭挑选教育对象的重要条件之一。"身体必须要有精力，才能听从精神的支配"②。

2. 感觉训练

卢梭认为，在生命开始的最初阶段，孩子主要是以感觉经验为主要的学习方式，这是由他们的年龄特征和身体尚未发育成熟决定的。这个阶段的孩子的记忆力和想象力基本处于"静止状态"，他们不能够进行理性的思考，"只知道注意他的感觉"，在教育的过程中只需"指出这些感觉和造成这些感觉的事物之间的联系"③。

3. 语言

"我们所有的语言都是一种艺术品。"它能够让个体与社会进行更好的沟通。孩子在刚开始学习人类语言的时候，卢梭建议给孩子说的话要尽量的简洁、清楚，容易理解，并且经常、反复地讲给孩子听。对于发音的掌握，首先应该是从他所熟悉的周围的事物讲起，"是我们拿给孩子看的那几样看得清的东西"。孩子先掌握的应是名词。

4. 音乐

对于音乐的教学方法和内容，卢梭针对当时的"自然唱谱法"，提出了自己认为最自然的歌唱方式——"改变调式的'变调法'"。他并不鼓励儿童唱歌词，这样会影响他对音乐的注意力④。

5. 美术

画画能够增进孩子对于周围实物的观察能力。这里所画的内容，不是老师所给他的一张张已经画好了的仿制品来进行描画，而是周围的一切事物，卢梭认为"他的模特不是别的，而是他所看到的东西"⑤。

6. 生活习惯

卢梭认为要让孩子"保持自然的习惯"。在孩子一出生的时候就应该教给他一些顺应自然的良好习惯，"应该趁早就让他支配他的自由和体力，让他的身体保持自然的习惯，使他能经常自己管自己，只要他想做什么，就应该让他做什么"⑥。

除了对孩子的教育目标及内容进行论述外，卢梭在学前教育的原则及方法方面也有所表明与提及，如他认为教育原则应是遵循自然、循序渐进、有节制的自由、消极的教育以及教育的一致性；教育的途径为"特殊的或家庭的教育"；教育的方法有游戏、实践、自然后果法以及榜样示范法等。

卢梭的教育思想充满了新兴资产阶级自由、平等和博爱的精神，从全新角度解读幼儿、

---

① 卢梭. 爱弥儿 [M]. 北京：商务印书馆，1978：11.
② 卢梭. 爱弥儿 [M]. 北京：商务印书馆，1978：42.
③ 卢梭. 爱弥儿 [M]. 北京：商务印书馆，1978：57.
④ 孟珍珍. 卢梭学前教育思想研究 [D]. 济南：山东师范大学，2016：24.
⑤ 卢梭. 爱弥儿 [M]. 北京：商务印书馆，1978：198.
⑥ 卢梭. 爱弥儿 [M]. 北京：商务印书馆，1978：64.

引导幼儿的自然教育思想，首先提出了研究儿童的原始状态的主张，给教育找到了出发点。他被认为是历史上第一位直接深入研究儿童教育的思想家。他关于尊重儿童天性的主张成为许多现代教育原则的源泉，在当时具有划时代的意义，他呼吁人们重视婴幼儿的教养，尊重儿童，用儿童的方式对待儿童，让儿童能够自由自在地发展。卢梭关于生来具有学习能力的婴幼儿不是通过语言和文字，而是通过经验并利用自己尚未成熟的器官进行学习的主张，被认为是近代幼儿教育思想的萌芽，并在以后的许多教育家如裴斯泰洛齐、福禄贝尔、杜威和蒙台梭利等人的教育理论中得到进一步发展。但是他的理论往往缺少实践基础，存在着空想的成分，因而在许多问题上漏洞百出，矛盾重重。在成功地构成一门教育科学方面，卢梭所缺少的就是一种关于儿童心理发展的学问。虽然卢梭经常反复地强调儿童不同于成人，每一年龄阶段都有其本身的特征和恒常不变的心理发展的法则，但受科学发展水平的局限，以及他本人世界观和教育经验的限制，他无法科学地阐明或揭示这些特征和法则。

第三节　裴斯泰洛齐的学前教育思想

一、生平简介

裴斯泰洛齐是19世纪瑞士著名的民主主义教育家。在18世纪启蒙思想的影响下，裴斯泰洛齐认为人只要有了知识，就能认清自己的本性和使命，从而摆脱愚昧，走向真理，建立一个自由、平等、博爱的美好社会。他一生的主要教育实验有四次，即新庄、斯坦兹、布格多夫、伊佛东的教育实验，前后共历时三十余年。

1768年，在苏黎世的比尔村建立一个示范农场，取名诺伊霍夫（Neuhof）新庄。1774年，裴斯泰洛齐又在"新庄"办起"贫儿之家"，收容6~18岁的穷孩子，对他们实施教育。1781年，裴斯泰洛齐根据自己总结的经验教训，陆续发表《林哈德与葛笃德》等论著，初步建构自己的社会观和教育思想。1798年，受新瑞士政府的委托，裴斯泰洛齐在斯坦兹城建了一所孤儿院，力求办成充满亲子之爱的大家庭式的教育机构。1799年，裴斯泰洛齐在布格多夫的小学任教，增设培养初等学校教师的训练班，开展第三次教学实验继续进行教学方法的研究。1805年建立伊佛东学校，设小学、中学和师范部，系统开展教育革新实验和教育理论探索。

他在教育理论上不断创新，提出了教育心理学化、要素教育、劳教结合等教育思想，并建立了初等教育各科教学法。

二、教育理论

（一）论教育目的

裴斯泰洛齐认为教育的首要功能是促进人的发展，尤其是人的能力的发展。他说："为人在世，可贵者在于发展，在于发展个人天赋的内在力量，使其经过锻炼，使人能尽其才，能在社会上达到应有的地位，这就是教育的最终的目的。"[①]

这一思想有其独特的丰富内涵。首先，在他看来，每个人生来就有天赋的潜能，都要求

[①]　张焕庭．西方资产阶级教育论著选[M]．北京：人民教育出版社，1979：173．

和可能得到发展,"我们没有权力限制任何人发展他的全部才能的机会"①。其次,人的发展必须通过教育。"人只有通过艺术,才能成其为人。"② 这里的艺术就是指教学或者教育艺术。人的发展不是自然的,同时还具有社会的目的,因此,教育的措施要符合儿童的天性,又要符合他们所处的社会条件,促使儿童提升到道德状态。最后,"教育意味着完整人的发展"③。教育应该促进儿童德、智、体诸方面的能力得到均衡和谐发展,提高人的素质,授予人谋生的本领,培养每个人树立自立、自尊、自强的意识,才是个性"完整的人",人格上真正独立的人。

（二）论教育心理学化

在西方教育史上,裴斯泰洛齐是第一个明确提出"教育心理学化"口号的教育家。他在1800年发表的《方法》一文中,首次明确地提出:"我正在试图将人类的教学过程心理学化;试图把教学与我的心智的本性、我的周围环境以及我与别人的交往都协调起来。"教育心理化就是要找到根除专制主义和经院主义教育弊端的教学机制。实现教育心理学化就是要建立符合儿童心理规律的教学机制,是建立新式学校的关键所在。所谓教育心理学化:第一,是要求将教育的目的和教育的理论指导置于儿童本性发展的自然法则的基础上;第二,就是必须使教学内容的选择和编制适合儿童学习心理规律,即教学内容心理学化;第三,教学原则和方法心理学化;第四,要让儿童成为他自己的教育者。

（三）论要素教育

要素教育思想贯穿在裴斯泰洛齐的全部初等教育理论和实践之中,是裴斯泰洛齐教育思想的重心。为了使每个儿童在道德、智慧和身体各方面的能力得到和谐的发展,裴斯泰洛齐认为必须找到德育、智育和体育中的要素,包括各种教育中基本的或关键性的内容、简便可行并能为从事初等教育的人和家庭妇女掌握的程序和方法。

要素教育论是他基于教育心理学化理论对初等教育内容和方法的重要论述。基本思想是认为初等学校的各种教育都应从最简单的要素开始,然后逐渐转到日益复杂的要素,以便循序渐进促进人的和谐发展。裴斯泰洛齐致力于探索要素教育的原因是,一方面基于他认为儿童天赋能力和力量的发展有其自然顺序,另一方面是为了使广大劳动人民都能受到更加简单有效的教育。

裴斯泰洛齐还提出了德育、智育、体育和教学的基本要素。他认为德育的最基本的要素是儿童对母亲的爱,孩子对母亲的爱是发自人类的本性,随着年龄的增长,会从爱母亲发展到爱父亲、爱兄弟姐妹、爱周围的人,又会将这种爱延续到爱所有的人,直到爱全人类;智育的最基本的要素是数目、形状和语言,教学应从这些教学的基本要素开始。其次,要以课程的要素为核心改进初等学校的教学科目和教学内容,并强调在教学过程中通过思维练习来培养和发展学生的智慧和智力;体育最基本的要素是各种关节的活动,以此为基础逐步发展到复杂的身体的活动,以发展他们身体的力量和各种技能,而且体育活动应该从小就要开始,活动形式也要多种多样。

---

① 裴斯泰洛齐.教育论著选[M].夏志莲,译.北京:人民教育出版社,1990:358.
② 裴斯泰洛齐.裴斯泰洛齐教育论著选[M].夏志莲,译.北京:人民教育出版社,1990:75.
③ 裴斯泰洛齐.裴斯泰洛齐教育论著选[M].夏志莲,译.北京:人民教育出版社,1990:411.

（四）建立初等学校各科教学法

根据教学心理学化和要素教育主张，裴斯泰洛齐具体研究了学校各科教学法，提出了许多革新意见，被称为现代初等学校各科教学法的奠基人。他对初等学校的语言教学、算术教学和测量教学尤为重视。

在语言教学上，提出发音教学、单词教学、语言教学三个阶段，指出了儿童学习语言的循序渐进的原则，并依照了儿童心理和思维能力不断发展的特点，分步骤地教儿童学习语言；在算术教学上，应从最简单的"1"开始，教学必须采用直观的实物，借助一些教具，反对在儿童还不明白数字概念的时候就让儿童记忆算术口诀。在儿童理解了基本的数的概念时，再教儿童了解十位数、百位数，然后再学习四则运算。为让学生理解一切物体的增减不仅意味着包含多少单位，而且还意味着每个单位可分解成多少组成等分，因此，创制了一种"分数表"来帮助理解分数的概念，后来被后继者加以发展，成为著名的"算数箱"教具；在测量教学上，裴斯泰洛齐也称为形状教学，把形状测量作为数的关系的基础。直线是形状教学中的最简单的要素，包括横线、垂直线、斜线，然后学习由直线构成的角、四边形、三角形等，然后在这个基础上学习曲线、圆形、椭圆形等。在让儿童观察这些形状的同时，还要求儿童对线段的长度进行测量，了解由线条构成的图形在长度上的关系。在测量后他还要求儿童将自己看到的图形画出来。

（五）论家庭教育与爱的教育

1. 家庭教育

裴斯泰洛齐非常重视家庭教育，因为家庭教育最能体现教育适应自然的原则，家庭教育能追随儿童的天性，并很好地促进儿童潜在的力量和才能的发展。家庭教育是实现教育目标的一个重要途径。首先，母亲在儿童教育中占据极重要的地位。他赞美母亲是"教育的第一位力量"，是培养人性的最重要的工具。母亲对婴儿的照顾、关心和无私的爱，满足了婴儿各种基本的需要，从而唤起了婴儿对母亲的信任、尊敬和爱。婴儿道德的萌芽就在母亲与婴儿的关系之中。其次，父母最了解孩子，要发展儿童的天赋，家庭是最容易办到的。一般来说，父母最了解自己的孩子，他们知道自己的孩子的个性和能力，也最适宜进行遵循自然的教育。再次，教育应从摇篮开始。裴斯泰洛齐指出，教育应从儿童生下来的时候开始，因为人的潜在的力量和才能从他诞生的时刻起就需要培育发展。这样，家庭教育就显得格外重要。

2. 爱的教育

裴斯泰洛齐是西方教育史上提倡爱的教育和实施爱的教育最具代表性的教育家。他提出："教育的主要原则是爱。"[①]他的爱的教育包含两层含义：一是指对教育对象真诚的、全身心的、无保留的关心与热爱；二是指"提升学童价值"，教育者实施"教育爱"后，不仅使受教育对象改掉各种不良习惯，学会自尊自爱，而且乐于助人，及至造福他人。

三、裴斯泰洛齐的学前教育思想

裴斯泰洛齐认为人的天性得到发展而后才能形成完善的人，也就是说要使人的天赋才能得到充分、和谐的发展，使之成为智慧的、有德行的、身体强健的人，能劳动并有一定技能

---

① 杨汉麟，周采. 外国幼儿教育史［M］. 南宁：广西教育出版社，1993：134.

的人,这是教育的最主要任务。裴斯泰洛齐的学前教育思想体现在德育、智育、体育、劳动教育等方面的教学内容中。

(一) 德育

在人的各种能力的和谐发展中,裴斯泰洛齐最注重人的道德教育,他把道德教育看成是整个教育体系中的关键部分。在儿童成长初期,首先发展儿童对母亲的热爱之情,唤醒儿童的道德情感,利用儿童对母亲的热爱之情,来激发儿童的爱、信仰以及感激之类的基本情感。接下来,要注重道德行为的训练和养成,为儿童树立道德学习的榜样,父母和教师要以身作则,用实际的道德行为教育儿童,让儿童进行道德练习,培养孩子对家庭成员的热爱和教育孩子们做好事。学校的教育必须延续家庭教育的氛围,教师要像慈母般地关心和爱护儿童。最后,要有意识地培养儿童理解道德概念,培养他们对道德的理解能力,结合孩子们的实际生活理解道德的含义,告诉他们什么是美、什么是丑、什么是合理的、什么是不合理的、什么是真、什么是善,"爱的教育"是道德教育的中心内容,在学前教育阶段要培养孩子的博爱精神,学会爱自己、爱他人。

(二) 智育

在智育方面,裴斯泰洛齐认为"教育的基本任务是发挥人的才能和天赋"①,因此,一切教育的目的应该围绕能力的培养而展开,绝不可以往孩子们的脑子里灌输大量的难以理解的无用知识。他认为传授知识和发展智力,还应该以适合和发展人性为基础,要因材施教,为了发展儿童的智力,他对智力的组成和教育进行了研究,他认为认知能力、语言能力和思维能力组成了人的智力能力,其中最基本的能力是观察能力。"观察能力"是智力培养的起点,语言能力是中心环节,而思维能力则是其终点。因而他十分重视感官的训练和观察能力的培养,这种训练和培养应"从摇篮时代起把家庭生活中的直观对象,诱人的、生动的和感人的送到孩子的感官前,对孩子施加有益的影响"②。

(三) 体育

裴斯泰洛齐非常重视体育。他认为体育是人的全部才能获得发展的基础,是人的和谐发展教育的重要内容之一。体育的任务是发展儿童身体、力量和技巧。体育运动的设计应该从易到难,根据儿童的年龄和体力强度的实际需要来设计多种体育运动。进行体育运动时要因人而异,特别是儿童早期体育应该根据实际情况选择最适合的、最有益于儿童的运动。

(四) 劳动教育

裴斯泰洛齐主张儿童接受劳动教育且将知识教育与劳动教育结合起来。裴斯泰洛齐主张儿童可以学习一些简单的手工艺技巧、种植、饲养等。他还主张通过带孩子们去农场、手工业作坊等地方参观来进行劳动教育。他认为劳动教育既可以提高儿童的劳动能力,又能让儿童学习初步的文化知识,如"手工"练习可以培养儿童的动手能力,同时打扫、整理衣物等基本劳动技能可以为日后的生活能力奠定基础。

裴斯泰洛齐在教育史上第一次明确提出了"教育心理化"的口号,开启了19世纪欧洲教育心理化运动。他提出要素教育思想并在此基础上建立初等教育分科教学法体系,极大地

---

① 裴斯泰洛齐. 裴斯泰洛齐选集:第一卷 [M]. 戴行福,等,译. 北京:教育科学出版社,1996. 126.
② 裴斯泰洛齐. 裴斯泰洛齐选集:第一卷 [M]. 戴行福,等,译. 北京:教育科学出版社,1996:361.

推动了近代国民教育的普及与发展。

裴斯泰洛齐是学前幼儿园时期家庭教育理论的重要代表,是近代学前社会教育和幼儿师范教育的倡导者,并首倡学前教育应成为一门独立的学科,其思想对后世教育的影响巨大,对于推动人类教育事业的发展做出了巨大的贡献。

第四节 赫尔巴特的学前教育思想

一、生平简介

赫尔巴特(Johann Friedrich Herbart,1776—1841年)是德国著名的哲学家、心理学家和教育家。

赫尔巴特受到裴斯泰洛齐的教育思想尤其是"教育心理学化"观点的影响,1800—1802年,赫尔巴特在不来梅主要从事裴斯泰洛齐教育理论的宣传和研究工作。1802—1809年,他担任哥廷根大学教授,先后出版教育理论著作,提出了"科学教育学"的基本学说;1809—1833年,他担任柯尼斯堡大学哲学教授,侧重从心理学角度探讨教育问题,形成了较为系统的心理学理论体系,致力于把心理学成果运用到教育过程中。1810年,他创办了教育研究所和附属实验学校,把早期所提出的关于儿童经验在教学中的作用等见解加以实际应用。

主要的教育著作有:《普通教育学》(1806)、《科学的心理学》(1824)、《教育学讲授纲要》(1835)等,其中《普通教育学》最早以"教育学"命名。赫尔巴特把哲学、心理学、伦理学的理论用于教育学中,是科学教育学的奠基人,使得教育学科学化。

二、教育理论

赫尔巴特教育思想有伦理学和心理学的双重理论基础,他认为伦理学指明目的,心理学指出途径、手段和障碍①。伦理学主要起着价值规范的作用,为教育目的和基本方向的确立提供依据,心理学为实现教育目的确立方法、手段。

(一)赫尔巴特的伦理学

赫尔巴特的伦理学说受康德思想的影响,但反对其中的先验主义和宿命论,认为教育是以学生的可塑性为基本前提。赫尔巴特提出了五种道德观念:内心自由、完善、仁慈、正义和公平。

"内心自由"是指一个人有了正确的思想或者说对真善美有明确的认识,就能自觉按照道德规律办事,使自己的行为符合理性原则;"完善"是指人调节自己的意志、做出判断的一种尺度;"仁慈"是"绝对的善";"正义"就是守法的观念;公平即善有善报,恶有恶报。赫尔巴特伦理学的一个重要特征,是强调知识或认识在德性形成过程中的作用。他指出:"巨大的道德力量是获得广阔视野的结果,而且又是完整的不可分割的思想群活动的结果。"②

---

① 赫尔巴特. 普通教育学·教育学讲授纲要[M]. 李其龙,译. 北京:人民教育出版社,1989:190.
② 赫尔巴特. 普通教育学·教育学讲授纲要[M]. 李其龙,译. 北京:人民教育出版社,1989.141.

(二) 赫尔巴特的心理学

赫尔巴特是西方历史上第一位把心理学作为一门独立学科加以研究,并努力将之建设成为一门科学的思想家。他系统研究了统觉、兴趣和注意等心理学问题。

赫尔巴特关于"统觉"的基本含义是,当新的刺激发生作用时,表象就通过感官的大门进入意识阈中;如果它具有足够的强度能唤起意识阈下已有的相似观念的活动,并与之联合,那么,由此获得的力量就将驱逐此前在意识中占据统治地位的观念,成为意识的中心,新的感觉表象与已有的观念的结合,形成统觉团(即认识活动的结果);如果与新的表象相似的观念已经在意识阈上,那么,二者的联合就进一步巩固了它的地位。

赫尔巴特指出:"统觉或内在感觉,只有在条件允许的时候才会发生。"所谓统觉的条件,主要是指兴趣观念的积极活动状态,是一种好奇心和智力活动的警觉状态,正因为如此,兴趣赋予统觉活动以主动性。他认为,当观念活动对事物的特性产生了兴趣这样一种活动时,意识阈上的观念就处于高度活跃的状态,因而更易唤起原有的概念,并争取到新的观念。

赫尔巴特研究心理学的动机与目的从一开始就与教育,特别是教学问题直接联系在一起,他的心理学是一种教育化了的心理学。

(三) 赫尔巴特的道德教育理论

赫尔巴特认为教育所要达到的基本目的可以区分为两种:"可能的目的"和"必要的目的"。"可能的目的"是指与儿童未来所从事的职业有关的目的,"必要的目的"是指教育所要达到的最高和最为基本的目的。教育的基本目的就是要养成内心自由、完善、仁慈、正义和公平五种道德观念。

为实现道德教育的养成目的,他利用心理学的研究成果,将道德教育与教学结合起来,提出教育性教学原则。赫尔巴特指出:"不存在'无教学的教育'这个概念,正如反过来,我不承认有任何'无教育的教学'一样。"① 即教育(道德教育)是通过教学才能真正产生实际作用,教学是道德教育的基本途径。

在赫尔巴特的概念体系中,与道德教育直接有关的主要是"训育"这个概念。"训育"是指"有目的地进行培养",其目的在于形成"性格的道德力量"。训育可以分为四个阶段:道德判断、道德热情、道德决定和道德自制。在训育的具体实施方面,他提出六种基本的措施或方法:①维持的训育;②起决定作用的训育;③调节的训育;④抑制的训育;⑤道德的训育。

(四) 赫尔巴特的课程理论

赫尔巴特在前人思想的基础上,以其心理学说为依据,提出了较完整的课程理论。

1. 经验、兴趣与课程

他的课程理论的一个基本主张是:课程内容的选择必须与儿童的经验和兴趣一致。为使课程与兴趣保持密切相关,赫尔巴特根据他的兴趣分类理论做了有意义的探讨,兴趣划分为两大类:经验的兴趣和同情的兴趣,其中经验的兴趣包括经验的、思辨的和审美的三种;同情的兴趣包括同情的、社会的和宗教的三种。根据经验的兴趣,应该设置自然、物理、化学

---

① 赫尔巴特.普通教育学·教育学讲授纲要 [M].李其龙,译.北京:人民教育出版社,1989.12.

和地理等课程；根据思辨的兴趣，应该设置数学、逻辑和文法等课程；根据审美的课程，应设文学、绘画等课程；根据同情的兴趣，应设外国语、本国语等课程；根据社会的兴趣，应该设置历史、政治和法律等课程；根据宗教的兴趣，应设神学课程等。

2. 统觉与课程

统觉理论是他课程理论的又一重要基础，课程的安排应当使儿童能够不断地从熟悉的材料逐渐过渡到密切相关但还不熟悉的材料。根据统觉的原理，他为课程设计了"相关"和"集中"两项原则。相关，是指学校不同课程的安排应当相互影响、相互联系；集中，是指在学校的所有课程中，选择一门科目作为学习的中心，其他科目都作为学习和理解它的手段。赫尔巴特把历史和数学当作所有学科的中心。

3. 儿童发展与课程

课程与儿童的发展联系在一起，表现在他力图以文化纪元理论为基础，探讨课程的选择和设计，儿童在一定发展阶段上最理想的学习内容应当是种族发展在相应阶段上所取得的文化成果。以此为基础，赫尔巴特探讨了儿童的年龄分期和课程程序：婴儿期（0～3岁）对身体的养护优先于其他一切，并大力加强感官的训练，发展儿童的感受性；幼儿期（4～8岁），教学内容应该以《荷马史诗》等为主，发展儿童的想象力；在儿童期和青年期，分别教授数学、历史等，发展儿童的理性。

（五）赫尔巴特的教学理论

赫尔巴特的教学理论涉及内容广泛，但主要是关于教学方法和教学阶段的理论。

在教学方法方面，赫尔巴特力图把哲学领域中的经验主义和理性主义相结合，在此基础上提出了从感觉经验开始经过分析和综合，最后达到概念的教学方法。根据他的主张，统觉过程的完成大体上可以有三个环节：感官的刺激、新旧观念的分析和联合、统觉团的形成。与此相应，他提出三种不同的教学方法：单纯的提示教学、分析教学和综合教学。这三种教学方法之间的联系，就产生了教学过程。

他提出的教学形式阶段，实际上就是课堂教学的完整过程，是一个包括教学方法、教学形式等在内的规范化的教学程序。他认为，兴趣活动可划分为四个阶段：注意、期待、要求、行动。儿童在学习活动中的思维状态主要有两种：专心和审思。在此基础上，提出了教学形式阶段论，任何教学活动都必须是井然有序的，经历以下四个阶段：①明了（或清晰）阶段。当一个表象由自身的力量突出在感官前，兴趣活动对它产生注意，这时学生处于静止的专心活动，教师通过运用直观教具和讲解的方法，进行明确的提示，使学生获得清晰的表象，以做好观念的联合，即学习新知识的准备。②联合（或联想）阶段。由于表象的产生并进入意识，激起原有观念的活动，因而产生新旧观念的联合，但又尚未出现最后的结果，这时，兴趣活动处于获得新观念的期待状态，教师的任务是与学生无拘束地谈话，运用分析的教学方法。③系统阶段。新旧观念最初形成的联系并不有序，因而需要对前一阶段由专心活动得到的结果进行审思，兴趣活动处于要求阶段，需要用综合的教学方法，使新旧观念的联合系统化，从而获得新的概念。④方法阶段。新旧观念的联合形成后需要进一步巩固和强化，这就要求学生自己进行活动，通过联系巩固新习得的知识。

他的教学形式阶段论是在严格按照心理学过程规律基础上，对教学过程中的一切因素和活动进行高度抽象，以建立一种明确的和规范化的教学模式。在这个意义上讲，不仅反映了人类对教学过程和教学活动本质的发展，而且具有广泛的实践意义，但也因机械化倾向遭到人们批评。

三、赫尔巴特的学前教育思想

（一）兴趣是关键

赫尔巴特认为兴趣标志着智力活动的特性，特别注重培养儿童多方面的兴趣。他认为，教学的最重要的任务之一就是引起儿童多方面的兴趣，教学应当在多方面兴趣的基础之上进行。兴趣即观念的积极活动状态，多方面兴趣是人意识的"内在动力"，是吸收新知识、形成新观念的基本条件，他甚至把"多方面兴趣"形象地比作一个"多面体"，它保存在人的意识当中，能对新出现的事物或观念自动地转向它的某一个面，特别是在出现新教材的时候，学生遇到困难的时候，多方面兴趣就会更为明显地表现为克服这些困难所必需的心理动力。

（二）张弛有度进行儿童管理

赫尔巴特第一次把对儿童的管理进行独立论述，并在实践之中运用了这套理论。他认为儿童管理是顺利开展教育教学的重要条件，"如果不紧紧而灵巧地抓住管理的缰绳，那么任何课都是无法进行的"。在儿童管理方法上，赫尔巴特建议采用以下五种方式：①作业。作业是一切管理的基础，通过组织作业，把儿童的空闲时间占领下来，才能使儿童没有闲暇的时间去做坏事。②威胁。即惩罚性威胁。但他认为这种方法有一定的局限性，比如，有些本性顽劣的儿童蔑视威胁，敢于做他们想做的任何事情；有的儿童性格太过软弱，不能承认威胁，反而容易产生恐惧。③监督。即监视、督促。监督是儿童管理不可缺少的手段，但监督必须适度，过严的监督会妨碍儿童自我控制能力的养成，反而不利于儿童身心的健康发展。④命令和禁止。有时候教师对儿童的行为规范须直接提出要求，没有必要解释，就像军人必须服从命令那样，命令和禁止一经发出，就不能轻易收回。⑤权威和爱。这是管理的两种辅助手段，在教育过程中，权威是不可缺少的，尤其是对于那些天性活跃的儿童。同时，教师还应积极深入儿童的感情中去，或者是设法使儿童的感情以某种方式同教师的情感接近，权威和爱的结合，更容易收到教育和管理的效果。

赫尔巴特从自己对于教育过程的理解出发，将学前时期教育过程划分为管理、教学和训育三部分；反对直接的道德说教，重视幼儿合群精神及习惯的培养，强调教师的主导作用。赫尔巴特的教育理论对很多国家产生了直接而深刻的影响。但在 19 世纪末 20 世纪初，赫尔巴特的教育学说广泛传播之际，就出现了对它的批判，如他忽视儿童的需要和个性发展，过于注重教师传授知识而忽略了学生学习的主动性，强调管理在课堂教学中的作用，一些管理方法不利于儿童的身心健康发展等。

第五节 福禄贝尔的学前教育思想

一、生平简介

福禄贝尔（F. W. A. Froebel，1782—1852 年）是德国著名的教育家，幼儿园的创立者，近代学前教育理论的奠基人。1805 年，福禄贝尔开始在一所裴斯泰洛齐主义的学校任教；1817 年在卡伊尔霍创办小学，力图实现裴斯泰洛齐的教育原则；1837 年，在勃兰根堡开办学前教育机构，1840年正式将学前教育机构命名为"幼儿园"。

福禄贝尔把自己毕生的精力献给了幼儿教育事业，建立了较完整的幼儿园教育体系。他不仅创办了第一所称为"幼儿园"的学前教育机构，而且他的教育思想与实践对世界各国幼儿教育的发展产生了深远的影响，被人们誉为"幼儿教育之父"。福禄贝尔的代表性著作有《人的教育》《母亲与儿歌》《幼儿园教育学》等。

二、论教育的基本原理

福禄贝尔教育思想形成受多方面因素的影响。在哲学观方面，主要受德国古典哲学的深刻影响，尤其是谢林、费希特和克劳泽的思想。早期进化论思想及自然科学也被他用作寻求自然及人的发展规律的依据。此外，他还研究过席勒、歌德、威兰德和温克曼的浪漫主义文学和美学观点。从教育思想的渊源来说，福禄贝尔以裴斯泰洛齐的方法为其基础，运用自己的哲学观点及教育经验加以改进、发展与扩充。

（一）统一的原则

福禄贝尔认为人类首先须认识自然、进而认识人性，最终认识上帝的统一。教育的实质正在于使人能自由和自觉地表现他的本质，即上帝的精神。帮助人类逐步认识自然、人性和上帝的统一，这就是教育的任务。

（二）发展的原则

福禄贝尔在教育史上第一次把自然哲学中进化的概念完全而充分地运用于人的发展和人的教育。他把人性看成是一种不断变化发展和成长的东西，人性的发展不仅是分阶段的，更是连续的和联系的。人的成长与万物生长一样必须服从两条互补的原则：对立与调和。在教育过程中，基本的对立物是内因与外因，即儿童天性与环境的矛盾。教育总是从内因与外因的矛盾入手，在两者之间发现调和的东西，克服差异，使二者达到统一。

（三）顺应自然的原则

在他看来，既然神性是人性的本质或根源，人性肯定是善的。按上帝精神的作用和从人身上的完美性和本来的健全性来看，教育、教学和训练的最初的基本标志必然是容忍的、顺应的，是保护性、防御性的。儿童生活中不良现象的出现原因有二：人的本质的各个方面的发展被完全忽略；发展过程遭到不良干预。

（四）创造原则

在他看来，上帝是富有创造精神的。上帝创造了人，人也应该像上帝一样进行创造。对于年青一代，需要及早给以从事外部工作和生产活动的训练，使其能在行动中和工作中、在形态上和材料上，从外部表现上帝给予他的本质。因此，教育应当尽一切可能为儿童提供表现创造性的机会和场所。

三、幼儿园教育理论

福禄贝尔的一生贡献主要在学前教育方面，他详细研究了学前教育理论和幼儿教育方法，在《人的教育》《幼儿园教育法》《母亲与儿歌》《幼儿园书信集》等著作中，将人类的初期发展分为：婴儿期、幼儿期、少年期和青年期。他认为，婴儿期的教育应以养护为主，发展其动作和感觉。幼儿期是"真正的人的教育"开始的时期。他在这些理论和实践基础上创立了比较完整的学前教育理论体系,对世界各国幼儿园的发展以及学前教育理论体系的形成和发展产生了广泛的影响。

(一) 论幼儿园的目的和任务

福禄贝尔详细地研究了西欧各国和美国广泛流行的学前教育的理论和体系。受夸美纽斯和裴斯泰洛齐的影响,重视家庭和母亲在早期教育中的作用。但是他觉得这样不够,必须为3~7岁的孩子建立专门的教育机构——幼儿园。幼儿园就是"儿童的花园",在这个花园里,幼儿是生长中的"花草树木",幼儿教师就是精心照料花草树木的"园丁",正是在"园丁"的照料下"花草树木"才能生长得更好。

1. 幼儿园的目的

首先,幼儿园是家庭生活的继续和扩展,通过合理的教育,即引导儿童的自我活动、自我发展,儿童就能像植物一样自然、健康地成长。其次,幼儿园协助家庭更好地教育孩子,减轻母亲的负担。具体做法是:由训练有素的"园丁"为缺乏教育知识的父母提供教育内容和方法上的指导,以帮助家庭和父母对其子女进行合理的养护和教育。他把幼儿园教育作为家庭教育的"补充"而非"代替"。最后,重视教育的社会价值。幼儿园是培养幼儿社会态度的最恰当的场所,可以陶冶幼儿的社交性,能帮助幼儿适应以后的正规教育。要把幼儿园变成社会的缩影,在其中充满礼让、互助和团结一类的精神以及相敬相爱的气氛。

2. 幼儿园教育的任务

第一,保护儿童身体和精神的健康成长。以前的学校都以知识的学习、消化、吸收为教学终极目的。福禄贝尔认为,幼儿与学龄儿童的身心发展特点不同,幼儿园的主要目标不在于儿童能从中学到多少知识,而在于促进儿童的身心发展。通过各种游戏和活动,培养儿童的社会态度和民族美德,使他们认识自然和人类,发展他们的智力和体力以及做事或生产的技能和技巧,尤其是运用知识和实践能力为下一个阶段的发展做好准备。

第二,培养训练有素的幼儿教师。为幼儿教育者提供与幼儿接触的机会,训练他们掌握合理的教育方法,精于照顾与指导幼儿的生活和发展。

第三,推广幼儿教育经验。向家长推广幼儿游戏和活动的教育经验,介绍合适的幼儿游戏和活动的手段与方法。

他认为幼儿园的任务是通过各种游戏和活动,培养儿童的社会态度和民族美德,使他们认识自然和人类,发展他们的智力和体力以及做事或生产的技能和技巧,尤其是运用知识和实践能力为下一个阶段的发展做好准备。此外,还担负着训练幼儿园教师,推广幼儿教育经验的任务。

(二) 幼儿园教育方法

福禄贝尔关于幼儿园教育方法的基本原理是自我活动或自动性。他认为,自我活动是一切生命的最基本的特性,也是人类生长的基本法则。通过自我活动,个体自动地向外表现存在于自身的上帝的精神。正是自我活动,帮助个体认识自然,认识人类,最终认识上帝的统一。

1. 直观教学法

福禄贝尔继承了裴斯泰洛齐的直观性教学原则。福禄贝尔重视儿童的亲身观察,他要求教育工作者有意识地把有关联性的事物呈现在儿童面前,使儿童能容易而正确地知觉这些事物,并形成观念。

2. 游戏教学

福禄贝尔高度评价游戏的教育价值，把游戏看作儿童内在本质向外的自发表现，是人在这一阶段上最纯洁的精神产物。游戏不等于儿童的外部活动，而更多地是指儿童的心理态度。它是一切善的根源和整个未来生活的胚芽。它给儿童以欢乐、自由和满足，又能培养儿童的意志力和自我牺牲的精神。"游戏是创造性的自我活动和本能的自我教育。"①

3. 社会参与

福禄贝尔深切感受到儿童之间社交关系的重要性，认为由自我活动所导致的个性自我实现，必须经由"社会化"的历程始能达到。儿童本身虽是一个整体，而同时又是社会这个大整体的有机组成部分。只有通过与他人的交往，才能认识自己与他人的关系，进而认识人性。在后来的幼儿园教育实践中，他也把"社会参与"作为重要的幼儿园教育方法，要求教育儿童使之充分适应小组生活，并重视家庭和邻里生活之复演。

（三）幼儿园课程

福禄贝尔倾其后半生的全部精力于幼儿园课程的发展上。他确信，并非所有的活动和游戏都具有教育上的价值，必须对儿童活动与游戏的内容和材料加以选择，并善加指导。依据感性直观、自我活动与社会参与的思想，福禄贝尔建立起一个以活动与游戏为主要特征的幼儿园课程体系，包括游戏与歌谣、恩物游戏、手工作业、运动游戏、自然研究，以及唱歌、表演和讲故事等。

1. 游戏与歌谣

福禄贝尔认为游戏和语言是儿童生活的组成部分。通过各种游戏，儿童的内心活动和内在生活变为独立、自主的外部自我表现，从而获得愉快、自由和满足，并保持内在与外在的协调；游戏是儿童认识世界的工具，是快乐的源泉，是培养儿童道德品质的手段，在游戏过程中最能表现儿童的积极性和主动性。对游戏的种类，他在不同时期提出的种类不完全一致：写于1826年的《人的教育》中分为身体的游戏和精神的游戏；写于1843年的《母亲与儿歌》将幼儿发展分为四个不同时期，提供不同游戏；写于1861年的《幼儿园教育学》将游戏分为运动游戏和精神性游戏。

1843年，福禄贝尔将小册子《儿歌》扩充为《母亲与儿歌》，其目的在于帮助儿童发展身体和四肢，还在于帮助母亲意识到自己对孩子的责任。这些儿歌由四部分组成：指导母亲的格言、儿歌以及与儿歌内容相关联的图画和适合儿童身心发展的运动方式说明。

2. 恩物（Froebel's Gifts）

"恩物"（图9-1所示）是福禄贝尔为儿童游戏和作业创制的一套教学用品。"恩物"即"恩赐之物"的意思，表示借上帝之恩典由父母赠予心爱的孩子玩弄的、实现自我活动的工具。主要由不同形状和颜色组成的一系列玩具，以帮助儿童认识自然及内在规律。他认为，恩物的教育价值就在于它是帮助儿童认识自然及其内在规律的重要工作，自然界的万物虽统一于上帝的精神，但在发展中又显出外在的差异性、多样性。恩物作为自然的象征，能帮助儿童由易到难，由简及繁，循序渐进地认识自然。真正的恩物必须遵从自然以及儿童认识的规律：（1）能使儿童理解周围世界，又能表达他对于这个客观世界的认识；（2）每种恩物应包含一切前面的恩物，并预示后继的恩物；（3）每种恩物都是由简单到复杂，循序

---

① 转引自吴式颖. 外国教育史教程 [M]. 北京：人民教育出版社，2002：66.

渐进并富于系统性和完整性。

第一种恩物是一个盒子里装有六个绒毛做的小球，分为红、黄、蓝、绿、紫和橙六种颜色，每个小球上系有两条线。福禄贝尔认为球是一切玩具中最有价值的：它是万物统一体的象征和孩子天性统一的象征，这些球的游戏可分成等级，供不同发展阶段的儿童使用。

第二种恩物是硬木制作的三件一套的玩具：球体、立方体和圆柱体（后两个有穿孔）。借助第二种恩物，使儿童认识物体的各种形状和几种几何形体。此外，儿童可以发挥自己的想象力，想出种种办法来玩它们。

第三种恩物是一个沿各方向对开一下，可分成八块小立方体的大立方体。通过教师的解释，可唤起儿童对于整体和部分、部分与部分之间关系的注意。儿童也可以把这些立方体想象为"砖块"，他们建造的本能被唤起。

第四种恩物是一个沿纵向切成许多平板的立方体，它能帮助儿童明了算术的基本道理。他们因此不仅能掌握加、减、乘、除的基本规则，并能很容易地写出算术数字和符号。

第五种恩物是一个可分割成27个体积相等的小立方体的大立方体。其中三个小立方体再沿对角线二分，另三块则沿对角线四分。利用此种恩物，能进行大量的几何教学。

第六种恩物是27个砖形木块，其中三个纵向二分，六个横向平分，也可组成一个大立方体。

第七种恩物是一个大立方体，可分成64个小立方体。

第八种恩物是一个大立方体，可分成64个小长方体。

这些恩物给建造工作以更广泛的练习机会，能发展儿童的创造力和想象力，并可进一步发展"整体"和"部分"的概念，了解"一中有多"和"多归于一"。

福禄贝尔认为，真正的恩物应满足三个条件：①能使儿童理解周围世界，又能表达他对于这个客观世界的认识；②每种恩物应包含一切前面的恩物，并应预示后继的恩物；③每种恩物本身应表现为完整的有秩序的统一观念——整体由部分组成，部分可形成有秩序的整体。

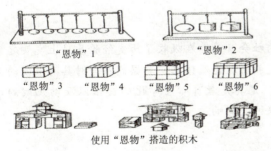 

图9-1 恩物

3. 作业（Occupations）

作业与恩物的关系十分密切，它主要体现福禄贝尔关于创造的原则。作业是要求将恩物的知识运用于实践。作业的材料包括：大小和色彩不同的纸和纸板，可用来剪或折成各种不同的形态；供绘画、雕塑、编织一类工作的材料；沙、黏土和泥土等。作业与恩物的明显区别在于：其一，从安排的顺序说恩物在先，作业继后；其二，恩物的作用主要在于接受或吸收，作业则主要在于发表和表现；其三，恩物游戏不改变物体的形态，作业则要改变材料的形态。

4. 运动游戏

福禄贝尔指出了运动游戏的基本特点是：圆圈游戏、团体游戏和伴以诗歌的游戏。运动游戏的根本原理是"部分－整体"，有助于儿童了解个体与团体的关系。运动游戏是建立在儿童模仿自然界和日常生活中所观察到的各种动作的基础上的。如"小河""蜗牛""磨坊"和"旅行"等。

5. 自然研究

受裴斯泰洛齐的影响，福禄贝尔幼儿园的课程中设有"自然研究"。福禄贝尔认为，虽说这主要是学校的任务，但幼儿园开展诸如研究自然的旅行、园艺与饲养等活动，不但可使儿童养成爱护花木禽兽之品性，还有助于满足儿童的好奇心，培养自制力和牺牲精神，促进知识的学习与智力的发展，培养对自然科学研究的兴趣。

（四）从幼儿园到学校的过渡

早在创办幼儿园之前，福禄贝尔就已注意到从幼儿期过渡到少年期的问题，1816年建立的学校，实际上招收了幼儿后期至学龄初期的儿童，在《人的教育》中也强调两者之间的连续性。只是后来他专注于幼儿园事业的发展，暂时无暇顾及此项研究。

福禄贝尔除了对幼儿园教育理论进行大量的研究与实践外，也对学校教育进行了论述，提出了关于学校教育的任务目的、课程设置等。

福禄贝尔在学前教育领域做出了突出贡献，首创了幼儿社会教育的重要机构与形式——"幼儿园"，并组织了幼儿园教师工作的训练；他在幼儿园实践及研究的基础上，创立了幼儿教育学，使其成为教育理论中的独立学科；同时，他还积极进行幼儿教育的宣传，提倡发展幼儿社会教育，唤起了社会对学前儿童教育的重视。福禄贝尔确定的游戏与作业成为幼儿教育的重要活动方式，"恩物"作为幼儿玩具被广泛使用。福禄贝尔的影响不限于学前教育，对小学乃至整个中学的课程设置也产生了深刻影响。但是，他的理论与思想也有其局限性，从宗教神秘主义出发论述人的发展与教育，用先天决定本能的观点说明儿童多方面发展的问题，有浓重的唯心主义色彩。

本章小结

近代教育思想家的教育思想是结合当时的社会背景，在吸收了历史经验基础上发展起来的，他们通过著书立说及教育实践形成了一定教育理论及体系，其思想在当时具有很强的先进性，在社会上掀起了对幼儿的关注与教养，尤其是教育心理学化的提出以及幼儿园的建立，对后来的学前教育的科学化发展起到了深远的影响。

扩展阅读

1. 卢梭论教育

在生命开始的时候，记忆力和想象力尚处在静止的状态，这时候，孩子所注意的只是在目前对他的感官起影响的东西；由于他的感觉是他的知识的原料，所以，要按照适当的次序让他产生感觉，这就要培养要他的记忆力，使它有一天能按同样的次序把这些原料供给他的智力；不过，由于他只知道注意他的感觉，所以，先给他清楚地指出这些感觉和造成这些感觉的事物之间的联系就够了。他什么东西都想去摸一摸，什么东西都想去弄一弄，他这样地动个不停，你绝不要去妨碍他，因为这可以使他获得十分需要的学习。正是这样，他才能学会用看、摸和听的办法，特别是把看见的样子和摸着的样子做一个比较，以及用眼力来估计他用手指摸一下会有怎样的感觉——学会用这些办法来了解物体的冷热、软硬和轻重，来判断它们的大小、它们的样子和能够感觉出来的种种性质。

我们只有通过行动，才知道有些东西不是同我们一体的；只有通过我们自己的行动，我们才能获得远近的观念。一个孩子因为没有这个观念，所以不管物件是挨在他身边或是离开他一百步远，他都没有分别地伸手去拿。他是那样地使劲，以至在你看来认为是一种指挥的信号，是命令物件到他身边，或者命令你把它拿到他那里；其实不是这样的，只是因为最初出现在他脑子里的东西，然后又出现在他的眼睛里，而现在他认为就在他的手指前边；他只能想象他伸手即可触及的距离。因此，应该使他们常常走动，把他们从一个地方带到另一个地方，使他们感觉到地方的变换，以便使他们学会怎样判断距离。当他们开始能够分辨远近的时候，就需要改变方法，就不应当喜欢抱他们到哪里，就抱他们到哪里，也不应当照他们的意思高兴到什么地方，就到什么地方。因为，只要他们的感觉没有弄错，他们的行动就要随原因而改变。这种改变是值得注意的，需要加以解释的。

当别人的帮助对于满足需要成为必要的时候，由于这种需要而产生的不舒服感觉，就用信号表达出来。孩子之所以啼哭，就是由于这个原因；他们哭的时候很多，这是必然的。他们的种种感觉既然是感性的，所以当他们感到舒服的时候，他们就不声不响地享受，当他们觉得难过的时候，他们就用他们的语言说出来，要别人来解除他们的痛苦。只要他们是醒着的，他们差不多就不能够处在无感觉的状态；要么，他们是睡着的，否则就有所感受。

（选自（法）卢梭．爱弥儿—论教育：上卷［M］．李平沤，译．北京：商务印书馆，2009：57-58．）

2. 裴斯泰洛齐论家庭式学校

裴斯泰洛齐非常重视父母在儿童成长过程中的教育作用。他认为，教育孩子是母亲的天职，母亲是天生的好教师，母亲的爱能把教育过程从属于儿童的需要，从儿童的实际出发，尽力使儿童的本性在自我的活动中充分成熟和发展。因此，他致力于探索一套符合儿童本性的、每个人都可以运用，甚至连不识字的农妇也能运用的简化教学法，使儿童的学习方法适合家庭生活条件，从而使每个家庭都有可能对儿童进行教育。

裴斯泰洛齐还认为，家庭教育是自然教育的基础和原型，是社会教育的榜样。在人的教育中，每一个教育步骤都应该通过脑、心和手抓住人的全部本性，这在家庭生活中都是自然发生的，但在学校里却缺乏这些手段，如果上课时不要求学生用脑、心和手，这种课是不符合家庭生活中的教育精神的。在配合家庭生活的教学中，也应该寻找正确的手段，即要做练习，要求孩子们脑、心和手并用，这样就能教孩子们纯洁地感受，正确地思想，全面地掌握知识，并在生活中养成持久不变的习惯，而只有生活的力量，才能每时每刻激活我们的存在和我们的全部力量。如果在教学中使用某种脱离我们实际情况和所处环境的力量，这种教学就会阻碍我们的力量合乎自然地发展。他提倡建设一种家庭式的学校，"学校应该成为进一步发展家庭生活中一切必要技艺的基本手段，传授家庭生活必需的各种知识和能力的场所"。

（选自胡碧霞著，虞永平．让理论看得见——自然主义与幼儿教育［M］．合肥：安徽少年儿童出版社，2010：40-41．）

3. 福禄贝尔教育思想对幼儿教育改革产生的影响

虽然福禄贝尔的思想是建立在宗教神秘主义的基础上的，有一定的局限性，但幼儿教育改革深受其思想精髓的影响，我们可以总结得到以下启示：

（一）切实尊重幼儿身心发展规律

幼儿的教育应当顺应幼儿的天性特点，遵循幼儿发展的年龄特征，遵循教育规律。教育者首先要立足于幼儿的天性，树立"以儿童为本"的教育观，只有在遵循幼儿身心发展特点、了解幼儿身心发展特点的基础上实施的教育才是合乎人性的教育。

（二）深切关注幼儿的发展需要

福禄贝尔对不同阶段的幼儿的发展需要做了区别，并且根据幼儿期幼儿的发展制作了相匹配的恩物，尊重幼儿的发展需求，重视幼儿的发展需要。幼儿有自己的需要，他们有强烈的好奇心和求知欲望，他们的学习是在与环境交互作用的过程中主动建构的。

（三）高度重视游戏的教育价值

他认为："每一个村镇都应当具备一个自己的、供儿童使用的公共游戏场所，这对整个社区的生活将会产生卓越的成效。"游戏是幼儿的生活方式，是幼儿的天性，是幼儿探索世界的最佳途径，游戏能够促进幼儿的体力和智力、情感的发展，是一种全能的教育方式。广大幼教工作者要意识到游戏中潜藏的巨大的教育价值，设计开发出更多的合乎幼儿审美情趣和操作的玩具，幼儿园、社区、家庭也要积极地为幼儿开展游戏提供条件。

（四）充分发挥家庭教育的作用

福禄贝尔认为幼儿期是人一生中的一个重要阶段，因此与朝夕相处的父母有着深刻的关系。我们常说家庭是幼儿园的重要合作伙伴，家长是重要的幼儿教育资源，在今天看来，给我们的启示是：幼儿园要加强与家庭的合作，充分利用家庭教育对幼儿的影响，把幼儿园的教育延伸到家庭里面，教育父母掌握一定的教育理念和教育方法，学会观察分析幼儿的心理状态，并及时与幼儿教育机构取得联系，让幼儿园、家庭、社会形成一股教育合力。

（五）积极培养幼儿的个性

福禄贝尔顺应自然的教育思想，包含了顺应儿童的个别差异、年龄差异、阶段差异等含义。幼儿有其自身的特点和规律，不同个体的具体发展是各不相同的。因此，教育者应在遵循幼儿身心发展规律的基础上，关注幼儿的个体差异，培养幼儿的个性。

（选自李广海，马敬华，等. 国内外幼儿教育改革动态与趋势［M］. 长春：东北师范大学出版社，2015：21-22.）

同步测试

一、填空题

1. 集中体现洛克儿童教育思想的教育专著是_____。
2. _____在西方教育史上，是第一个明确提出"教育心理学化"口号的教育家。
3. _____是"科学教育学的奠基人"。
4. 福禄贝尔被世人尊称为_____。

二、名词解释

1. 白板说
2. 训育
3. 恩物

三、简答题

1. 简述卢梭的自然教育理论。
2. 福禄贝尔的幼儿园课程包括哪些内容?

第十章

现代学前教育理论

学习目标

1. 了解国外现代教育家的教育思想。
2. 掌握现代教育家的学前教育主张和理论。
3. 体会现代学前教育理论对现今学前教育的影响与启示。

内容提要

现代学前教育理论的代表主要有杜威对教育本质的论述、蒙台梭利的幼儿教育思想、皮亚杰的认知发展理论、德可乐利的教育理论以及瑞吉欧的教育体系。其中，杜威提出的"教育即生长""教育即生活"和"教育即经验的改组和改造"对传统教育进行了批判及改良，认为教学应遵循"做中学"这一基本原则；蒙台梭利强调遵循幼儿发展敏感期、阶段性，提出幼儿教育内容领域的重点工作以及教师观；皮亚杰通过心理学等途径进行探索，指出儿童认知发展阶段及其特点，提出了儿童教育的六个基本原则及相应的具体教育措施；德可乐利提出的以兴趣为中心、以整体为原则的教学法对现代教育具有重要意义；马拉古奇创办的瑞吉欧教育以重视幼儿、家长、教师的独特教育理念极大地影响了现代学前教育。

关键术语

学前教育　杜威　蒙台梭利　皮亚杰　德可乐利　瑞吉欧

第一节　杜威的学前教育思想

一、生平简介

杜威（John Dewey，1859—1952年）是美国著名的哲学家、社会学家和教育家，美国实用主义教育理论和进步教育运动的主要代表人物，是20世纪人类历史上少数几个最有影响的教育家之一。他立足于现代社会讨论教育问题，积极吸收人类文化的多方面成果，建立起一座宏伟的教育理论大厦，为后人留下了一份丰富的教育思想遗产，被誉为"哲学家们的哲学家""创立美国教育学的首要人物"。

代表作有《民主主义与教育》《我的教育信条》《学校与社会》《儿童与课程》《我们怎样思维》《明日之学校》。

二、教育理论

（一）论教育的本质

关于教育本质的理论是杜威整个教育体系的核心。他以哲学、伦理学、社会学、心理学为武器，在批判传统学校教育的基础上提出了"教育即生长""教育即生活"和"教育即经验的改组和改造"的观点。

1. 教育即生长

杜威从其生物化本能论的心理学出发认为，儿童心理活动的基本内容就是以本能活动为核心的心理机能不断发展和生长的过程，教育就是起促进本能生长的作用。因此，教育是一个尊重儿童身心发展特点，使儿童获得充分生长和发展的过程。教育即生长的含义：以生长论为基础，强调正确的教育必须从研究儿童心理开始，应当提供机会让儿童生动地表现自己的生命力；要求教育不是单纯的灌输，而应根据受教育者的天赋能力，使之成为儿童自身的本能、兴趣和能力的生长过程；教育方法论的中心须从教师方面转移到儿童方面。杜威认为，是否能帮助儿童生长是衡量学校教育价值的标准。

生长是一个连续性和阶段性相联结的动态心理发展过程；生长必须以儿童的本能、能力为依据。他关于生长方面的主要观点包括：①儿童生来就潜存着四种本能，分别表现为四种活动，即语言和社会的本能及其活动、制作的本能及其活动、研究和探索的本能及其活动、艺术的本能及其活动。②儿童的生长应引导到习惯的形成，习惯有两种形式：一种是有机体的活动和环境取得全面的、持久的平衡；另一种是主动地调整自己的活动，借以应付新的情况的能力。③儿童的本能、能力的生长是通过其经验不断改组改造的活动而得以完成和实现的。

在强调教育在儿童本能生长方面的本质作用这一认识的基础上，杜威提出了著名的"儿童中心主义"的思想，这是他实用主义教育理论的基本原则，这一思想成为他的教育理论甚至整个现代派教育理论中的一个核心要求。

2. 教育即生活

在教育即生长这一观点的基础上，杜威又从他的社会学观点出发，提出教育的本质即是生活。他指出，儿童的本能生长总是在生活过程中展开的，或者说生活就是生长的社会性表现。他说："生活即是发展，发展、生长即是生活。"按照他的分析，既然教育即生长成立，那么教育即生活也就容易理解了。在杜威看来，最好的教育就是从生活中学习，学校教育应该利用儿童现有的生活作为其学习的主要内容。

教育是儿童现在生活的过程，而不是未来生活的新任务。与此相对应，杜威又提出"学校即社会"，教育既然是一种社会生活的过程，那么学校就是社会生活的一种形式。学校应该"成为一个小型的社会，一个雏形的社会"。

3. 教育即经验的改组和改造

这一观点是以杜威的主观唯心主义经验论的哲学理论为基础提出来的。在杜威看来，既然经验是世界的基础，因此，教育也就是通过儿童自身的活动去获得各种直接经验的过程。教育的主要任务并不是教给儿童既有的科学知识，而是要让儿童在活动中自己去获取经验。在这里杜威把儿童的"求知"和"知识"本身混淆了，实质上就是夸大个人的主观经验，抹杀知识的客观性和真理性。于是要求在教育过程中尊重儿童的身心发展条件和水平，顾及儿童兴趣，提高儿童参与教育过程的积极性和主动性，创设有利于儿童发展的外部条件。

杜威对教育本质的认识有两方面的意义：一是通过教育去增加儿童的经验，二是通过教育去提高儿童指导后来经验过程的能力。按照杜威的观点，在教育过程中儿童经验的获得要依靠儿童自身的活动去达到，由此，他又提出另一个教育基本原则——"从做中学"，并把它作为教学理论的中心原则。

（二）教育的目的

一方面，杜威认为，教育要有社会目的，学校要培养出适合社会生活需要的人，这是教育的归宿点；但是这种对社会生活的适应是通过儿童按其有特点的发展（生长）而实现的，教育的目的不应排斥教育的出发点——儿童，正如两点成一线那样，要把教育的出发点和归宿点统一起来，综合考虑。

另一方面，杜威的教育目的论又有所谓"教育无目的"之说，意在强调：不应该在教育过程之外强加一个目的，教育目的和教育过程是一致的，教育目的就在教育过程之中。在杜威那里，教育过程是"经验的继续改造"，是一个又一个的"实际活动"或"主动作业"，教育的目的就在这些作业或活动之中。应该注意，杜威这里所说的"目的"是"活动里面的目的"，活动的目的乃是对活动的可能结果的预见。这样的"目的"实际上是指每一项具体教育活动的目的，杜威突出了儿童在确定具体教育活动的目的时的地位和作用，认为教育目的不能求之于教育过程之外，只能求之于教育过程本身，那也就是说，只能求之于教育活动过程的主体——儿童。

（三）教学理论

在教学理论上杜威提出了"从做中学"（learning by doing）这一基本原则。杜威所说的"从做中学"，实际上也就是"从活动中学""从经验中学"。他认为，儿童应该从自身的活动中进行学习；教学应该从学生的经验和活动出发。

杜威提出"从做中学"的理论是以其主观唯心主义经验论作为理论基础的。他在论述教学中的一些主要问题时（如教学过程、课程、教学方法、教学组织形式等），都是从自身的活动中进行学习；教学应该从学生的经验和活动出发。

杜威的"从做中学"理论也是在他批判传统的学校教育弊端的基础上提出来的。杜威曾对传统教学进行了全面的否定，他指出传统教学的最大弊端就是强迫儿童学习那些成人为之安排好的书本知识。他分析说，传统教学中所使用的教材和教法都是依据以往社会文化的成果以及成人的经验而编排和设置的，与儿童自身的需要没有联系，严重脱离了儿童个人的生活与经验，儿童学习的过程只是被动地接受知识的过程。

他批评传统的教学是"三中心"的教学，即以前人的知识、课堂讲授和教师作用为中心，而唯独忽略了真正的中心，即儿童本身的活动。杜威要求现代学校要用活动教学来完全取代传统教学，用活动课取代学科课程。

杜威活动教学的主要特点是：①以表现和培养儿童的个性为主，即教学中注意培养儿童的创造性思维能力；②以儿童自由活动的形式进行；③儿童从自己的活动、自身经验中学习；④教学从儿童当前的实际需要出发，也就是说儿童需要学习什么，教学就要适时地提供给他这方面的知识，一切都要从儿童的需要出发。总而言之，活动教学要以儿童的活动为中心，注重儿童的主动性和创造性的发挥。

但是需要注意的是，杜威虽然强调"以儿童为中心"，但不赞成教师采取"放手"的策略。教师是组织者、观察者，不仅应该给儿童提供生长的适当机会和条件，而且应该观察儿童的生长并给予真正的引导。

此外，杜威认为幼儿期是一个很重要的时期，是人生打基础的阶段，为人一生的事业、爱好、习惯等方面打下基础，会影响到人一生的发展，因此，应当重视对这个阶段儿童的研究和教育。杜威提出学龄前儿童的教育内容主要就是游戏活动。关于游戏的内容，为儿童安排的游戏应当符合儿童的本能和兴趣需要，同时，要根据儿童的年龄特征来安排。除了游戏以外，杜威还主张从儿童的兴趣和需要出发来组织其他活动，如折纸、照料植物、讲故事、唱歌、戏剧表演、制作玩具等。

杜威是一位在西方世界中被称为大师的著名学者，他的教育思想在19世纪末产生于社会急剧发展、社会矛盾错综复杂的美国，目的在于改造旧学校，使学校在社会改良中发挥最大的作用。杜威的教育理论着意解决三个重要的问题，即教育与社会的脱离、教育与儿童的脱离、理论与实践的脱离。虽然杜威提供的解决办法有些并不切合实际，但是提出的问题以及提出的解决思路至今依然有启发意义。

第二节　蒙台梭利的学前教育思想

一、生平简介

玛丽亚·蒙台梭利（Maria Montessori，1870—1952年）是20世纪杰出的意大利幼儿教育家，也是西方教育史上与福禄贝尔齐名的两大幼儿教育家之一。

1896年成为意大利历史上的第一位女医学博士，毕业不久后，罗马大学医学院聘她为精神病诊所的助理医生，担任身心缺陷和精神病患儿的治疗工作。结合自己的医疗和实践经验，她开始形成这样的信念："儿童智力缺陷主要是教育问题，而不是医学问题。"1898年，在意大利都灵召开了一次关于教育学的讨论会，她在会上阐述了对低能儿童教育的看法。1907年，蒙台梭利在罗马贫民区开办了一所招收3~6岁贫民儿童的幼儿学校，命名为"儿童之家"，为这些儿童创造了一个适宜的学习环境。在"儿童之家"，她将最初用于低能儿童的教育方法经过适当修改，运用于正常儿童，取得巨大成功，并引起广泛关注。1909年，蒙台梭利应各国参观者的请求，在罗马举办了一次国际教师讲习班，全面地阐述了"儿童之家"的教育理论和方法。1913年美国蒙台梭利教育协会成立，1929年在荷兰成立了一个宣传蒙台梭利思想的国际组织"国际蒙台梭利协会"。

蒙台梭利的主要著作有《教育人类学》(1908)、《蒙台梭利教学法》(1909)、《蒙台梭利手册》(1914)、《高级蒙台梭利方法》(1912)、《童年的秘密》(1933)、《新世界的教育》(1946)、《儿童的发现》(1948)、《有吸收力的心理》(1949)等。

二、教育理论

(一) 儿童存在着与生俱来的"内在的生命力"（或称"内在潜力"）

这种生命力是一种积极的、活动的、发展着的存在，它具有无穷无尽的力量。蒙台梭利认为，生长是由于内在的生命潜力的发展使生命力显现出来，生命力量是按照遗传确定的生物学的规律发展起来的。在蒙台梭利看来，人和生物的一个重要区别是，人有两个胚胎期——生理胚胎期和心理胚胎期。心理胚胎期则是人类特有的，新生儿期就是这个心理胚胎期的开始，心理胚胎期既区别于儿童在母腹中的生理胚胎期，又不同于成人的心理活动，是儿童通过无意识地吸收外界刺激而形成各种心理活动能力的时期。蒙台梭利认为心理胚胎期的心理发展经历着和生理胚胎期的生理发展同样的路线，开始也是一无所有，经过吸收各种各样的外界刺激，形成许多感受点和心理活动所需要的器官，然后才产生了心理。

教育的任务是激发和促进儿童的"内在潜力"的发现，并按其自身规律获得自然的和自由的发展。她主张不应该把儿童作为物体来对待，而应作为人来对待，儿童不是成人和教师进行灌注的容器，也不是可以任意塑造的蜡或泥。

（二）儿童是发展着的个体，儿童的发展是个体与环境交互作用的结果

由于儿童内在生命力的驱使或生理和心理的需要而产生一种自发性活动，从而不断地与环境交互作用而获得经验，积累经验，促进儿童生理和心理的发展。所以，儿童的发展是一个连续的不断前进的过程，前一个阶段的充分发展是后一阶段的基础，后一阶段的发展是以前各个阶段充分发展的积累和延续。

（三）儿童发展的敏感期

她分别论述了各年龄阶段儿童心理、生理发展的特点及其教育的任务、内容和方法。感觉训练和智力发展是蒙台梭利研究的重点，她从生物学在动物实验中发现"敏感期"得到启示，促使她观察和研究儿童各年龄阶段的感觉活动及其心理特征，从而发现儿童心理发展和学习过程中也存在着"敏感期"，并指出儿童心理发展过程的"敏感期"的含义是：在不同发展阶段，儿童表现出对于某种事物或活动特别敏感或产生一种特殊兴趣和爱好，学习也特别容易而迅速，是教育的最好时机。但是，这种现象经过一定时间便随之消失。因此，教师和父母对儿童的教育要把握好"敏感期"：语言敏感期（0～6岁）、秩序敏感期（2～4岁）、感官敏感期（0～6岁）、对细微事物感兴趣的敏感期（1.5～4岁）、动作敏感期（0～6岁）、社会规范敏感期（2.5～6岁）、数学敏感期（4岁以后）、音乐敏感期（4岁以后）、文化敏感期（6～9岁）。

（四）儿童心理发展具有阶段性

蒙台梭利认为儿童是处在连续的和不断前进的发展变化之中的，而且这种发展变化是有阶段性的。儿童在其发展变化的每一阶段都表现出与另一阶段明显不同的特点，前一个阶段是后一个阶段的准备，为后一个阶段奠定基础。蒙台梭利特别论述了儿童发展呈现阶段性，根据对儿童认真的观察和研究，她把儿童心理发展划分为三个阶段：第一阶段（0～6岁）是儿童各种心理功能形成期。这一阶段的最基本的特征是出现一个又一个的敏感期。整个第一阶段还可以进一步划分出两个时期：第一时期是从出生到3岁即前面提到的"心理胚胎期"，这一时期儿童没有有意识的思维活动，只能无意识地吸收一些外界刺激。第二时期3～6岁是个性形成期，这一时期儿童逐渐从无意识转化为有意识，慢慢产生了记忆、理解和思维能力，并逐渐形成各种心理活动之间的联系，获得最初的个性心理特征。第二儿童阶段（6～12岁）是儿童心理的相对平稳发展时期。第三阶段（12～18岁）是儿童身心经历巨大变化并走向成熟的时期。

（五）幼儿教育的内容

蒙台梭利为 3~6 岁儿童设计的学习环境分为 4 个基本领域：实际生活领域、感觉领域、语言领域、数学领域。此外，音乐、艺术、运动和戏剧等也包括在蒙台梭利课程中。

1. 实际生活领域

蒙台梭利认为实际生活训练是课程中的必要内容，主要包括：①日常生活技能训练，如刷牙、穿衣服、系各种扣子或带子、清洁鼻子、梳头等；②园艺活动，如摆放花、整理花园等；③手工作业，主要是指绘画和泥工，练习手的动作；④体操，帮助儿童的机体得到正常发展，如走线、动作练习等；⑤节奏动作，促进儿童动作的协调，发展节奏感，如伴着音乐走路、跑步和跳跃，按照乐调做不同节奏的动作等。

2. 感觉领域

在蒙台梭利教育体系中占有重要的地位，并成为她的教育实验的主要部分。蒙台梭利基于对感觉的极大重视，使感觉教育在她所提出的运动、感觉、语言和智力操练这一程序教学结构中处于十分重要的地位。蒙台梭利的感觉教育包括触觉、视觉、听觉、嗅觉和味觉等感官的训练。蒙台梭利进行感觉教育主要采取了提供教具的方法，按照由易到难的原则编排教具材料的顺序，并使每种教具分别训练幼儿的一种特殊的感觉，通过有针对性的、分步骤的反复练习，去增强幼儿对物体的特殊性能的感觉能力，去识别接触到的变换着的物体，去增进各种感知能力。

3. 语言

在蒙台梭利教室里，所有的环境都会培养语言的发展：需要交际的社会环境及孩子之间的自由交谈；在课堂上由教师提供的准确的专门术语；歌曲、诗歌和小组间谈话；图书馆里值得一看的精品图书；为促进语言和文学水平发展而制作的专门的教学材料。蒙台梭利课堂为语言发展提供了丰富的背景材料，这些使得儿童最终掌握了书面语言的结构。蒙台梭利还认为，儿童可以在操作自己的木制字母，或用手触摸贴在石板上的用砂纸剪成的字母的轮廓等活动中，发展写字的机械运动能力。通过把这些运动与视觉、触觉、动觉和听觉（在儿童摆弄字母时教师读出字母的发音）相联系，儿童可逐渐在头脑中形成字母的概念，并记住每一个字母，这些都是因为在吸收语言和通过触觉来探索物体的敏感期，儿童的视觉和触觉印象间发生了联系。有了这些符号及它们发音的记忆储备，儿童开始通过"书写"（用声音拼写）词汇和句子来表达自己的意图。

4. 数学

数学思考能力起源于许多在学习数学之前就经历过但看起来与数学毫不相干的活动。蒙台梭利认为，秩序、精确、注意细节和顺序感来源于生活，而感觉材料为她所说的"数学头脑"奠定了基础，在获得数学能力之前的这些活动为儿童准备好了获得数学能力所需要的准确性和逻辑秩序。

数学上的顺序开始于对熟悉的感觉经验的逻辑延伸。先前，儿童根据红色小棍的长度将它们排列起来，而现在，他们被引导着按照红色和蓝色把小棍分成两堆，并数一数每堆有多少根小棍。儿童按从短到长的顺序把这些小棍摆好，再把每一堆小棍的数目数清楚。然后，让儿童用视觉与触觉来感知数字符号（砂纸数字），再让儿童回到小棍活动中来，把数字符号与小棍的数量对应起来。采用与上述相似的形式，蒙台梭利所有的数学材料都是逐渐地从具体的熟悉的物体转变为抽象的不熟悉的符号，每一次都要解决一个困难的问题；数学材料是抽象概念或称数学化抽象概念的物体表示。蒙台梭利的数学材料分四种类型：①从 0 到 10 的数字；②线性数数材料（系统地由小到大数出连串的数）；③小数系统（用经典的金色小球表示数字中不同位置值的意义）；④算术运算（加、减等）。蒙台梭利鼓励孩子运用新的和富有想象力的方法来把问题想明白，来使用所学的概念。这种在解决问题时理解和使用概念的能力应当是所有教育的目的，而不应只是数学教育的目的。

（六）纪律与工作

蒙台梭利批评传统教育理论把纪律仅仅看作是"维持教育和教学的外部秩序的手段"，从而制定出一整套威胁、监视、惩罚、命令和禁止的方法，以压制儿童天生的"野蛮的顽皮性"。蒙台梭利指出，采用种种强迫手段培养的外表纪律完全是虚假的，而且是不能持久的。真正的纪律是积极的、活动的、主动的、内在的和持久的，而不是消极的、静止的、被动的、表面的和暂时的。蒙台梭利认为活动在儿童心理发展中有着极其重要的意义，认为自发活动和自由活动不仅为人们揭示儿童生命潜力和展现自然发展的规律，也为人们指出了培养儿童良好纪律的自由之路。她给活动以极高的评价："活动、活动、活动，我请你把这个思想当作关键和指南；作为关键，它给你揭示了儿童发展的秘密；作为指南，它给你指出应该遵循的道路。"但是，蒙台梭利不认为儿童最主要的活动是深受福禄贝尔及其追随者推崇的游戏，她认为游戏特别是假想游戏会把儿童引向不切实际的幻想，不可能培养儿童严肃、认真、准确、求实的责任感和严格遵守纪律的精神和行为习惯。在她看来，只有工作才是儿童最主要和最喜爱的活动，而且只有工作才能培养儿童多方面的能力并促进儿童心理的全面发展。为什么蒙台梭利把促进儿童发展的活动称之为"工作"，而不是像前人一样称之为"游戏"呢？这主要是因为，她在"儿童之家"中目睹了儿童不喜欢现成的普通玩具而热衷于操作她所设计的教具的情形，同时，也确实地感受到儿童喜欢"工作"一词而不喜欢"游戏"一词。正是从这个意义上，蒙台梭利对儿童的"工作"和"游戏"进行了区分，她将儿童使用教具的活动称为"工作"，而将儿童日常的玩耍和使用普通玩具的活动称为"游戏"。可见，蒙台梭利所谓的工作既不是以往成人所谓的游戏，也不是成人所从事的工作，它是自发地选择、操作教具并在其中获得身心发展的活动。在蒙台梭利看来，儿童身心的发展必须通过"工作"而不是"游戏"来完成。

蒙台梭利认为儿童的工作遵循着自然的法则，她通过对儿童的观察和研究，发现了儿童工作所遵循的一些自然法则，这些法则有：第一，秩序法则，即儿童在工作中有一种对秩序的爱好与追求；第二，独立法则，即儿童要求独立工作，排斥成人给予过多的帮助；第三，自由法则，即儿童在工作中要求自由地选择工作材料、自由地确定工作时间；第四，专心法则，即儿童在工作中非常投入，专心致志；第五，重复练习法则，即儿童对于能够满足其内心需要的工作，都能一遍又一遍地反复进行，直至完成内在的工作周期。

（七）教师观

蒙台梭利用三个词概括她的教育哲学思想，即"Follow the child（跟随儿童）"。她认为，教育不是教师自上而下地传授，而是教师协助儿童自下而上地发展。在蒙台梭利幼儿教育体系中，教师主要扮演以下角色：观察者、环境创设者、指导者。

1. 观察者

幼儿教师应是一位观察者，应以科学家的精神，运用科学的方法去观察和研究儿童，揭示儿童的内心世界，发现童年的秘密。蒙台梭利强调必须在自然条件下，在儿童的自由活动中去观察研究"自由儿童"及其表现,而不是观察研究在"实验室"中的儿童或在特殊控制下的儿童。她还指出,人是社会的产物,教师不仅要观察研究儿童本身及其表现,而且要了解家庭和周围环境对儿童的影响。她着重指出,如果要使对儿童观察研究获得的结果准确、可靠,结论合乎科学,最重要的是必须与儿童保持亲切友好的合作。

2. 研究者

在《教师的准备工作》一文中,蒙台梭利写道:"把儿童的心理生活的发展当作自然现象和实验反应的可能性,使得学校活动本身成为研究人的心理发展的科学实验室。"① 蒙台梭利要求教师必须成为研究者,一方面研究儿童,一方面研究儿童的活动。教师"必须学会谦虚、自我克制,要有耐心,还要摒弃建立在虚荣心上的骄傲",同时不迷信权威人士的思想,不对儿童带有任何先入为主的看法,像科学家一样研究儿童,才能真正获得对儿童的认识和理解,从而真正实现"自由的儿童在精心设计的促进其发展的教具材料的帮助下获得发展"。

3. 环境创设者

虽然儿童发展受其本性的引导,但外部环境为儿童发展提供了必要的媒介。儿童的发展是个体与环境交互作用的结果。蒙台梭利相信儿童在有准备的环境里才能学得最好。她指出她的教育体系的最根本特征是对环境的强调,儿童教育所做的第一件事情就是为儿童提供一个能够发挥大自然赋予的力量的环境。环境必须由理解、了解儿童的教师来准备。教师要为儿童创设具有兴趣性、探索性、可供儿童与之相互作用的环境。蒙台梭利认为,环境可以是任意一个教室、家庭的房间,也可以是托儿所、操场,但这个环境必须是"有准备的",应具备以下要素:①自由的气氛;②结构和秩序;③真实与自然;④和谐与美感;⑤蒙台梭利教具。教师应参与儿童生长与成长的环境,是"有准备环境"的维护者与管理者。

4. 指导者

在蒙台梭利教育体系中,教师的主要工作是指导、引导儿童的心理和身体的发展,引导儿童积极主动地探索环境和操作材料,发现问题并通过自己的努力解决问题,所以她将教师的称谓改为"指导者"。具体而言,包括两方面:介绍者和示范者、支持者和提供资源者。

蒙台梭利对20世纪的教育,特别是学龄前儿童教育的影响十分广泛,几乎遍及世界上每一个国家和地区,她的教育理论和教学方法也为当时的公立中小学普遍采用,她的学生和追随者遍天下。她提出的重视儿童的自我发展、适应儿童心理发展的敏感期和阶段性、重视儿童的活动、提供有准备的环境、教师观等为学前教育的发展与实践提供了指导。但是,由于蒙台梭利的历史和阶级的局限性,在她的理论和著作中存在着唯心主义、神秘主义和宗教色彩,在方法论上也存在着一定的主观片面性:孤立的感官训练、对创造力的忽视、过于强调读写算、缺乏增进社会互动与发展语言的机会等。

第三节 皮亚杰的学前教育思想

一、生平简介

皮亚杰(Jean Paul Piaget,1896—1980年),是瑞士著名儿童心理学家和教育家,日内

---

① [意]玛丽亚·蒙台梭利. 蒙台梭利幼儿教育科学方法 [M]. 任代文,译. 北京:人民教育出版社,2001:174.

瓦学派（又称皮亚杰学派）的创始人。

皮亚杰于1918年在纳沙特尔大学获得自然博士学位，对诸如"人是怎样获得对于世界的认识"之类的哲学问题产生了探究的兴趣。由于生物学的知识及方法对解决此类问题无能为力，他便试图通过心理学等途径来进行探索。

1920年，皮亚杰在比纳实验室从事儿童推理标准化工作，开始了研究儿童心理的系统工作。1921年起，皮亚杰到日内瓦大学卢梭学院执教，教授教育学与儿童心理学。1925年后，主要应用"临床谈话法"，正式开始系统地研究儿童的思维活动。从1925年到1931年，他的3个孩子相继诞生。孩子出生伊始，皮亚杰便以自己的孩子为对象，仔细研究了婴幼儿心理的发展，提出了有关儿童智力起源、儿童象征行为如游戏和模仿等一系列重要理论。20世纪50年代后，皮亚杰将儿童心理学研究依据结构主义哲学，致力于发生认识论的研究。他在日内瓦建立了"国际发生认识论研究中心"，集合各国著名心理学家、哲学家、生物学家等，对于儿童各类概念以及知识形成的过程和发展进行了多学科的综合研究，出版了数十种专辑，报道研究成果，遂形成独特的心理学派——"日内瓦学派"。

皮亚杰的教育著作主要有《教育科学与儿童心理学》《了解即发明，教育的未来》。

二、教育理论

（一）关于儿童认知的结构与发展

皮亚杰认为儿童思维不是单纯地来自客体，也不是单纯地来自主体，而是来自主体对客体的动作，是主体与客体相互作用的结果。强调了儿童本身的主动性和能动性，知识不是简单的摹写，必须通过儿童自身的动作和运算才能获得。发展的实质就是个体与环境不断相互作用的过程。主体"动作"（主体与客体的相互作用）在皮亚杰的学说中占有极重要的地位，所以皮亚杰理论被称为是一个动态的建构理论。

皮亚杰认为思维是一种结构，而且这种结构从出生到成熟一直处在不断编织、演变和递进的过程中。认知发展机制包括图式、同化、顺应、平衡。

1. 图式

认知结构组成的最基本单元是图式（scheme），即人类认识事物的主观上的结构。皮亚杰指出，图式不是指神经系统的物质生理结构，是指个体对世界的知觉、理解和思考的方式，是一种主体活动（包括外部动作和内部思维）、心理结构及其功能。一个图式就是一个有组织的行动系统，行动若是外显的运动行为，就叫感知运动图式；行动若是内化的，就叫认知图式。每个人所具有的图式就构成了他理解现实世界和获得新经验的基础。儿童心理发展的过程，就是儿童动作的图式不断完善的过程，也是促使儿童认知结构由较低水平到较高水平不断发展的过程。因此，图式的形成和变化是认知发展的实质。

2. 同化

皮亚杰认为主体活动对环境的能动适应包括"同化"和"顺应"两种形式。所谓"同化"，就是个体将新的知觉事件或刺激事件，纳入个体现存的图式或行为的模式之中的历程。在认知过程中，同化是个体把客观事物纳入主体的图式之中。同化会影响图式的生长，引起图式量的变化，但不会导致图式的质的改变。当个体不能把客体纳入主体的图式之中时，这时就产生了主体活动对环境适应的另一种形式——"顺应"。

3. 顺应

就是儿童（主体）借助于新奇知识或观念解释，促成既有结构、图式发生改变的过程，或创立足以容纳新事物的图式，或修正原有图式以容纳新事物。简言之，顺应就是"内部图式的改变以适应现实"。如果说同化只是图式的量变，那么，顺应能使主体图式发生质变。皮亚杰认为，儿童对于外来的刺激一旦发生顺应，就会再度用顺应后的图式去同化刺激。这是因结构已发生变化，新的图式可以同化外来刺激了。

4. 平衡

在主体对环境的能动适应过程中，同化和调节两种机能活动之间存在着一定的稳定状态，皮亚杰谓之"平衡"。

依据上述四个概念，皮亚杰认为认知结构的形成和发展的基本过程是：儿童每遇到新事物便试用原有图式去同化，如获得成功，使得到暂时的认识上的平衡；反之，便做出顺应，修正原有图式或创立新图式去同化新事物，直到达到认识上的平衡。平衡不是绝对的、静止的，而是动态的、相对的，是在同化——平衡——顺应——平衡之间不断进行的。在此过程中，主体的图式不断发展、不断完善，主体的智力就从最初的感知活动逐步发展为高级理性思维活动。

（二）儿童认知发展的不同阶段与特点

儿童认知的发展既是连续的，又是分阶段的，每个阶段都是前一阶段的自然延伸，也是后一阶段的必然前提，发展阶段既不能逾越，也不能逆转，思维总是朝着必经的途径向前发展。从认知图式的性质出发，皮亚杰把儿童的认知发展划分为四个阶段：感觉运动阶段、前运算阶段、具体运动阶段、形式运算阶段。

1. 感觉运动阶段（0~2 岁）

这一阶段儿童认知发展的主要特征是感觉和动作的分化，语言尚未出现，主要靠感觉和动作来认识、适应周围世界，依赖于身体的互动经验。初生时，儿童仅有一系列笼统的反射，靠感觉动作的手段来适应外部环境。在这一阶段后期，感觉和动作出现分化，思维开始萌芽。这一阶段儿童认知上获得了两大成就：主体与客体分化，有了客体恒常性概念；因果关系初步形成。

2. 前运算阶段（2~7 岁）

随着语言的出现和发展，儿童日益频繁地用表象符号来代替外界事物，但他们的语词或其他符号还不能代表抽象的概念，思维仍受具体直觉表象的束缚，难以从知觉中解放出来。他们的思维是单维的和不可逆的，其推理也常常是不合逻辑的。

其中，2~4 岁属于前概念或象征思维阶段，这一阶段儿童已出现象征性功能，运用象征性符号进行思维，但是概念是具体的、动作的，儿童象征性游戏（假装游戏）开始出现，延迟模仿、语言符号可以灵活运用。四至七岁属于直觉思维阶段（直观行动思维），指依靠对事物的感知，依靠人的动作来进行的思维。这阶段儿童思维的主要特征是直接受知觉到的事物的显著特征所左右，没有建立守恒概念，思维具有不可逆性。同时，这一阶段的儿童存在着泛灵论（animism）的特征，认为外界一切事物都是有生命的，不能很好地区分心理的、物理的现象。此外，儿童总是从自己的角度出发来看待世界，尚不能变换角度或意识到他人有不同的视角，因而其认识或思维具有明显的自我中心特点。

3. 具体运动阶段（7、8 岁至 11、12 岁）

此阶段儿童借助具体事物能做出一定程度的推理，但只限于眼见的具体情境或熟悉之经验，还缺乏概括的能力，抽象推理尚未发展，不能进行命题运算。此阶段儿童思维具有可逆性、守恒性、去自我中心、具体逻辑思维的特点。

4. 形式运算阶段（11、12 岁至 14、15 岁）

儿童思维摆脱具体事物的束缚，把内容和形式区分开来，能根据种种的假设进行推理。它们可以想象尚未成为现实的种种可能，相信演绎得出的结论，使认识指向未来。

（三）影响儿童智力发展的因素

皮亚杰认为影响儿童智力发展的因素主要有四种：

（1）成熟，主要指神经系统的成熟。儿童（尤其是婴幼儿）某些行为模式的出现与生理的发展（主要是神经系统的发展）有着直接的关系，成熟是儿童心理发展的必要条件。

（2）物体经验，指的是认识主体（儿童）对物体做出的动作及其习得经验，包括物理经验及逻辑数理经验。物理经验指主体作用于物体，获得物体的特性知识，如大小、轻重、形状等；逻辑数理经验指主体作用于物体，从而理解动作与动作之间相互协调的结果。逻辑数理经验不存在于物体的本身。

（3）社会经验，指的是主体与社会的相互作用及其习得经验，包括社会环境、社会生活、文化教育、语言等。社会环境、文化教育能促进或延缓儿童心理的发展，因此，社会经验是儿童心理发展的必要条件，虽然不是决定条件。

（4）平衡化，指的是儿童的自我调节的过程。皮亚杰指出，平衡化就是不断成熟的内部组织和外部环境的相互作用。平衡化可以调和成熟主体对物体产生的经验以及社会经验三方面的动态的相互关系，使得儿童的思维结构和心理结构不断地变化、发展。皮亚杰认为，平衡化在儿童心理发展中起决定的作用。

（四）教学原则与方法

依据发生认识论的基本原理和自己的教育目的论，皮亚杰提出了儿童教育的六个基本原则及相应的具体教育措施：

原则一：教育应配合儿童的认知发展顺序。在实际教学上，教育者应该注意以下几点：

（1）配合儿童的认知发展顺序。

（2）为儿童提供的教材，以不显著超越其现有的认知发展为度。

（3）传授教材时，重点不宜放在加速儿童的学习进度上。

原则二：以儿童为中心，大力发展儿童的主动性。

皮亚杰认为，儿童不是小大人，儿童（尤其是幼儿）的认知发展层次与成人不同，二者有质的差别，因此，在教育的安排上应力求充分了解儿童的经验与思考方式的独特性，不能以成人本位立场，而应该采取儿童中心的观点去理解与规范儿童，更不能强迫学生学习，把知识硬塞给学生。强迫的工作是一种违反心理学的反常活动。教师应当明确智力训练的目的就在于"造就智慧的主动探索者"，只有儿童自我发现的东西，才能积极地被同化。

原则三：强调兴趣与需要的重要性。

皮亚杰指出，兴趣是同化作用的动力，一切有成效的活动必须以某种兴趣为先决条件。他认为一切理智的原料并不是所有年龄阶段的儿童都能吸收的，我们应该考虑到每个年龄阶段的特殊兴趣和需要。与尊重和倡导发展儿童的主动性紧密联系，皮亚杰要求教师应当注意儿童的兴趣和需要在儿童心理发展过程中的动力作用。

原则四：重视活动在教育中的作用。

强调儿童从自身作用于环境的活动中去构造知识，被称为是皮亚杰儿童教育理论的最重要、最具有革命意义之所在。皮亚杰认为，要使儿童主动地学习，就必须使儿童通过活动和具体事物进行学习。皮亚杰反对传统的静听式的教学，主张活动教学，"从做中学"，据此他建议：

（1）注重科学实验和视听教学。

（2）重视游戏在儿童（尤其是幼儿）学习过程中的作用。

（3）每一门课程都必须具有安排大量探索活动的可能性，并使之与一定的知识体系相联系。

原则五：善于应用认知冲突，推动儿童思维发展。

为了正确利用认知冲突原理，推动儿童认知发展，皮亚杰要求教师教学时应注意两点：

（1）了解每个儿童的认知水准、能力、需求，以便判断何种活动，方足以激发该儿童的学习兴趣。

（2）让儿童有较多的自由时间控制自己的学习，以照顾个性差异。

皮亚杰的学前儿童教育理论是自19世纪西方开始教育心理学化运动以来最重大的心理学成就之一，也是当代影响最大的儿童心理学理论，其教育理论影响也很大，他在认识论、儿童心理学、心理逻辑学、心理语言学、学习心理学及教育实践等领域都做出了突出贡献。但是皮亚杰的理论并非完美无缺，他强调图式，而对反映重视不够；强调生物适应和儿童主体认识的能力性，而对社会作用、社会因素在儿童认知发展中的重要性重视不够；强调儿童思维发展的年龄特征和稳定性，而对儿童思维能力的差异重视不够。

第四节　德可乐利的学前教育思想

一、生平简介

德可乐利（Ovide Decroly，1871—1932年），是比利时著名的教育家、心理学家、国际儿童学研究的主要领头人之一。德可乐利早年学医，获医学博士学位。1901年，他在布鲁塞尔创办特殊儿童学校，试图使特殊儿童获得更多和更充实的知识，成效显著，后担任布鲁塞尔特殊教育督学。1907年，他在布鲁塞尔创办了一所儿童实验学校，叫"生活学校"（或译"隐修学校"）。该校主要由幼儿园和小学组成，招收4~15岁的正常儿童。在生活学校里，德可乐利用新的教育方式进行教育实验，由此形成了著名的"德可乐利教学法"。在进行教育实践的同时，德可乐利还倡导欧洲新教育运动，积极参与"新教育联谊会"的创建，成为欧洲新教育运动的主要代表人物之一。

德可乐利的一生著作颇丰，主要著作有《论个性心理学与实验心理学》《新教育法》《整体化现象在教学中的作用》等。

二、教育理论

（一）儿童心理学观点

1. 儿童的本能与兴趣

德可乐利早年学医，因此，他首先从生物学角度去看待儿童。他认为人的行为根植于遗传的本能，并认为本能是由于物理和化学的作用而产生的生理反应。尽管德可乐利强调本能是人类因遗传共有的特征，但同时他也十分重视环境的作用，认为环境有改变人的可能性。

德可乐利认为兴趣是教育的基础。他说："兴趣是一个水闸，用它开启注意的水库，并使注意有了方向。它也是一种刺激，脑力依赖它而冲出。"要充分激发和借助儿童的兴趣去促进教学和学习，就必须了解儿童的需要，研究需要和兴趣之间的关系。德可乐利认为儿童具有以下四种基本需要：营养饮食的需要；环境保护的需要；防卫和活动的需要；工作与娱乐的需要。与这四种基本需要相对应，儿童具有四种兴趣中心：一是对食物的兴趣；二是躲避自然灾害的兴趣；三是防御敌人的兴趣；四是劳动和相互依赖的兴趣。因此，日常活动则应以儿童的兴趣为中心，围绕儿童的兴趣来组织。

德可乐利认为，每个兴趣中心都会有一个中心概念贯穿于整个学习过程之中，随之产生许多相关的问题，激发起儿童学习多种知识、掌握多种技能的热情和积极性。儿童的兴趣正是通过观察、联想和表达，在儿童认识社会和自然环境的活动中得到实现和满足。

2. 儿童认知的整体化特点

在德可乐利看来，"儿童的认知不限于知觉阶段，还包括记忆、思维、推理，乃至表达及行动等心理活动，整体化是儿童认知的特点"。德可乐利吸收了20世纪初格式塔心理学的主要观点，即强调心理现象完整性和整体性的整体化理论。就儿童来说，大量的概念都不经意识的分析和分解便直接渗入。有关他周围的环境及自己身心发展的种种概念如他的妈妈、他的奶瓶、他的身体各部分、他的玩具、他的情绪、他的需要、他的快乐等，这些都不像教育家规定的次序，而是按照它们自然的、真实的、相互依存而非分隔的关系，一下子大量呈现于儿童，他是从这貌似无秩序中清理头绪，达到理解。

（二）德可乐利教育法

在长期的教育实践中，德可乐利逐渐形成了以兴趣为中心、以整体为原则的课程和教学系统，简称德可乐利教学法。

1. 采用单元教学

德可乐利主张课程应以整体为原则，他认为：个人生活中包含四类需要（或四大兴趣，即饮食营养、衣住、防卫和活动、工作和娱乐），以此为中心，再将社会、学校、家庭此类环境中的各类知识联系起来，组成了教学单元，各年级均按单元进行学习。在一二年级，制定的是多方面兴趣中心的课程，比如，关于寒冷的课题，关于天体认识的课题等；到了三四年级，教材则围绕一个单一的兴趣编写，如植物。三年级课题由教师编写，四年级则由儿童负责编制，教师协助指导。

这种以兴趣为中心的单元教学充分考虑到儿童的基本需要，打破了传统的分科体系，以个人生活的需要为中心，同关于环境的知识联系起来组成教学单元，而且因季节和学生年龄差别而不同，具有灵活性的特征，能较好地发挥儿童的创造性和自主精神。

2. 教室改为实验室、活动室

德可乐利认为，学校教育的目的应是为儿童未来的生活做准备。因而，德可乐利要求学校应该同社会密切地结合起来，学校教育的内容应该同儿童的现实生活和未来发展的需要有机地结合起来。德可乐利主张教室就是活动室、实验室和车间，儿童通过自由的、自主的活动学习学科知识，从而了解社会生活，了解与其相关的社会环境和自然环境，获得经验和培养解决实际问题的能力。在课堂上，学生活动是主体，并辅之以视听教育，重视游戏和手工作业。为了便于学生的活动与交流，教室里的课桌布置成马蹄铁的形状，而不是按传统学校那样前后排列。教师的作用在于指导儿童的活动，鼓励儿童互相帮助，克服缺点，共同进步。

3. 三步教学法

德可乐利认为儿童认知环境主要通过观察、联想、表达这三个步骤来实现。

1）观察

观察就是儿童对事物、地点、人物等的直接感知，这是儿童的第一手直接经验，也是儿童发展智力、了解环境的一种途径。儿童的观察课程大致分为两类：第一类是随机观察，如观察教室里存在的事物，观察花园里植物的开花等。第二类是专题观察，也就是让儿童对他们感兴趣的事物进行专门的观察。德可乐利认为观察的目的在于帮助儿童养成注意各种现象的习惯、使儿童在了解生活上种种复杂的情形以及使儿童了解生物界种种演进的现象。

德可乐利认为训练观察的方法主要有两种：一是寻常的观察，主要指儿童在学校中注意日常生活现象，例如，注意气象的变迁，动植物的发育和生活现象，学校中所养动物的生活等。二是与兴趣有关的观察，主要指按照课程上所规定的内容从事学习。这种观察教学的步骤有三：第一步"预备"，教师用问答法，唤起有关的旧经验，以引起对于新功课的兴趣；第二步"提示"，提出各种相似的事项，使儿童比较推证，以便求出一种结论；第三步"活动"，使儿童照着结论去做。观察之后，要用比较的方法去推证，以便求出一种结论，而比较又多为数量的关系，所以在观察之后，还要做计算的工作。

2）联想

联想是指教师在儿童旧经验的基础上，用图画、故事等形式引起学生的兴趣和想象，然后通过比较，找出旧的经验与新的现象之间的异同，最后寻找原因，得出结论，若是需要实行的，便使儿童实行。联想是与观察紧密相连的。在生活学校里，儿童由观察而进行的联想分为以下四种：第一，空间的联想，相当于最广义的地理联想；第二，时间的联想，相当于历史联想；第三，协调人的需要的联想；第四，因果联想，它为儿童提示一种现象是"怎样的"和"为什么是这样的"。德可乐利认为利用这些联想可以使儿童认识到过去的经验与观察所得到的资料之间的关系，可以进一步扩大儿童的经验，激发儿童的想象力和探索事物奥秘的好奇心，使儿童逐步了解事物的必然性。

3）表达

表达就是儿童把由观察和联想得到的知识应用于实践的行动。表达的目的在于把观察和联想所得的经验用模型、动作及文字符号表示出来，以加深儿童的印象，并增加其适应环境的能力。

德可乐利认为表达的方法有两种：一是抽象的表达，如说话、写字、作文等；二是具体的表达，如绘画、制作、剪贴等。这些不同的表达方式既能满足儿童表达和创造的天然需要，又能为儿童做生活的准备，它们在儿童的日常生活中具有极为重要的价值和意义。

4. 论幼儿学习

1）识字与阅读

德可乐利根据对儿童阅读能力的观察和实验发现了儿童在认知方面不同于成人，儿童识字阅读并不是传统所认为的从音素到字母，从音节到完整的单词，从单词到句子，书面的单词和句子在儿童眼里首先是整体的图像，儿童一般先记住这些图像，再去识别组成单词的字母。德可乐利称这种图像为"视觉意象",这种识字阅读的方法被他称为"视觉意象法"。他曾以自己2岁的儿子做实验:先拿自己的照片给他看,再给他看"爸爸"这个书面词,跟他说"爸爸"这个音,结果孩子很快就记住"爸爸"这个书面词。然后,德可乐利找了一些孩子直接感兴趣的事物名词和短句,用以上方法教他认读,6个月后,他的儿子学会50个短句,并经当众证实。

根据德可乐利"视觉意象"的教学形式,他认为教幼儿阅读有以下基本做法:阅读材料应取自儿童当前的真实生活;阅读教学必须先从完整的单词和句子着手,朗读在先,整体印象在先,分析在后;注重游戏在阅读教学中的重要作用。

2)书写与算术

德可乐利认为书写和阅读、绘画是紧密结合的,针对蒙台梭利在"儿童之家"中采用的书写和阅读截然分开的做法,德可乐利认为这并不符合儿童的认知规律。这种三位一体的教学,可使幼儿在学会书写的同时,也学会正确地写字和绘画的基本笔法。除了书写,德可乐利对幼儿的算术学习也做了一些研究,他主张尊重幼儿的兴趣,利用儿童的自发倾向,通过观察从现实生活中提取素材,并将算术教学与书写、阅读教学相结合。

德可乐利生活、工作于新教育运动蓬勃兴起的年代。他既受到这一思潮的影响,同时又为推动这一思潮的发展做出了积极的贡献。他与意大利学前教育家蒙台梭利几乎同时开始教育实验,在长期教育实践的基础上,研究儿童的心理与教学,形成了系统的理论。德可乐利教学法对于学前教育的发展影响深远,目前,世界各地不少国家的学前教育机构仍然采用德可乐利教学法。

第五节 马拉古奇的学前教育思想

一、生平简介

罗里斯·马拉古奇(Loris Malaguzzi,1920—1994年)是意大利著名的幼儿教育家。他一生致力于幼儿教育事业,创办了瑞吉欧·艾米利亚幼儿园。马拉古奇不仅注重教育理论的价值,还强调教育理论与实践的结合,形成了以理论指导实践,以实践丰富理论的特点。他创办的瑞吉欧·艾米利亚幼儿园被称为"世界上最好的幼儿园",他的基于实践和具有教育理论指导的幼儿教育被称为"瑞吉欧教育",成为世界各国学前教育工作者学习的典范。

马拉古奇的代表性著作是《瑞吉欧——儿童的一百种语言》一书。

二、教育理论

(一)瑞吉欧教育的思想基础

马拉古奇认为,瑞吉欧教育的形成受许多学者思想及理念的影响。20世纪前半期主要有蒙台梭利、阿加齐、杜威、皮亚杰、维果茨基等教育家和心理学家的影响;20世纪60年代以后主要有卡甘、加德纳等心理学家、哲学家思想的影响。

一是蒙台梭利博士和阿加齐修女思想的影响。马拉古奇指出,在20世纪一开始,"蒙台梭利教学法"影响比较大,但是由于具有科学化的教育取向,后来受到意大利法西斯政府的压制。阿加齐的教学法比较接近天主教对幼儿所持的观点而被采用。马拉古奇指出，当时的天主教会几乎控制了所有的托儿所教育，他们在协助幼儿发展和提供监护、服务方面付出了极大的努力。

二是杜威、皮亚杰、维果茨基等教育家和心理学家思想的影响。马拉古奇指出，20世纪60年代以后，关于幼儿教育的争论主要是学校是否应被纳入社会服务之中。随着杜威、瓦龙、皮亚杰、维果茨基等著作的传播，进步主义的"教育实验"和皮亚杰等人所进行的研究为人们所知晓，影响了意大利的幼儿教育。这些实验和研究使得意大利的幼儿教育开始反思以往的关于教育内容和方法关系的辩论，认为这些辩论毫无意义，它忽略了"差异性"是社会的一部分，忽略了积极性教育的作用。马拉古奇认为，幼儿教育是需要家庭、幼儿、教师三个方面积极参与的多元的教育；幼儿教育要尊重其他人所处的政治地位的不同，以摆脱传统成见的束缚。

三是卡甘、加德纳等心理学家、哲学家的影响。马拉古奇指出，20世纪70年代以后，一些心理学家、哲学家以及神经心理学家的思想影响了意大利的幼儿教育，提供了许多可选择的资源。一些能持续很久，或者不能够持续太久的构想，称为讨论的主题，以寻求文化变迁的关联性与不协调性。这些思想激励了教育者关于幼儿教育的扩展实践与价值，并掌握了对理论与研究变通的能力。马拉古奇认为，幼儿教育的实践与发展不要受到文献的局限，而要关注社会的变迁和转型。因为，这些都会影响到幼儿教育的内容和实践新方法、新问题，以及关于心灵探索的问题。

"二战"以后，由于意大利社会的动荡和变化，如何解决由于家庭的破碎而带来的幼儿与母亲分离的问题成为幼儿教育急需解决的问题。1971年马拉古奇在瑞吉欧·艾米利亚创办了第一个接受3岁以下幼儿的服务中心，满足了妇女的需求，这个中心既可以胜任母亲的职责与工作，也可以使幼儿能够在核心家庭中顺利成长。这个中心的建立提供了一些解决问题的经验，即家长和教师要关心和处理儿童面临的转型期，由一个集中于对父母与家庭的依恋感，转变为对婴幼儿中心成人与环境之间的依恋感。马拉古奇认为，即使再年幼的孩子也是社会的一分子，他们从出生开始，就倾向于与父母及其他的照顾者产生重要的关系。当然，父母也没有因此失去他们的责任与特权。家庭与幼儿中心都应该是愉快和舒适的地方，孩子们可以在家庭与中心之间循环，可以得到关注与同伴共同相处和成长。马拉古奇指出，在幼儿中心，最明显的好处就是幼儿在与同伴的互动游戏中获得团体经验，获得自我满足。

(二) 瑞吉欧教育的教育理念

1. 儿童观

马拉古奇曾说："任何文化都不能离开儿童的社会形象而存在。如果说撇开抽象理论之后，那么唯一的衡量尺度是它的具体体现，甚至在同一国家里也会产生不同的儿童文化形象。"瑞吉欧教育工作者融合吸收多种观点之后，形成了自己独具特色的儿童观。

首先，儿童是具有独特权利的个体。瑞吉欧人都将儿童视为社会的重要成员，社会与文化的参与者。与成人一样，儿童也是拥有独特权利的个体，也有权利发表自己的意见。

其次，儿童是具有巨大潜能的、积极主动的学习者。瑞吉欧人认为，儿童不是等待灌输的容器，儿童本身具有巨大潜能，有能力认识这个世界。同时，儿童具有好奇心和求知欲，他们有着强烈的学习、探索和了解周围世界的愿望。此外，儿童具有创造性，他们会以自己独特的学习方式,去主动地探索世界、认识世界。

再次,儿童是自我成长过程的主角。瑞吉欧人充分相信儿童的能力,认为儿童是坚强的、能够主导其成长的过程,尽管每个儿童都不同,但是他们都会通过努力与他人对话、互动、协商等途径寻找自己的定位,发现自己与别人的共同点与不同点。

此外,儿童是天生的艺术家。瑞吉欧人认为,儿童拥有天生的艺术才能,能够运用各种不同的象征语言和其他媒介表达自己对世界的认识。比如,儿童会运用绘画、动作、雕刻、粘贴、建构、音乐等"语言"表达自己的想法,进行创作。

关于瑞吉欧教育的儿童观,马拉古奇强调:"有一点很重要,那就是相信儿童是有力量和完美的,并且充满热切的期望和需要。这是我们必须持有的儿童观。"尊重儿童、相信儿童的能力是瑞吉欧教育实践的前提和条件。

2. 知识观

受建构主义理论影响,瑞吉欧的知识观表现为:

第一,知识通过社会建构形成。瑞吉欧教育认为,知识是儿童在各种关系中不断建构形成的认识,而不是成人传授给幼儿的技能与事实。知识通过儿童与儿童、儿童与成人的相互关系进行建构。交流和思想分享是增加知识意义的重要途径。

第二,知识具有多种表现形式。知识是通过社会建构形成,知识并不是确定的、绝对的真理。由于个体社会建构的过程不同,儿童对于知识的理解千差万别。知识也具有多种表现形式,儿童可以采用多种"语言"来进行表达。

第三,知识须作为整体来掌握。瑞吉欧教育强调联系的重要性,认为学习的过程包括在感觉、思想、语言和行为之间形成连接和关系。知识就是在各种联系中建构起来的整体。

3. 教育观

瑞吉欧教育倡导教育应从儿童的兴趣和经验出发,遵循以儿童为中心的原则。在教育过程和课程选择上,儿童有权利和机会参与并发表意见。但是瑞吉欧教育强调儿童中心并非绝对的儿童中心主义,指出教师与家长在幼儿教育上扮演重要角色,发挥着重要作用。

瑞吉欧教育否定传统的灌输教育,反对把语言文字作为儿童获取知识的捷径。在教育方法上,瑞吉欧教育认为教育就是要为儿童提供更多创新和发现的可能。教育者应当给儿童创设适当的学习情境,尽可能地帮助儿童在情境中、在与人、事、物相互作用的过程中积极主动地建构知识。

瑞吉欧教育不以外在的目标作为追求,而是关注儿童内在的品质。在教育目标上,瑞吉欧的教育目标主张充分发展儿童的创造力,促进儿童人格的日臻完善。

在对待"教"与"学"时,瑞吉欧教育更重视"学"。在主题网络的编制过程中,虽然教师会有一定预设,但主题的开展大都是以儿童为中心的,儿童有权利决定主题活动进行的时间和空间。儿童的学习是教学的关键因素,是教师进行多元选择或进行建设性设想时的重要依据和来源。

在瑞吉欧教育中,除了幼儿学校班级的两位教师之外,环境是儿童学习的第三位老师,是非常重要的教育因素。瑞吉欧教育非常重视环境的创设,认为环境可以容纳丰富的教育信息和资源,好的环境可以激发、促进儿童的学习和主动探索兴趣。

(三)瑞吉欧教育课程与教学方法

1. 生成课程

瑞吉欧教育没有明确的课程内容,也没有固定的教材或预先设计好的教育活动方案。

瑞吉欧教育认为，课程来源于日常生活，来源于周围的环境。课程产生于幼儿和教师感兴趣的事物、现象和问题，产生于儿童的各种活动。因此，瑞吉欧教育所采用的是"生成课程"。

瑞吉欧的生成课程有多种来源，一般为儿童身边的、感兴趣的主题。瑞吉欧课程的主题一般根据儿童的兴趣和能力形成，追求科学性、开放性，侧重培养儿童追求真、善、美的浓厚兴趣。这种生成课程，虽然没有预设特定的教育目标，但在儿童积极主动探索的情境中有助于培养儿童多方面的能力。

2. "一百种语言"

"一百种语言"是指儿童有自己特殊的、各种各样的表达自我、表达个人与他人关系以及与环境建立关系、认识世界的方式。瑞吉欧教育所指的"语言"包括表达语言、沟通语言、符号语言、认知语言、道德语言、象征语言、逻辑语言、想象语言和关系语言等。儿童可以通过这些"语言"表达自己的感受、想法、观点、计划、预见，与他人进行讨论、争论、协商、对话等。儿童生来就具有巨大的潜能，教育所要做的是充分尊重儿童对自身、环境、他人独特的理解与认识。当儿童能够自由地运用不同方式进行表达和创作时，儿童的"一百种语言"才可能出现。

3. 方案教学

方案教学并非瑞吉欧教育首先提出，但瑞吉欧教育使得方案教学更具魅力。方案教学作为瑞吉欧学前教育体系的核心，是儿童学习的基础。在瑞吉欧教育中，方案教学的主要特点包括：①教师既是指导者，也是合作者；②根据儿童兴趣和经验选择主题；③强调儿童、教师和家长的共同合作；④方案的内容在儿童螺旋式的理解中产生；⑤在活动中通过相同的或不同的媒介形成多种认知经验；⑥出于不同的目的，同一活动可以重复；⑦方案实施时间灵活，根据需要可以延长；⑧方案活动主要以"小组"的形式开展，而不是全班；⑨一个方案涉及多方面的内容，如数学、科学、艺术、写作、社会学研究、音乐等；⑩必须完整保存方案的记录。

根据瑞吉欧幼儿教育的方案，我们可以将方案教学程序归纳为以下四个步骤：

第一，确定方案主题。方案的主题有多种来源渠道，可以来自幼儿的日常生活、经验、兴趣，可以来自课程指导手册中教师为幼儿选择的相关主题路径，也可以来自教师的经验与社区资源。幼儿可以根据生活经验，讨论感兴趣的话题，由教师进行记录。讨论过程中，最能调动幼儿好奇心和探究欲望的焦点就成为方案的主题。

第二，编制主题网络。确定方案主题之后，师生共同讨论探究的方向和方式，编制主题网络。主题网络，即由许多与主题相关的小子题编织而形成的放射状图形，将各种相关信息、资料都纳入主题下面的各个子题内。

第三，实施方案。实施方案之前，教师和幼儿需要先开会讨论方案的各种可能性、假设以及可能的发展方向。任何方案的开展必须首先设立目标，并考察幼儿与主题相关的知识和兴趣。方案的实施过程中，强调团体学习，要求小组成员之间积极交流和分享。教师与儿童进行谈话与讨论的同时，需要做好记录和分析。

第四，方案制作。进过讨论、规划，儿童根据方案进行制作。儿童可能提出几种不同的想法，并据此进行规划、制作。在方案制作的过程中，儿童需要相互协作。儿童根据规划寻找合适的材料进行制作，并在制作的过程中不断发现问题、解决问题。

在方案开展的过程中，教师不会直接指导和干预儿童，只是在儿童需要的时候提供适当的支持。当儿童在探究中遇到难以解决的问题时，教师需要积极促进儿童思考，与之一起探讨、寻求解决办法。家长的积极配合是儿童方案探究的重要支持。此外，瑞吉欧教育鼓励家长积极参与方案探究成果的评价。

4. 合作教育

在瑞吉欧，幼儿教育并不只是幼儿学校的责任，而是幼儿学校、家庭、政府和社会的职责。瑞吉欧教育不仅强调学校内部的合作，还重视与家长、社区的合作。

瑞吉欧幼儿学校内部的合作包括教师合作、师生合作以及幼儿之间的合作。第一，教师合作。瑞吉欧幼儿学校的每个班级都配有两位教师，他们一起承担教育工作，共同探讨、研究，紧密合作。第二，师生合作。教师与幼儿之间的关系是平等的、合作的关系。当儿童遇到难题，需要教师帮助时，教师作为资源给予支持。因此，瑞吉欧教育中，教师需要学习"接过孩子抛过来的球"，教师需要处理"抛"与"接"之间的关系。第三，幼儿间的合作。瑞吉欧幼儿学校根据年龄分班，班级里的孩子会有固定的时间进行分享交流；方案教学主要采用小组合作的方式开展。4~5个儿童为一组，围绕主题共同探究，集中讨论、分工协作。不同年龄的孩子间也存在合作，儿童们一起合作拼字母、作画。

瑞吉欧教育非常重视家长、社区的资源，积极寻求与家长、社区的合作。瑞吉欧幼儿学校创造各种途径主动与家长沟通。家长也可以参与到有关幼儿学校的政策、儿童发展、课程设计和评估的讨论中。在瑞吉欧教育中，家长是主动的，是幼儿教育的参与者与领导者，密切关注着幼儿学校以及孩子的未来。

5. 方案记录

记录是瑞吉欧幼儿学习学校的重要特色。瑞吉欧教育的记录主要集中于幼儿的经验、记忆、思想和想法。这些记录包括不同阶段儿童的作品、儿童成长的照片、录音带和录像带、教师或成人写的评论、家长的评论等。记录可以反映幼儿是如何计划、实施和完成方案教学的。在瑞吉欧教育中，记录一方面可以帮助教师了解儿童的学习进程，另一方面也可以让家长了解儿童的学习情况，促进家园沟通。

瑞吉欧教育体系是马拉古奇及其同事多方汲取前人思想的精华，根据现代社会对学前教育的需要，在实践中进行大胆探索所取得的成果。瑞吉欧学前教育受到了来自世界各地的关注与肯定，一些人称瑞吉欧学前教育体系是当代最先进的幼儿教育实践方法，推动了世界幼儿教育思想和实践的进一步发展。不过，瑞吉欧学前教育体系在推广中有较高的要求，如只适合小班教学，对教师素质要求较高，需要教师、家长、社区的密切配合等。尽管如此，瑞吉欧学前教育体系毫无疑问对于学前教育的改革和发展带来了新的动力和启示。

本章小结

杜威、蒙台梭利、皮亚杰、德可乐利以及马拉古奇五位著名的教育家从各自不同的角度提出了学前教育理论与思想，打破了传统教育中以教师、教材、课堂为中心的教学论，把关注点都落到儿童的自身发展中来，为教育理论注入了新鲜活力的血液。杜威的"做中学"、蒙台梭利的幼儿教育法以及皮亚杰认知发展理论、德可乐利的单元教学法以及瑞吉欧的教育理念都对当代的学前教育产生了重大影响，其思想至今仍在不同教育阶段中进行广泛应用。

扩展阅读

1. 杜威的思维"五步法"理论

杜威从他的经验观出发，特别强调行动和实践的意义。他认为人可以通过实践即实验和探索来改造和改变环境，使之符合自己的需要。

那么，人们应如何通过实验、探索改造改变环境呢？杜威发明了一套关于实验和探索的理论即方法论，这就是他在《我们怎样思维》一书中提出的著名的思维"五步法"："①感觉到的困难；②困难的所在和定义；③对可能的解决办法的设想；④运用推理对设想的意义所作的发挥；⑤进一步的观察和试验，它引导到肯定或否定，就是说得出是可信还是不可信的结论。"对这套思想方法，杜威的中国弟子胡适做了比较通俗的解释。他指出，杜威论思想分作五步："①疑难的境地；②指定疑难之点究竟在什么地方；③假定种种解决疑难的方法；④把多种假定所涵的结果一一想出来，看哪一个假定能够解决这个困难；⑤证实这种解决使人信用，或证明这种解决的谬误，使人不信用。"

作为一种方法论，杜威的思维五步法描述了人的认识过程，在一定程度上揭示了科学认识的逻辑，有其合理之处。但是，杜威的方法论也有其严重缺陷，它排除了认识和实践的客观基础，所谓假设亦缺乏前提条件，只是作为行为的工具。科学的假设，必须从客观实际出发，以大量实际材料为基础。他所谓试验即证实，也不是检验假设是否合乎客观实际，而只是看它是否帮助人们获得了成功，兑现了价值。因此，杜威的方法论和他的工具主义真理观一样，仍是唯心主义的。

（选自元青. 杜威与中国 [M]. 北京：人民出版社，2001：35-37.）

2. 儿童与说谎

皮亚杰观察到，儿童关于说谎概念的成熟是在10~12岁开始出现的。意图成为用以判断说谎的主要标准。大一点的儿童还认识到对于社会合作来说，不说谎是必要的，儿童们逐渐因为"诚实"对合作的必要而反对说谎。再一次有了一个从强制道德向合作道德的转变。皮亚杰总结说："起初，儿童们认为说谎之所以是错的，是因为说谎要受到惩罚，如果说谎不招致惩罚，它便是允许的。以后，儿童们认识到即使不受到惩罚，谎言本身也是错误的。最后，儿童认为谎言是错的，是由于谎言同相互信任和相互友爱相抵触。这样，关于说谎的意识就逐渐内化。做出这样的假设可能是冒险的，但在合作的影响下确实是这样。"

幼儿的谎言常常是自发的，并不是有意去欺骗。皮亚杰写道："（幼儿）说谎是一种自然的倾向，它的自然性和普遍性使我们可以把它看作是儿童自我中心思想的主要部分。因此，幼儿时期的说谎问题，也就是儿童的自我中心思想和成人的道德强制之间的冲突。"

以自我为中心的儿童往往根据自己的愿望去改变事实。如果说谎受到大人的惩罚，他们就把说谎看成一种"很坏的事"。另一方面，如果儿童对说谎不会招致惩罚还存在一些希望的话，他们就不会把说谎看作道德错误。

（选自B·J·沃兹沃思. 皮亚杰的认知发展理论 [M]. 周镐，等，译. 华中师范大学出版社，1986：145.）

3. 会述说的墙面

在一个空间里，墙面是最重要的平面之一，所以教育者通常会加以利用，但利用的方式各有不同。基于瑞吉欧的教育者对"共同建构"和"经验持续性"的重视，原本静止的墙面被赋予了"述说"的使命——述说在这里曾经发生或正在发生的故事，使被教育机构联系起来的你、我、他互通信息，也使"过去"走进"现在"，激发大家持续地共同建构生活史、学习史。瑞吉欧幼教机构的墙面上没有一目了然的卡通图形、故事插画、名言警句，也不会简单地平铺本班儿童的书面作品，更多的是呈现一两个名为"档案记录"的活动纪实。档案记录是由教师给儿童记的日记发展而来的。最初，教师希望通过这些日记研究婴儿适应婴幼儿中心的过程，却发现这些日记激发了家长与教师之间以及儿童之间持久而富有成效的"对话"。从著名的《劳拉日记》中可以看到"档案记录"的典型样式：展示儿童投入活动的一组照片，配上教师对活动整个过程所做的纪实性记录，尤其是那些无法通过照片反映出的儿童针对自己的活动体验所说的话或对话，以及对照片中儿童表情或动作要点的记录。

这些照片和文字被安放在介于家长身高与儿童身高之间的墙面位置上，有时平铺，有时装订成一个小册子挂在那里，便于拿下来细细翻看。"只有通过档案记录才让儿童和教师的研究及行动过程得以显现……即使儿童不在场也能讲述他们的故事。"就像家中照片墙上展示的照片或城市中的地标建筑一样，虽然只是静静地展示在那里，却述说着幼儿园中已经发生或正在发生的故事，随时可能引发人们的好奇和参与。

瑞吉欧的教育者认为："儿童的行为是塑造空间的一种特殊方式。因此，每个学校环境都不一样，各自形成一种特殊的文化。"他们通过展现关于儿童行为的记录，以隐蔽、安静的方式赋予了空间以"文化述说"的能力。"精心记载的个人和集体的故事，还有每天对常规活动进行的编辑整合，对每个参与者的人生来说，都是有意义的垫脚石。"学校"应该是一艘航行中的船，家长们一直和我们一起在甲板上观赏不同的风景、变化和现象，等等"。这样的比喻反映了瑞吉欧的教育者对于空间带给人的"时间体验"的敏感性，他们不是把孩子在幼教机构的每一天看作"孤岛"，而是想办法通过空间以及空间里的实物，加强儿童经验的连续性，以促进儿童稳步地重组或改造经验。

（选自郭良菁. 瑞吉欧教育者对"空间"的理解［J］. 幼儿教育，2017（34）. ）

同步测试

一、填空题

1. 蒙台梭利为 3~6 岁儿童设计的学习环境分为四个基本领域：_____、_____、_____、_____。
2. 杜威在批判传统学校教育的基础上提出了_____、_____、_____的观点。
3. 皮亚杰把儿童的认知发展划分为四个阶段：_____、_____、具体运动阶段、形式运算阶段。
4. 瑞吉欧教育重视合作教育，认为幼儿教育是幼儿学校、_____、_____、_____的职责。

二、名词解释

1. 敏感期
2. 工作
3. 图式
4. 瑞吉欧教育

三、简答题

1. 简述杜威关于教育本质的理论的观点。
2. 简述蒙台梭利的教师观。
3. 简述皮亚杰的认知发展阶段。
4. 简述德可乐利的单元教育法。
5. 简述瑞吉欧教育的儿童观。

参考答案

第一章

一、填空

1. 生活常规教育、初步的道德教育、早期的知识教育、身体保健
2. 《黄帝内经》
3. 《唐诗三百首》《千家诗》《神童话》
4. 父之过
5. 孺子室

二、名词解释

1. 胎教：是指通过对孕妇实施外界影响，或通过孕妇自我调节达到作用于体内胎儿，使其能良好发育、生长的教育过程。我国是世界上最早提出并实施胎教的国家。
2. 家庭教育：其教育内容主要包括生活常规教育、初步的道德教育、早期的知识教育、身体保健等方面。
3. 四贤：即子师、慈母、保母和乳母，被称为"孺子室"的"四贤"。

三、简答题

1. （1）择偶的主张。
（2）有关适时受孕的主张。
（3）有关少生的主张。
2. （1）生活常规教育。
（2）初步的道德教育。
（3）早期的知识教育。
（4）身体保健。
3. 家族本位是中国古代社会的重要特点。家庭不仅是人们居住、生活的地方，还为个体提供了保护。从一定意义上讲，在古代中国社会中，离开了家庭便无法生存。由此，个体的一切都是家族（庭）的，家庭教育的终极目的，是使家庭成员现在能够和睦相处，将来能够光宗耀祖。
4. （1）宫廷学前儿童教育机构：
①孺子室。
②宫邸（邸第）学。
（2）社会慈幼机构：

①宋代的慈幼局、举子仓与广惠仓。
②清代的育婴堂与育婴社。

第二章

一、填空题

1. 《傅职》《保傅》《劝学》《胎教》
2. 《颜氏家训》
3. 《小学》《童蒙须知》
4. 《童蒙须知》

二、名词解释

1. 小学：为使儿童"眼前之事"的学习有章可循，朱熹亲自为儿童编写了《小学》与《童蒙须知》两部教材。《小学》系将古代童蒙读物加以选择、扩充，加上古今圣贤名流的嘉言善行汇集成书，全书共分内外两篇，内篇有四：《立教》《明伦》《敬身》《稽古》；外篇有二：《嘉言》《善行》。《小学》一书对后世所产生的影响极其深远，其地位相当于《四书》。

2. 眼前事：朱熹强调学习"眼前事"，注重道德行为操作的训练，要求儿童的学习由浅入深，自近及远，这不仅符合儿童认识发展与道德形成的规律，易为儿童掌握，而且也有助于自幼培养儿童良好的道德习惯，养成践履笃实的作风。古语说："一室不能扫，何以扫天下？""小节不拘，大德怎成？"注重"眼前事"的学习，也就是要求从小事、身边事做起，至今这仍是儿童品德教育中必须遵循的原则。

三、简答题

1. 贾谊对于早期教育的论述，主要是从加强中央集权的政治观点出发，针对皇太子的教育而言的。

贾谊认为，对太子的教育应尽早实施，"太子之善，在于早谕教与选左右"。早期教育是教育的最佳期，当婴幼儿的赤子之心尚未受到外界熏染时，先入为主，对他实施教育，就会收到最佳的效果。同时，早期教育也是整个人生教育的最重要阶段，一个人幼时接受的教育，往往决定着他日后的成长道路，稍有不慎，就会失之毫厘，差之千里。

贾谊认为，胎教是早期教育之始端，王室之家应当重视对太子实施胎教，在太子未出生以前要设置专门实施胎教的处所——"蒌室"，安排专人监护孕妇的饮食、视、听、言、动等，使其合乎礼的规定。

2. （1）固须早教；（2）威严有慈；（3）均爱勿偏；（4）应世经务；（5）重视风化陶染。

3. 王守仁认为，顺导儿童性情进行教育，最重要的就是要激发儿童学习的兴趣，兴趣在提高儿童教育质量方面起着十分重要的积极作用。他说："今教童子，必使其趋向鼓舞，中心喜悦，则其进自不能已；譬之时雨春风，沾被卉木，莫不萌动发越，自然日长月化。"

意思是说儿童如果对学习兴趣盎然,则学习时必然心情愉快,能生动活泼地学习,这样进步自然不会停止。

第三章

一、填空题

1. 癸卯学制
2. 壬戌学制
3. 幼稚园
4. 陈鹤琴
5. 陶行知
6. 小孩察物学堂

二、名词解释

1. 南京燕子矶幼稚园:1927 年 11 月,在陶行知领导下,由张宗麟协助筹措在南京郊区创办南京燕子矶幼稚园。该园是中国第一所乡村幼稚园,又是陶行知的生活教育理论试用于幼稚教育领域的试验田。办园宗旨在于研究和试验如何办好农村幼稚园的具体办法,以便在全国农村普及。

2. 中国战时儿童保育会:七七事变后,中国军民奋起抵抗,抗日战争全面爆发。在战争中,产生了大量孤苦无靠的难童。为解决难童的收容、教养问题,中国战时儿童保育会和保育院应运而生。

三、简答题

1. (1) 苏区是第二次国内革命战争时期中国共产党创立的农村根据地的简称。由于当时根据地主要模仿苏俄采取苏维埃(即代表大会)政府形式,故将根据地简称苏区。

(2) 苏区幼儿教育工作的方针政策是幼儿教育为了妇女解放服务,为了革命事业的成功、为了儿童全面发展服务。

(3) 早在苏区创建时期,幼儿教育便成为教育工作的一项重要内容而受到重视。1934 年 2 月,中央苏维埃政府以中央人民内务委员部的名义公布了《托儿所组织条例》,这是中国共产党领导的根据地制定颁布的第一个学前教育法规。

2. (1) 教会学前教育对中国学前教育近代化的推动。首先,引入了崭新的学前教育观念。其次,催生了中国公共学前教育机构。最后,教会学前教育机构较早就移植了欧美学前教育的课程和教法,并通过教会幼稚园和教会幼稚师范的毕业生对中国学前教育产生影响,从而对中国学前教育机构的课程和教法提供了借鉴。

(2) 教会学前教育对中国学前教育发展的负面影响。一是教会学前教育浓厚的宗教性产生的负面影响;二是教会学前教育远离了中国的国情,造成中国学前教育外国化的倾向;三是教会学前教育由免费改为高额收费。

第四章

一、填空题

1. 军国民教育
2. 智育
3. 个性
4. 蔡元培
5. 张雪门
6. 张雪门
7. 生活　行为
8. 生活教育
9. 生活即教育　社会即学校　教学做合一
10. 陶行知
11. 《儿童心理之研究》

二、名词解释

1. 五育并举：蔡元培在教育史上最著名的是其五育并举的教育观，这是对清末"忠君、尊孔、尚公、尚武、尚实"封建教育观的革新。五育是指军国民教育、实利主义教育、公民道德教育、世界观教育和美感教育。

2. 行为课程：关于行为课程的含义，张雪门在1966年出版的《增订幼稚园行为课程》中提出："生活就是教育，五六岁的孩子们在幼稚园生活的实践，就是行为课程。"他认为，行为课程应该包含生活和实际行为两大要素。

三、简答题

1. 1922年6月，蔡元培在"美育实施的办法"演讲中讨论了学前教育美育的问题。他说，面向学前儿童开展美育，应以胎教作为起点，从公立的胎教院、育婴院和幼稚园等方面着手。具体做法如下：

（1）公立胎教院中实施胎儿美育。
（2）公立育婴院中实施婴儿美育。
（3）幼稚园中实施幼儿美育。

2. 艺友制培养幼儿教师在具体实施上大致有以下四个步骤：

第一，安排艺友实际参加幼稚生的各种活动，主要目的是使其学会如何成为一个儿童领袖。

第二，教给艺友一些具体方法，如怎样讲故事、怎样带幼儿玩耍，并学习一些基本技能，如唱歌、布置活动室等。

第三，一方面做各种基本技能训练，另一方面在幼稚园实地操作。导师指导艺友制订计划，组织艺友到其他幼稚园参观并讨论。

第四，两个艺友一组，在导师的指导下，独立承担整个幼稚园工作三个月。

以上四个步骤，一共需用一年半到两年时间，经考核合格者，发给结业证书。

3. 陈鹤琴关于"活教育"目的论的表述，体现了从一般到具体的三个不同层次的"做人"：第一个层次"做人"，是指广义上的做一般人。第二个层次"做中国人"，体现了"活教育"目的论的民族特征。第三个层次"做世界人"。陈鹤琴认为，我们不仅要培养儿童做中国人，而且还要做世界人、做现代世界人。

第五章

简答题

1. 中华人民共和国成立初期的学前教育经历了如下四个阶段：

（1）中华人民共和国成立初期的学前教育改革（1949—1957年）。

（2）学前教育盲目发展与调整巩固（1958—1965年）。

（3）学前教育遭受全面破坏（1966—1976年）。

（4）学前教育的拨乱反正（1976—1978年）。

2. 改革开放以来，学前教育的发展主要有如下举措：

（1）政府高度重视，制定多项政策性文件。

（2）开展科学研究，探索建设有中国特色社会主义幼教体系和规律。

（3）幼儿教育师资素质的重要性被提到新的高度。

（4）明确21世纪学前教育目标。

（5）通过多种途径，促进中国幼教与国际接轨。

第六章

一、填空题

1. 宫廷学校
2. 家庭教育
3. 《吠陀》
4. 王政时代　共和时期　帝国时期
5. 骑士

二、名词解释

骑士教育：是集封建思想意识的熏陶与军事体育训练于一体的一种特殊形式的家庭教育。

三、简答题

1. （1）强调背诵、记忆。

(2) 主张体罚。

(3) 理论与实践相结合。

2. (1) 共同点：①国家对幼儿的体质都十分重视，并采取了"优选法"措施；②教育都是在家庭中进行，母亲是天然的教师；③轻视任何形式的体力劳动和劳动教育；④教育成为奴隶主阶级及其子女的享受和特权；⑤二者的学前教育还处在萌芽阶段。

(2) 不同点：①在婴儿生存权上，斯巴达是由政府官员来决定，雅典是由父母来决定；②在培养目标上，斯巴达是培养英勇善战的战士，雅典是培养多方面发展的人；③在教育内容上，斯巴达偏重身体的养护和品格的陶冶，雅典还有初步知识和音乐欣赏等；④在教育方法上，斯巴达强调简练、严厉和服从，雅典注重和谐、灵活和温情。

3. 在西方教育史上，柏拉图是最早提出学前教育思想的人，具有开创性意义。他最早提出了优生优育的幼儿教育体系，论述了学前教育的内容，指出故事、音乐、游戏在幼儿教育中的重要地位和寓教于乐、慎选教材等问题，提出了儿童心灵教育和体育教育和谐发展的观点。

4. 亚里士多德坚持"效法自然"原则，在西方教育史上首次提出了按儿童划分受教育的阶段并根据不同的年龄阶段实施不同的教育任务。他把人的一生划分为3个时期，并对出生到7岁的第一个阶段做了深入而具体的论述。

5. 昆体良指出了儿童及早接受教育的重要性；重视幼儿的游戏活动；提出了有关儿童记忆力和创造力培养的观点；论述了娇惯儿童的危害，提出父母应成为孩子的有效榜样；竭力反对儿童教育中的体罚现象，禁止对幼儿的体罚，还专门给体罚列举了五大罪状；主张慎选儿童的看护者和教师。

第七章

一、填空题

1. 《幼儿教育论》
2. 热爱儿童　采取中庸之道　通过有趣的故事　采用直观教具
3. 独立思考
4. 婴幼儿期　母育学校

二、名词解释

1. 文艺复兴：原意指人文学科的"复兴"。基本含义有二：一是指古希腊、古罗马文化的复兴；二是指人类精神的觉醒，反抗中世纪的精神桎梏，追求人的个性的圆满发展。

2. 人文主义：是一种崇尚现实、崇拜人生，反对来世观念，以世俗的人为中心的世界观；提倡以"人性"反对"神性"，以"人权"反对"神权"，以"人道"反对"神道"；主张个性解放、个性自由、个人幸福，尊重人的价值，反对禁欲主义，反对压抑；宣扬个人是生活的创造者和享受者。

3. 泛智：就是将一切有用的知识教给一切人，并使其智慧得到普遍发展的理论。

4. 母育学校：是前后衔接而统一的学制系统的第一阶段，也是必不可少的阶段，为儿童奠定体力、道德和智慧发展的基础是这个阶段教育的主要任务。

三、简答题

1. （1）教育目标方面，人文主义教育提出儿童是正在成长和发展的新人，父母要热爱儿童，为儿童创造良好的家庭教育环境，让儿童自然地、愉快地、健康地成长，强调通过智育、体育、美育和道德教育来培养儿童的完美精神和高尚情操。

（2）教育原则和教育方法方面，人文主义强调环境的陶冶作用，主张建立优美的校舍，变基督教阴森的学府为舒适的学习乐园；强调尊重儿童天性，顺应儿童身心发展的特征，考虑儿童的个别差异；强调教师的言传身教和以身作则，师生之间保持自然协调的关系；主张教学运用直观教具，向大自然学习；反对压抑个性，主张减少体罚，甚至取消体罚；注重兴趣引导，提倡体育和游戏的重要意义。

2. （1）伊拉斯谟论儿童教育：①教育的目的是培养"善良"的人；教育的任务是在年轻人头脑里播下虔诚的种子，认真学习自由学科，掌握基本礼仪，为生活做好准备。②教育对于改造社会和改造人性发挥着重要作用；家庭环境条件和儿童交友情况对其成长有着很重要的影响。③在学前教育方面要重视早期教育；教育要遵循儿童身心发展的特点；学前教育的内容和方法主要有热爱儿童、采取中庸之道、通过有趣的故事和采用直观教具。

（2）蒙田论儿童教育：①教育目标是体智全面发展的新的绅士；教育工作者应当遵循自然，顺应儿童的天性。②教育内容应学习广泛的知识；教育方法上主张深入理解所学的知识，并且要行动。③德育方面强调道德应自幼培养；方法上反对娇生惯养，主张严格要求。④十分重视教师的作用。

3. （1）学前教育的意义：学前教育具有重要意义，如果要将儿童培养成有用的人，就必须在他身心形成的最早阶段就开始教育。

（2）母育学校的教育：①母育学校的任务是把一个人在人生旅途中所当具备的全部知识的种子播种到他的身上。②教育内容和方法包括保健、德育、智育、编写父母教育指导书及教材等。③游戏符合幼儿天性能量的散发，是组织愉快的幸福童年的手段，是扩大和丰富幼儿观念的有力手段。④主张从小培养幼儿的劳动习惯，使其逐年获得劳动技能；培养幼儿正确地使用本族语说话的技能。⑤学前儿童的集体教育十分必要，应每天让他们聚集在一起追逐嬉戏。⑥父母和教师应为儿童进入公共学校做好生理和心理上的准备。

4. 夸美纽斯对学前教育的主要贡献是：第一，详细论述了教育的作用及人受教育的可能性；第二，在历史上第一次把学前教育纳入其充满民主色彩的单轨学制；第三，撰写了历史上第一部幼儿教育专著《母育学校》以及与其配套的看图识字课本《世界图解》；第四，首次深入"研究了在家庭条件下学前教育的完整体系，规定了它的目的、内容和基本方法"。"福禄贝尔学说上的每一个重要细节差不多都是建立在那摩拉维亚主教（即夸美纽斯）所奠定的基础之上"。夸美纽斯的教育思想对近代教育制度发展也有重要影响。不过，作为一位新旧交替时期的历史人物，夸美纽斯的教育思想仍有其局限性。

第八章

一、填空题

1. 英国　性格形成学院

2. 奥柏林　"编织学校"
3. 巴乌利美保育所
4. 1860《幼儿园》
5. 《幼儿园令》

二、简答题

1. 欧文在 1800 年接管了苏格兰的新兰纳克纺织厂,当时厂里工人的生活非常悲惨,工资低,劳动时间长,居住条件简陋,生活资源匮乏。在这种环境中生活的人们性格是畸形的,粗野、无知、道德堕落、打架、酗酒、盗窃时有发生,这给幼小的孩子带来恶劣的影响。欧文认为,这些不合理的性格都是罪恶的环境造成的,要改变人的性格,首先要改变环境。欧文把人的性格看作是环境的产物,他的"性格形成学说",为其丰富的教育实践活动奠定了理论基础。

欧文在工厂进行了一系列的改革试验,缩短工人的劳动时间,提高工人的工资,兴建宽敞的住宅区,非常重视其子女教育的问题。他希望通过实施教育来改变环境,通过给工人及其子女一定的教育来培养和发展这些孩子,形成合理的性格,再由他们来促进周围环境的改变,最终形成合理的社会制度。经过一段时间的改造后,新兰纳克纺织厂工人们的性格发生了巨大变化,新兰纳克纺织厂成了模范工厂区,各地的工厂主、社会活动家纷纷前来参观,欧文成了最有名望的慈善家。

2. 19 世纪后半期,福禄贝尔幼儿园运动推广到世界各国,当时英国是最早推广福禄贝尔幼儿园的国家。对英国学前教育发展的影响主要体现在两个方面:一方面,在英国引进福禄贝尔幼儿园后,学前教育机构开始两种制度并存:一种是原来以收容工人阶级和贫困阶层子女为对象的幼儿学校;另一种是以中上层阶级子女为对象的幼儿园。另一方面,幼儿学校自身的发展也受到福禄贝尔运动的影响。福禄贝尔的精神渗透到幼儿学校中,开始减少读、写、算训练的时间,而增加游戏的时间,突出了学前教育的特点。

3. （1）开端计划。

开端计划属政府行为,是美国政府为实现幼儿教育机会均等的目标而实行的一项重要计划。其理论和现实的根据主要是芝加哥大学心理学教授的理论研究、佩里学前教育研究计划的实验研究和美国参议员哈伦顿的调查报告。

（2）幼儿智力开发运动。

20 世纪 60 年代,美国掀起了中小学课程与教学方法的改革运动,目的在于提高中小学教育质量,这自然波及幼儿教育。著名的结构主义心理学家布鲁纳认为,儿童存在着极大的智力发展潜力,任何学科都有可能用某种方式有效地教给处在任何发展阶段的任何儿童,按照他的主张,只要做到使学科教材适合儿童发展的阶段,并按照儿童理解的方式加以组织和表达,儿童就能够接受。这种思想对学前教育也产生了影响。

（3）蒙台梭利运动的复兴和发展。

20 世纪 20 年代后期,蒙台梭利方法在美国重新引起人们的注意。蒙台梭利对早期教育的重视、对于智力发展的看法、感官训练的方法,以及强调个别指导和科学研究的态度与方法,在需要智力的 20 世纪 50 年代后期引起人们的兴趣。

（4）皮亚杰理论的兴起。

20世纪60年代后，随着皮亚杰的影响日益扩大，在美国有不少皮亚杰理论的信奉者、解释者将皮亚杰的认知发展理论应用于幼儿教育实践，并为此设计了种种幼儿教育实验方案。较有影响的是拉瓦特里的儿童早期课程方案和威斯康星大学皮亚杰学前教育方案。

4."二战"后，为了适应形势发展的需要，苏联共进行了三次学前教育的改革。20世纪50年代末至60年代初，苏联学前教育的改革重点是托幼一体化。20世纪60年代末开始，进行第二次改革，力图根据儿童心理学和教育实验研究的新成果，以及小学改革的情况，改变重保轻教的观念，保证儿童从出生到小学接受一贯的全面发展教育。1989年6月16日，苏联国家教育委员会批准和公布《学前教育构想》。以此为标志，苏联开始了学前教育的第三次改革。与世界继续教育思潮和纠正偏重智力的发展趋势相一致，强调儿童个性的全面发展，提出了新的"个性定向式教育策略"，提出学前教育阶段是整个继续教育体系中的第一个环节。

5."母育学校"的保育内容包括：

（1）初步的道德教育。如向幼儿灌输对家庭、祖国和上帝应尽的义务。

（2）日常生活中的实用知识。如区分时间与季节，辨别颜色和形状等。

（3）唱歌、绘画、书法、初步阅读、语言练习、儿童故事、博物和地理的基础知识。

（4）手工作业训练。

（5）按年龄阶段进行的身体锻炼。

通过这些教育内容可以看出法国的"母育学校"有几个主要的特点：一是特别的偏重于智育，学习范围较广泛；二是清除了宗教教育的内容，而代之以资产阶级的道德教育；三是注意让儿童学习日常生活中的实用知识；四是根据儿童的身心发展水平进行教育；五是采取直观教学法，注意儿童的游戏活动。

第九章

一、填空题

1. 《教育漫话》
2. 裴斯泰洛齐
3. 赫尔巴特
4. 幼儿教育之父

二、名词解释

1. 白板说：是洛克反对"天赋观念"提出的，认为人出生时心灵就像一块白板，一切观念和知识都是外界事物在白纸或白板上留下的痕迹，最终都源于经验。

2. 训育：赫尔巴特为实现道德教育的养成目的提出的，是指"有目的地进行培养"，其目的在于形成"性格的道德力量"。训育可以分为四个阶段：道德判断、道德热情、道德决定和道德自制。

3. 恩物：是福禄贝尔为儿童游戏和作业创制的一套教学用品。"恩物"即"恩赐之物"的意思，表示借上帝之恩典由父母赠予心爱的孩子玩弄的、实现自我活动的工具，主要是由不同形状和颜色组成的一系列玩具，以帮助儿童认识自然及内在规律。

三、简答题

1. 卢梭是 18 世纪法国著名的启蒙思想家和教育家，其代表作为《爱弥儿》，在书中，卢梭集中论述了自然主义的教育理论。

（1）自然教育的核心。

卢梭认为自然教育的核心就是"归于自然"，即教育必须遵循自然规律，适应儿童的自然本性。他认为每个人都是由自然的教育、事物的教育和人为的教育三者培养起来，只有三种教育圆满的结合统一才能达到预期的目的。在教育上应该取法于自然，并接近、归顺自然。

（2）自然教育的目的。

卢梭认为自然教育就是要培养"自然人"。卢梭认为自然教育就是要培养"自然人"。自然教育不是培养野蛮人，而是培养自由人；不是培养"公民"，而是培养自然人。

（3）自然教育的原则。

卢梭认为，自然教育的主要原则有两条：一是要正确看待儿童；二是给儿童以充分的自由。

（4）自然教育的阶段理论。

卢梭把教育分为婴儿期、儿童期、青年期和青春期四个阶段。

2. 福禄贝尔建立起一个以活动与游戏为主要特征的幼儿园课程体系，包括游戏与歌谣、恩物、手工作业、运动游戏、自然研究，以及唱歌、表演和讲故事等。

（1）游戏与歌谣。

福禄贝尔认为游戏和语言是儿童生活的组成部分。通过各种游戏，儿童的内心活动和内在生活变为独立、自主的外部自我表现，从而获得愉快、自由和满足，并保持内在与外在的协调；游戏是儿童认识世界的工具，是快乐的源泉，是培养儿童道德品质的手段，在游戏过程中最能表现儿童的积极性和主动性。

（2）恩物游戏。

"恩物"即"恩赐之物"的意思，表示借上帝之恩典由父母赠予心爱的孩子玩弄的、实现自我活动的工具，主要是由不同形状和颜色组成的一系列玩具，以帮助儿童认识自然及内在规律。

（3）作业。

作业是要求将恩物的知识运用于实践。作业的材料包括：大小和色彩不同的纸和纸板，可用来剪或折气各种不同的形态；供绘画、雕塑、编织一类工作的材料；沙、黏土和泥土等。

（4）运动游戏。

福禄贝尔指出了运动游戏的基本特点是：圆圈游戏、团体游戏和伴以诗歌的游戏。运动游戏的根本原理是"部分—整体"，有助于儿童了解个体与团体的关系。

（5）自然研究。

幼儿园开展诸如研究自然的旅行、园艺与饲养等活动，不但可使儿童养成爱护花木动物之品性，还有助于满足儿童的好奇心，培养儿童的自制力和牺牲精神，促进儿童知识的学习与智力的发展，培养儿童对自然科学研究的兴趣。

第十章

一、填空题

1. 实际生活领域　感觉领域　语言领域　数学领域
2. 教育即生长　教育即生活　教育即经验的改组和改造
3. 感觉运动阶段　前运算阶段
4. 家庭　政府　社会

二、名词解释

1. 敏感期：在不同发展阶段，儿童表现出对于某种事物或活动特别敏感或产生一种特殊兴趣和爱好，学习也特别容易而迅速，是教育的最好时机。
2. 工作：蒙台梭利将儿童使用教具的活动称之为"工作"，是儿童自发地选择、操作教具并在其中获得身心发展的活动。
3. 图式：认知结构组成的最基本单元，是指个体对世界的知觉、理解和思考的方式，是一种主体活动、心理结构及其功能。
4. 瑞吉欧教育：意大利幼儿教育马拉古奇提出的，基于创办瑞吉欧·艾米利亚幼儿园的实践和具有教育理论指导的幼儿教育。

三、简答题

1. 杜威在批判传统学校教育的基础上提出了"教育即生长""教育即生活"和"教育即经验的改组和改造"的观点。

"教育即生长"强调正确的教育必须从研究儿童心理开始，应当提供机会让儿童生动地表现自己的生命力；要求教育不是单纯的灌输，而应根据受教育者的天赋能力，使之成为儿童自身的本能、兴趣和能力的生长过程；教育方法论的中心须从教师方面转移到儿童方面。

"教育即生活"指儿童的本能生长总是在生活过程中展开的，或者说生活就是生长的社会性表现。

"教育即经验的改组和改造"教育也就是通过儿童自身的活动去获得各种直接经验的过程。教育的主要任务并不是教给儿童既有的科学知识，而是要让儿童在活动中自己去获取经验。

2. 在蒙台梭利幼儿教育体系中，教师主要扮演以下角色：观察者、研究者、环境创设者、指导者。

（1）观察者。

幼儿教师应是一位观察者，应以科学家的精神，运用科学的方法去观察和研究儿童，揭示儿童的内心世界，发现童年的秘密。蒙台梭利强调必须在自然条件下，在儿童的自由活动中去观察研究"自由儿童"及其表现，而不是在"实验室"或在特殊控制下的儿童。

(2) 研究者。

蒙台梭利要求教师必须成为研究者，一方面研究儿童，一方面研究儿童的活动。教师"必须学会谦虚、自我克制，要有耐心，还要摒弃建立在虚荣心上的骄傲"，同时不迷信权威人士的思想，不对儿童带有任何先入为主的看法，像科学家一样研究儿童，才能真正获得对儿童的认识和理解，从而真正实现"自由的儿童在精心设计的促进其发展的教具材料的帮助下获得发展"。

(3) 环境创设者。

教师要为儿童创设具有兴趣性、探索性、可供儿童与之相互作用的环境。教师应参与儿童生长与成长的环境，是"有准备环境"的维护者与管理者。"有准备的环境"应具备以下要素：①自由的气氛。②结构和秩序。③真实与自然。④和谐与美感。⑤蒙台梭利教具。

(4) 指导者。

在蒙台梭利教育体系中，教师的主要工作是指导、引导儿童的心理和身体的发展，引导儿童积极主动地探索环境和操作材料，发现问题并通过自己的努力解决问题。具体而言，包括两方面：介绍者和示范者、支持者和提供资源者。

3. 从认知图式的性质出发，皮亚杰把儿童的认知发展划分为四个阶段：感觉运动阶段、前运算阶段、具体运算阶段、形式运算阶段。

(1) 感觉运动阶段（0~2岁）

这一阶段儿童认知发展的主要特征是感觉和动作的分化，语言尚未出现，主要靠感觉和动作来认识、适应周围世界，依赖于身体的互动经验。

(2) 前运算阶段（2~7岁）

其中，2~4岁属于前概念或象征思维阶段，这一阶段儿童已出现象征性功能，运用象征性符号进行思维，但是概念是具体的、动作的，儿童象征性游戏（假装游戏）开始出现，延迟模仿、语言符号能够灵活运用。4~7岁属于直觉思维阶段（直观行动思维），指依靠对事物的感知，依靠人的动作来进行的思维。

(3) 具体运算阶段（7、8岁~11、12岁）

此阶段儿童可以借助具体事物，能做出一定程度的推理，但只限于眼见的具体情境或熟悉的经验，还缺乏概括的能力，抽象推理尚未发展，不能进行命题运算。此阶段儿童思维具有可逆性、守恒性、去自我中心、具体逻辑思维的特点。

(4) 形式运算阶段（11、12岁~14、15岁）

儿童思维摆脱具体事物的束缚，把内容和形式区分开来，能根据种种的假设进行推理。它们可以想象尚未成为现实的种种可能，相信演绎得出的结论，使认识指向未来。

4. 德可乐利主张课程应以整体为原则，以个人生活中的饮食营养、环境保护、防卫和活动、工作和娱乐这四类需要为中心，再将社会、学校、家庭此类环境中的各类知识联系起来，组成了教学单元，各年级均按单元进行学习。这种以兴趣为中心的单元教学充分考虑儿童的基本需要，打破了传统的分科体系，具有灵活性的特征，能较好地发挥儿童的创造性和自主精神。

5. 瑞吉欧教育工作者始终尊重儿童、相信儿童，并提出以下几个方面的儿童观：

(1) 儿童是具有独立权利的个体。

瑞吉欧人都将儿童视为社会的重要成员，社会与文化的参与者。与成人一样，儿童也是拥有独特权利的个体，也有权利发表自己的意见。

(2) 儿童是有巨大潜能的、积极主动地学习者。

瑞吉欧当地人认为，儿童不是等待灌输的容器，儿童本身具有巨大潜能，有能力认识这个世界。同时，儿童具有好奇心和求知欲，他们有着强烈的学习、探索和了解周围世界的愿望。此外，儿童具有创造性，他们会以自己独特的学习方式，去主动地探索世界、认识世界。

(3) 儿童是在我成长过程的主角。

瑞吉欧人充分相信儿童的能力，认为儿童是坚强的、能够主导其成长的过程，尽管每个儿童都不同，但是它们都会通过努力与他人对话、互动、协商等途径寻找自己的定位，发现自己与别人的共同点与不同点。

(4) 儿童是天生的艺术家。

瑞吉欧人认为，儿童拥有天生的艺术才能，能够运用各种不同的象征语言和其他媒介表达自己对世界的认识。比如，儿童会运用绘画、动作、雕刻、粘贴、建构、音乐等"语言"表达自己的想法，进行创作。

参 考 文 献

[1] 中国学前教育史编写组.中国学前教育史资料选［M］.北京：人民教育出版社，1989.

[2] 喻本伐.中国幼儿教育史［M］.郑州：大象出版社，2000.

[3] 周采，杨汉麟.外国学前教育史［M］.北京：北京师范大学出版社，2012.

[4] 郭法奇.外国学前教育史［M］.北京：北京大学出版社，2015.

[5] 周玉衡，范喜庆.学前教育史［M］.上海：复旦大学出版社，2009.

[6] 田景正，杨佳.中外学前教育史［M］.北京：北京师范大学出版社，2014.

[7] 张焕庭.西方资产阶级教育论著选［M］.北京：人民教育出版社，1979.

[8] 王天一，等.外国教育史［M］.北京：北京师范大学出版社，1993.

[9] ［瑞士］裴斯泰洛齐.裴斯泰洛齐教育论著选［M］.夏志莲，译.北京：人民教育出版社，1990.

[10] ［瑞士］裴斯泰洛齐.裴斯泰洛齐选集：第一卷［M］.戴行福，等，译.北京：教育科学出版社，1996.

[11] 朱维之.希伯来文化.［M］.上海：上海社会科学院出版社，2004.

[12] ［英］博伊德·金.西方教育史［M］.任宝祥，吴元训，译.北京：人民教育出版社，1985.

[13] ［英］克里斯普.探索：古希腊史［M］.苏扬，等，译.北京：科学普及出版社，2009.

[14] ［英］罗素.西方哲学史：上卷［M］.何兆武，等，译.北京：商务印书馆，2012.

[15] ［美］克伯雷.外国教育史料［M］.任宝祥，任钟印，译.武汉：华中师范大学出版社，1991.

[16] ［古罗马］奥古斯丁.忏悔录［M］.周士良，译.北京：商务印书馆，2010.

[17] ［英］A·E·泰勒.柏拉图——生平及其著作［M］.谢随知，等，译.济南：山东人民出版社，2008.

[18] ［古希腊］柏拉图.理想国［M］.谢善元，译.上海：上海译文出版社，2016.

[19] ［古希腊］亚里士多德.政治学［M］.吴寿彭，译.北京：商务印书馆，2014.

[20] ［古罗马］昆体良.昆体良教育论著选［M］.任钟印，译.北京：人民教育出版社，2001.

[21] 华东师大教育系.西方古代教育论著选［M］.北京：人民教育出版社，2001.

[22] ［法］蒙田.蒙田随笔［M］.梁宗岱，黄建华，译.北京：人民文学出版社，2005.

[23] ［捷克］夸美纽斯.大教学论［M］.傅任敢，译.北京：教育科学出版社，2014.

[24] ［捷克］夸美纽斯.夸美纽斯教育论著选［M］.北京：人民教育出版社，2005.

[25] ［捷克］夸美纽斯.人类改进通论·泛教论［M］.长沙：湖北教育出版社，1994.

[26] ［苏］沙巴耶娃.教育史［M］.邰爽秋，等，译.北京：人民教育出版社，1995.

［27］［英］洛克. 人类理解论［M］.关文运，译.北京：商务印书馆，1981.
［28］［英］洛克. 教育漫话［M］.傅任敢，译.北京：教育科学出版社，1999（09）.
［29］日本世界教育史研究会.世界幼儿教育史（上）［M］.长春：吉林人民出版社，1986（12）.
［30］姜思宏.论洛克的经验论及其生成的教育观［J］.天津市教科院学报，2007（06）.
［31］李璨，李化树.洛克的教育思想及对当前我国家庭教育的启示［J］.文史博览：理论，2012（10）.
［32］周咏波.浅议洛克教育思想对我国当前学前教育的启示［J］.黑河学刊，2015（6）.
［33］［法］卢梭.爱弥儿［M］.北京：商务印书馆，1978.
［34］孙丽.卢梭自然主义哲学研究［D］.长春：吉林大学，2009.
［35］滕大春.卢梭教育思想述评［M］.北京：人民教育出版社，1984.
［36］李润琳.卢梭教育思想研究［D］.长春：吉林大学，2015，6.
［37］［德］赫尔巴特. 普通教育学·教育学讲授纲要［M］.李其龙，译.北京：人民教育出版社，1989.
［38］［美］杜威. 民主主义与教育［M］.王承绪，译.北京：人民教育出版社，2011，05.
［39］［美］杜威. 我的教育信条［M］.杨小微，罗德红，译.上海：华东师范大学出版社，2015，03.
［40］［美］杜威. 学校与社会：明日之学校［M］.赵祥麟，等，译.北京：人民教育出版社，2004.
［41］［意］蒙台梭利. 蒙台梭利早期教育法［M］.蒙台梭利丛书编委会，译.北京：中国妇女出版社，2012，01.
［42］［瑞士］让·皮亚杰. 教育科学与儿童心理学［M］.傅统先，译.北京：文化教育出版社，1981.